TEORIA GERAL DO PROCESSO

Edições anteriores

1ª edição – 1989	15ª edição – 2012
10ª edição – 2005 – 2ª tiragem	16ª edição – 2014
10ª edição – 2006 – 3ª tiragem	17ª edição – 2015
11ª edição – 2006	18ª edição – 2015
11ª edição – 2007 – 2ª tiragem	19ª edição – 2016
11ª edição – 2007 – 3ª tiragem	20ª edição – 2017
11ª edição – 2007 – 4ª tiragem	21ª edição – 2018
12ª edição – 2009	22ª edição – 2019
12ª edição – 2009 – 2ª tiragem	23ª edição – 2020
13ª edição – 2010	24ª edição – 2022
13ª edição – 2010 – 2ª tiragem	25ª edição – 2024
14ª edição – 2011	

O GEN | Grupo Editorial Nacional – maior plataforma editorial brasileira no segmento científico, técnico e profissional – publica conteúdos nas áreas de concursos, ciências jurídicas, humanas, exatas, da saúde e sociais aplicadas, além de prover serviços direcionados à educação continuada.

As editoras que integram o GEN, das mais respeitadas no mercado editorial, construíram catálogos inigualáveis, com obras decisivas para a formação acadêmica e o aperfeiçoamento de várias gerações de profissionais e estudantes, tendo se tornado sinônimo de qualidade e seriedade.

A missão do GEN e dos núcleos de conteúdo que o compõem é prover a melhor informação científica e distribuí-la de maneira flexível e conveniente, a preços justos, gerando benefícios e servindo a autores, docentes, livreiros, funcionários, colaboradores e acionistas.

Nosso comportamento ético incondicional e nossa responsabilidade social e ambiental são reforçados pela natureza educacional de nossa atividade e dão sustentabilidade ao crescimento contínuo e à rentabilidade do grupo.

TEORIA GERAL DO PROCESSO

J. E. CARREIRA ALVIM

26ª edição
revista, atualizada e ampliada

gen
Editora FORENSE

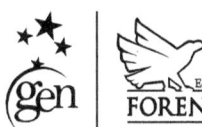

- O autor deste livro e a editora empenharam seus melhores esforços para assegurar que as informações e os procedimentos apresentados no texto estejam em acordo com os padrões aceitos à época da publicação, e todos os dados foram atualizados pelo autor até a data de fechamento do livro. Entretanto, tendo em conta a evolução das ciências, as atualizações legislativas, as mudanças regulamentares governamentais e o constante fluxo de novas informações sobre os temas que constam do livro, recomendamos enfaticamente que os leitores consultem sempre outras fontes fidedignas, de modo a se certificarem de que as informações contidas no texto estão corretas e de que não houve alterações nas recomendações ou na legislação regulamentadora.

- Fechamento desta edição: *20.03.2025*

- O autor e a editora se empenharam para citar adequadamente e dar o devido crédito a todos os detentores de direitos autorais de qualquer material utilizado neste livro, dispondo-se a possíveis acertos posteriores caso, inadvertida e involuntariamente, a identificação de algum deles tenha sido omitida.

- **Atendimento ao cliente: (11) 5080-0751 | faleconosco@grupogen.com.br**

- Direitos exclusivos para a língua portuguesa
  Copyright © 2025 by
  Editora Forense Ltda.
  Uma editora integrante do GEN | Grupo Editorial Nacional
  Travessa do Ouvidor, 11 – Térreo e 6º andar
  Rio de Janeiro – RJ – 20040-040
  www.grupogen.com.br

- Reservados todos os direitos. É proibida a duplicação ou reprodução deste volume, no todo ou em parte, em quaisquer formas ou por quaisquer meios (eletrônico, mecânico, gravação, fotocópia, distribuição pela Internet ou outros), sem permissão, por escrito, da Editora Forense Ltda.

- Capa: Aurélio Corrêa

- **CIP-BRASIL. CATALOGAÇÃO NA PUBLICAÇÃO**
  SINDICATO NACIONAL DOS EDITORES DE LIVROS, RJ

  A483t
  26. ed.

  Alvim, J. E. Carreira (José Eduardo Carreira), 1944-
  Teoria geral do processo / J. E. Carreira Alvim. - 26. ed., rev., atual. e reform. - Rio de Janeiro : Forense, 2025.
  368 p. ; 24 cm.

  Inclui bibliografia
  ISBN 978-85-3099-725-0

  1. Direito processual. 2. Direito processual - Brasil. 3. Direito processual civil Brasil. 4. Processo civil - Brasil. I. Título.

  25-97173.0   CDU: 347.91/.95(81)

  Meri Gleice Rodrigues de Souza - Bibliotecária - CRB-7/6439

Dedico esta obra à Tetê Carreira Alvim, minha mulher, uma pessoa muito especial, sem o estímulo da qual não teria sido publicada.

SOBRE O AUTOR

É doutor em Direito pela Faculdade de Direito da Universidade Federal de Minas Gerais (UFMG) e ex-professor adjunto de Direito Processual Civil na Faculdade Nacional de Direito da Universidade Federal do Rio de Janeiro (UFRJ) nas disciplinas de Introdução ao Direito Processual Civil (disciplina equiparada à Teoria Geral do Processo Civil) e Direito Processual Civil Positivo. É também palestrante e ministra cursos de curta duração pelo País, atuando como membro de bancas examinadoras em concursos públicos para ingresso no magistério superior e de cursos de pós-graduação *stricto sensu*.

Atuou como orientador forense no Departamento de Assistência Judiciária da Faculdade de Direito da UFMG, nas áreas de Direito Civil e Direito Processual Civil, e como professor de Direito Processual Civil e Prática Forense Supervisionada na Faculdade de Direito do Centro de Ensino Unificado de Brasília (CEUB). Foi professor de Direito Romano, Direito Civil e Direito Processual Civil na Pontifícia Universidade Católica do Rio de Janeiro (PUC-Rio).

Foi aprovado nos concursos para Juiz de Direito do Estado de Minas Gerais e Juiz do Trabalho da 3ª Região (Minas Gerais); tendo sido, também, Procurador da República, trabalhou no extinto Tribunal Federal de Recursos, em Brasília; aprovado no concurso para Juiz Federal, atuou como titular da 19ª Vara Federal da Seção Judiciária do Rio de Janeiro. Foi promovido, por merecimento, a Desembargador do Tribunal Regional Federal da 2ª Região, com sede no Rio de Janeiro; atualmente, está aposentado. Integrou a Comissão de Reforma do Código de Processo Civil de 1973.

Possui uma extensa obra científica no campo do Direito, sendo a mais expressiva os *Comentários ao Novo Código de Processo Civil*, em quinze volumes.

APRESENTAÇÃO

Eu era Juiz em Belo Horizonte e, por volta de 1967, ouvia falar de José Eduardo Carreira Alvim, ainda estudante, e que se destacava como aluno da Faculdade de Direito da Universidade de Minas Gerais, que os mineiros denominam Casa de Afonso Pena. Um dia, em um intervalo entre uma e outra audiência, conversando com o Mestre Rui de Souza, que foi meu professor de Direito Comercial e Tributário, e que é dos maiores advogados de Minas, falou-me ele de José Eduardo Carreira Alvim: "Você vai conhecê-lo, Carlos, brevemente, pois o Carreira Alvim tem um grande futuro". Algum tempo depois, quase ao final do expediente, um moço muito educado entra no meu gabinete portando um papel, em busca de despacho do Juiz. Era o Carreira Alvim, àquela época apenas José Eduardo. Quis conhecê-lo, pedi que se assentasse. Ele acabara de diplomar-se e já era professor-instrutor de Prática Forense do Departamento de Assistência Judiciária da Faculdade de Direito, cargo que obtivera por concurso público. Conversamos longamente. O jovem bacharel passava, então, por grandes dificuldades. É que seu pai, Benevenuto de Faria Alvim, ilustre advogado no interior de Minas, falecera tragicamente, e José Eduardo Carreira Alvim tivera de assumir o sustento e a educação de oito irmãos menores, isto quando ele se encontrava, ainda, no quarto ano da escola. O recém-diplomado, que teria tudo para iniciar-se prosperamente no movimentado escritório de seu pai, começou a vida sozinho e trabalhando duramente. A partir desse encontro, ficamos amigos e passei a acompanhar, muito de perto, a vida de Carreira Alvim. O homem é como o vinho – se é bom, quanto mais velho, melhor; se é ruim, com o tempo vira vinagre. O dito popular revelou-se verdadeiro com Carreira Alvim.

Quando nos conhecemos, há mais de vinte anos, Carreira Alvim se preparava para a vida profissional. Iria prestar concursos públicos de: Juiz de Direito, Auditor da Justiça Militar, Promotor de Justiça, Juiz do Trabalho, Promotor e Procurador da República. Conversamos a respeito da bibliografia a ser consultada. Carreira Alvim falou-me de seus estudos, indiquei-lhe alguns livros de Direito Público, e ele me contou, então, pela primeira vez, de uma moça, sua aluna na faculdade e que muito o estimulava. Essa moça, Teresinha Gontijo, a Tetê, com quem Carreira Alvim se casou, tem sido, na verdade, a sua grande companheira. Retomemos o relato: após a nossa conversa, recolheu-se Carreira Alvim aos estudos. Cerca de seis meses depois, ei-lo de volta, agora em um difícil dilema: fora aprovado em todos os concursos, nos primeiros lugares, e as nomeações começavam a sair; o que aceitar, em que cargo tomaria posse? Tivemos outra longa conversa, apontei-lhe, segundo o meu ponto de vista, as vantagens e as desvantagens de cada um daqueles cargos. Carreira Alvim acabou optando pela Procuradoria da República, mudando-se para Brasília. Antes, entretanto, casou-se com Tetê, o grande amor da sua vida, fator – é de justiça reconhecer – do seu sucesso.

Em Brasília, fui reencontrá-lo no ano de 1977, quando vim para o Tribunal Federal de Recursos. Carreira Alvim, então, requisitado pelo Ministro do Planejamento, era o Consultor Jurídico da CODEBRAS, e já era ele professor de Direito Processual. Hospedado na sua casa, quantas e quantas noites percebia acesa a luz do seu escritório, noite adentro, o Carreira Alvim estudando Direito Processual, preparando as suas aulas; a Tetê, sua mulher, estimulando-o, acordando altas horas da noite para fazer-lhe um café. E o tempo foi passando. Em 1986, Carreira Alvim comunicou-me que a sua verdadeira vocação era a magistratura. Iria prestar, então, concurso para Juiz Federal. Falamos a respeito. A Tetê, como sempre, ao seu lado. Eu lhe disse que talvez tivessem de mudar-se de Brasília, onde o casal, com duas lindas filhas, Luciana e Bianca, estava muito bem instalado, com casa própria, uma majestosa mansão no Lago Sul.

– Isto não importa, atalhou a Tetê, iremos para qualquer lugar, fecharemos a nossa casa, mas o Carreira Alvim realizará o seu grande sonho, que é ser Juiz.

E veio o concurso, duríssimo, no qual ele foi magnificamente classificado e, por isso, pôde escolher a cidade do Rio de Janeiro para exercer a judicatura.

E lá foram eles para o Rio, Carreira Alvim, a Tetê e as filhas, Luciana e Bianca, deixando em Brasília um monte de amigos.

Esta pequena biografia do autor deste livro precisava ser contada, agora que ele está em véspera de grandes realizações, na magistratura, no magistério e como escritor, para que saibamos de sua luta, a comprovar que o sucesso não vem de graça, jamais; e para conhecer um pouco do homem, do seu caráter, de alguma de sua privacidade, pois somos na vida pública mero reflexo do que somos na vida privada.

Eis José Eduardo Carreira Alvim, como anteriormente falamos, em véspera de grandes realizações. Com esta obra, que tenho a honra de apresentar – **Teoria Geral do Processo** – Carreira Alvim vai projetar-se, estou certo, como jurista, mestre e escritor.

A Teoria Geral do Processo tem sido visualizada, por eminentes tratadistas, sob a ótica da Teoria Geral de Direito Constitucional. Lembrei, em trabalho recentemente publicado – *Princípios Constitucionais de Processo*, em **Processo do trabalho – estudos em memória de Carlos Coqueijo Torreão da Costa**, LTr, São Paulo, 1989 –, que os processualistas registram a estreita vinculação do Direito Processual com o Direito Constitucional, certos de que as regras maiores de processo estão na Constituição e constituem princípios que são a sua base. Segundo o magistério de Cappelletti e Garth, as garantias asseguradas ao litigante, que dizem respeito, por exemplo, ao contraditório, à produção de provas, ao duplo grau de jurisdição, à igualdade das partes, ao juiz natural, garantias que se comportam no conceito do devido processo legal, são encontradas, em maior ou menor grau, nas Constituições da maioria dos países do mundo ocidental (Mauro Cappelletti e B. Garth, **Fundamental guarantees of the parties in civil litigation**, Milano, A. Giuffrè, 1973; Ronaldo Cunha Campos, Garantias Constitucionais e Processo, **Revista do curso de direito da universidade de Uberlândia**, 15/1). Na verdade, o que constitui o processo está na Constituição, revelando José Alfredo de Oliveira Baracho que Héctor Fix-Zamúdio, na análise da jurisdição constitucional da liberdade, que foi magistralmente desenvolvida por Cappelletti (**La giurisdizione constituzionale delle libertà**, Milano, 1955), assinala que o Direito Constitucional e o Direito Processual estão intimamente vinculados na proteção dos direitos da pessoa humana. Informa Zamúdio, forte em Niceto Alcalá-Zamora Y Castillo, que a jurisdição tanto pode ser localizada no Direito Constitucional quanto no Direito Processual, motivo por que "essa instituição é estudada pelos cultores das duas disciplinas" (José Alfredo de Oliveira Baracho, **Processo constitucional**, Forense, 1984, p. 4-5).

Daí falar-se de um Direito Processual Constitucional, que sistematizaria os preceitos reguladores da jurisdição constitucional nos seus campos – controle de constitucionalidade e a jurisdição constitucional das liberdades –, e de um Direito Constitucional Processual, que condensaria as normas de processo contidas na Constituição (José Frederico Marques, **Manual de direito processual civil**, Saraiva, 1974, I/4; Ada Pellegrini Grinover, **Os princípios constitucionais e o Código de Processo Civil**, J. Bushatsky Ed., 1973, p. 5).

Os princípios que informam o processo, que são inúmeros e variados, na linha da cláusula do *due process of law*, não escapam da análise dos constitucionalistas, e são estudados em pormenor, pelos processualistas, especificamente por aqueles que cuidam da Teoria Geral do Processo.

Nessa linha, o livro que ora vem a lume, de José Eduardo Carreira Alvim, enfoca os princípios que, de forma magnífica, são por ele expostos, a começar pelos conceitos básicos, explicados de maneira didática. No desenvolvimento do direito processual, o autor demonstra a evolução da doutrina processual e a revisão científica desse importante ramo da ciência jurídica, com a sua publicização e com a elaboração da teoria do processo. Examina o autor, em seguida, a jurisdição, os órgãos desta, a competência, o conteúdo objetivo do processo, a morfologia e a dinâmica deste, a prova, a sentença, os recursos e a execução.

Esses princípios, aqui expostos e analisados com precisão e rigor científico, na linha e sob a ótica constitucional, dão significado e grandeza à Teoria Geral do Processo, espécie da Teoria Geral do Direito Público. O discurso teórico de José Eduardo Carreira Alvim faz com que tais princípios possam ser compreendidos por todos os que deles necessitam profissionalmente: professores de Direito, advogados, juízes e estudantes.

Alfredo Augusto Becker, em livro de título divertido e conteúdo seríssimo – **Carnaval tributário**, Saraiva, 1989 –, referindo-se a sua primeira obra – **Teoria geral do direito tributário** – e que é, sem dúvida alguma, verdadeira obra-prima do Direito Tributário, menciona que "este livro era e é pura teoria geral. Não comenta nem analisa nenhuma legislação. Apenas ensina o seu leitor a pensar e, depois, por si mesmo, resolver o seu problema jurídico resultante de qualquer lei tributária".

Aí está uma precisa e simples conceituação da Teoria Geral do Direito, que não cuida da legislação, de modo específico, mas ensina os princípios que vão propiciar a compreensão e a solução dos magnos problemas jurídicos resultantes da norma de direito positivo.

Também este livro de Carreira Alvim, que ora é entregue ao público, tem esse mérito. Com base nele, os profissionais do foro, os professores e os estudantes poderão solucionar as questões decorrentes da legislação processual que ocorrem no nosso dia a dia.

Não poderia imaginar o jovem recém-formado, que se iniciava, há vinte anos, no estudo do processo, como instrutor de prática forense, dos estagiários no Departamento de Assistência Judiciária da Faculdade de Direito da UFMG, que, antes ainda de atingir idade provecta, produziria obra científica de incontestável valor e que, por ser obra de puro processo – tal é que discorre sobre os princípios de processo, expressos na Constituição ou que constituem corolário de princípios outros expressos ou implícitos na Lei Maior –, interessam sobremaneira aos homens, porque são garantidores do seu patrimônio material e, sobretudo, moral, que é a liberdade.

Esta última circunstância, por si só, ao mesmo tempo que coroa o jurista ainda moço, recompensa a árdua, porém brilhante, trajetória de José Eduardo Carreira Alvim no campo do Direito.

Valeu a pena a luta, o esforço, as noites indormidas. Aliás, "tudo vale a pena se a alma não é pequena", está na poesia de Fernando Pessoa. José Eduardo Carreira Alvim, pelo que vimos, tem grande a alma e severo o espírito. Também por isso, repito o que foi dito linhas atrás, é que está ele em véspera de grandes realizações.

Este livro é prova disso.

Carlos Velloso
Ex-ministro do Supremo Tribunal Federal.

NOTA DO AUTOR

Desde que escrevi a obra ancestral desta **Teoria Geral do Processo**, que àquele tempo chamei de **Elementos de Teoria Geral do Processo**, sentia um desejo incontido de fazer uma revisão profunda nos meus ensinamentos, tornando a sua leitura mais prazerosa, principalmente porque é uma obra dedicada aos estudantes que se iniciam na caminhada pelo Direito Processual Civil.

Consegui lograr esse intento, entregando o presente livro aos meus alunos e a todos os leitores da Teoria Geral do Processo, espalhados por este País.

Nessa nova **Teoria Geral do Processo**, adotei o sistema de indicar uma bibliografia sintética no final de cada capítulo, porque a obra tem como destinatários específicos os alunos do curso de graduação. Além disso, mantive nas notas de rodapé apenas o realmente necessário para tornar mais compreensíveis os diversos temas abordados.

Com a obra antiga, enriquecida pelo novo perfil que lhe imprimi, tive a impressão de haver escrito uma obra nova, que entrego ao mundo jurídico como mais uma contribuição, com o propósito de colaborar na preparação dos futuros operadores do Direito Processual Civil, para que possam tornar a justiça brasileira mais humana e sensível.

Com a revogação do Código de Processo Civil de 1973 (Lei 5.869/73) e a promulgação do novo Código de Processo Civil (Lei 13.105, de 16 de março de 2015), fez-se necessária uma revisão deste livro, para que ele se mantenha em sintonia com o novo diploma processual, o que faço neste momento na certeza de que será de grande utilidade para os estudiosos do direito, e, especialmente, para os que iniciam a sua caminhada pelo terreno do direito processual.

SUMÁRIO

CAPÍTULO 1 – PROPEDÊUTICA PROCESSUAL 1
1 Análise de conceitos processuais básicos 1
    1.1 Necessidade 1
    1.2 Bem 2
    1.3 Utilidade 2
    1.4 Interesse 2
        1.4.1 Espécies de interesses 3
    1.5 Conflito de interesses 4
        1.5.1 Conflito subjetivo de interesses 4
        1.5.2 Conflito intersubjetivo de interesses 4
        1.5.3 Causas dos conflitos de interesses 5
    1.6 Pretensão 5
    1.7 Resistência 5
    1.8 Lide 6
2 Formas de resolução dos conflitos de interesses 6
    2.1 Autodefesa 6
        2.1.1 Notas essenciais da autodefesa 7
    2.2 Autocomposição 8
        2.2.1 Característica da autocomposição 8
    2.3 Processo e sua evolução 9
    2.4 Processo, ação e jurisdição 10
        2.4.1 Processo e sua origem 10
        2.4.2 Processo e suas características 10
    2.5 Definição de processo 11
3 Processo e atuação do direito objetivo 11
    3.1 Direito objetivo ou ordenamento jurídico 11
    3.2 Relações entre processo e direito objetivo 12
        3.2.1 Teoria dualista do ordenamento jurídico 12
        3.2.2 Teoria unitária do ordenamento jurídico 12
    3.3 Atuação do direito objetivo 12
4 Escopo do processo 13
    4.1 Corrente subjetivista do processo 13
    4.2 Corrente objetivista do processo 14
    4.3 Crítica às concepções objetivista e subjetivista 14

	4.4	Corrente subjetivista-objetivista ou mista	15
Bibliografia			16

CAPÍTULO 2 – DESENVOLVIMENTO DA DOUTRINA PROCESSUAL ... 17

1 Análise comparativa dos processos romano, germânico e comum medieval ... 17
   1.1 Declínio do processo romano ... 17
   1.2 Processo romano-canônico ... 17
   1.3 Escola dos Glosadores e Pós-glosadores ... 18
   1.4 Cotejo entre os diversos tipos de processo ... 18
      1.4.1 Escopo do processo ... 18
      1.4.2 Função do juiz ... 18
      1.4.3 Atos do juiz ... 19
      1.4.4 Função da prova ... 19
      1.4.5 Coisa julgada ... 20
      1.4.6 Forma do processo ... 20
2 Evolução da doutrina processual ... 21
   2.1 Etapas na evolução doutrinária do processo ... 21
      2.1.1 Primitivismo ... 21
      2.1.2 Judicialismo ... 21
          2.1.2.1 Direito comum e a recepção ... 22
      2.1.3 Praxismo ... 22
      2.1.4 Procedimentalismo ... 23
3 Revisão científica do direito processual ... 23
   3.1 Processualismo científico ... 23
      3.1.1 Doutrina de Bülow e a autonomia do processo ... 24
          3.1.1.1 Triunfos da doutrina de Bülow ... 24
   3.2 Doutrina de Wach e a autonomia da ação ... 25
   3.3 Doutrina de Degenkolb e de Plósz ... 25
   3.4 Discípulos de Bülow e de Wach ... 26
   3.5 Doutrina de Chiovenda e a Prolusão bolonhesa ... 26
4 Autonomia e publicização do direito processual ... 26
   4.1 Evolução do processo, da ação e da jurisdição ... 26
   4.2 Criação de uma dogmática processual ... 27
5 Unitarismo e dualismo na ciência do processo: evolução e significação da parêmia ... 27
   5.1 Unidade e dualidade do direito processual ... 27
      5.1.1 Teoria unitária do direito processual ... 27
          5.1.1.1 Argumentos da corrente unitarista ... 28
          5.1.1.2 Argumentos da corrente dualista ... 29
6 Elaboração de uma teoria geral do processo ... 30
7 Teoria geral do processo e métodos de elaboração ... 31
   7.1 Métodos de elaboração ... 31
      7.1.1 Método realista ou empírico ... 31
      7.1.2 Método racionalista ou silogístico ... 31

8	Tendência unificadora do direito processual e suas manifestações doutrinárias e legislativas	31
	8.1 Unificação doutrinária do direito processual	31
	8.2 Manifestações legislativas do direito processual unificado	32
9	Trilogia estrutural do direito processual: jurisdição, ação e processo	32
	9.1 Autonomia do direito processual	32
	9.2 Jurisdição	32
	9.3 Ação	32
	9.4 Processo	33
	9.5 Trilogia estrutural do direito processual	33
10	Macrossistema, microssistema, sistema periférico e integração do sistema processual	34
	10.1 Macrossistema processual, microssistemas e sistema periférico	34
	10.1.1 Integração do sistema processual	34
Bibliografia		35

CAPÍTULO 3 – PODER JUDICIÁRIO 37

1	Poder Judiciário: estrutura	37
	1.1 Órgãos do Poder Judiciário	37
	1.1.1 Supremo Tribunal Federal	38
	1.1.2 Conselho Nacional de Justiça	38
	1.1.3 Superior Tribunal de Justiça	39
	1.1.4 Tribunais Regionais Federais	39
	1.1.5 Justiça do Trabalho	40
	1.1.5.1 Tribunal Superior do Trabalho	40
	1.1.5.2 Tribunais Regionais do Trabalho	40
	1.1.5.3 Varas do Trabalho	40
	1.1.5.4 Competência anômala da Justiça do Trabalho	40
	1.1.5.5 Arbitragem na Justiça do Trabalho	41
	1.1.6 Justiça Eleitoral	41
	1.1.6.1 Tribunal Superior Eleitoral	41
	1.1.6.2 Tribunais Regionais Eleitorais	41
	1.1.6.3 Organização e competência dos juízos e juntas eleitorais	42
	1.1.7 Justiça Militar da União	42
	1.1.7.1 Superior Tribunal Militar	42
	1.1.8 Justiça Estadual e do Distrito Federal	42
	1.1.8.1 Tribunais de Justiça	42
	1.1.8.2 Varas estaduais e do Distrito Federal	42
	1.1.8.3 Justiça Militar Estadual	43
	1.1.8.4 Inserção do leigo na administração da justiça	43
2	Organização judiciária	44
	2.1 Conceito de organização judiciária	44
	2.2 Organização da Justiça Federal e das justiças estaduais	44

2.3	Comarcas, seções, subseções e circunscrições judiciárias	44
	2.3.1 Classificação das comarcas	44
2.4	Competência regional da Justiça do Trabalho e da Eleitoral	45

3 Unidade e duplo grau de jurisdição 45
   3.1 Unidade ou dualidade de instâncias 45
       3.1.1 Argumentos contrários ao duplo grau de jurisdição....................... 45
       3.1.2 Argumentos favoráveis ao duplo grau de jurisdição....................... 45
   3.2 Duplo grau obrigatório de jurisdição 46

4 Composição dos juízos e tribunais.. 46
   4.1 Distinção entre juízo ou vara e juiz... 46
   4.2 Critérios de composição dos juízos e tribunais... 47
       4.2.1 Juízo único em primeiro e em segundo grau de jurisdição............ 47
       4.2.2 Juízo colegiado em primeiro e segundo grau de jurisdição........... 47
       4.2.3 Juízo único em primeiro e colegiado em segundo grau de jurisdição 48

5 Critérios de ingresso na magistratura... 48
   5.1 Eleição pelo voto popular... 48
   5.2 Livre escolha pelo Executivo 48
   5.3 Livre nomeação pelo Judiciário 48
   5.4 Nomeação pelo Executivo com aprovação do Legislativo 49
   5.5 Nomeação pelo Executivo por indicação do Judiciário ou do Legislativo 49
   5.6 Nomeação pelo Executivo por indicação do Judiciário com aprovação do Legislativo.. 49
   5.7 Nomeação pelo Executivo por indicação da OAB e do Ministério Público, com a participação do Judiciário e do Legislativo 50
   5.8 Escolha por órgão especializado.. 50
   5.9 Escolha por concurso 50
   5.10 Escolha por sorteio 51

6 Garantias da magistratura 51
   6.1 Tipos de garantias outorgadas aos juízes... 51
       6.1.1 Verdadeira garantia política dos juízes... 52
   6.2 Independência jurídica dos juízes.. 52

7 Auxiliares da Justiça: conceito e classificação 52
   7.1 Auxiliares da Justiça *lato sensu* 53
       7.1.1 Classificação dos auxiliares da Justiça 53
            7.1.1.1 Órgãos auxiliares permanentes 53
            7.1.1.2 Órgãos de encargo judicial... 53
            7.1.1.3 Órgãos auxiliares extravagantes 53

8 Órgãos do foro extrajudicial 53

9 Ministério Público.. 54
   9.1 Posição do Ministério Público na ordem jurídica... 54
   9.2 Prerrogativas reconhecidas ao Ministério Público 54
   9.3 Estatuto do Ministério Público.. 54

10 Funções, garantias e estrutura do Ministério Público 55

10.1	Funções do Ministério Público	55
10.2	Natureza jurídica do Ministério Público	55
10.3	Garantias do Ministério Público	55
10.4	Estrutura do Ministério Público	56
10.5	Conselho Nacional do Ministério Público	56
10.6	Corregedoria do Ministério Público	57
10.7	Ingresso na carreira do Ministério Público	57
11 Princípios informativos do Ministério Público		57
11.1	Princípio da unidade e indivisibilidade	57
11.2	Princípio da independência funcional	57
12 Advocacia pública		58
12.1	Advocacia-geral da União	58
12.2	Ingresso na carreira de procurador federal	58
13 Advocacia privada		58
13.1	Natureza jurídica da advocacia	58
14 Defensoria Pública		59
14.1	Natureza jurídica da Defensoria Pública	59
14.2	Ingresso na carreira de defensor público	59
14.3	Conselho Superior da Defensoria Pública	60
Bibliografia		60

CAPÍTULO 4 – JURISDIÇÃO 61

1 Funções básicas do Estado: legislação, administração e jurisdição		61
1.1	Funções do Estado	61
1.2	Conceito de soberania estatal	61
1.3	Poderes da União e suas funções	61
2 Jurisdição e equivalentes jurisdicionais		62
2.1	Jurisdição e função jurisdicional	62
	2.1.1 Conceito de jurisdição	62
2.2	Equivalentes jurisdicionais	63
3 Características da jurisdição em confronto com a legislação		63
3.1	Confronto entre as funções estatais	63
	3.1.1 Jurisdição	63
	3.1.2 Legislação	63
4 Critérios de distinção entre jurisdição e administração		64
4.1	Critério orgânico	64
4.2	Critério formal	64
4.3	Critério da diversidade de procedimento lógico	65
4.4	Critério da finalidade	65
4.5	Critério psicológico	65
4.6	Critério de acertamento do direito	65
4.7	Critério da natureza do interesse protegido	66
4.8	Critério da sanção	66

4.9	Critério da substituição de atividade		66
	4.9.1	Característica da jurisdição: Chiovenda	66
	4.9.2	Distinção entre jurisdição e administração	67
4.10	Critério da exclusão		67
5 Caracterização do ato jurisdicional			67
5.1	Características do ato jurisdicional: Couture		68
5.2	Formas externas do ato jurisdicional		68
6 Elementos da jurisdição e poderes jurisdicionais			68
6.1	Elementos da jurisdição segundo a doutrina clássica		69
6.2	Elementos da jurisdição para a moderna doutrina		69
	6.2.1	Poder de decisão	69
	6.2.2	Poder de coerção	69
	6.2.3	Poder de documentação	70
7 Princípios fundamentais da jurisdição			70
7.1	Princípio da investidura		70
7.2	Princípio da aderência ao território		70
7.3	Princípio da indelegabilidade		71
7.4	Princípio da indeclinabilidade		71
7.5	Princípio do juízo natural		71
7.6	Princípio da inércia		72
7.7	Princípio do acesso à justiça		72
7.8	Princípio da *Nula poena sine iudicio*		72
8 Extensão da jurisdição			73
8.1	Limites da jurisdição		73
8.2	Paralelismo entre legislação e jurisdição		73
8.3	Fórmula da nacionalização do direito estrangeiro		73
9 Jurisdição e suas divisões			73
9.1	Jurisdição e soberania estatal		73
9.2	Classificação da jurisdição		74
	9.2.1	Quanto à gradação	74
	9.2.2	Quanto à matéria	74
	9.2.3	Quanto à origem	74
	9.2.4	Quanto aos organismos judiciários	74
	9.2.5	Quanto à forma	75
10 Jurisdição contenciosa e jurisdição voluntária: visão teórica			76
10.1	Jurisdição voluntária para Chiovenda		76
10.2	Importância da distinção entre as duas jurisdições		76
10.3	Critérios distintivos das jurisdições contenciosa e voluntária		77
	10.3.1	Critério da contenciosidade da relação jurídica	77
	10.3.2	Critério da coação	77
	10.3.3	Critério da repressão e da prevenção	77
	10.3.4	Critério do escopo constitutivo da jurisdição voluntária	77
	10.3.5	Síntese das duas jurisdições	78
11 Tese revisionista do conceito de jurisdição voluntária			78

	11.1	Processo contencioso e processo voluntário	78
		11.1.1 Ausência de litígio ou controvérsia	79
		11.1.2 Ausência de contraparte	79
		11.1.3 Ausência de demanda	79
		11.1.4 Jurisdição voluntária é atividade jurisdicional	79
12	Jurisdição e arbitragem		80
	12.1	Existência de jurisdição na arbitragem	80
	12.2	Existência de processo arbitral	80
	12.3	Arbitragem no atual Código de Processo Civil	81
	12.4	Princípio da colaboração na arbitragem	81
	12.5	Medida cautelar ou de urgência na arbitragem	81
13	Resolução consensual dos conflitos		82
	13.1	Conciliação e mediação	82
Bibliografia			82

CAPÍTULO 5 – COMPETÊNCIA 85

1	Competência: conceito e relações com a jurisdição		85
	1.1	Competência como medida da jurisdição	85
	1.2	Distinção entre juízo e juiz	86
2	Limites e delimitação da jurisdição no espaço		86
	2.1	Extensão da jurisdição	86
	2.2	Princípio da efetividade	87
	2.3	Competência externa e competência interna	87
3	Competência interna		88
	3.1	Critérios de determinação da competência	88
		3.1.1 Sistema de determinação da competência de Carnelutti	88
		3.1.2 Critérios de determinação da competência de Chiovenda	89
		3.1.2.1 Critério objetivo	89
		3.1.2.2 Critério territorial	89
		3.1.2.3 Critério funcional	89
	3.2	Critérios de competência do Código de Processo Civil	90
		3.2.1 Critério objetivo	90
		3.2.1.1 Competência pela matéria	90
		3.2.1.2 Competência pelo valor	90
		3.2.1.3 Competência pela qualidade da pessoa	91
	3.3	Competência territorial	92
		3.3.1 Foro geral e foros supletivos e especiais	92
		3.3.1.1 Foro geral	92
		3.3.1.2 Foros supletivos do geral	92
		3.3.1.3 Foros especiais	93
		3.3.2 Critério da situação da coisa	93
		3.3.3 Critério da condição da pessoa	93
		3.3.4 Critério do lugar do ato ou fato	93
	3.4	Critério funcional	94

4 Prorrogação de competência: conexão e prevenção 96
    4.1 Competência absoluta 96
    4.2 Competência relativa 96
    4.3 Alegação de incompetência no processo civil 97
    4.4 Conflito de competência 97
    4.5 Prorrogação de competência 98
        4.5.1 Prorrogação legal e prorrogação voluntária 98
        4.5.2 Conexão de causas: doutrina de Pescatore 98
            4.5.2.1 Elementos da ação 98
            4.5.2.2 Conexão nos processos civil e penal 99
        4.5.3 Continência de causas 99
            4.5.3.1 Continência no processo penal 99
        4.5.4 Conexão e continência no processo trabalhista 100
    4.6 Prorrogação de competência 100
        4.6.1 Competência no processo penal 100
    4.7 Prevenção de competência 100
5 Perpetuação da jurisdição 101
    5.1 Perpetuação da jurisdição ou da competência 101
        5.1.1 Momento de perpetuação da competência 101
        5.1.2 Perpetuação da jurisdição no processo penal 101
Bibliografia 101

CAPÍTULO 6 – PROBLEMÁTICA DA AÇÃO 103

1 Evolução do conceito de ação 103
    1.1 Evolução da ação no direito romano 103
        1.1.1 Sistema das ações da lei 103
        1.1.2 Sistema formulário 104
            1.1.2.1 Composição da fórmula 105
        1.1.3 Sistema da cognitio extraordinária 105
    1.2 Codificação de Justiniano e a definição de ação de Celso e Ulpiano 105
        1.2.1 Teoria imanentista da ação 105
    1.3 Polêmica Windscheid *versus* Muther 106
2 Teorias sobre a ação 109
    2.1 Ação como direito a uma sentença justa 110
    2.2 Ação como emanação da personalidade 110
    2.3 Ação como direito de ser ouvido em juízo 111
    2.4 Ação como pretensão de tutela jurídica 111
    2.5 Ação como direito potestativo 112
    2.6 Ação como direito processual das partes 113
    2.7 Ação como direito de petição 114
    2.8 Ação como direito cívico 115
    2.9 Ação como direito à jurisdição 116
3 Relatividade do conceito de ação 117
4 Condições da ação civil 118

		4.1	Interesse de agir ou interesse processual	119
		4.2	Legitimação das partes	119
		4.3	Crítica à concepção original de Liebman sobre a ação	120
5	Condições da ação penal			121
6	Defesa contra a ação. Questões sobre o exercício da ação			121
		6.1	Conceito de "questão"	121
		6.2	Classificação das questões na teoria de Hélio Tornaghi	122
7	Classificação das ações			123
		7.1	Classificação da ação civil	123
		7.2	Classificação da ação trabalhista	126
		7.3	Classificação da ação penal	127
8	Elementos da ação			129
		8.1	Teorias sobre a causa de pedir: individuação e substanciação	129
9	Cumulação de ações			130
10	Concurso de ações			131
11	Cumulação de pedidos			132
12	Reunião de ações e cumulação de ações			132
Bibliografia				132

CAPÍTULO 7 – PROBLEMÁTICA DO PROCESSO — 135

1	Valores e normas fundamentais			135
		1.1	Ordenação do processo civil	135
		1.2	Direito constitucional processual e direito processual constitucional	136
2	Principais teorias sobre a natureza do processo			136
3	Processo como contrato			137
4	Processo como quase contrato			138
5	Processo como instituição			138
6	Processo como situação jurídica			141
		6.1	Feição estática e dinâmica do direito	142
			6.1.1 Expectativa de sentença favorável	142
			6.1.2 Perspectiva de sentença desfavorável	142
			6.1.3 Situação de possibilidade	142
			6.1.4 Situação de encargo ou de ônus	142
			6.1.5 Situação de dispensa de encargo	143
			6.1.6 Crítica de Calamandrei à teoria da situação jurídica	143
			6.1.7 Mérito da teoria de Goldschmidt: conceito de ônus processual	143
7	Processo como relação jurídica			144
		7.1	Sistematização da relação jurídica processual	144
8	Relação jurídica processual: características			146
9	Caracterização da relação processual			148
		9.1	Teoria linear da relação processual	148
		9.2	Teoria angular da relação processual	149
		9.3	Teoria triangular da relação processual	149

10 Pressupostos processuais: pressupostos de existência e pressupostos de validade 150
    10.1 Pressupostos processuais 151
        10.1.1 Pressupostos de existência da relação processual 151
            10.1.1.1 Pressupostos subjetivos de existência do processo 151
            10.1.1.2 Pressuposto objetivo de existência do processo 151
    10.2 Pressupostos de validade da relação processual 152
        10.2.1 Pressupostos de validade subjetivos do processo 152
            10.2.1.1 Pressupostos de validade em relação às partes 152
            10.2.1.2 Pressupostos de validade em relação ao juiz 153
        10.2.2 Pressupostos de validade objetivos do processo 154
11 Defesa contra o processo 156
    11.1 Questões sobre o processo 156
    11.2 Conceito de exceção como sinônimo de defesa 156
        11.2.1 Alegações contra o processo 156
        11.2.2 Modalidades de defesa no processo civil 156
        11.2.3 Modalidades de defesa no processo penal 157
        11.2.4 Tratamento das questões no Código de Processo Civil 157
        11.2.5 Questão processual e objeção processual 157
        11.2.6 Modos de alegação das questões processuais 158
        11.2.7 Exceção e objeção no direito positivo civil e penal 158
        11.2.8 Exceções na Consolidação das Leis do Trabalho 158
Bibliografia 158

CAPÍTULO 8 – CONTEÚDO OBJETIVO DO PROCESSO 161

1 Problemática do mérito 161
    1.1 Mérito na doutrina tradicional 161
2 Mérito e lide 161
    2.1 Mérito na doutrina de Carnelutti 161
    2.2 Mérito na doutrina de Liebman 162
    2.3 Lide total e lide parcial 162
    2.4 Configuração do pedido na doutrina de Liebman 162
    2.5 Julgamento parcial do mérito 163
3 Mérito em matéria penal 163
    3.1 Conceito de mérito em matéria penal 164
4 Defesa contra o mérito 164
    4.1 Defesa direta contra o mérito 164
    4.2 Defesa indireta contra o mérito 165
    4.3 Conceito substancial de exceção 165
5 Pontos prejudiciais e questões prejudiciais 165
    5.1 Conceito de questão prejudicial 166
    5.2 Visão pragmática das questões prejudiciais 166
    5.3 Características das questões prejudiciais 167
    5.4 Categorias de questões prejudiciais 168

6	Questões preliminares e questões prejudiciais		168
	6.1	Ponto comum entre questões preliminares e prejudiciais	168
	6.2	Diferenças entre questões preliminares e prejudiciais	168
	6.3	Questões prejudiciais e coisa julgada	169
Bibliografia			169

CAPÍTULO 9 – COMPOSIÇÃO SUBJETIVA DO PROCESSO 171

1	Sujeitos processuais				171
	1.1	Sujeitos principais do processo			171
	1.2	Sujeitos secundários do processo			171
	1.3	Sujeitos *sui generis* do processo			172
2	Partes: generalidades, conceito; princípios informativos				172
	2.1	Sujeitos parciais do processo			172
	2.2	Configuração da relação processual: simples e litisconsorcial			172
	2.3	Sujeitos da relação processual e da relação material			173
	2.4	Conceito civilista de parte			173
	2.5	Concepção moderna de parte			173
	2.6	Denominação das partes no processo			174
	2.7	Princípios informativos das partes			174
3	Pluralidade de partes, ativa e passiva. Litisconsórcio				175
	3.1	Conceito de litisconsórcio			175
	3.2	Classificação do litisconsórcio			176
		3.2.1	Litisconsórcio ativo, passivo e misto		176
		3.2.2	Litisconsórcio inicial e ulterior		176
		3.2.3	Litisconsórcio necessário e facultativo		176
		3.2.4	Litisconsórcio unitário e não unitário		178
4	Intervenção de terceiros				179
	4.1	Conceito de terceiro			179
		4.1.1	Intervenção de terceiros no processo		179
		4.1.2	Espécies de intervenção de terceiros		179
		4.1.3	Espécies de assistência		180
			4.1.3.1	Assistência simples	180
			4.1.3.2	Assistência litisconsorcial	180
		4.1.4	Conceito de interesse jurídico		181
		4.1.5	Interesse de fato ou econômico		181
		4.1.6	Diferença entre assistência simples e litisconsorcial		182
			4.1.6.1	Natureza jurídica do assistente litisconsorcial	182
		4.1.7	Denunciação da lide		182
		4.1.8	Chamamento ao processo		183
		4.1.9	Desconsideração da personalidade jurídica		183
		4.1.10	*Amicus curiae*		183
5	Substituição processual e legitimação extraordinária				184
6	Diferenças entre representação, substituição e sucessão processual				185
	6.1	Representação processual			185

6.2	Substituição processual	185
6.3	Sucessão processual	185
7	Limites de incidência da autonomia da vontade: o poder dispositivo	186
7.1	Poder dispositivo da parte no processo civil	186
7.2	Poder dispositivo no processo trabalhista	187
7.3	Poder dispositivo no processo penal	187
Bibliografia		188

CAPÍTULO 10 – MORFOLOGIA DO PROCESSO ... 191

1	Distinção entre processo e procedimento	191
1.1	Conceito de processo na ciência do direito	191
1.2	Conceito de procedimento	192
1.3	Classificação dos procedimentos	192
1.3.1	Procedimentos cíveis	192
1.3.2	Procedimentos penais	193
1.3.3	Procedimentos trabalhistas	193
2	Princípios processuais	194
2.1	Conceito de princípio	194
3	Princípios informativos do processo	194
3.1	Princípio lógico	194
3.2	Princípio jurídico	194
3.3	Princípio político	194
3.4	Princípio econômico	195
4	Princípios fundamentais do processo	195
4.1	Princípio da iniciativa da parte	195
4.2	Princípio do impulso oficial	195
4.3	Princípio do contraditório	196
4.3.1	Contraditório substancial	197
4.4	Princípio inquisitório ou inquisitivo	197
4.5	Princípio dispositivo	197
4.6	Princípio da lealdade processual	198
4.7	Princípio da publicidade	198
4.8	Princípio da preclusão	199
4.9	Princípio da eventualidade	199
4.10	Outros princípios processuais	199
4.10.1	Princípio da inafastabilidade	199
4.10.2	Princípio da duração razoável do processo	200
4.10.3	Princípio da boa-fé objetiva	201
4.10.4	Princípio da cooperação	201
4.10.5	Princípio da paridade de tratamento	203
4.10.6	Fins sociais da lei e exigências do bem comum	203
4.10.7	Princípio da proibição de decisão-surpresa	205
4.10.8	Princípio da fundamentação	206
4.10.9	Princípio da publicidade	206

5	Princípios procedimentais			207
	5.1	Procedimento oral		207
	5.2	Princípios informativos do procedimento oral		207
		5.2.1	Princípio da imediação	207
		5.2.2	Princípio da identidade física do juiz	208
		5.2.3	Princípio da concentração	208
		5.2.4	Princípio da irrecorribilidade das interlocutórias	208
6	Tipologia do processo			209
	6.1	Classificação do processo		209
		6.1.1	Processo de conhecimento	210
			6.1.1.1 Processo de conhecimento declaratório	210
			6.1.1.2 Processo de conhecimento constitutivo	210
			6.1.1.3 Processo de conhecimento condenatório	210
		6.1.2	Processo de execução	210
	6.2	Processo individual		211
	6.3	Processo coletivo		211
		6.3.1	Direito subjetivo e interesse legítimo	212
	6.4	Processo social		213
	6.5	Processos penal, trabalhista e civil		213
	6.6	Processo penal acusatório, inquisitório e misto		213
	6.7	Juiz das garantias e processo acusatório		215
Bibliografia				215

CAPÍTULO 11 – DISCIPLINA NORMATIVA DO PROCESSO 217

1	Norma jurídica			217
	1.1	Leis substantivas e leis adjetivas		217
	1.2	Normas materiais e normas processuais		217
		1.2.1	Normas materiais	217
		1.2.2	Normas processuais	218
			1.2.2.1 Divisão das normas processuais	218
2	Fontes do direito processual			218
3	Interpretação e integração da norma processual			220
	3.1	Interpretação do ponto de vista objetivo		220
		3.1.1	Interpretação gramatical ou literal	220
		3.1.2	Interpretação lógica ou teleológica	220
		3.1.3	Interpretação sistemática	220
		3.1.4	Interpretação histórica	221
	3.2	Interpretação do ponto de vista subjetivo		221
		3.2.1	Interpretação autêntica	221
		3.2.2	Interpretação doutrinária	221
		3.2.3	Interpretação judicial	221
	3.3	Interpretação do ponto de vista dos resultados		221
		3.3.1	Interpretação extensiva	221
		3.3.2	Interpretação restritiva	221

3.4	Outras formas de interpretação		221
3.5	Integração da norma processual		222
	3.5.1	Analogia	222
	3.5.2	Costumes	223
	3.5.3	Princípios gerais de direito	223
	3.5.4	Equidade	223

4 Limitações espaciais e temporais na aplicação da norma processual 223
   4.1 Princípio da territorialidade 223
   4.2 Conflito temporal de leis processuais 224
      4.2.1 Disposições finais e transitórias do Código de Processo Civil 224
   4.3 Sistemas de solução dos conflitos de normas processuais 224
      4.3.1 Sistema da unidade processual 224
      4.3.2 Sistema das fases processuais 225
      4.3.3 Sistema do isolamento dos atos processuais 225
   4.4 Ultratividade das leis processuais 225

5 Aplicação das normas processuais 225
   5.1 Leis processuais nacionais e estrangeiras 225
   5.2 Projeto de normas transnacionais 225
   5.3 Ausência de normas nos demais processos 225

Bibliografia 226

CAPÍTULO 12 – DINÂMICA DO PROCESSO 227

1 Dinamicidade do processo 227
   1.1 Fases ou momentos do processo 227
   1.2 Impulso processual 227
      1.2.1 Autodinâmica e heterodinâmica 227

2 Fatos, atos e negócios jurídicos processuais 228
   2.1 Fato e fatos jurídicos 228
      2.1.1 Fato jurídico processual e sua classificação 228
          2.1.1.1 Fato juridicamente irrelevante 229
          2.1.1.2 Fato jurídico *lato sensu* e ato jurídico 229
          2.1.1.3 Ato jurídico *stricto sensu* 229
          2.1.1.4 Negócio jurídico processual 229
   2.2 Caracterização do ato processual 230

3 Princípios informativos dos atos processuais 230
   3.1 Princípio da legalidade 231
   3.2 Princípio da publicidade 231
   3.3 Princípio da instrumentalidade 231
   3.4 Princípio da sanabilidade 231

4 Tempo dos atos processuais. Prazos e caducidades 231
   4.1 Conceito de prazo 231
   4.2 Prazo e termo 231
   4.3 Classificação dos prazos 232

	4.3.1	Prazo dilatório e prazo peremptório	232
	4.3.2	Prazo legal, judicial e convencional	232
	4.3.3	Prazo comum, especial e individual	233
	4.3.4	Prazo próprio e prazo impróprio	233
5	Revelia e preclusão		233
	5.1	Revelia no processo	233
		5.1.1	Efeitos da revelia no processo	234
	5.2	Preclusão de prazos	234
		5.2.1	Espécies de preclusão	234
			5.2.1.1 Preclusão temporal	234
			5.2.1.2 Preclusão lógica	234
			5.2.1.3 Preclusão consumativa	234
6	Perfeição e eficácia do ato processual: teoria das nulidades		235
	6.1	Irregularidade do ato processual	235
	6.2	Nulidade processual e sistemas de nulidades	235
		6.2.1	Qualquer defeito acarreta nulidade	236
		6.2.2	Nulidade resulta de declaração da lei	236
		6.2.3	Nulidade varia conforme a gravidade do vício	236
	6.3	Princípios informativos das nulidades	236
		6.3.1	Princípio da causalidade	236
		6.3.2	Princípio da instrumentalidade das formas	236
		6.3.3	Princípio do interesse	236
		6.3.4	Princípio da economia processual	237
	6.4	Ato processual inexistente	237
7	Ordem cronológica na prática de atos processuais		237
8	Calendário para a prática de atos processuais		238
Bibliografia			239

CAPÍTULO 13 – PROVA 241

1	Prova		241
	1.1	Origem e significado vulgar de prova	241
	1.2	Conceito lógico e jurídico de prova	241
	1.3	Conceito de prova na doutrina	241
	1.4	Sentidos objetivo e subjetivo da prova	241
	1.5	Conceito de prova judiciária	242
2	Objeto, função e destinatário da prova		242
	2.1	Objeto da prova judiciária	242
	2.2	Função da prova judiciária	242
	2.3	Destinatários da prova judiciária	242
3	Classificação das provas		242
	3.1	Prova pessoal	242
	3.2	Prova real	243
	3.3	Prova direta	243

3.4	Prova indireta	243
3.5	Prova testemunhal	243
3.6	Prova documental	243
3.7	Prova material	243
3.8	Prova casual	243
3.9	Prova preconstituída	243
4	Meios probatórios: pressupostos e limitações	244
4.1	Fixação dos fatos no processo	245
4.1.1	Prova no processo penal	245
4.1.2	Juiz das garantias no campo probatório penal	245
4.1.3	Prova no processo civil	246
5	Natureza do direito probatório	246
5.1	Natureza jurídica da prova	246
6	Distribuição do ônus probatório: significado	247
6.1	Conceito de ônus probatório	247
6.2	Distribuição estática da prova	247
6.3	Ônus da prova na doutrina	247
7	Critérios formais de distribuição do ônus probatório	248
7.1	Critério de Carnelutti	248
7.2	Critério de Chiovenda	248
7.3	Critério de Betti	248
7.4	Problemática do ônus probatório	249
8	Critério material de distribuição do ônus probatório	249
8.1	Repartição do ônus da prova	249
8.1.1	Fato constitutivo do direito	249
8.1.2	Fato impeditivo do direito	250
8.1.3	Fato modificativo do direito	250
8.1.4	Fato extintivo do direito	250
9	Dinamização e inversão do ônus da prova	250
9.1	Distribuição dinâmica da prova	250
9.1.1	Dinamização do ônus da prova	250
9.1.2	Momento de inversão do ônus da prova	251
10	Fatos como objeto da prova	251
10.1	Fatos que carecem de prova	252
10.1.1	Prova de fatos controvertidos	252
10.1.2	Prova de fatos relevantes	252
10.1.3	Prova de fatos determinados	252
10.2	Fatos que não carecem de prova	252
10.2.1	Fatos incontroversos	252
10.2.2	Fatos evidentes	253
10.2.3	Fatos impertinentes	253
10.2.4	Fatos irrelevantes ou inconcludentes	253
10.2.5	Fatos impossíveis	253
10.2.6	Fatos indeterminados	253

		10.2.7	Fatos notórios	253
		10.2.8	Fatos possíveis com prova impossível	254
			10.2.8.1 Natureza da impossibilidade da prova	254

11 Prova de fatos negativos.. 255
    11.1 Problemática da prova de fato negativo.. 255

12 Prova do direito 255

13 Motivos de prova, meios de prova e procedimento probatório.......................... 255
    13.1 Motivos de prova 256
    13.2 Meios de prova 256
    13.3 Procedimento probatório 256
    13.4 Eficácia objetiva e atendibilidade da prova... 256

14 Alcance do procedimento probatório. Princípios probatórios.......................... 256
    14.1 Fases ou momentos do procedimento probatório 256
        14.1.1 Proposição da prova... 256
        14.1.2 Admissão da prova.. 256
        14.1.3 Produção da prova 257
    14.2 Princípios informativos da oralidade.. 257
        14.2.1 Princípio da identidade física do juiz.. 257
        14.2.2 Princípio da concentração da prova 257
        14.2.3 Princípio da imediação.. 258
        14.2.4 Outros princípios probatórios 258
            14.2.4.1 Princípio da unidade da prova 258
            14.2.4.2 Princípio da vedação da prova ilícita............................ 258
            14.2.4.3 Princípio da comunhão da prova.................................. 258
            14.2.4.4 Princípio do *in dubio pro reo* 258
            14.2.4.5 Princípio da persuasão racional 258

15 Produção antecipada da prova... 258
    15.1 Ata notarial... 259

16 Sistemas de valoração das provas 259
    16.1 Sistemas de avaliação das provas.. 259
        16.1.1 Sistema positivo ou legal... 260
        16.1.2 Sistema da íntima convicção.. 260
        16.1.3 Sistema da persuasão racional... 260

17 Verdade no processo: verdade formal e verdade material 261
    17.1 Princípio da verdade formal 261
    17.2 Princípio da verdade material.. 261

Bibliografia.. 261

CAPÍTULO 14 – SENTENÇA.. 263

1 Introdução ao estudo da sentença: atos ordinatórios e atos decisórios............. 263
    1.1 Atos processuais do juiz... 263
        1.1.1 Classificação dos atos do juiz 263
            1.1.1.1 Despachos ordinatórios... 263
            1.1.1.2 Despachos interlocutórios 264

		1.1.1.3	Decisões terminativas...	264
		1.1.1.4	Decisões definitivas	264
	1.2	Atos processuais do juiz no processo civil		264
		1.2.1	Sentença..	264
		1.2.2	Decisão interlocutória	264
		1.2.3	Despachos	264
	1.3	Atos do juiz nos processos penal e trabalhista		264
2	Conceito de sentença			265
	2.1	Sentença no processo romano		265
	2.2	Sentença no processo medieval		265
	2.3	Derivação etimológica do vocábulo "sentença".................................		265
	2.4	Sentença na doutrina		265
3	Gênese lógica da sentença			265
	3.1	Construção silogística da sentença		266
	3.2	Conceito de subsunção		266
	3.3	Sentença contém vários silogismos...		266
	3.4	Conceito de sentença para Couture		266
4	Natureza da atividade judicial na emissão da sentença			266
	4.1	Sentença como ato de inteligência do juiz		266
	4.2	Sentença como ato de inteligência e vontade.....................................		266
	4.3	Elemento essencial e característico da sentença................................		267
	4.4	Resposta de Alfredo Rocco às críticas à sua teoria		267
	4.5	Sentença na concepção de Chiovenda...		267
	4.6	Sentença na concepção de Lopes da Costa		268
5	Função da sentença			268
	5.1	Sentença como ato de criação do direito objetivo.............................		268
		5.1.1	Teoria de Bülow..	268
		5.1.2	Teoria de Carnelutti	268
	5.2	Sentença como ato de criação do direito subjetivo...........................		269
	5.3	Doutrina sobre a função declaratória da sentença............................		269
		5.3.1	Lacunas na lei e integração das normas jurídicas........	269
6	Sentença como ato processual e como fato processual. Efeitos da sentença			269
	6.1	Sentença como ato jurídico processual		269
		6.1.1	Publicação da sentença no processo civil......................	270
		6.1.2	Publicação da sentença no processo trabalhista	270
		6.1.3	Publicação da sentença no processo penal	270
	6.2	Efeitos principais da sentença como ato processual		270
	6.3	Efeitos secundários da sentença como fato processual		270
7	Classificação da sentença...			270
	7.1	Sentença declaratória		271
	7.2	Sentença constitutiva		271
	7.3	Sentença condenatória		271
	7.4	Sentenças sujeitas a cumprimento forçado		271
8	Requisitos ou elementos essenciais da sentença....................................			272

	8.1	Componentes essenciais da sentença..	272
		8.1.1	Relatório	272
		8.1.2	Fundamentos da sentença...	272
			8.1.2.1 Necessidade de fundamentação...............................	272
	8.2	Parte dispositiva da sentença	273
		8.2.1	Dispositivo direto e dispositivo indireto.......................................	273
9	Efeitos da sentença na interferência das jurisdições	273
	9.1	Prevalência da jurisdição penal sobre a civil	274
	9.2	Quando a sentença penal não se projeta no cível	274
	9.3	Fixação de danos civis pela sentença penal..	275
	9.4	Sentença penal e coisa julgada no cível	275
	9.5	Decisão no juízo criminal e processo trabalhista......................................	275
Bibliografia..	276

CAPÍTULO 15 – RECURSO 277

1	Recurso	277
	1.1	Derivação etimológica da palavra "recurso"...	277
	1.2	Sentido técnico-processual do termo "recurso"	277
	1.3	Notas características do recurso	277
	1.4	Conceito de recurso na doutrina..	277
2	Duplo grau de jurisdição	278
	2.1	Recurso e dualidade de instâncias..	278
3	Natureza jurídica do recurso...	278
	3.1	Concepção do recurso como ação	278
	3.2	Concepção do recurso como direito distinto da ação	279
4	Pressupostos recursais...	279
	4.1	Pressupostos recursais objetivos...	280
		4.1.1	Recorribilidade da decisão...	280
		4.1.2	Tempestividade do recurso..	280
		4.1.3	Singularidade do recurso	280
		4.1.4	Adequação do recurso	280
		4.1.5	Observância da forma legal	281
		4.1.6	Motivação do recurso	281
		4.1.7	Preparo do recurso..	281
	4.2	Pressupostos subjetivos do recurso..	281
		4.2.1	Legitimação para recorrer..	282
		4.2.2	Interesse jurídico em recorrer	282
5	Sucumbência...	282
	5.1	Conceito de sucumbente	282
		5.1.1	Sucumbência como gravame para a parte	282
		5.1.2	Sucumbência em função do pedido...	282
	5.2	Classificação da sucumbência	283
		5.2.1	Sucumbência única e múltipla	283
		5.2.2	Sucumbência direta e reflexa...	284
		5.2.3	Sucumbência total e parcial...	284

6	Fundamento do recurso..	285
	6.1 Erro de procedimento..	285
	6.2 Erro de julgamento..	285
7	Juízo de admissibilidade e juízo de mérito...	285
	7.1 Tribunal conhece ou não conhece do recurso	286
	7.2 Tribunal dá ou nega provimento ao recurso..	286
8	Efeitos do recurso	286
	8.1 Efeito suspensivo do recurso...	286
	8.2 Efeito devolutivo do recurso	286
	8.3 Efeito extensivo	286
	8.4 Efeito retratativo do recurso	287
9	Modos de impugnação das decisões	287
	9.1 Impugnação por meio de recurso e por ação autônoma....................	287
	9.2 Principal reflexo da interposição do recurso..	287
	9.2.1 Reiteração e iteração da relação processual.........................	287
10	Classificação dos recursos	288
	10.1 Classificação quanto à natureza...	288
	10.2 Classificação quanto à iniciativa recursal...	288
	10.3 Classificação quanto à extensão do recurso	289
	10.4 Classificação quanto à autonomia do recurso	289
	10.5 Classificação quanto ao poder de retratação do juiz........................	289
	10.6 Classificação quanto ao fundamento recursal...................................	289
11	Tipologia recursal...	291
	11.1 Teoria do recurso indiferente...	291
	11.2 Modalidades de recurso no processo civil	291
	11.2.1 Mandado de segurança como sucedâneo recursal	291
	11.2.2 Medidas de quase recurso	291
	11.3 Modalidades de recurso no processo penal..	292
	11.4 Modalidades de recurso no processo trabalhista..............................	292
12	Incidentes recursais...	294
	12.1 Assunção de competência	295
	12.2 Arguição de inconstitucionalidade	295
	12.3 Resolução de demandas repetitivas..	295
	12.4 Reclamação..	295
	12.5 Recursos extraordinário e especial repetitivos..................................	295
13	Proibição de *reformatio in peius*	295
Bibliografia..		296

CAPÍTULO 16 – COISA JULGADA... 297

1	Natureza jurídica da sentença recorrível..	297
	1.1 Ato jurídico sujeito a condição suspensiva...	297
	1.2 Ato jurídico sujeito a condição resolutiva...	297
	1.3 Mera situação jurídica ou simples ato do magistrado	298

	1.4	Ato jurisdicional por excelência	298
	1.5	Ato imperativo do Estado-juiz	299
	1.6	Ato jurídico sujeito a revogação	299
	1.7	Ato jurídico sujeito a condição suspensiva ou resolutiva	299
2	Escorço histórico da coisa julgada		299
	2.1	Coisa julgada no processo romano	299
	2.2	Coisa julgada no processo medieval	300
	2.3	Novos contornos dados à coisa julgada por Liebman	300
3	Coisa julgada: coisa julgada *formal* e coisa julgada *material*		300
	3.1	Coisa julgada formal	300
	3.2	Coisa julgada material	301
4	Justificação da coisa julgada		301
	4.1	Fundamento político da coisa julgada	301
	4.2	Fundamento jurídico da coisa julgada	301
		4.2.1 Principais teorias sobre o fundamento jurídico da coisa julgada	301
		4.2.1.1 Teoria da presunção de verdade	301
		4.2.1.2 Teoria da ficção da verdade	302
		4.2.1.3 Teoria da força legal substancial da sentença	302
		4.2.1.4 Teoria da eficácia da declaração	302
		4.2.1.5 Teoria da vontade do Estado	303
		4.2.1.6 Teoria da extinção da obrigação jurisdicional do Estado	303
		4.2.1.7 Teoria da sentença como lei especial	304
		4.2.1.8 Teoria da qualificação dos efeitos da sentença	304
5	Limites objetivos da coisa julgada		306
	5.1	Coisa julgada no processo civil	307
		5.1.1 Coisa julgada e questões prejudiciais	307
	5.2	Relação entre o dispositivo e os fundamentos da sentença	307
6	Limites subjetivos da coisa julgada		308
	6.1	Coisa julgada em relação às partes na demanda	308
	6.2	Teorias sobre a extensão da coisa julgada a terceiros	309
		6.2.1 Teoria da identidade objetiva da relação jurídica	309
		6.2.2 Teoria da representação	309
		6.2.3 Teoria da identidade da posição jurídica	309
		6.2.4 Teoria da subordinação da posição jurídica	309
		6.2.5 Teoria dos efeitos reflexos da coisa julgada	310
		6.2.5.1 Categorias de terceiros em relação ao processo	311
7	Teoria da eficácia natural da sentença		311
	7.1	Distinção entre eficácia natural da sentença e coisa julgada	311
		7.1.1 Princípios básicos da teoria de Liebman	312
8	Projeção da coisa julgada penal na esfera cível e vice-versa		312
	8.1	Prevalência da jurisdição penal sobre a cível	312
		8.1.1 Teoria da unidade da jurisdição	312
		8.1.2 Teoria da ficção da representação	312

	8.1.3	Teoria da predominância do princípio inquisitório no processo penal	313
	8.1.4	Necessidade de evitar julgados contraditórios	313
Bibliografia			313

CAPÍTULO 17 – EXECUÇÃO 315

1	Execução e processo	315
	1.1 Autonomia do processo de execução	315
2	Pressupostos processuais na execução	316
	2.1 Pressupostos genéricos e específico do processo de execução	316
	2.2 Competência no processo de execução	317
	2.3 Objeto do processo de execução	317
	2.3.1 Lide de pretensão insatisfeita	317
	2.4 Condições da ação de execução	317
3	Defesa na execução	317
	3.1 Natureza jurídica dos embargos à execução	317
4	Execução e jurisdição	318
	4.1 Caráter substitutivo da execução	318
	4.2 Natureza da execução penal	318
5	Exceção (ou alegação) de pré-executividade	319
	5.1 Construção doutrinária do instituto	319
	5.2 Problemática da exceção de pré-executividade	319
6	Cumprimento de sentença	319
	6.1 Cumprimento de sentença penal, arbitral e estrangeira	320
	6.2 Cumprimento parcial da sentença: parte líquida e ilíquida	320
Bibliografia		320

BIBLIOGRAFIA GERAL 321

Capítulo 1
PROPEDÊUTICA[1] PROCESSUAL

Sumário: 1 Análise de conceitos processuais básicos. 2 Formas de resolução dos conflitos de interesses. 3 Processo e atuação do direito objetivo. 4 Escopo do processo.

1   ANÁLISE DE CONCEITOS PROCESSUAIS BÁSICOS

O ser humano possui uma vocação, que lhe é imanente, de viver em grupo, associado a outros seres da mesma espécie, tendo Aristóteles registrado que o homem é um animal político, que nasce com a tendência de viver em sociedade. Cada homem tem necessidade dos demais para sua própria conservação e aperfeiçoamento, pelo que a sociedade não é uma formação artificial, mas uma necessidade natural do homem.

Quem contempla um agrupamento social verifica que ele revela aos olhos do observador os homens com as suas necessidades, os seus interesses, as suas pretensões e os seus conflitos.

Estes conceitos não são criados ou moldados pela teoria geral do processo nem patrimônio exclusivo dela,[2] mas que Carnelutti, no âmbito da teoria geral do direito, *submeteu a uma rigorosa análise de síntese*.

1.1   Necessidade

O primeiro desses conceitos a merecer atenção é o conceito de *necessidade*, que não é de índole essencialmente jurídica.

Esta expressão "necessidade", difícil de ser definida, traduz-se numa situação de carência ou desequilíbrio biológico ou psíquico, e, etimologicamente, deriva de *nec + esse*, que significa *não ser*, não existir, traduzindo a falta de alguma coisa ou algo que não é.

O homem experimenta necessidades as mais diversas, sob variados aspectos, e tende a proceder de forma que sejam satisfeitas; que desapareça a carência ou se restabeleça o equilíbrio perdido. A necessidade decorre do fato de que o homem depende de certos elementos, não só para sobreviver, como para se aperfeiçoar social, política e culturalmente, pelo que não seria errôneo dizer que o homem é um ser dependente.

Se o homem é um ser dependente, podemos concluir que a necessidade é uma *relação de dependência* do homem para com algum elemento, relação essa que Carnelutti precisou como sendo uma "necessidade".

---

[1]   Propedêutica é o mesmo que "introdução".
[2]   Alguns desses conceitos sequer têm conteúdo exclusivamente jurídico, mas também sociológico.

Doutrina Carnelutti que entre os entes existem *relações* de complementaridade e isto se deve a uma manifestação vital de que alguns são dotados, que os impulsiona a combinar-se com os entes complementares. A força vital consiste precisamente em que os que têm vida sintam estímulo para tal combinação. O estímulo age mediante uma sensação *penosa*, enquanto falta a combinação, e, mediante uma sensação *agradável*, quando a combinação se produz. Essa tendência para a combinação de um ente vivo (homem) com um ente complementar (bem) constitui uma necessidade. A necessidade se satisfaz com a combinação.

1.2 Bem

Sendo a necessidade satisfeita mediante determinados elementos, emerge, em seguida, conceito de *bem* ou *bem da vida*.

Para Carnelutti, *bem* é o elemento capaz de satisfazer a uma necessidade do homem; sendo esse vocábulo derivado de *bonum quod beat*, ou seja, *porque faz bem*.

Nesse mesmo sentido, Ugo Rocco, para quem *bem* é tudo o que é apto para satisfazer, ou que satisfaz, a uma necessidade, permitindo a amplitude do conceito que ele compreenda tanto bens materiais, como a água, o alimento, o vestuário e o transporte, quanto imateriais, como a paz, a liberdade, a honra e o amor.[3]

1.3 Utilidade

Fixado o conceito de bem, chega-se ao conceito de *utilidade*, que nada mais é do que a aptidão de um bem para atender a uma necessidade.

Ugo Rocco[4] define a *utilidade* como a idoneidade de um bem para satisfazer a uma necessidade.

De um lado, temos *o homem* com as suas necessidades e, de outro, *os bens* com a sua utilidade. A necessidade e a utilidade despertam o interesse do homem pelo gozo dos bens da vida, o que não significa que, sempre que haja utilidade num bem, ocorra um interesse relativamente a ele. É preciso que à *utilidade* se alie uma *necessidade* presente ou de previsão futura, exemplificando Carnelutti que o pão é um bem e tem sempre utilidade, mas não haverá interesse a não ser para quem tem fome ou possa prever que venha a tê-la.

1.4 Interesse

Emerge aí, então, o conceito de *interesse*, muito discutido em sede doutrinária.

Para Ugo Rocco, o *interesse* é um *juízo*, formulado por um sujeito acerca de uma necessidade, sobre a utilidade ou sobre o valor de um bem, enquanto meio para a satisfação dessa necessidade. Por conseguinte, o *interesse* é um ato da inteligência, que é dado pela tríplice representação de *um bem*, de *uma necessidade* e *da aptidão* do bem para satisfazer a essa necessidade.

Para Carnelutti, porém, o *interesse* não é um juízo, mas uma *posição do homem*; ou mais precisamente a "posição favorável à satisfação de uma necessidade", e, portanto, uma relação entre o *homem* que experimenta a necessidade e o *bem* apto a satisfazê-la.

---

[3] Para Ugo Rocco, o conceito de "bem" é amplíssimo e dentro dele podem agrupar-se todas as realidades que entram no conceito de valor, podendo ser uma coisa, um homem, uma ação, uma omissão, uma relação de fato ou uma relação jurídica.

[4] A utilidade mais não é do que o produto de uma relação entre um sujeito que sente uma necessidade e um objeto que satisfaz a essa necessidade, e implica um juízo de utilidade e de valor. A utilidade, neste sentido, é sempre utilidade subjetiva, mas pode dar-se uma utilidade objetiva, quando o juízo de utilidade ou de valor proceda de uma valoração média das valorações individuais ou subjetivas.

Se o interesse é uma posição do homem favorável à satisfação de uma necessidade, esta posição se verifica em relação a um bem; pelo que o *homem* e *bem* são os dois termos dessa relação que se chama *interesse*. O *sujeito* do interesse é o homem e *objeto dele*, o bem da vida.

Que o *interesse* consista *numa relação,* verifica-se através da própria palavra, que é uma das mais expressivas, derivada de *quod inter est* (*que está entre*), pelo que aquele que está entre uma necessidade e um bem apto a satisfazê-la estará numa *posição* ou *situação* de "interesse". Assim, se o homem tiver fome, tendo o alimento à sua disposição, estará numa *posição ou situação de interesse*; mas, se tiver fome, sem ter o alimento à sua disposição, não estará.

Alguns, diz Carnelutti, fazem do interesse um *juízo*, algo que estaria dentro e não fora de nós, sem pensar que, se assim fosse, ou não haveria guerra ou esta seria uma raridade, pois seria bastante difícil que os homens se lançassem uns contra os outros por uma questão de dissídio de opinião. A relação entre *o homem* e *o bem* não é um juízo; sendo o juízo necessário para revelar a existência dessa relação.

1.4.1 Espécies de interesses

O *interesse* pode ser de duas espécies: interesse *imediato* e interesse *mediato*.

Quando uma posição ou situação se presta diretamente à satisfação de uma necessidade, o interesse se diz *imediato*; como, por exemplo, a posição ou situação de quem possui o alimento, o qual se presta diretamente à satisfação da necessidade de alimentar-se.

Se, no entanto, a posição ou situação do homem apenas indiretamente se presta à satisfação de uma necessidade, enquanto dela possa derivar outra situação (intermediária), que propicie essa satisfação, diz-se interesse *mediato*; como, por exemplo, a posição ou situação de quem possui o dinheiro para adquirir o alimento.

Distingue-se, ainda, o interesse em interesse individual e interesse coletivo.

O interesse se diz *individual* quando a posição ou situação favorável à satisfação de uma necessidade pode determinar-se em relação a um indivíduo, isoladamente; como, por exemplo, o uso de uma casa, porque cada um pode ter uma casa para si. O interesse se diz *coletivo* quando a situação favorável à satisfação de uma necessidade não se pode determinar senão em relação a vários indivíduos, considerados em conjunto; como, por exemplo, o uso de uma grande via de comunicação, porque esta não pode ser construída para a satisfação da necessidade de um só homem, mas apenas da necessidade de muitos homens.

Doutrina Amaral Santos que, no *interesse individual*, a razão está entre o bem e o homem, conforme suas necessidades; e, no *interesse coletivo*, a razão ainda está entre o bem e o homem, mas apreciadas as suas necessidades em relação a necessidades idênticas do grupo social.

A existência dos *interesses coletivos* explica a formação dos grupos sociais, e, porque a satisfação de muitas necessidades humanas não pode ser conseguida isoladamente, os homens se unem em grupos, fazendo surgir a família, a sociedade civil, a corporação, o sindicato, o Estado etc.

Classifica-se, ainda, o interesse em *interesse primário* e *interesse secundário*, enquanto o juízo de utilidade considere o bem em si mesmo, como apto diretamente para satisfazer a necessidade, ou o estime, apenas indiretamente, como meio para a consecução de outro bem, que satisfaça à necessidade.[5]

---

[5] "Há necessidades cuja satisfação facilita a de outras: se um homem não comeu e não restaurou suas forças, não poderá construir a casa. Há necessidade cuja satisfação só se obtém mediante a conquista de posições sucessivas: para comer, o homem deve primeiro prover-se de alimentos; ou, para construir a

1.5 Conflito de interesses

Como os bens são limitados, ao contrário das necessidades humanas, que são ilimitadas, surge entre os homens, relativamente a determinados bens, choques de forças que caracterizam um *conflito de interesses*, sendo esses conflitos inevitáveis no meio social.

Ocorre um *conflito* entre dois interesses, quando a posição ou situação favorável à satisfação de uma necessidade exclui ou limita a posição ou situação favorável à satisfação de outra necessidade.

As necessidades do homem aumentam com maior rapidez do que aumentam os bens, e a limitação dos bens, em relação às necessidades, explica que, com frequência, o homem se encontre frente ao dilema, ante duas necessidades, sobre qual deva satisfazer e qual deva sacrificar.

1.5.1 Conflito subjetivo de interesses

Delineia-se, então, um *conflito entre dois interesses de um mesmo homem*, a que se denomina *conflito subjetivo* de interesses.

Essa modalidade de conflito ocorre quando alguém tem necessidade de alimentar-se e vestir-se, mas possui dinheiro para satisfazer apenas a uma delas; e, como se trata de dois interesses de uma mesma pessoa, o conflito se resolve com sacrifício do interesse menor em favor do interesse maior. Este conflito pode ser relevante para o grupo, na medida em que um desses interesses esteja, mais do que o outro, coligado a um interesse coletivo, mas não haverá aí um conflito entre dois interesses de uma mesma pessoa, mas entre um *interesse individual* e um *interesse coletivo*.

Como o conflito *subjetivo* de interesses não se extravasa da pessoa do próprio sujeito nele envolvido, resolve-se quando este faz uma opção; pelo que, uma vez feita a escolha, cessa o conflito, que deixa de existir.

1.5.2 Conflito intersubjetivo de interesses

Pode ocorrer, também, ante a limitação dos bens e as ilimitadas necessidades dos homens, a hipótese de um conflito entre *interesses de duas pessoas*, ao qual Carnelutti chamou de *conflito intersubjetivo* de interesses; conflito este que tem particular importância para o Estado, pelo perigo que representa de uma solução violenta, quando ambos os interessados recorrem à força, para fazer com que o seu interesse prevaleça sobre o interesse do outro.

Quando o conflito se manifesta entre interesses de diversos homens, diz Carnelutti, adquire uma gravidade bem distinta do que quando se refere a interesses de um mesmo homem. Se dois homens têm fome e o alimento só basta para satisfazer à necessidade de um, o conflito se resolve sem dificuldade, quando se trata de pai e filho, porque a vida do filho é também um interesse do pai; mas, se esses dois homens são estranhos, e a satisfação da necessidade de um não interessa à do outro, ninguém sabe como possa terminar o conflito.

Os conflitos podem ocorrer *entre interesses individuais*, como, por exemplo, se Tício e Caio têm necessidade de alimentar-se, mas não existe alimento senão para um deles; entre *interesse individual* e *interesse coletivo*, como o interesse de Tício à segurança pessoal e o interesse coletivo

---

casa, procurar para si os materiais. Assim se explica que um interesse possa ser, antes que uma posição favorável à satisfação de uma necessidade, uma posição favorável à satisfação de um interesse. Sob este aspecto, distinguem-se os *interesses finais* dos *interesses instrumentais*, e, também, os *interesses imediatos*, dos *interesses mediatos*."

à defesa do território, que reclama a sua exposição aos perigos da guerra; entre *dois interesses coletivos*, como o conflito entre o interesse à instrução pública e o interesse à defesa pública, quando os meios à disposição do Estado forem suficientes para a satisfação de apenas um deles.

1.5.3   Causas dos conflitos de interesses

Aponta Dias Marques duas causas dos conflitos de interesses: a primeira, de ordem *quantitativa*, resultante da insuficiência de determinados bens para a satisfação de todas as necessidades que os solicitam (*raridade*); a segunda, de ordem *qualitativa*, dada a impossibilidade em que se encontram certos bens, de dar satisfação a necessidades em sentido contrário. É o caso do indivíduo que deve pagar a outrem certa quantia: o pagamento representa um sacrifício para o devedor, embora seja um benefício para o credor.

O conflito intersubjetivo de interesses ou, simplesmente, *conflito de interesses*, tende a diluir-se no meio social, mas, se isso não acontece, levando os contendores a disputar, efetivamente, determinado bem da vida, para a satisfação de suas necessidades, delineia-se aí uma *pretensão*.

1.6   Pretensão

Para Carnelutti, o conflito pode dar lugar à atitude de um dos sujeitos, concretizada na "exigência de subordinação do interesse de outrem ao interesse próprio"; exigência esta que se chama "*pretensão*".

A *pretensão* é, assim, um modo de ser do direito, que tende a fazer-se valer frente a quem não o respeita, ou, em geral, o discute.

Registra Carnelutti que, desde que se dedicou ao estudo do processo, percebeu a necessidade de separar a "pretensão" do "direito", porque, de outro modo, não se poderia admitir uma *pretensão infundada*, mas, em princípio, confundiu a *pretensão* com a *afirmação do direito*, já que não havia percebido que pode ocorrer não só a *pretensão infundada*, como também a pretensão *desarrazoada*; por isso, passou a definir a pretensão como "exigência de subordinação do interesse alheio ao interesse próprio", com o que *a pretensão* é separada tanto *do direito* quanto da razão; sendo esta precisamente que vincula a pretensão ao direito.

A pretensão é, assim, um *ato* e não um poder; algo que alguém *faz* e não que alguém tenha, uma manifestação e não uma superioridade da vontade. Esse ato não *só não é* o direito como *sequer o supõe*, podendo a pretensão ser deduzida tanto por quem tem como por quem não tem o direito, e, portanto, ser *fundada* ou *infundada*. Tampouco, o direito reclama necessariamente a pretensão, pois tanto pode haver *pretensão sem direito* como haver *direito sem pretensão*; pelo que, ao lado da *pretensão infundada*, tem-se, como fenômeno inverso, *o direito inerte*.

Analisando o conceito de pretensão, adverte Carnelutti que essa palavra, no seu valor semântico, sugere a ideia de uma tensão prévia, *prae tendo*, como a situação de quem quer ir adiante apesar dos obstáculos.

1.7   Resistência

Quando a pessoa, cujo interesse deveria ser subordinado, não concorda com essa subordinação, ela opõe uma *resistência* à pretensão; resistência esta entendida como a "não adaptação à subordinação do interesse próprio ao interesse alheio", ou, sinteticamente, a "oposição a uma pretensão".

A *resistência* pode consistir em que, sem lesar o interesse de outrem, o adversário conteste a pretensão ou, sem contestar a pretensão, lese o interesse; podendo ocorrer, também, que a resistência se estenda a uma e outra, em que contesta a pretensão e lesa o interesse.

Tanto a *contestação* como a *lesão* da pretensão, do mesmo modo que a pretensão, são dois atos jurídicos, embora de espécie diversa, sendo a contestação uma *declaração de vontade* e a lesão da pretensão, uma *operação* jurídica ou um ato jurídico de evento físico; pelo que se distinguem, em razão da qualidade da resistência, a lide de pretensão *contestada* e a lide de pretensão *insatisfeita*.

1.8 Lide

Pode acontecer que, diante da pretensão de um dos sujeitos, o titular do interesse oposto decida pela subordinação, caso em que basta a pretensão para determinar a resolução pacífica do conflito; mas, quando à pretensão do titular de um dos interesses em conflito, o outro oferece resistência, o conflito assume as feições de uma verdadeira *lid*e ou *litígio*.

A *lide* nada mais é do que um *modo de ser* do conflito de interesses, pelo que Carnelutti definiu-a como "conflito de interesses, qualificado pela pretensão de um dos interessados e pela resistência do outro", ou, sinteticamente, "conflito de interesses, qualificado por uma pretensão resistida ou insatisfeita".[6]

A *lide* tem um elemento *material*, que é o conflito de interesses, e um elemento *formal*, que são a um só tempo a pretensão e a resistência (ou oposição).

O conflito de interesses é uma *lide*, enquanto uma das pessoas formula contra a outra uma *pretensão*, e esta outra oferece *resistência*.

O conceito de *lide* é controvertido, entendendo alguns que não se trata de um conceito essencialmente processual, porque todo processo pressupõe uma lide, mas nem toda lide desemboca, necessariamente, num processo; pelo que o conceito seria mais *sociológico* do que jurídico.

A lide tem que ser solucionada, para que não seja comprometida a paz social e a própria estrutura do Estado, pois o conflito de interesses é o germe de desagregação da sociedade.

2 FORMAS DE RESOLUÇÃO DOS CONFLITOS DE INTERESSES

Surgindo um conflito entre dois interesses *contrapostos*, pode acontecer que seja resolvido por obra dos próprios litigantes ou mediante a decisão imperativa de um terceiro, tendo-se, no primeiro caso, uma *solução parcial do conflito*, por obra *das próprias partes*, e, no segundo, uma *solução imparcial do conflito*, por ato de um terceiro, que não é parte.

São formas *parciais* de resolução dos conflitos[7] a autodefesa e a autocomposição,[8] e forma *imparcial*, o processo,[9] sendo estas as três possíveis desembocaduras de um litígio.

2.1 Autodefesa

O vocábulo "autodefesa" é formado pelo prefixo "*auto*", que significa "próprio", e pelo substantivo "*defesa*", traduzindo a *defesa que alguém faz de si mesmo*.[10]

---

[6] Registra Alcalá-Zamora y Castillo que à situação de conflito originadora do processo se denomina litígio, entendida a palavra na mesma direção de Carnelutti, mas em termos mais amplos, ou seja, como conflito juridicamente transcendente e suscetível de solução, também jurídica, mediante a autodefesa, autocomposição ou processo, que permitam sua extensão às esferas civil, penal, administrativa etc.

[7] Carnelutti analisa formas diversas de composição dos conflitos, como a econômica e a ética, além da resolução pelos meios jurisdicionais.

[8] Deve-se a Alcalá-Zamora y Castillo a primeira formulação sistemática das ideias de "processo, autocomposição e autodefesa".

[9] Tanto a autocomposição quanto a autodefesa podem ser unilaterais (como na submissão ou na legítima defesa), ou bilaterais (como na transação).

[10] Carnelutti prefere a denominação *defesa privada*; Goldschmidt, *autojustiça*; Radbruch e Wegner, *autoajuda*; e Couture, *autotutela*. Alcalá-Zamora y Castillo considera a palavra "*autotutela*" mais expressiva para designar o fenômeno, mas não a adota, primeiro porque o obrigaria a trocar o título de sua obra (**Proceso,**

Se fosse a autodefesa entendida na sua literalidade, ficariam de fora não poucas manifestações que nela se contêm, como a legítima defesa de terceiro e o estado de necessidade, porque, se a ideia de defesa pressupõe ataque, este faltaria no estado de necessidade, em que o padeiro, vítima de furto famélico, não é agressor do faminto, e, muito menos, o náufrago sacrificado para salvar os demais, ou o devorado pelos seus companheiros de catástrofe.

Esta forma de resolução dos conflitos é apontada como a mais primitiva, quando ainda não existia, acima dos indivíduos, uma autoridade capaz de decidir e impor a sua decisão aos contendores, pelo que o único meio de defesa do indivíduo ou do grupo era o emprego da força bruta contra o adversário para vencer a sua resistência.[11]

Nos primórdios da humanidade, aquele que pretendesse determinado bem da vida, e encontrasse obstáculo à realização da própria pretensão, tratava de removê-lo pelos seus próprios meios, afastando os que se opunham ao gozo daquele bem, imperando, assim, a lei do mais forte, em que o conflito era resolvido pelos próprios indivíduos, isoladamente ou em grupo.

Nessa época, não se tinha ainda uma noção clara da individualidade da culpa, de modo que o ataque a um membro de uma tribo era considerado uma agressão à tribo inteira; pelo que provocava uma reação em massa da tribo agredida, buscando impor uma sanção à tribo agressora, aprisionando seus integrantes, matando-os, ou reduzindo-os à condição de escravos.

Por se revelar uma solução "egoísta", em que a satisfação da necessidade de um dos litigantes não interessa à do outro, os Estados modernos geralmente a proíbem, consentindo-a em casos excepcionais, e, mesmo assim, tornando necessário um processo ulterior, justamente para, se for o caso, declarar a licitude da mesma no caso concreto.

2.1.1 Notas essenciais da autodefesa

Aponta Niceto Alcalá-Zamora y Castillo, como *notas essenciais* da autodefesa: a ausência de um juiz, distinto das partes litigantes e a imposição da decisão por uma das partes à outra.[12]

---

autocomposición y autodefensa), e, segundo, porque os civilistas falam de autotutela para denominar a perspectiva de que uma pessoa designe o seu tutor, na previsão de que ela se incapacite para o futuro.

[11] Nos agrupamentos primitivos, quando não existia acima dos indivíduos uma autoridade superior, capaz de decidir e de impor a sua decisão, os meios para resolver os conflitos de interesses entre seus membros eram: o acordo voluntário entre os interessados, destinado a estabelecer amigavelmente qual dos interesses opostos devia prevalecer, ou (não chegando a um acordo) o choque violento entre eles, empregando, um contra o outro, a própria força individual, para constranger um ao outro a abandonar a pretensão sobre o bem discutido. Como até hoje falta um poder supraestatal capaz de impor, pela força, as próprias decisões aos Estados soberanos, a *extrema ratio* [extrema razão] para resolver os conflitos entre os países é a guerra.

[12] "A decisão imposta será, no geral, *egoísta*, mas esta terceira nota não é absoluta. Na legítima defesa de terceiro, a decisão provém de quem não é parte no litígio e pode ser que a decisão, imposta por quem seja alheio a ele, o seja com riscos de sua própria vida para resolvê-lo, pelo que não se pode qualificá-la de egoísta. Faltando à legítima defesa de terceiros as duas notas essenciais, ela só pode ser incluída no gênero *autodefesa* em atenção a duas considerações: uma, de direito penal, que a trata como uma variante da legítima defesa própria, e outra, de direito processual, ou seja, a pessoa que resolve o conflito não é um juiz estatal, senão um *julgador ocasional*, que, neste sentido, se aproxima do árbitro, pois resolve um *litígio* e não a *generalidade dos litígios*; mas que se distingue dos juízes privados (árbitros), porque não é designado pelas partes, mas instituído por si mesmo, em virtude da circunstância imprevista do caso que lhe toca intervir. Esta figura não poderia aproximar-se da autocomposição, porque, sendo o terceiro alheio ao interesse em conflito, não tem a que renunciar, embora sua conduta seja altamente altruísta: mas seu altruísmo refere-se à decisão e não ao litígio, e poderia ser qualificado de *externo*, em contraste com o *interno*, peculiar à autocomposição."

A esse tempo, não havia nenhum critério a nortear a resolução dos conflitos; e, se algum critério existia, era *a razão do sujeito mais forte*.

Os Estados modernos, reconhecendo que, em determinadas circunstâncias, não podem evitar que se consume uma lesão de direito, permitem que o próprio agredido defenda seus interesses, mesmo com o emprego, se necessário, da força material, nos limites traçados à atividade individual (delimitação legal).

Casos típicos de autodefesa podem ser citados no direito moderno: a legítima defesa, no âmbito penal; o desforço *incontinenti* (imediato), no âmbito civil; o direito de greve, no âmbito trabalhista.

Em muitos casos de autodefesa o *processo não é afastado definitivamente*; sendo o agredido dispensado de se dirigir ao juiz, mesmo porque não haverá tempo para isso; mas, posteriormente, o Estado-juiz é chamado a exercer o controle desse ato, e o fará através do processo.

Esta forma de resolução dos conflitos é altamente perniciosa, a uma, porque não satisfaz aos ideais de justiça, visto que o mais forte logrará sempre a satisfação do próprio interesse, e, a outra, porque, envolvendo, inicialmente, dois contendores, pode transformar o conflito numa verdadeira guerra.

2.2 Autocomposição

À medida que os homens foram compreendendo que os bens, pela sua importância e limitação, e pela sua quantidade e qualidade, não justificavam uma disputa, com risco de perder tudo, o *bom senso* e a *razão* passaram a ocupar o lugar da *força bruta*, ocorrendo uma evolução para aquela forma de resolução dos conflitos denominada "autocomposição".

Registra Alcalá-Zamora y Castillo que este meio de resolução dos conflitos teria convivido com a autodefesa, mas representa uma forma mais evoluída.

O vocábulo "*autocomposição*" se deve a Carnelutti, que, ao tratar dos *equivalentes jurisdicionais*, aí a incluiu, sendo integrado do prefixo *auto*, que significa "próprio", e do substantivo "*composição*", que equivale a *solução, resolução* ou *decisão do litígio por obra dos próprios litigantes*.

A autocomposição aparece como uma solução *altruísta*, pois traduz atitudes de renúncia ou reconhecimento a favor do adversário. Assim, "A" desiste de reclamar o pagamento de seu crédito; "B" acede em satisfazer a dívida; a vítima de uma ofensa à honra perdoa o seu ofensor etc.

Aponta Alcalá-Zamora y Castillo três formas autocompositivas: *a*) renúncia ou desistência; *b*) submissão ou reconhecimento; e *c*) transação.[13]

A atitude altruísta pode provir do atacante, ou seja, de quem deduz a pretensão; do atacado, ou seja, de quem resiste à pretensão; ou de ambos, mediante concessões recíprocas. As duas primeiras são *unilaterais*, sendo que a que procede do atacante denomina-se *renúncia* ou *desistência*; a que emana do atacado chama-se *submissão* ou reconhecimento; e a terceira, que é *bilateral*, se denomina transação.

2.2.1 Característica da autocomposição

A *espontaneidade*, que deveria ser o traço essencial de toda modalidade autocompositiva, pode estar ausente, pois, muitas vezes, a desigual capacidade de resistência econômica dos

---

[13] Pode-se distinguir a composição da lide por obra das partes da composição por obra do juiz, e contrapor, assim, a autocomposição à heterocomposição. Como formas autocompositivas, Carnelutti aponta três espécies: renúncia, reconhecimento (ato simples) e transação (ato complexo).

litigantes ou a lentidão e carestia dos procedimentos conduzem as partes a autocomposições, que, no fundo, configuram verdadeiras rendições.

Sendo a autocomposição uma forma altruísta de composição dos conflitos, em princípio poderia parecer a mais recomendável, mas não o é, porque pode ocultar ou dissimular atos de autodefesa em que o litigante mais fraco, não podendo resistir, prefere renunciar.

Não só com frequência a espontaneidade do sacrifício do próprio interesse é apenas aparente, por envolver uma capitulação do litigante de menor resistência, como pode acontecer também que a renúncia do próprio interesse obedeça a uma errônea percepção dele por parte do seu titular, que o leva a considerar a sua posição mais desfavorável do que na verdade é.

A autocomposição também não desapareceu dos ordenamentos jurídicos modernos, sendo consentida e até estimulada em muitos casos, como é o caso da transação, no âmbito civil, e do perdão do ofendido, no âmbito penal.

Pode a autocomposição ocorrer "antes" ou "depois" do processo,[14] e pressupõe que o litigante possua a faculdade de disposição sobre direito material, pois, quando se trata de direitos indisponíveis (*rectius*, interesses intransigíveis) ou de hipóteses em que a lei imponha, obrigatoriamente, a via processual com a finalidade de constatação judicial, não pode ter lugar essa modalidade autocompositiva; razão por que são raras as autocomposições fora das esferas civil e trabalhista.

2.3 Processo e sua evolução

Com o evoluir dos tempos, os homens compreenderam a excelência de outro método, em que a solução dos conflitos era entregue a uma terceira pessoa, desinteressada da disputa entre os contendores, surgindo, então, *a arbitragem facultativa*, em tudo superior aos métodos anteriores.

No princípio, a arbitragem foi *voluntária*, exercida pelos sacerdotes, a pedido dos litigantes, pois se acreditava, devido à formação mística desses povos, que eles tinham ligações com os deuses e a sua decisão era a manifestação viva da vontade divina; depois, a solução dos conflitos passou a ser entregue aos anciãos do grupo, na crença de que, conhecendo os costumes dos antepassados, eles estavam em melhores condições de decidir o conflito.

De facultativa, a arbitragem, pelas vantagens que apresenta, torna-se obrigatória, e, com a arbitragem obrigatória, surge o *processo* como *última etapa* na evolução dos métodos de resolução dos conflitos.[15]

---

[14] A autocomposição, do ponto de vista da sua relação com o processo, pode ser: extraprocessual, intraprocessual e pós-processual.

[15] Conjectura-se, com base em indícios que chegaram até nós, que essa evolução se fez em quatro etapas: na primeira, os conflitos entre particulares são, em regra, resolvidos pela força (entre a vítima e o ofensor ou entre grupos de que cada um deles faz parte), mas o Estado, então incipiente, intervém em questões vinculadas à religião, e os costumes vão estabelecendo, paulatinamente, regras para distinguir a violência legítima da violência ilegítima. Na segunda, surge a arbitragem facultativa: a vítima, em vez de usar da vingança individual ou coletiva contra o ofensor, prefere, de acordo com este, receber uma indenização que a ambos pareça justa, ou escolher um terceiro (árbitro) para fixá-la. Na terceira etapa, aparece a arbitragem obrigatória: a facultativa só era utilizada quando as litigantes a desejassem, e, como este acordo nem sempre existia, daí resultava que, as mais das vezes, se continuava a empregar a violência para defesa do interesse lesado; por isso o Estado não só passou a obrigar os litigantes a escolher o árbitro que determinasse a indenização a ser paga pelo ofensor, mas também a assegurar a execução da sentença, se, porventura, o réu não quisesse cumpri-la. Finalmente, na quarta e última etapa, o Estado afasta o emprego da justiça privada, e, através de funcionários seus, resolve os conflitos de interesses surgidos entre os indivíduos, executando, à força, se necessário, a sentença.

O *processo* se apresenta como última etapa na busca do método mais adequado para assegurar, com paz e justiça, a estabilidade da ordem jurídica, e o mais satisfatório para preservar e restabelecer a razão do que tem razão.[16]

2.4 Processo, ação e jurisdição

Anota Alcalá-Zamora y Castillo que o *processo* constitui, juntamente com a ação e a jurisdição, um dos três conceitos fundamentais do direito processual, mas dista muito de haver alcançado a sua elaboração definitiva. A imprecisão que rodeia esses conceitos, agrega o citado jurista, poderia refletir-se com os verbos "ser" e "estar", nos seguintes termos: do processo, sabemos onde está, mas não o que é, se uma relação ou uma situação jurídica; da jurisdição, sabemos o que é, mas não onde está, se no direito processual ou no constitucional; e, da ação, ignoramos o que é, se abstrata ou concreta, e onde está, se no direito material ou no direito processual. A situação do processualista, conclui Alcalá-Zamora y Castillo, é bastante incômoda, como a de um inquilino de uma casa cujos alicerces carecem da solidez necessária.

Abstratamente considerado, o *processo* aparece como o melhor método para se resolver litígios, pela *nota de imparcialidade* que o caracteriza e pela força que se empresta às decisões nele proferidas, respaldadas pelo mecanismo coativo do Estado; mas o seu funcionamento, *em concreto*, na maioria dos países,[17] é objeto de severas críticas.

O processo se apresenta como meio que oferece maiores *probabilidades* de uma resolução justa e pacífica dos litígios, porque o conflito é resolvido por um *terceiro sujeito*, a ele estranho, segundo determinadas regras.

Para que o processo produza *resultados*, é preciso que esse terceiro imparcial, que decide o conflito, seja mais forte do que as partes litigantes, para que possa impor, coativamente, a sua vontade, frente a qualquer intuito de desobediência ou descumprimento por parte dos contendores; pelo que se compreende que este terceiro seja o Estado.

2.4.1 Processo e sua origem

A denominação "*processo*" é relativamente moderna e provém etimologicamente do latim *processus*, derivado de *procedere*, que significa avançar, caminhar para frente, dar um passo depois do outro.

Observa Gusmão que o emprego da palavra *processo*, com o significado que tem atualmente, data dos últimos séculos da Idade Média, pois, para traduzi-lo, os romanos usavam o termo *iudicium*. Os romanos usavam também a palavra *processus*, mas com outro significado. Assim, em vez de falarem em *directum*, para se referir ao direito, usavam o vocábulo *ius*; e, em vez de usarem o termo *processus*, usavam *iudicium*.

2.4.2 Processo e suas características

O processo é o instrumento de que se serve o Estado para, no exercício da função jurisdicional, resolver os conflitos de interesses, solucionando-os; ou seja, o instrumento previsto como normal pelo Estado para a solução de toda classe de conflitos jurídicos.

---

[16] A autocomposição não se prestaria a esse objetivo, se se considerar que existem direitos e interesses que não admitem renúncias ou transações, como o direito à vida, à integridade corporal etc., a respeito dos quais, se o Estado permitisse a autocomposição, correria o risco de desaparecer.

[17] A justiça brasileira, em especial, faz do processo um instrumento *perverso* de solução das lides, porque o jurisdicionado sabe o dia em que entra nela, mas nunca o dia em que sai; mormente nas demandas que envolvem questões de direito de família, como a guarda de filhos, a separação judicial, o divórcio etc.

Apresenta o processo certas características não encontráveis noutros métodos de resolução dos conflitos.

No processo, a lide é resolvida por um terceiro sujeito, que é o juiz, que dele participa na qualidade de órgão estatal, investido de jurisdição, imparcial e equidistante dos interesses das partes. O juiz não possui interesse direto naquilo que constitui objeto da disputa judicial; sendo o seu interesse, como órgão estatal, *secundário*, ou seja, o de aplicar o direito objetivo, *assegurando a cada um o que é seu*.

No processo, a lide é resolvida não segundo critérios de exclusiva conveniência do juiz, mas mediante a aplicação da lei, *com justiça*.

O *processo* é, também, o instrumento de que se utiliza a arbitragem para fazer justiça *privada*. Nele o árbitro (ou juiz arbitral) ou tribunal arbitral ocupa a posição de julgador, podendo as partes convencionar as normas (ou regras) que serão observadas na resolução do conflito, bem como o procedimento que será adotado para essa finalidade.

2.5 Definição de processo

Em vista do seu escopo, Carnelutti define o *processo* como sendo "o *conjunto de atos destinados à formação ou à atuação de comandos jurídicos, cujo caráter consiste na colaboração, para tal fim, de pessoas interessadas (partes), com uma ou mais pessoas desinteressadas (juízes)*".

Ao se referir à *formação* de comandos jurídicos, Carnelutti tem em vista o processo de conhecimento, e, ao referir-se à *atuação* de comandos jurídicos, tem em vista o processo de execução.

Grosso modo, o processo é a "*operação, mediante a qual se obtém a composição da lide*".

Visto dessa forma, a definição de *processo* se aplica também, *modus in rebus*, na esfera arbitral.

O processo não se compõe de um único ato, mas de um *conjunto de atos* coordenados entre si e ligados uns aos outros pelo fim colimado, que é o de obter a *justa composição da lide*, *mediante atuação da lei*.

Os atos processuais são praticados pelo juiz, pelas partes, pelos auxiliares da justiça (escrivão, oficial de justiça etc.), pelos colaboradores eventuais (peritos, intérpretes etc.), terceiros desinteressados (testemunhas), tendo alguns partícipes interesse envolvido em lide, *como as partes*, e outros desinteressados, apenas colaborando com o Estado na distribuição da justiça, como as testemunhas.

Para Couture, o processo é "um meio idôneo para dirimir imparcialmente, por ato de juízo da autoridade, um conflito de interesses com relevância jurídica", sendo que, no plano doutrinário, o processo é um só, ainda que o conflito se produza em distintos âmbitos do direito (civil, penal, trabalhista etc.).

3 PROCESSO E ATUAÇÃO DO DIREITO OBJETIVO

3.1 Direito objetivo ou ordenamento jurídico

Na concepção de Carnelutti, chama-se *direito objetivo* ou *ordenamento jurídico* ao conjunto de mandamentos jurídicos ou preceitos legais que se constituem entre seus membros.

O *direito objetivo* se constitui pela formulação de preceitos e imposição de sanções; *observa--se* mediante a conduta dos interessados, de acordo com os preceitos; e *atua-se* mediante uma força que submete às sanções os rebeldes à sua observância.

A forma mais expressiva de manifestação do direito objetivo é a lei no sentido amplo (Constituição, leis, decretos etc.).

3.2 Relações entre processo e direito objetivo

As relações entre o *processo* e o *direito objetivo* podem ser vistas sob um duplo aspecto:

a) para uns, o processo é um método de *atuação do direito objetivo*, em nada contribuindo para acrescentar ou enriquecer o ordenamento jurídico;

b) para outros, o processo é um método de *complementação do direito objetivo*, acrescentando algo, que antes dele não existia, qual seja, a sentença que ele proporcionou.

3.2.1 Teoria dualista do ordenamento jurídico

Entre os adeptos dessa teoria está Chiovenda, jurista italiano para quem o ordenamento jurídico cinde-se em *direito material* e *direito processual*, sendo que o primeiro *cria* a regra abstrata (a lei), que se torna concreta no momento em que ocorre o fato nela previsto, *automaticamente*, sem qualquer intervenção do juiz; enquanto o segundo *atua* o direito objetivo (da lei), em nada contribuindo para a formação de normas concretas.

Para quem assim pensa, direito subjetivo e obrigação *preexistem* ao processo.

Esta teoria ficou conhecida como "teoria dualista" do ordenamento jurídico.

3.2.2 Teoria unitária do ordenamento jurídico

Essa teoria conta com o prestígio de Carnelutti, para quem o direito objetivo não tem condições para disciplinar, sempre, todos os conflitos de interesses que emergem no meio social, sendo necessário, muitas vezes, o processo, para a *complementação* dos comandos da lei. O comando contido na lei é incompleto; é como se fosse um arco, que a sentença completa, transformando em círculo.

Para quem assim pensa, não é tão nítida a cisão entre o *direito material* e o *direito processual*, pois o processo participa da *criação* dos direitos subjetivos e obrigações, que só nascem efetivamente quando existe uma sentença a respeito;[18] tendo, assim, o processo o escopo de *compor a lide*, ditando a norma concreta que a soluciona.

Esta teoria ficou conhecida como "teoria unitária" do ordenamento jurídico.

3.3 Atuação do direito objetivo

Como se vê, não basta o ordenamento jurídico criar os sujeitos de direito, preservá-los e distribuir entre eles os bens da vida, pelo que o Estado se preocupa em instituir um método adequado, para dirimir os eventuais conflitos de interesses entre os litigantes, a fim de que a sociedade não se desorganize com as controvérsias entre seus membros.

Na visão *chiovendiana*, o direito objetivo é atuado normalmente no meio social, na medida em que de modo espontâneo são satisfeitos os interesses tutelados pela norma jurídica, atuação *fisiológica* que é feita quase inconscientemente pelos titulares dos interesses em conflito.

---

[18] Na medida em que o processo proporciona uma sentença, contribui para *criar o direito objetivo*, pois a sentença passa a integrar a ordem jurídica, que dinamicamente se completa, a partir da Constituição, como as leis, os decretos, os atos jurídicos, os contratos etc., formando o ordenamento jurídico como um todo.

Assim, se adquiro alguma coisa no comércio, realizo um contrato de compra e venda; se viajo de ônibus, celebro um contrato de transportes etc.

Sucede, porém, que, muitas vezes, o interesse cuja proteção se pretende é duvidoso, ou duvidoso é o meio de efetivá-lo, ou incerta é a regra legal a ser aplicada, ou a prestação que se exige do obrigado, ou mesmo a obrigação que deve ser satisfeita; tudo isso gerando dúvidas e discussões que o simples *comando* abstrato contido na lei é incapaz de solucionar. Não sendo permitido aos próprios litigantes a resolução do conflito, torna-se necessário afastar o obstáculo que se opõe à satisfação do interesse tutelado pelo direito objetivo (a lei), caso em que este passa por um momento de atuação *patológico*, encontrando, então, no processo, a sua normal realização.[19]

O processo se realiza para que a lide seja resolvida *com justiça*, mediante a aplicação da lei, pelo que, onde não houver ordenação de conduta em sociedade, não haverá lugar para o *processo*, pois a resolução das lides, através do processo, se dá pela atuação do comando legal, extraído pelo juiz do ordenamento jurídico.[20]

4 ESCOPO DO PROCESSO

Em doutrina, não existe uniformidade de entendimento sobre qual seja o verdadeiro escopo do processo, sustentando uns que o processo tende à *tutela dos direitos subjetivos*; outros, que tende à simples *atuação do direito objetivo*; e outros, tentando *conciliar* essas duas tendências.

Alfredo Rocco nega que haja um escopo do processo, pois o processo, como conjunto de atividades, subordinadas a determinadas condições e ligadas a determinados termos, não tem, por si mesmo, um escopo. Portanto, quando se fala num *escopo*, refere-se sempre a um sujeito que se proponha a alcançá-lo, e como, no processo, esses sujeitos são o Estado-juiz e as partes, é natural que cada um deles se proponha a alcançar determinados escopos; pelo que, na realidade, não há escopo do processo, senão um *escopo dos sujeitos processuais*.

4.1 Corrente subjetivista do processo

Para a *corrente subjetivista*, o processo funcionaria como instrumento de defesa do direito subjetivo violado ou ameaçado de violação, sendo este o pensamento de Hellwig e Weisman, para os quais o escopo do processo seria a *tutela dos direitos subjetivos*.

Adverte Alfredo Rocco que essa fórmula, "tutela dos direitos subjetivos", para assinalar o escopo do processo, não é completamente exata, pois, se o direito subjetivo é "um interesse juridicamente protegido", o conceito de tutela já é um elemento integrante do próprio direito subjetivo, pelo que falar-se na "tutela de um direito" reduz-se a uma simples repetição de conceito. A tutela de uma tutela é uma superfetação lógica e prática.

---

[19] A atuação coercitiva do direito passou a ser uma função pública, que o Estado reclamou para si, por razões de interesse social, a partir do momento em que proibiu a defesa privada, consentindo-a apenas em casos excepcionais.

[20] Se o direito objetivo fosse cumprido espontaneamente pelos destinatários dos comandos jurídicos, não haveria que se falar na realização *coativa* do direito, pois tudo se passaria conforme a vontade da lei. Embora a lei regule o conflito de interesses, é sabido que, muitas vezes, o titular do interesse subordinado não concorda com a atribuição de um determinado bem da vida ao titular do interesse subordinante, surgindo aí um conflito, a ser dirimido por um órgão do Estado. Como se vê, o processo, como *método* ou *operação* através da qual se obtém a composição da lide, mantém um estreito relacionamento com o direito objetivo.

Assinala o citado jurista que a atividade jurisdicional, como toda atividade estatal, é desenvolvida no *interesse comum* de todos os cidadãos, sendo esse interesse comum que os objetivos garantidos pelo direito sejam efetivamente alcançados. A satisfação dos interesses privados é, na verdade, o resultado e não o escopo dessa atividade. A fórmula *tutela dos direitos subjetivos* confunde, pois, o *escopo da ação* com o *escopo do processo*.

4.2 Corrente objetivista do processo

A *teoria objetivista*, seguida por Bülow, na Alemanha, e Chiovenda, na Itália, situa o objetivo do processo na *atuação do direito objetivo*, ou, mais precisamente, na *vontade da lei*, como expressão da vontade do Estado.

O Estado, ensina Chiovenda, cria o direito objetivo (a lei), normatizando a conduta das pessoas, mediante *comandos abstratos*, que se transformam em *concretos*, quando ocorre o fato nele previsto, pelo que, quando o obrigado não ajusta a sua conduta à previsão legal, intervém o juiz para fazer com que esse comando concreto seja efetivamente cumprido.

O processo visa ao *escopo objetivo* de fazer atuar a lei, pelo que os escopos do autor e o do processo só coincidirão no caso de ser fundada a demanda. A sentença, porém, é sempre atuação da lei, seja a demanda fundada ou infundada, pois, acolhendo-a ou rejeitando-a, o juiz afirma uma vontade positiva ou negativa de lei concernente ao caso decidido. Destarte, não serve o processo a uma ou a outra das partes, mas àquela que, segundo o juiz, está com a razão.

É verdade que o juiz só atua a pedido da parte, mas esse fato, observa Chiovenda, não conduz a diferente concepção do escopo do processo, pois uma coisa é a natureza de uma função, e outra, o interesse do seu exercício no caso concreto. Embora o primeiro interessado em pedir a atuação da lei seja a pessoa, isso não obsta a que aquilo que ela peça seja a atuação da lei; de tal modo que, em grosseira comparação, se alguém adquire alguma coisa no comércio, provê ao seu interesse, mas o ato do negociante em si não visa a satisfazer o interesse de quem compra, e, sim, aos objetivos gerais do seu comércio.

A concepção *puramente objetiva* do escopo do processo,[21] observa Alfredo Rocco, tem o defeito fundamental de ser excessivamente abstrata e formalista e não tomar em consideração a função essencial e o conteúdo substancial da norma jurídica. O direito objetivo não é um fim em si mesmo, mas garantia de escopos ou tutela de interesses, pelo que uma atuação pura e simples do direito objetivo nem seria concebível.

4.3 Crítica às concepções objetivista e subjetivista

Assinala Alfredo Rocco que a discrepância entre as duas concepções do processo depende do diferente ponto de vista, a partir do qual se considere o escopo processual: a) a concepção *objetivista* considera somente o escopo do Estado, e assinala como escopo do processo a atuação do direito objetivo ou da lei, que é expressão da vontade do Estado; b) a concepção *subjetivista* considera somente o escopo de uma das partes, precisamente do autor, e considera, por isso, como escopo do processo, a tutela dos direitos subjetivos.

---

[21] Para Ugo Rocco, não se deve adotar a defeituosa fórmula *atuação do direito objetivo* porque o Estado não tende tanto a atuar as normas jurídicas quanto a realizar, em lugar dos titulares do direito subjetivo, com o uso da força, os interesses tutelados pelas normas jurídicas, quer dizer, os direitos subjetivos; e, mais, a declarar a certeza da existência dos mesmos.

Para o citado jurista, o Estado tem um *interesse próprio* na realização dos *interesses privados* tutelados pelo direito objetivo,[22] sendo este o escopo a que se propõe, através do processo; de tal modo que o escopo de cada uma das partes (autor e réu) pode coincidir, mas pode, também, não coincidir com o escopo do Estado; e só quando se verifica tal coincidência, o *escopo da parte* se identifica com o *escopo do Estado*, o qual faz o próprio e o realiza com a força da sua soberania.

4.4 Corrente subjetivista-objetivista ou mista

Uma terceira corrente encabeçada por Betti, na Itália, e por Couture, na América Latina, busca *conciliar* a teoria subjetivista com a objetivista, mesclando essas duas posições, podendo ser chamada de *subjetivo-objetivista* ou *mista*.

Essa teoria assinala que entre as duas formulações, a *subjetivista* e a *objetivista*, não existe um real contraste de substância, pois os direitos subjetivos não são algo que se possa separar e contrapor ao direito objetivo, mas produto de valorações jurídicas expressas pelo próprio direito objetivo, e, neste sentido, identificam-se com ele.

Para Betti, nem é de se crer que o direito objetivo possa ser atuado, no processo, como norma geral e abstrata,[23] porque faltaria o interesse de agir numa demanda em que se pedisse ao juiz a interpretação de uma norma jurídica na sua abstração e generalidade, fora de um caso concreto. O direito objetivo não pode ser atuado senão como regra concreta e específica de uma determinada relação jurídica ou estado jurídico, que, se existente de fato, confere ao interessado um direito subjetivo, ou uma posição de superioridade, em confronto com outros.

Não obstante isso, a fórmula "atuação da lei" ou "do *direito objetivo*" é preferível à outra, de *defesa do direito subjetivo*, pelo equívoco que esta poderia fazer incidir, de se acreditar que o processo funcionaria no interesse das partes em conflito, quando, na realidade, ele não funciona no interesse de uma ou outra das partes, mas por meio do interesse de ambas. O interesse das partes não é senão um meio de se alcançar a finalidade do processo, enquanto o interesse privado é utilizado como aparelho propulsor para satisfazer o interesse público na atuação da lei, para a composição (*rectius*, resolução) do conflito. O escopo de cada uma das partes é ter razão; mas a finalidade do processo, ao invés, é dar razão a quem tem, e dar razão a quem tem não é um interesse privado das partes, mas um interesse público de toda a sociedade.

Repete Betti as considerações feitas, antes, por Chiovenda, de que uma coisa é a natureza de uma função, como aquela do processo; e outra coisa o interesse particular que possa ter o indivíduo no seu exercício no caso específico, como o interesse de agir do autor e de contradizer do réu; pelo que, ainda que o primeiro interessado em provocar a atuação da lei seja o litigante que tenha razão, isto não impede que aquilo que ele peça seja precisamente a atuação da lei.

Para quem reconhece o escopo do processo, no sentido precisado, exclui que nele se exerça uma jurisdição de mero direito objetivo, para fazer observar a lei, independentemente do reconhecimento de direitos subjetivos em relação a quem o juiz é chamado a atuar. Uma jurisdição de mero direito objetivo, neste sentido, conquanto concebível abstratamente, repugna à natureza mesma do processo, e não condiz senão com o processo penal, para quem prescinda de um direito subjetivo de punir do Estado.

Couture segue essa mesma linha, pondo em relevo a função *pública* e a função *privada* do processo.

---

[22] O interesse privado é um interesse primário, tutelado diretamente pela lei, enquanto o interesse do Estado é um interesse secundário, de fazer atuar a lei.

[23] A esse tempo, a *ação direta de inconstitucionalidade* (ADI) e a *ação declaratória de constitucionalidade* (ADC) não faziam parte do cardápio do ordenamento jurídico italiano (e nem do alemão).

BIBLIOGRAFIA

ALVES, José Carlos Moreira. **Direito romano**. 3. ed. Rio de Janeiro: Forense, 1971. v. 1.
ARRUDA ALVIM NETTO, José Manoel de. **Direito processual civil**. São Paulo: RT, 1971. v. 1.
BETTI, Emílio. **Diritto processuale civile italiano**. 2. ed. Roma: Società Editrice del Foro Italiano, 1936.
CALAMANDREI, Piero. **Instituciones de derecho procesal civil**. Buenos Aires: EJEA, 1973. v. I.
CARNELUTTI, Francesco. **Derecho procesal civil y penal**. Buenos Aires: EJEA, 1971. v. I.
CARNELUTTI, Francesco. **Instituciones del proceso civil**. Buenos Aires: EJEA, 1950. v. I.
CARNELUTTI, Francesco. **Derecho y proceso**. Buenos Aires: EJEA, 1971. v. I.
CARNELUTTI, Francesco. **Lezioni di diritto processuale civile**. Padova: Cedam, 1986. v. 2.
CARNELUTTI, Francesco. **Sistema del diritto processuale civile**. Padova: Cedam, 1936. v. I.
CARNELUTTI, Francesco. **Teoria general del derecho**. Madrid: Revista de Derecho Privado, 1941.
CASTILLO, Niceto Alcalá-Zamora y. **Proceso, autocomposición y autodefensa**. México: Unam, 1970.
CHIOVENDA, Giuseppe. **Instituições de direito processual civil**. São Paulo: Saraiva, 1962. v. I.
CINTRA, Antônio Carlos de Araújo; GRIONOVER, Ada Pellegrini; e DINAMARCO, Cândido Rangel. **Teoria geral do processo**. 6. ed. São Paulo: RT, 1988.
COUTURE, Eduardo. **Fundamentos del derecho procesal civil**. Buenos Aires: Depalma, 1988.
GUSMÃO, Manuel Aureliano de. **Processo civil e comercial**. 3. ed. São Paulo: Saraiva, 1934.
MARQUES, José Dias. **Introdução ao estudo do direito**. Coimbra: Faculdade de Direito de Lisboa.
ROCCO, Alfredo. **La sentença civil**. Milano: Giuffrè, 1962.
ROCCO, Ugo. **Tratado de derecho procesal civil**. Bogota-Buenos Aires: Temis-Depalma, 1969. v. 1.
SANTOS, Moacyr Amaral. **Primeiras linhas de direito processual civil**. São Paulo: Saraiva, 1995. v. 1.

Capítulo 2
DESENVOLVIMENTO DA DOUTRINA PROCESSUAL

Sumário: 1 Análise comparativa dos processos romano, germânico e comum medieval. 2 Evolução da doutrina processual. 3 Revisão científica do direito processual. 4 Autonomia e publicização do direito processual. 5 Unitarismo e dualismo na ciência do processo: evolução e significação da parêmia. 6 Elaboração de uma teoria geral do processo. 7 Teoria geral do processo e métodos de elaboração. 8 Tendência unificadora do direito processual e suas manifestações doutrinárias e legislativas. 9 Trilogia estrutural do direito processual: jurisdição, ação e processo. 10 Macrossistema, microssistema, sistema periférico e integração do sistema processual.

1 ANÁLISE COMPARATIVA DOS PROCESSOS ROMANO, GERMÂNICO E COMUM MEDIEVAL

O direito processual, como ramo autônomo da ciência do direito, é relativamente recente, tendo pouco mais de cem anos;[1] mas o que ele tem de recente, o processo, como método de resolução das lides, tem de antigo; embora apenas em Roma tenha alcançado o seu mais alto grau de evolução.[2]

1.1 Declínio do processo romano

O processo já era praticado em Roma, segundo ritos que satisfaziam plenamente aos ideais de justiça da época, quando ocorreu a queda do Império Romano do Ocidente, invadido pelos bárbaros, possuidores de uma cultura ainda primitiva, o que provocou um verdadeiro choque entre duas culturas e dois métodos completamente diferentes de se fazer justiça: de um lado, o processo romano, altamente aprimorado, e, de outro, o processo germânico, ainda rudimentar e de fundo místico-religioso.

1.2 Processo romano-canônico

Os invasores germânicos, como vencedores, procuraram impor aos romanos vencidos o seu método de resolução dos conflitos, infinitamente inferior ao processo romano, que,

---

[1] O marco do nascimento do direito processual como ciência foi o livro de Oskar von Bülow, "Die Lehre von den Prozesseinreden um die Prozessvoraussetzungen" (A teoria das exceções processuais e os pressupostos processuais), em Giessen, na Alemanha, no ano de 1868.

[2] As instituições jurídicas, em geral, evoluíram de tal forma em Roma que até hoje o direito de quase todas as nações cultas do mundo se inspira no direito romano.

contudo, continuou resistindo ao desaparecimento; havendo época em que esses dois tipos de processo chegaram a conviver em Roma, sobretudo pelos esforços da Igreja, preocupada com a manutenção das instituições romanas, mesmo porque o direito por ela aplicado era de fundo romano-canônico.

1.3 Escola dos Glosadores e Pós-glosadores

Com a criação da Universidade de Bolonha, na Itália, no século XI da Era Cristã, surgiu a Escola dos Glosadores e, posteriormente, a Escola dos Pós-Glosadores, que muito se preocuparam com o estudo do direito romano, procurando adaptá-lo às necessidades do seu tempo; fazendo surgir, em consequência desses estudos, um tipo de processo chamado *processo comum medieval*, de fundo romano-canônico, mas impregnado de elementos germânicos e de novos institutos espontaneamente formados pelo uso.

1.4 Cotejo entre os diversos tipos de processo

Chiovenda procedeu a uma *análise comparativa* entre esses três tipos de processo, romano, germânico e comum medieval, que reproduzo, resumidamente, ressaltando em cada um: I – *o escopo do processo;* II – *a função do juiz;* III – *os atos do juiz;* IV – *a função da prova;* V – *a coisa julgada;* e VI – *a forma do processo.*

1.4.1 Escopo do processo

Quanto ao *escopo do processo*, consiste *o processo romano* na atuação da vontade da lei relativamente a um determinado bem da vida (*res in iudicium deducta*).[3] A vontade da lei, entendida como um preceito comum (*comunae praeceptum*), é uma entidade superior que impera sobre o pretor, como o pretor impera sobre o povo. O pretor está entre o povo e a lei; sendo ele a *vox legis* (voz da lei). A finalidade do processo é, então, atuar a lei.

No *processo germânico*, enfraquecida a ideia de Estado e da lei como expressão da sua vontade, o processo se apresenta como um meio de pacificação social, pela pacificação dos litigantes. O processo é direcionado menos a decidir do que a dirimir as contendas, fazendo depender a solução delas, não do convencimento do juiz, mas do resultado de certas experiências (juízos de Deus). O fim do processo é, então, obter a conciliação dos litigantes, inclusive mediante a reparação do dano.

O *processo comum medieval* se apresenta como um modo de resolução de questões; sendo o processo considerado como campo de uma atividade privada, e estudado exclusivamente do ponto de vista do interesse e do direito privado. Somente é possível resolver a questão principal na medida em que o juiz resolve as questões envolvidas pela questão principal. O juiz é competente? Eis aí uma questão, que não é a principal. A principal é saber se o réu deve ou não pagar ao autor certa quantia. Tal processo não resulta de nenhuma lei; havendo uma construção da doutrina, ainda incipiente, que se impõe como meio de resolver as controvérsias.

1.4.2 Função do juiz

Quanto à *função do juiz*, no *processo romano*, o pretor exerce uma função pública, que é a *iurisdictio*; poder este decorrente da soberania estatal e indelegável,[4] cabendo ao pretor tomar conhecimento dos fatos e submetê-los ao crivo da lei. Tal é a função do juiz romano.

---

[3] "Coisa (pedido) deduzida em juízo."
[4] A delegação só era possível nos casos expressamente indicados nas fontes, como quando o pretor partia para a guerra.

No *processo germânico*, jamais se exerceu poder semelhante, pois os negócios judiciais são tratados em assembleias populares,[5] tendo o juiz a função de coordenar a atuação dos litigantes, proclamando, com a vitória do vencedor, a decisão da causa. A função do juiz consiste em declarar o que há a provar e por que meio. Depois disto, limita-se o juiz a assistir à experiência probatória e certificar-se mecanicamente do seu resultado.

No *processo comum medieval*, a função do juiz é tomar conhecimento das questões, no que se assemelhava ao romano; mas esse processo reduz a tarefa do juiz a uma verificação quase aritmética do concurso do número de elementos necessários para formar, no caso concreto, o que se chama a "verdade legal". A atividade do juiz não é a de avaliar racionalmente a prova. Uma vez obliterada[6] a natureza jurídica do processo, como campo de exercício de uma função pública (*iurisdictio*), o processo passa a ser considerado como campo de uma atividade privada e estudado exclusivamente do ponto de vista do interesse e do direito privado.

1.4.3   Atos do juiz

Quanto aos *atos do juiz*, o *processo romano* se resume às *interlocutiones* e *sententiae*; sendo a sentença o ato que, acolhendo ou rejeitando a demanda, põe fim à contestabilidade de um bem da vida; ou, em outros termos, um provimento do juiz que resolve sobre o pedido, acolhendo-o ou rejeitando-o, definindo (*rectius*, resolvendo) a lide, com a atuação da vontade da lei. A sentença é apenas a decisão definitiva, quer dizer, aquela que resolve o mérito da demanda, pois todas as medidas tomadas pelo juiz, no decorrer do processo, são *interlocutiones*, pelo que com uma *interlocutio*[7] ordena-se a citação, declara-se inadmissível a apelação, dispõe-se sobre provas etc.

No *processo germânico*, não há semelhante distinção, pois com a queda do princípio da livre convicção do juiz passou a haver uma sentença central sobre provas, que recebe o nome de sentença, mas que, no fundo, constitui a verdadeira decisão da causa, visto que a vitória ou a derrota da parte, expressa na última decisão do juiz, mais não é do que a consequência automática da decisão deste, enunciada ou declarada preventivamente. A sentença é, na realidade, a decisão que prové sobre a prova, constituindo uma verdadeira decisão potencial da causa.

O *processo comum medieval* afasta-se do processo romano, neste ponto, por influência do processo germânico, sendo a sentença uma definição do juiz, que põe fim à lide. Assim, a sentença definitiva é a que *define* as questões principais; sentenças interlocutórias, as que decidem as questões incidentes. As sentenças interlocutórias substituem as *interlocutiones*, e passam a ser apeláveis, transitando também em julgado.

1.4.4   Função da prova

Quanto à *função da prova*, destina-se ela, no processo romano, a proporcionar ao juiz o conhecimento dos fatos alegados, formando a sua livre convicção, o qual profere a decisão pela livre observação dos fatos. O juiz forma livremente a sua convicção, segundo a prova dos autos. A prova dirige-se ao juiz e representa um encargo que compete ao autor. Ao juiz romano repugnava julgar segundo critérios formais, preestabelecidos ou convencionais, preferindo fazê-lo pela observação dos fatos.

---

[5]   Essas assembleias populares eram chamadas "*Dings*".
[6]   Obliterar significa fazer desaparecer pouco a pouco, mas deixando alguns vestígios.
[7]   "*Interlocutio*" significa "entre uma fala e outra".

No *processo germânico*, a prova é dirigida mais ao adversário do que ao juiz e se apresenta como uma vantagem que compete a quem é atacado, isto é, o réu; sendo os meios de provas os duelos e as ordálias ou juízos de Deus.

No *processo comum medieval*, a prova é regulada por um complexo de normas formais, chamado *sistema da prova legal*, que disciplina minuciosamente os meios de provas admissíveis e o modo de serem produzidas, bem assim a influência que devam ter no convencimento do juiz. A admissibilidade do testemunho dependia do sexo, da fama, da fortuna, do número; não podendo o testemunho de umas tantas pessoas do povo prevalecer sobre o testemunho de um nobre.

1.4.5 Coisa julgada

Quanto à *coisa julgada*, no *processo romano*, é a expressão de exigência de certeza e segurança no gozo dos bens da vida; ou seja, a *res in iudicium deducta*,[8] depois de *iudicata*. Não pensavam os romanos em atribuir ao que o juiz afirma, só porque o afirma o juiz, uma presunção da verdade.

No *processo germânico*, a coisa julgada simplesmente não existia.

No *processo comum medieval*, a coisa julgada não mais se compreende como a simples expressão de exigência prática de certeza e segurança no gozo dos bens da vida, mas como uma "presunção de verdade" daquilo que o juiz, como tal, declara, vulgarizando-se a máxima "a coisa julgada faz do branco, preto; do quadrado, redondo".[9] Qualquer sentença é recorrível e passa em julgado, inclusive as sentenças interlocutórias.

1.4.6 Forma do processo

Quanto à *forma do processo*, o processo romano era oral, pois só o processo oral permite ao juiz formar sua convicção com base na observação pessoal e direta do material da causa. O *processo oral* tem o sentido de que o juiz que deve proferir a decisão é aquele que recolhe os elementos de convicção, interroga as partes e testemunhas (*imediação*). A fim de que isto se torne possível, o juiz deve ser o mesmo do princípio ao fim da causa (*identidade do juiz*); as atividades processuais concentram-se em breve período de tempo, desdobrando-se sem interrupção, resolvendo-se os incidentes em ato contínuo (*concentração*); no contato entre as partes e o juiz serve de meio de comunicação a viva voz (*oralidade*); e todos os atos processuais se efetivam com a colaboração das partes (*publicidade*). O *processo romano* foi eminentemente oral, embora nele houvesse também escritos.

O *processo germânico* também é oral, explicada, contudo, a oralidade não por causas íntimas, como o romano, mas por causas exteriores, em razão da ignorância da escrita, por serem analfabetos.

O *processo comum medieval*, ao contrário do processo romano, é inteiramente escrito, regulado por princípios opostos aos da imediação, concentração, identidade do juiz e publicidade. O procedimento desenvolve-se em várias fases, e juízes diferentes podem funcionar numa ou noutra fase. O processo é excessivamente lento e demorado; as partes não comparecem, mas depositam em juízo seus escritos; e os depoimentos são colhidos por escrito numa ata, registrando-se não apenas as respostas das partes ou das testemunhas, mas também as suas perguntas.

---

[8] "Coisa (pedido) deduzida em juízo."
[9] "*Res iudicata facit de albo nigrum, de quadrata rotunda.*"

Em síntese, são essas as principais características dos três tipos de processo: romano, germânico e comum medieval.

2 EVOLUÇÃO DA DOUTRINA PROCESSUAL

Durante muitos séculos, o processo foi praticado sem que houvesse preocupação com a elaboração científica dos seus institutos, tendo só recentemente sido empreendida a construção do direito processual como *sistema de princípios*.[10]

2.1 Etapas na evolução doutrinária do processo

A *evolução da doutrina processual*[11] pode ser delineada em cinco etapas, a saber: 1) primitivismo; 2) judicialismo; 3) praxismo; 4) procedimentalismo; e 5) processualismo científico.[12]

2.1.1 Primitivismo

O *primitivismo* se refere ao *período primitivo*, que se perde nas dobras do tempo, alcançando pelo outro extremo o século XI da Era Cristã; em que não havia, propriamente, autênticas exposições processuais, mas obras de diferente data, nacionalidade e natureza, onde se encontram dados e ideias acerca da justiça e do seu funcionamento.

2.1.2 Judicialismo

O *judicialismo* assim se denominou por ser o *iudicium* (processo) um termo tão enraizado na linguagem processual que o seu conceito se destaca, com seus sujeitos e suas fases, nos trabalhos da época.[13]

A *Escola Judicialista* nasceu em Bolonha, na Itália, com a criação da primeira Universidade, no ano de 1088, tendo Bolonha representado para o direito processual o que Roma representou para o direito civil; não que antes não se conhecesse o processo e suas instituições, mas porque não se contava, até então, com exposições especialmente dedicadas ao seu estudo.

Os jurisconsultos da escola bolonhesa produzem, principalmente entre os séculos XII e XIII, obras de grande envergadura para a época, destacando, na maioria das vezes, o conceito de *"iudicium"*, como a *Ordo Iudiciarius*,[14] de Tancredo, e o *Speculum Iudiciale*,[15] de Guilherme Duranti.

---

[10] *Grosso modo*, a história do direito processual pode ser assim delineada: *a*) em Roma; *b*) Bolonha, o direito comum e a recepção; *c*) a Revolução Francesa e a codificação napoleônica; e *d*) Bülow, na doutrina, e Klein, na legislação. Essas etapas, adverte Alcalá-Zamora y Castillo, não são compartimentos estanques, mas momentos capitais entrelaçados entre si.

[11] Essa evolução foi exposta por Alcalá-Zamora y Castillo, numa conferência em São José da Costa Rica sobre o tema "Evolução da Doutrina Processual".

[12] A conferência vem reproduzida às fls. 293 a 331 da sua obra *Estudios*. Em "Notas Tomadas de um Curso de Teoria Geral do Processo", incluía o autor, entre a etapa primitiva e a escola judicialista, a denominada etapa da "literatura romana", o que elevava para seis os períodos.

[13] Juízo tem processualmente, pelo menos, dois significados fundamentais: o estrito, que equivale à *sentença*, isto é, ao juízo judicial sobre o litígio; e o amplo, como sinônimo de processo. É à segunda dessas acepções que agora me refiro.

[14] "Ordem Judiciária."

[15] "Espelho Judicial."

2.1.2.1 Direito comum e a recepção

Os *judicialistas*[16] trabalharam, sobretudo, sobre o direito comum, de fundo romano-canônico, e também medieval italiano e ítalo-canônico. Esse direito comum, do qual provém o sistema continental europeu, propagou-se, e dentro dele o regime dos juízos, mediante a acolhida que teve nas principais nações da Europa, entre os séculos XIII a XV, fenômeno que ficou conhecido como *"recepção"*.

Pelo menos três fatores –, científico, religioso e político –, explicam o êxito que teve a *recepção* em toda a Europa. Por um lado, os estudantes europeus, atraídos pelo prestígio das universidades italianas, acorriam às suas aulas, e, ao regressarem a seus países, foram substituindo, de maneira paulatina e incessante, nas suas atuações como juízes e advogados, o direito nacional local pelo direito comum. Por outro lado, os tribunais eclesiásticos aplicavam o direito comum, nos casos por eles julgados. Por fim, os monarcas viram na ressurreição do direito romano o instrumento ideal para firmar seu poder sobre os particularismos locais.

2.1.3 Praxismo

O *praxismo* se revela no início do século XVI e vai até o começo do século XIX, sendo um dos mais longos períodos nessa evolução.

A invenção da imprensa, ao facilitar a difusão do pensamento, multiplica de tal forma a aparição de livros, que a evolução da doutrina processual se faz de forma diversa nos diversos países europeus.

A palavra "praxismo" é derivada de *praxis*, que significa "aquilo que se pratica habitualmente, rotina, uso, prática", contrapondo-se à *theoria*, que significa "ação de contemplar, de examinar". Enquanto a teoria expressa uma reflexão, a praxe, ao contrário, se revela dinâmica.

Esse período denominou-se *praxismo* porque o direito processual foi considerado pelos jurisconsultos, advogados e práticos como um conjunto de recomendações práticas sobre *o modo de se proceder em juízo*, mais preocupados com a forma de se realizar o processo do que com os estudos teóricos do processo. Os trabalhos dessa época eram impregnados de nítida preocupação forense; considerando apenas questões de ordem prática,[17] sendo grande a preocupação dos praxistas em "dar fórmulas ou receitas para levar adiante os procedimentos".

As denominações das obras surgidas nesse período refletem bem as suas características: "Espelho das Ações", "Regimento de Juízes", "*Practica Nova Imperialis Rerum Criminalium*",[18] "Elementos de Prática Forense" etc.

---

[16] Um setor muito característico dentro da produção dos judicialistas era constituído pelos pequenos "resumos" ou "compêndios", que dividem os processos em fases denominadas tempos. Esta divisão do processo em tempos constitui o germe do conceito de preclusão.

[17] Analisando a variante espanhola desta tendência, assim se manifesta Alcalá-Zamora y Castillo: "Caracteriza-se ela, dentre outros, pelos seguintes traços: contemplação da matéria processual mais como uma arte do que como uma ciência; qualidade de práticos da maioria dos autores, que, por isto, escreviam em castelhano e não em latim; atenção prestada ao *stylus curiae* [estilo da cúria romana] que oferece grande analogia com o estilo em uso; predomínio frequente das opiniões dos práticos, sobre os próprios preceitos legais, deformados e inclusive anulados pelas mesmas; tonalidade nacional mais marcada que em outras tendências". Nos livros da época predominava sempre a voz *prática* (forense ou judicial) ou *praxe*.

[18] "Nova prática imperial dos feitos criminais."

2.1.4 Procedimentalismo

O *procedimentalismo* é um produto fundamentalmente francês e coincide com a Revolução Francesa, tendo a *organização judiciária*, a *competência* e, sobretudo, o *procedimento* esgotado o conteúdo das obras desta época. Se bem que o seu método expositivo supere em muito o dos práticos, não conseguem os procedimentalistas situar-se no nível de outros ramos jurídicos.

O método utilizado pelos procedimentalistas era meramente descritivo de fenômenos processuais, faltando colocações teóricas acerca de noções essenciais do direito processual, começando pela própria noção de *procedimento*, que constituiu uma das grandes preocupações desta Escola. Os livros desse período chamavam-se *procedimentos ou direito processual*, mas encontram-se, ainda, a meio caminho entre o praxismo e a fase científica do direito processual, da etapa subsequente.[19]

A causa política do procedimentalismo foi, sem dúvida, a Revolução Francesa, e a sua causa jurídica, a codificação napoleônica,[20] que, ao separar a legislação processual civil (1806) da legislação processual penal (1808), e, ambas, dos respectivos corpos legais substantivos,[21] marca um roteiro que é logo seguido por outras nações, fazendo brotar cátedras e livros independentes consagrados ao seu estudo.[22]

Em 1856, brota a famosa polêmica entre Bernhard Windscheid e Theodor Muther sobre o conceito de ação, doze anos antes da aparição da obra de Bülow (1868), obra esta que marca o nascimento do direito processual como ciência.

O *procedimentalismo* constituiu um importante passo na evolução do direito processual, pois o processo deixou de ser realizado de acordo com a praxe e passou a ter na lei a sua regulamentação; além de ter feito com que o praxismo perdesse a sua influência na Europa.

Esse período alcança a segunda metade do século XIX, quando a doutrina procede a uma verdadeira *revisão científica do direito processual* e se inaugura o processualismo científico.

3 REVISÃO CIENTÍFICA DO DIREITO PROCESSUAL

3.1 Processualismo científico

O *processualismo científico* tem início no ano de 1868, quando Bülow publica, em Giessen, Alemanha, uma obra intitulada *Teoria das exceções processuais e os pressupostos processuais*,[23] assentando o marco da elaboração do direito processual como um "sistema de princípios".[24]

---

[19] As obras de caráter procedimentalista realizam uma análise exegética dos textos legais e uma descrição dos fenômenos processuais, com base na regulamentação legal.

[20] Outro fator, embora secundário, apontado pelo próprio Alcalá-Zamora y Castillo foi a obra do inglês Jeremias Bentham, especialmente o seu "Tratado das provas judiciais" e outras, dele ou de seus discípulos, que tiveram uma ressonância extraordinária não somente na Inglaterra como também em toda a Europa.

[21] Na própria França, as Ordenações de Luís XIV deslindam e agrupam as normas processuais separadas dos preceitos substantivos (em 1667, sobre procedimento civil, e, em 1670, sobre procedimento criminal), mas o intento não logrou a ressonância e o êxito dos corpos legais processuais promulgados por Napoleão.

[22] O procedimentalismo transcende as fronteiras da França e alcança diversos países europeus (Itália, Espanha, Alemanha e Inglaterra), fazendo surgir verdadeiros tratados e nomes como Jeremias Bentham (inglês), Mittermayer (alemão) e Bonnier (francês), cujas obras aparecem entre 1827 e 1843.

[23] "Die Lehre von den Prozesseinreden und die Prozessvoraussetzungen".

[24] Alguns autores assinalam duas datas como início do processualismo científico: os anos de 1856/1857, em que se desenvolveu a histórica polêmica entre Windscheid e Muther em torno do conceito de "ação", e o ano de 1868, em que aparece a obra de Bülow.

Fala-se, então, em *processualismo científico*, porque não se trata mais de conhecer o processo segundo a praxe, nem de abordá-lo pela forma como a lei regula o processo, mas de tomar como ponto de partida o estudo do próprio processo, segundo a sua natureza jurídica, e, assim, todos os institutos básicos do direito processual.

3.1.1 Doutrina de Bülow e a autonomia do processo

Começa Bülow por assinalar que a ciência processual civil tinha um longo caminho a percorrer, para alcançar o progresso a que se havia chegado nos demais campos do direito, pois jaziam na penumbra as mais importantes e básicas ideias processuais, obscurecidas por uma construção conceitual inadequada e uma errônea terminologia, ambas heranças do direito medieval e conservadas com a maior fidelidade e constância.

Concebe Bülow o processo como uma *relação jurídica*, demonstrando ser ele uma relação de direitos e obrigações entre as partes e o juiz, ou seja, uma relação jurídica processual, quando destacou a noção de *processo* da noção de *procedimento*. O *processo* é uma relação jurídica pública que avança gradualmente e se desenvolve passo a passo. Essa relação jurídica não se identifica com as relações jurídicas privadas, que constituem a matéria do debate judicial porque estas se apresentam totalmente concluídas, enquanto aquela se encontra apenas no embrião. Em vez de considerar o processo como sendo uma relação jurídica de direito público que se desenvolve de modo progressivo entre o juiz e as partes, a ciência processual tem destacado, sempre e unicamente, aquele aspecto da noção de processo que salta à vista da maioria: a sua marcha ou avanço gradual, o *procedimento*.

3.1.1.1 Triunfos da doutrina de Bülow

Anota Alcalá-Zamora y Castillo que, quer se aceite, quer se rechace a doutrina de Bülow, não se pode discutir que o seu livro teve dois triunfos decisivos: 1º) buscado uma explicação publicista para a natureza jurídica do processo,[25] mercê da qual ficaram definitivamente superadas as interpretações privatistas, que imaginaram o processo como um contrato ou quase contrato judicial; 2º) provocado um movimento científico-processual de envergadura, magnitude e brilhantismo inigualáveis, que deu origem a uma completa renovação do direito processual no mundo.

As modificações que, a partir de 1868, se operaram na situação precedente e que merecem qualificar-se de processualismo científico são assim assinaladas por Alcalá-Zamora y Castillo:

a) a independência do direito processual frente ao direito material, iniciada pelos judicialistas da Escola de Bolonha, e acentuada quando a codificação napoleônica difunde o modelo de sua legislação em separado, é levada às suas últimas consequências;

b) os conceitos e questões primordiais do direito processual, como a ação, a jurisdição e o processo, a atuação das partes etc., são examinados de acordo com critérios de rigoroso direito processual;

c) o material usado pelos procedimentalistas é superado, e a exegese é substituída pelo sistema;

d) o estudo da matéria processual empreende-se, então, com enfoque e técnica distintos. Enquanto os procedimentalistas fazem filosofia, de maior ou menor valor, e tratam mais da

---

[25] Até então, o processo era explicado segundo concepções privatistas (contrato, quase contrato etc.).

justiça e da função judicial do que do processo, ou cuidam de descrever as instituições processuais, os processualistas fazem *teoria do direito processual*, inclusive acerca do procedimento, e rompem as amarras com a prática forense. Enquanto o procedimentalista se detém na anatomia do fenômeno processual, o processualista penetra na sua fisiologia.

3.2 Doutrina de Wach e a autonomia da ação

Nessa época, surge na Alemanha a exponencial figura de Adolf Wach,[26] o qual, influenciado em alguns aspectos por Wetzell e noutros por Bülow, com uma formidável preparação romanista e histórica, é o fundador da Escola Alemã (de processo). Em 1885, Adolf Wach publica sua obra "Manual de Direito Processual Civil", que, infelizmente, ficou inacabada, mas que dentre outros méritos pôs em relevo a *autonomia do direito de ação*, provocando uma polêmica que até hoje não se pode dizer completamente encerrada.

Para o citado jurista, a *pretensão de tutela jurídica* (*rectius*, direito de ação) não é função do direito subjetivo, pois não está condicionada por este. O interesse e a pretensão de tutela jurídica não existem unicamente onde existe direito. A chamada ação declaratória negativa não tem por finalidade proteger ou conservar um direito subjetivo, senão manter a integridade da posição jurídica do demandante.

A ação não existe apenas onde existe o direito subjetivo material, pois o autor pode se valer da ação para pedir ao juiz que declare a inexistência de uma relação jurídica, como, por exemplo, a de casamento, para que ele declare por sentença o seu estado civil de solteiro.

Desta forma, demonstrou Wach a autonomia da ação, frente ao direito subjetivo material, o que constituiu o golpe de morte nas teorias civilistas da ação.

Mais tarde, em 1888, Wach trouxe à luz uma monografia intitulada "Ação declaratória",[27] reafirmando com novos argumentos a autonomia do direito de ação em relação ao direito subjetivo material.[28]

Enquanto Bülow demonstrou a *natureza jurídica do processo* como uma relação jurídica autônoma e distinta da relação jurídica privada, que se faz valer em juízo, e, além disso, relação jurídica pública, com o que desvinculou o processo das concepções privatistas, que o envolviam, Wach convocou a doutrina para uma reflexão sobre a *natureza jurídica da ação*, concebendo-a como um direito subjetivo *processual*, também de natureza pública, que não pressupõe necessariamente o direito subjetivo *material*.

3.3 Doutrina de Degenkolb e de Plósz

Em 1877, o alemão Degenkolb publicara em Leipzig uma obra intitulada "Ingresso forçado em juízo e norma judicial", e, em 1880, o húngaro Plósz publicou um livro intitulado "Contribuições à teoria do direito de queixa",[29] de grande importância na posterior evolução do

---

[26] Até o aparecimento da obra de Adolf Wach, a ação era explicada à luz de concepções privatistas (*Nihil aliud est actio quam ius quod sibi debeatur iudicio persequendi*); era a ação o próprio direito subjetivo ou um aspecto dele.

[27] No original "Der Festtellungsanspruch", que os espanhóis têm preferido traduzir como "A pretensão de declaração".

[28] Esta monografia fez parte de uma publicação da Faculdade de Direito da Universidade de Leipzig, em homenagem a Windscheid, e cuja edição, em separado, foi publicada no ano de 1889.

[29] Ou "Discussão sobre o conceito da ação".

conceito da ação; mas essas obras, apesar de publicadas anteriormente a 1885, não lograram, *na época*, a acolhida que tiveram os ensinamentos de Wach.

3.4 Discípulos de Bülow e de Wach

Dentre os discípulos de Bülow e Wach, sobressaíram-se Köhler, autor de uma monografia sobre "O processo como relação jurídica";[30] Friedrich Stein com o seu famoso "O conhecimento privado do juiz", dedicado à doutrina da prova; Konrad Hellwig, com um "Tratado" e um "Sistema";[31] Kisch, com um estudo sobre a sentença; e Pagenstecher, com um ensaio sobre a coisa julgada material.

Especial destaque merece Goldschmidt, autor da "teoria do processo como situação jurídica", onde contesta a natureza jurídica do processo, na versão de Bülow, dizendo ser o processo um conjunto de situações jurídicas; além de esclarecer situações processuais que vieram a enriquecer a ciência do processo, como a elucidação do "ônus probatório", correspondente à *situação de encargo*.

3.5 Doutrina de Chiovenda e a Prolusão bolonhesa

Em 1903, Chiovenda profere na Universidade de Bolonha, na Itália, uma conferência sob o título "A ação no sistema dos direitos",[32] que foi o ponto de partida da nova sistematização do direito processual, entre os povos de língua latina.

Nessa oportunidade, Chiovenda enquadrou a ação na categoria dos chamados *direitos potestativos* ou *direitos do poder jurídico*. Esta categoria de direitos resulta de numerosíssimas faculdades reunidas em todos os campos do direito privado e público, como o direito de impugnar atos jurídicos diversos, de impugnar contratos, de fazer testamentos, de reconhecer filhos, de revogar um mandato ou uma doação, e muitos outros. Em todos esses casos, encontramo-nos frente a um poder do titular do direito, de produzir, com a sua manifestação de vontade, um efeito jurídico do seu interesse, ou a cessação de um estado jurídico desvantajoso; e isto frente a uma ou mais pessoas, que não são obrigadas a nenhuma prestação para com ele, estando tão somente *sujeitas* ao efeito jurídico produzido e do qual não podem subtrair-se.

4 AUTONOMIA E PUBLICIZAÇÃO DO DIREITO PROCESSUAL

O direito processual é hoje uma disciplina autônoma da ciência do direito, fruto da grande evolução por que passou na segunda metade do século XIX.

4.1 Evolução do processo, da ação e da jurisdição

O *processo*, instituto fundamental do direito processual, que, até a obra de Bülow, era explicado sob vestes privatistas, como sendo um contrato (judicial) ou um quase contrato (judicial), passa a ser explicado na sua feição *publicista*, desvinculado das relações de direito privado que por seu intermédio são resolvidas, operando-se, assim, a *autonomia do processo*.

A *ação*, antes explicada pela teoria civilista como o "direito de perseguir em juízo o que nos é devido",[33] como um elemento do próprio direito material, ou direito que nasce da viola-

---

[30] "Der Prozess als Rechtsverhältnis".
[31] Estas obras, como a de Wach, ficaram também incompletas.
[32] Trata-se da célebre "Prolusão bolonhesa", como ficou vulgarmente conhecida.
[33] *Ius quod sibi debeatur in iudicio persequendi*.

ção de outro direito, adquire sua *autonomia* com a obra de Wach, desvinculando-se do direito subjetivo material que através dela se faz valer em juízo, passando a ser considerada como um direito subjetivo processual, de caráter público, de invocar a jurisdição do Estado-juiz.

A jurisdição sempre foi considerada como uma função estatal de declarar e realizar o direito; função pública, portanto, a cargo do Estado-juiz.

O direito processual ainda hoje convive com o direito material, porque o processo tem natureza *instrumental*, objetivando a atuação da vontade da lei em relação a uma pretensão, tutelando, *por tabela*, os direitos subjetivos.

Antes das grandes conquistas da ciência processual, o direito processual civil era tido como um mero compartimento do direito privado, sendo o processo e a dinâmica processual disciplinados por princípios do direito civil.

4.2 Criação de uma dogmática processual

A revisão conceitual do processo e da ação, na segunda metade do século XIX, criou uma *dogmática processual*, então inexistente, e, em consequência, pôs em evidência a *autonomia do direito processual* como ciência, revisão esta que, iniciada no processo civil, transplantou-se depois para o processo penal.

O direito processual se firmou como ciência autônoma no campo da dogmática jurídica por ter *objeto* e *princípios* próprios que não se confundem com o objeto e princípios das demais ciências do direito. O processo como instrumento da jurisdição, a ação como o direito de provocar a jurisdição e a própria jurisdição, enquanto atividade pública de atuar a lei, têm a sua regulamentação disciplinada pelo direito processual.

Para Frederico Marques, o direito processual se publicizou a partir do momento em que se verificou que o processo não tinha por escopo a tutela de direitos subjetivos, mas a atuação do direito objetivo. Afinal, solucionar o conflito de interesses em resguardo da paz social, dando razão a quem a tem, é interesse do próprio Estado, que ele provê com a instituição dos juízes, através do exercício da atividade jurisdicional, toda ela regulada pelo direito processual; e, qualquer que seja a bifurcação que apresente (civil ou penal), compreende-se no campo do direito público.

5 UNITARISMO E DUALISMO NA CIÊNCIA DO PROCESSO: EVOLUÇÃO E SIGNIFICAÇÃO DA PARÊMIA[34]

5.1 Unidade e dualidade do direito processual

Sobre a dogmática processual, tendente a esclarecer se existe apenas uma ciência do direito processual ou duas ciências jurídicas distintas, compostas pelo direito processual civil e pelo direito processual penal, diverge a doutrina, havendo pelo menos duas correntes: a) uma sustentando a *unidade* do direito processual; b) outra sustentando a *dualidade* do direito processual.

A corrente que sustenta a unidade do direito processual se denomina *teoria unitária*, e a que sustenta a dualidade do direito processual se denomina *teoria dualista*.

5.1.1 Teoria unitária do direito processual

Os *unitaristas* afirmam que o direito processual civil e o direito processual penal são dois ramos distintos de uma *mesma ciência*, que é a ciência do direito processual, não existindo

---

[34] Parêmia é um enunciado breve ou uma notícia rápida do que é enunciado.

distinção substancial entre ambos, sendo os seus adeptos, hoje, a grande maioria, capitaneados, na Itália, por Carnelutti e Leone.

Carnelutti afirma ser o direito processual substancialmente uno e que o processo civil se distingue do processo penal, não porque tenham raízes distintas, mas por serem dois grandes ramos em que se bifurca, a uma boa altura, um tronco único.

Leone observa, por sua vez, que as pilastras do ordenamento processual são comuns aos dois tipos de processo, tendo ambos a mesma finalidade, que é a atuação do Poder Jurisdicional; em ambos, a intervenção desse Poder é condicionada ao exercício da ação; e ambos se iniciam, se desenvolvem e se concluem com a participação de três sujeitos: autor, juiz e réu.

5.1.1.1 Argumentos da corrente unitarista

Em síntese, são os seguintes os argumentos da corrente *unitarista*:

1) O conceito de *processo*, como instrumento de composição dos litígios, é uno, pouco importando que a lide a ser composta seja de natureza penal ou extrapenal; sendo o processo, no plano da doutrina, um só, ainda que o conflito se produza nos distintos âmbitos do direito. Além disso, o processo é sempre uma relação jurídica entre três pessoas: autor, juiz e réu, e que não é descaracterizada pela diversidade de procedimentos, pois essa diversidade existe até mesmo no processo civil.[35] A ideia de *processo*, acrescenta Couture, é necessariamente teleológica, pois só se explica por seu fim.[36]

2) O conceito de *ação*, tanto no processo civil quanto no processo penal, também é um só; sendo a ação um direito subjetivo público contra o Estado,[37] para haver dele a prestação jurisdicional. Não há, em verdade, uma *ação penal* diferente da *ação civil*, pois a natureza da pretensão é que dá, quanto ao conteúdo, um colorido diferente à ação penal e à ação civil. Todas as ações de todos os ramos do direito processual têm o mesmo caráter público, dado que se dirigem contra o Estado-juiz para que ele atue a jurisdição na solução da lide.

3) O conceito de *jurisdição* também é uno,[38] e nem os próprios dualistas negaram essa circunstância, reputando exato o princípio da unidade da jurisdição, pois ela é sempre função pública e soberana do Estado, exercida pelo Poder Judiciário; e pouco importa que o conflito a ser resolvido seja de natureza penal ou extrapenal. Quando se fala numa jurisdição *civil*, contraposta a uma jurisdição *penal*, essa distinção não infirma o *unitarismo*, dado que se assenta num simples critério de divisão de trabalho, sendo alguns órgãos jurisdicionais incumbidos de resolver litígios de natureza civil, enquanto outros se encarregam de solucionar os de natureza penal; sendo que, às vezes, resolvem ambos.[39]

---

[35] Os procedimentos podem ser comuns ou especiais.

[36] A matéria pode fazer variar a competência, a composição dos tribunais, as formas de tramitação e até a eficácia mesma dos distintos processos. Mas sempre haverá um denominador comum a toda essa série de atos: o seu caráter, de meio idôneo para dirimir, mediante um juízo, um conflito de interesses jurídico, por ato da autoridade.

[37] Sobre o ser a ação direito público contra o Estado, diverge Chiovenda, para quem a ação é direito contra o adversário, e de natureza privada ou pública, conforme a natureza do direito que tutela.

[38] Na arbitragem, também há o exercício de jurisdição, mas a cargo de árbitros, pessoas leigas (não togadas); tratando-se de jurisdição exercida por órgão - pessoa.

[39] Numa pequena comarca do interior, com um único juiz, exerce este a jurisdição na sua plenitude (tanto a civil quanto a penal, eleitoral etc.).

4) Muitos outros institutos do direito processual são comuns tanto ao processo civil quanto ao processo penal, como, *v.g.*, as citações, as notificações, as intimações, as exceções (questões) processuais, a prova,[40] a sentença, o recurso, a coisa julgada etc.

5.1.1.2 Argumentos da corrente dualista

Os *dualistas* sustentam, por seu turno, que o direito processual civil e o direito processual penal são *substancialmente* distintos, constituindo, pois, *duas ciências* jurídicas distintas, tendo à frente expoentes do porte de Florian e Manzini.

Em prol do seu entendimento, se valem os dualistas[41] dos seguintes argumentos:[42]

1) O objeto do processo penal é uma relação de direito público, porque nele se desenvolve outra relação de direito penal; em troca, no processo civil, o objeto é quase sempre uma relação de direito privado.[43]

2) O processo penal é normalmente indispensável para a aplicação da lei penal; enquanto o processo civil nem sempre é necessário para atuar as relações de direito privado.[44]

3) O poder dispositivo das partes é muito restringido no processo penal, e grande o poder do juiz; inversamente, no processo civil, é grande o poder dispositivo das partes e mínimo o poder do juiz, dada a diversidade de objeto.[45]

4) No processo civil, litigam duas verdadeiras e próprias *partes*, por um interesse privado subjetivo e com largos poderes de disposição, tanto do conteúdo substancial como do conteúdo formal do processo; no processo penal, o conceito de *parte* é impróprio, pois o interesse que determina o procedimento é sempre público e objetivo, e a pretensão punitiva, que constitui o conteúdo substancial do processo, é, de regra, indisponível pelos sujeitos do processo.

---

[40] Sobre a prova, Florian, que era dualista, reconheceu que "as novas diretrizes do Processo Civil, em matéria de prova, muito o avizinham do Processo Penal".

[41] Os três primeiros argumentos são de Florian e os demais, de Manzini.

[42] Florian se valia, ainda, do argumento de que o processo civil tem caráter estritamente jurídico, e o penal tem também caráter ético. Em outras palavras: no processo civil, o juízo é regido exclusivamente por critérios jurídicos puros, com abstração, quase sempre, da qualidade das pessoas, prescindindo de critérios e apreciações discricionárias, de equidade e éticas; no processo penal, pelo contrário, o juiz tem de julgar um homem e, por isso, tem de inspirar-se em critérios ético-sociais. Esse argumento não convence, bastando pensar na margem entre o máximo e o mínimo de pena com que os códigos sancionam os distintos delitos, para se ver como a fixação da pena a ser imposta no caso concreto é deixada à consciência, à equidade e à apreciação ética do juiz.

[43] Nem sempre o objeto do processo civil é uma relação de direito privado. Se surgir litígio entre Fazenda Pública e o particular sobre a exigibilidade ou inexigibilidade de um tributo, será resolvido através do processo civil, e a relação jurídica tributária é sabidamente uma relação jurídica pública.

[44] Esta particularidade decorre, não da natureza do processo, mas da própria lide. O processo é distinto da lide, que é seu conteúdo. Nem sempre o processo civil é dispensável para a composição das lides extrapenais, como *v.g.* a anulação de casamento. Por outro lado, se o indivíduo for injuriado pela imprensa e quiser renunciar ao direito de queixa, com o fim de evitar a punição do ofensor, a renúncia produzirá o efeito inclusive de extinguir a punibilidade, independentemente do processo.

[45] Também esta maior ou menor disponibilidade decorre da natureza da lide e não do processo. Nas legislações que admitem a ação penal privada, o poder dispositivo das partes é bem grande. No Brasil, o querelante pode perdoar o querelado, mesmo após sentença condenatória. A Lei nº 9.099/95 e a Lei nº 10.259/01 (Juizados Especiais Criminais, estaduais e federais) admitem a transação das partes em sede penal. Ademais, no âmbito do processo civil, quando a lide versa sobre direitos indisponíveis, as partes não têm nenhum poder de disposição.

5) Ninguém, no processo civil, está obrigado a iniciar ou a exercer a ação civil, salvo em casos excepcionais, em que a iniciativa caiba ao Ministério Público; e, em se tratando de ação penal, existe obrigação funcional do Ministério Público.[46]

6) No processo penal, vigora o princípio da verdade real, e, no processo civil, o princípio da verdade ficta.[47]

6 ELABORAÇÃO DE UMA TEORIA GERAL DO PROCESSO

A vitória dos argumentos da corrente *unitarista* conduziu os cultores do direito processual a proclamar a necessidade da criação de uma *teoria geral do processo*, tendo Carnelutti se manifestado defensor dessa unidade, proclamando ser o direito processual *substancialmente uno*.

Também Piero Calamandrei relata que, na Universidade de Florença, na Itália, o ensino do direito processual compreendia um Curso de Instituições do Direito Processual, ao lado de um Curso de Direito Processual Civil e de Procedimento Penal, plano semelhante ao da Universidade Católica de Milão.

Quando se fala na elaboração de uma *teoria geral do processo*, não se pretende afirmar a "absoluta identidade entre o processo civil e o processo penal", mas que as pilastras do ordenamento processual são comuns aos dois tipos de processo, como os conceitos de *jurisdição, ação e processo*, e muitos outros institutos também o são, tanto no processo civil quanto no processo penal, como a citação, a intimação, a sentença, a coisa julgada etc.

A absoluta identidade entre os dois tipos de processo nem poderia haver, porque o processo civil é informado por princípios que não informam o processo penal, e vice-versa; mas esta circunstância não obsta a elaboração de uma *teoria geral do processo*.

Por serem os conceitos de jurisdição, ação e processo comuns tanto ao processo civil quanto ao penal, o jurista Ramiro Podetti os chamou, com extraordinária precisão, de "trilogia estrutural do direito processual", já que constituem o arcabouço do direito processual como um todo, sem distinção de ramo.

---

[46] O argumento não é válido nem mesmo para o direito italiano, pois, muitas vezes, a atividade persecutória do Ministério Público fica condicionada a uma manifestação de vontade (querela). Há legislações, como a nossa, em que existe a chamada "ação penal privada", regida, dentre outros, pelo princípio da oportunidade. Nestes casos, o ofendido ou seu representante legal promoverá a ação penal se quiser. Não se pode falar, assim, em obrigatoriedade da ação penal.

[47] A propósito, registra Tourinho Filho: "É certo que o princípio da verdade real, vigorando com mais intensidade no processo penal, não é exclusivo nem peculiar a este setor do direito. Haja vista a regra inserta no art. 370 do CPC". Com muita propriedade observa Garcia-Velasco: "Não podemos considerar a busca da verdade material uma missão privativa do processo penal sem tachar, ao mesmo tempo, os demais processos de *aspirantes a falsários*, pois, ainda que na generalidade destes (processos) a possibilidade que têm os interessados de dispor dos seus direitos e a atitude da parte tornem possível que, ao final, surja como verdade o que é apenas parcialmente, ou não o é em absoluto, isso não autoriza afirmar que esses processos sejam destinados e previstos para a criação de resultados artificiais e inexatos; pelo que, *a contrario senso*, essa verdade material não pode ser considerada como princípio e, menos ainda, como qualificadora do processo penal, o que não impede que seja mais fácil alcançar a verdade, como consequência das características singulares do processo penal, e sempre com reservas consequentes da limitação e da falibilidade humanas".

Também Frederico Marques afirma que o princípio da verdade real não vigora no processo penal em toda a sua pureza. E esclarece: se um indivíduo é absolvido por não haver a mínima prova de que praticou o crime que se lhe imputa, a coisa julgada irá impedir que nova ação penal se instaure contra ele, apesar de provas concludentes, inclusive sua confissão, surgirem após *veredictum* absolutório: *res iudicata pro veritate habetur*.

A disciplina de "Teoria Geral do Processo" já é uma realidade na maioria das Escolas de Direito, onde são ministrados ensinamentos a respeito dos conceitos básicos do direito processual, da organização judiciária, da jurisdição, da ação, do processo, dos procedimentos, dos atos processuais, das nulidades, da sentença, dos recursos, da coisa julgada, da execução etc.

Essa iniciativa trata o ensino do direito processual de forma unitária e integrada, relativamente aos aspectos dogmáticos de institutos comuns a todo o direito processual, civil, penal e trabalhista, evitando que o aluno seja colhido com ensinamentos díspares sobre um mesmo instituto, além de agilizar o aprendizado, com um professor *ensinando* conceitos, dispensando os outros de ensinar a mesma coisa.

7 TEORIA GERAL DO PROCESSO E MÉTODOS DE ELABORAÇÃO

A *teoria geral do processo* é o conjunto de conceitos sistematizados que retratam os princípios fundamentais do *direito processual* (nos seus distintos ramos), enquanto ramo do direito público que contém o repositório de princípios e normas que disciplinam os diversos tipos de processo e seus respectivos procedimentos.

7.1 Métodos de elaboração

Existem dois métodos conhecidos para se explicar os elementos necessários para se construir a teoria geral do processo: o realista ou empírico e o racionalista ou silogístico.

7.1.1 Método realista ou empírico

Para o método *realista* ou *empírico*, deve-se partir do caso concreto e da observação dos distintos ramos do direito processual para se elaborar os princípios gerais que norteiam todos eles, o que se obtém por meio da *indução*, enquanto "inferência conjectural que conclui da regularidade de certos fatos, a existência de outros ligados aos primeiros na experiência anterior". Segundo este método, o estudo dos diversos ramos do direito processual deve, por meio da analogia, identificar as semelhanças entre eles, para determinar os princípios fundamentais norteadores do processo como *método de resolução das lides* (litígios ou conflitos).

7.1.2 Método racionalista ou silogístico

Para o método *racionalista* ou *silogístico*, os conceitos processuais devem ser formados no plano abstrato, no campo das ideias, para serem posteriormente aplicados aos diferentes ramos do direito processual, ou seja, por meio da *dedução*, enquanto "análise lógica para construção de argumentos, utilizando premissas para se chegar a uma conclusão, tornando explícito um conhecimento já existente nas premissas".

8 TENDÊNCIA UNIFICADORA DO DIREITO PROCESSUAL E SUAS MANIFESTAÇÕES DOUTRINÁRIAS E LEGISLATIVAS

8.1 Unificação doutrinária do direito processual

A tendência que se manifesta entre os cultores da ciência processual é pela *unificação doutrinária do direito processual*, com estudos dedicados a institutos comuns, tanto ao processo civil quanto ao processo penal, realçando que *não existem duas ciências distintas*, mas uma única ciência, denominada *Direito Processual*.

8.2 Manifestações legislativas do direito processual unificado

Não se pretende com isso afirmar a absoluta identidade entre o processo civil e o processo penal, ou que o processo penal seja absorvido pelo processo civil, e, muito menos, a necessidade de uma unificação legislativa, com a elaboração de códigos unificados; embora também já se venha manifestando, nesse campo, uma *tendência unificadora*, mesmo porque, no passado, antes da *unificação* do Código de Processo Civil de 1939, em nível nacional, o direito processual era plural, com cada Estado-membro legislando sobre o direito processual, e, nessa época, os estados da Bahia, de Santa Catarina, e do antigo Distrito Federal[48] tinham apenas um Código, regulando os processos civil e penal.[49]

9 TRILOGIA ESTRUTURAL DO DIREITO PROCESSUAL: JURISDIÇÃO, AÇÃO E PROCESSO

9.1 Autonomia do direito processual

Apenas na segunda metade do século XIX o direito processual adquiriu *status* de ciência autônoma, o que se tornou possível quando a doutrina pôde identificar os temas que constituem o objeto desse ramo da ciência do direito e os princípios que o informam.

9.2 Jurisdição

A *jurisdição* sempre foi considerada uma função estatal, e, embora exercida a um tempo pelo rei, depois por delegados ou funcionários seus, como sucedeu em Roma, ou pelo povo, como acontecia entre os germânicos, que deliberavam em assembleias populares (Dings),[50] a verdade é que o rei, seus delegados ou funcionários, e bem assim o povo, personificavam ou representavam o poder soberano em que se compreendia a jurisdição.

O caráter público da função estatal, de declarar e aplicar o direito, sempre esteve presente no conceito de *jurisdição* como função pública do Estado, exercida pelo Poder Judiciário,[51] de atuar o direito objetivo em relação a uma concreta pretensão.

9.3 Ação

O *direito de ação* experimentou enorme evolução, até que se completasse a sua transposição do campo do direito privado para o do direito público.

A ação foi, durante longo tempo, considerada sob vestes privatistas, à luz de preceitos de ordem privada, como sendo um elemento integrante do próprio direito subjetivo material, ou do próprio direito subjetivo em atitude de defesa, ou a reagir contra a ameaça de sua violação.[52]

---

[48] O atual município do Rio de Janeiro.

[49] Segundo Waldemar Mariz de Oliveira Jr., o Código de Processo da Suécia (1942) e o Código de Direito Canônico são exemplos dessa unidade.

[50] As "Dings" eram as assembleias livres do povo.

[51] Excepcionalmente, a jurisdição é exercida por outros poderes, como, no Brasil, pelo Senado Federal (art. 52, I e II, CF), quanto à jurisdição política, nos crimes de responsabilidade de determinados agentes públicos.

[52] Enquanto a ação foi assim considerada, como tema de direito privado, não se pensava na autonomia da ação, como um direito em si mesmo.

Após os estudos de Windscheid e Muther sobre a *actio*, e, sobretudo, os de Wach, na Alemanha, mais tarde desenvolvidos por Chiovenda, na Itália, considerando a ação um direito potestativo, a doutrina passou a conceber a ação como um *direito autônomo* e distinto do direito subjetivo material que visa a tutelar, e de natureza pública, por ser um direito contra o Estado, devedor da prestação jurisdicional.[53]

9.4 Processo

Anteriormente à obra de Wach, em torno da ação, Bülow dera destaque à *autonomia do processo*, desvinculando-o dos princípios de direito privado que o envolviam, concebendo-o como relação jurídica pública, distinta da relação de direito privado, porque num dos polos dessa relação está o Estado como poder soberano, em posição de superioridade à ocupada pelas partes no conflito submetido à apreciação judicial. Antes desta conquista, o processo era também explicado à luz de concepções privatistas, ora como sendo um contrato judicial, ora um quase contrato judicial, tendo Bülow operado a sua transposição do campo do direito privado para o do direito público, enquanto instrumento de atuação do Estado-juiz.

9.5 Trilogia estrutural do direito processual

Estes três conceitos – *jurisdição, ação e processo* – mantêm entre si a mais estreita ligação, e estão de tal forma inter-relacionados, que um não pode ser concebido sem a existência do outro. Assim, sem a *jurisdição*, não haveria que se falar em *direito de ação*, pois não se teria um juiz a quem se dirigir; e muito menos *um processo*, que é o instrumento formal da jurisdição. Sem o direito de ação, a jurisdição não passaria de uma função inerte, e não seria necessário o processo. Sem o processo, não haveria jurisdição, porque o processo é o *instrumento da jurisdição*, e não haveria também lugar para o *direito de ação*.

Como se vê, a ação põe em movimento a jurisdição, que se realiza através do processo, pois é no processo que a ação se encontra com a jurisdição. Na medida em que o autor exercita a ação, tem direito a uma resposta do juiz,[54] que lhe é dada pela jurisdição, que se vale de um instrumento técnico, que é o processo.

Este íntimo relacionamento foi notado por Podetti, que a esse elenco chamou de "Trilogia estrutural do direito processual", por serem conceitos não apenas do processo civil, mas, também, do processo penal, que lhes têm dedicado copiosa literatura processual.

Anota Podetti que destes três conceitos, sob o prisma genético-histórico, talvez tenha surgido primeiro a ação, no seu exercício material; depois o processo; e, por último, a jurisdição; mas sob o aspecto lógico-doutrinário, primeiro vem a jurisdição, como órgão-função, depois a ação, como nexo entre o órgão e os sujeitos do processo, e, por último, o processo, que se faz possível e se desenvolve graças à conjugação harmônica da jurisdição com a ação.[55]

---

[53] Sobre ser o direito de ação um direito público ou um direito contra o Estado, reina divergência na doutrina; mas, sobre ser um direito *autônomo*, não existe mais dúvida. A autonomia da ação, com a sua separação do direito material, representou, para a ciência do direito processual, fenômeno análogo ao que representou para a física a divisão do átomo (Couture).

[54] A resposta será de acordo com o que o direito objetivo prevê. Assim, se o locatário não paga os aluguéis e o locador-autor pede ao juiz que decrete a sua prisão, não será atendido, pois, nesse caso, não há prisão civil por dívida.

[55] Registra, ainda, Ramiro Podetti: "Em meu último livro, ao fixar as bases para o estudo do processo, disse que elas eram três: os conceitos de jurisdição, ação e processo. A ideia flui do direito processual moderno

Estes três temas constituem a base ou estrutura de todo o direito processual, em que a *teoria da jurisdição* ilumina as teorias da ação e do processo, ao mesmo tempo em que é por elas iluminada; a *teoria da ação* ilumina as teorias da jurisdição e do processo, ao mesmo tempo em que é por elas iluminada; e, finalmente, a *teoria do processo* ilumina as teorias da jurisdição e da ação, ao mesmo tempo em que é por elas iluminada.[56]

10 MACROSSISTEMA, MICROSSISTEMA, SISTEMA PERIFÉRICO E INTEGRAÇÃO DO SISTEMA PROCESSUAL

10.1 Macrossistema processual, microssistemas e sistema periférico

O *direito processual* compõe-se de um *macrossistema* processual (civil, penal, trabalhista etc.), mantendo estreita relação com um *microssistema* processual (juizados especiais cíveis e criminais) e com um sistema *periférico* (mandado de segurança, ação civil pública, ação popular, *habeas corpus, habeas data* etc.), que deve se amoldar àquele no que couber, sob pena de incidir em inconstitucionalidade.

Sem um estudo da *teoria geral do processo*, é impossível entender o mecanismo de funcionamento do *sistema processual* como um todo, notadamente o indispensável entrosamento entre o macrossistema, os microssistemas e os sistemas periféricos processuais. Por falta desse conhecimento, a Justiça do Trabalho, em vez de aplicar, na esfera da tutela provisória trabalhista, recurso consagrado pelo macrossistema processual civil (Código de Processo Civil), que é o agravo de instrumento (CPC: art. 1.015, I), aplica meio de impugnação disciplinado pelo sistema periférico do mandado de segurança (Lei nº 12.016/09); incidindo em equívoco análogo os Juizados Especiais Cíveis Estaduais, que, em vez de permitir a impugnação da tutela provisória com recurso previsto no microssistema dos Juizados Especiais Cíveis Federais, que é o recurso de decisão interlocutória (*rectius,* agravo de instrumento), adotam, para esse fim, o mandado de segurança, integrante de sistema periférico.

10.1.1 Integração do sistema processual

A *integração* do sistema processual como um todo deveria funcionar assim: I – os sistemas que compõem o *macrossistema* se integram reciprocamente (o civil com o penal e o penal com o civil), e, em sequência, com os do *microssistema* (civil e penal, reciprocamente), e, por fim, com os do sistema *periférico* (mandado de segurança, *habeas corpus*); os sistemas que compõem o microssistema, por seu turno, se integram (o civil com o penal e vice-versa), e, em sequência, com os do respectivo macrossistema (civil e penal, também mutuamente), e, por último, com os do sistema periférico (dentre os quais o do mandado de segurança); os sistemas que compõem o sistema periférico (mandado de segurança, *habeas corpus* etc.), por sua vez, devem ser integrados pelos do macrossistema correspondente (civil e penal), e, se necessário, por aqueles do respectivo microssistema (dos juizados especiais estaduais e federais).

---

e de seus principais expositores, mas não a havia visto exposta concretamente com anterioridade a meu trabalho. Sem embargo, expressa ou implicitamente, ela já havia sido enunciada".

[56] Esta circunstância também não passou despercebida a Chiovenda: "Considerado nesse tríplice aspecto, o processo recebe sua completa significação: um lado supõe o outro, e nenhum deles pode ser estudado isoladamente de uma maneira proveitosa. Assim, na ciência do direito processual, resultam três grandes divisões que se completam reciprocamente: a teoria da ação e das condições de tutela jurídica, a teoria dos pressupostos processuais (propriamente, da jurisdição) e a teoria do procedimento".

Enquanto assim não se entender, o mandado de segurança continuará sendo usado como "sucedâneo recursal", na eventualidade de a lei não prever recurso específico para impugnar determinada decisão, a exemplo do que acontece na Justiça do Trabalho e nos Juizados Especiais Estaduais, em que a decisão interlocutória de mérito (tutela provisória de urgência) vem sendo, equivocadamente, impugnada por essa forma.

BIBLIOGRAFIA

ARRUDA ALVIM NETO, José Manoel de. **Manual de direito processual civil**. 7. ed. São Paulo: RT, 2001. v. 1.

BÜLOW, Oskar von. **Die Lehre von den Prozesseinreden und die Prozessvoraussetzungen**. Giessen, 1968.

BÜLOW, Oskar von. **A teoria das exceções processuais e os pressupostos processuais**. Buenos Aires: EJEA, 1964.

CARREIRA ALVIM, J. E. **Direito arbitral**. 2. ed. Rio de Janeiro: Forense, 2004.

CASTILLO, Niceto Alcalá-Zamora y. **Estudios de teoria general e historia del proceso**. México: UNAM, 1974. v. II.

CHIOVENDA, Giuseppe. **Instituições de direito processual civil**. São Paulo: Saraiva, 1962. v. I.

CHIOVENDA, Giuseppe. **Saggi di diritto processuale civile**. Milano: Giuffrè, 1993. v. I.

COUTURE, Eduardo J. **Fundamentos del derecho procesal civil**. Buenos Aires: Depalma, 1988.

FLORIAN, Eugenio. **Elementos de derecho procesal penal**. Barcelona: Bosch, 1931.

GARCIA-VELASCO, M. I. **Curso de derecho procesal penal**. Universidade de Madrid, 1969.

LARA, Cipriano Gómez. **Teoria general del proceso**. México: Textos Universitarios, 1976.

LEONE, Giovanni. **Tratatto di diritto processuale penale**. Napoli: Jovene, 1961. v. 1.

MANZINI, Vicenzo. **Istituzioni di diritto processuale civile**. Padova: Cedam, 1967.

MANZINI, Vicenzo. **Tratatto di diritto processuale penale**. Padova: Cedam, 1946.

MARQUES, José Frederico. **Instituições de direito processual civil**. Rio de Janeiro: Forense, 1958. v. I.

OLIVEIRA JR., Waldemar Mariz de. **Teoria geral do processo civil**. Curso de direito processual civil. São Paulo: RT, 1973.

PODETTI, J. Ramiro. **Teoría y técnica del proceso civil y trilogía estructural de la ciencia del proceso civil**. Buenos Aires: DIAR, 1963.

PODETTI, J. Ramiro. **Teoría y técnica del proceso civil y trilogía estructural de la ciencia de proceso civil**. Buenos Aires: EJEA, 1963.

SANTOS, Moacyr Amaral. **Primeiras linhas de direito processual civil**. São Paulo: Saraiva, 2009. v. I.

TOURINHO FILHO, Fernando da Costa. **Processo penal**. 23. ed. São Paulo: RT, 2001.

WACH, Adolf. **Handbuch des Deutschen Zivilprozessrechts**. Leipzig: Verlag von Duncker & Humblot, 1885.

WACH, Adolf. **Manual de derecho procesal civil**. Buenos Aires: EJEA, 1977. v. 1.

Capítulo 3
PODER JUDICIÁRIO

Sumário: 1 Poder Judiciário: estrutura. 2 Organização judiciária. 3 Unidade e duplo grau de jurisdição. 4 Composição dos juízos e tribunais. 5 Critérios de ingresso na magistratura. 6 Garantias da magistratura. 7 Auxiliares da Justiça: conceito e classificação. 8 Órgãos do foro extrajudicial. 9 Ministério Público. 10 Funções, garantias e estrutura do Ministério Público. 11 Princípios informativos do Ministério Público. 12 Advocacia pública. 13 Advocacia privada. 14 Defensoria Pública.

1 PODER JUDICIÁRIO: ESTRUTURA

Dentre os poderes do Estado, destaca-se, pela sua importância, de preservar a ordem jurídica e a paz social, o Poder Judiciário, a que corresponde a função jurisdicional,[1] através da qual se obtém a composição (*rectius*, resolução) da lide,[2] mediante a aplicação da lei.

No exercício dessa função, o Poder Judiciário se manifesta através de órgãos integrados por pessoas físicas, chamados órgãos jurisdicionais, judiciais ou judicantes.

Sendo a jurisdição emanação da soberania do Estado, e, portanto, um de seus poderes, cabe à Constituição Federal determinar quais são os órgãos integrantes do Poder Judiciário,[3] competindo às Constituições estaduais dispor sobre a organização da justiça no âmbito das unidades federadas, observadas as diretrizes da Constituição da República.

1.1 Órgãos do Poder Judiciário

Nos termos do art. 92 da Constituição Federal, são órgãos do Poder Judiciário: I – o Supremo Tribunal Federal; I-A – o Conselho Nacional de Justiça; II – o Superior Tribunal de Justiça; II-A – o Tribunal Superior do Trabalho; III – os Tribunais Regionais Federais e Juízes Federais; IV – os Tribunais e Juízes do Trabalho; V – os Tribunais e Juízes Eleitorais; VI – os Tribunais e Juízes Militares; VII – os Tribunais e Juízes dos Estados e do Distrito Federal e Territórios.[4]

---

[1] O Judiciário exerce, também, atividades de índole legislativa e administrativa, não se caracterizando, contudo, pelo exercício dessas funções.

[2] Essa composição (*rectius*, resolução) se obtém, também, mediante a arbitragem (Lei n. 9.307/96, alterada pelas Leis nos. 13.105/15 e 13.129/15).

[3] Não há, na verdade, um Poder Judiciário da União, diverso do Poder Judiciário dos Estados, pois a jurisdição, enquanto poder, função e atividade, é nacional.

[4] Os antigos Territórios Federais de Roraima e do Amapá foram transformados em Estados Federados (art. 14 do ADCT da CF/88) e o Território Federal de Fernando de Noronha foi extinto, sendo sua área reincorporada ao Estado de Pernambuco (art. 15 do ADCT da CF/88); inexistem, pois, hoje, Territórios Federais no Brasil.

Existe um verdadeiro organismo judiciário, integrado por diversos órgãos, atuando no território nacional, e, afora esses, nenhum outro, ainda que receba a denominação de "tribunal", exerce a jurisdição, não sendo, portanto, jurisdicionais o Tribunal Marítimo, o Tribunal de Contas da União[5] e o Tribunal de Justiça Desportiva, sendo meros *órgãos administrativos* atuando de forma análoga à atuação da justiça. Apenas os *tribunais arbitrais*, previstos na Lei de Arbitragem,[6] apesar de não figurarem no elenco do art. 92 da Constituição, exercem também a jurisdição, mas não estatal, e sim privada.

1.1.1   Supremo Tribunal Federal

O *Supremo Tribunal Federal*, órgão de cúpula do Poder Judiciário, foi criado pelo Decreto n. 848/1890, posicionado no vértice da pirâmide organizacional da Justiça, como consectário do sistema federativo, que viria a ser implantado pela Constituição de 1891.

Este tribunal se compõe de onze ministros, escolhidos dentre cidadãos com mais de trinta e cinco e menos de sessenta e cinco anos de idade, de notável saber jurídico[7] e reputação ilibada (CF, art. 101); tem sede na Capital da República; jurisdição sobre todo o território nacional; e competência originária e recursal (ordinária e extraordinária) prevista na Constituição (art. 102, I a III), competindo-lhe precipuamente a sua guarda.

1.1.2   Conselho Nacional de Justiça

O *Conselho Nacional de Justiça* é um órgão *estranho* ao Poder Judiciário, que, por uma cirurgia plástica, indiscutivelmente inconstitucional,[8] foi incorporado ao art. 92, como um de seus órgãos; compõe-se de quinze membros, integrado pelo Presidente do Supremo Tribunal Federal; por ministros do Superior Tribunal de Justiça e do Tribunal Superior do Trabalho; por desembargador do Tribunal de Justiça e juiz estadual; por juízes do Tribunal Regional Federal e do Tribunal Regional do Trabalho, por membros do Ministério Público da União e do Estado; dois advogados e dois cidadãos de notório saber jurídico e reputação ilibada; todos nomeados pelo Presidente da República, depois de aprovada a escolha pelo Senado; com competência para controlar a atividade administrativa e financeira do Poder Judiciário, pelo cumprimento dos deveres funcionais dos juízes, além das atribuições que lhe forem conferidas pelo Estatuto da Magistratura e pela Constituição (art. 103-B, § 4º, I a VII).[9]

Costumo dizer que atualmente só temos efetivamente dois Poderes nacionais (Legislativo e Executivo), que atuam sem a interferência de elementos (cidadãos, advogados, membros do Ministério Público), estranhos à sua organização institucional.

---

[5]   O Tribunal de Contas da União é órgão auxiliar do Poder Legislativo.
[6]   A arbitragem está disciplinada pela Lei n. 9.307/96, alterada pelas Leis n. 13.105/15 e n. 13.129/15.
[7]   O requisito do "notório saber jurídico" há muito deixou de ser observado pelo Poder Executivo, na escolha dos candidatos a ministro do STF, para o que tem contado com a cumplicidade do Senado Federal.
[8]   A Constituição agasalha muitas normas *inconstitucionais*; porque não é pelo fato de lá estarem que adquirem constitucionalidades, se se chocarem com princípios de superior hierarquia em face do seu objeto.
[9]   No exercício dessa competência, o Conselho Nacional de Justiça tem extravasado as suas atribuições, *afrontando* a Constituição, inclusive aposentando compulsoriamente juízes, apesar de não dispor de poder jurisdicional. Uma das garantias outorgadas aos juízes é a sua *vitaliciedade*, só podendo perder o cargo por *sentença judicial* transitada em julgado (CF, art. 95, I); e decisão do CNJ não é sentença, nem aqui e nem na China.

Para quem não sabe, em outros sistemas jurídicos, só existe um Conselho Nacional da Magistratura, para *garantir a autonomia do Poder Judiciário*, no exercício de suas funções, que lá não é, como no Brasil, disciplinado pela Constituição, como um poder autônomo do Estado, independente dos demais poderes.

1.1.3   Superior Tribunal de Justiça

O *Superior Tribunal de Justiça* compõe-se de, no mínimo, trinta e três ministros, nomeados pelo Presidente da República, dentre brasileiros com mais de trinta e cinco e menos de sessenta e cinco anos de idade, de notável saber jurídico e reputação ilibada[10] (CF, art. 104, parágrafo único), depois de aprovada a escolha pelo Senado Federal; dentre desembargadores dos Tribunais de Justiça e dos Tribunais Regionais Federais, de advogados e membros do Ministério Público dos Estados e do Distrito Federal e do Ministério Público Federal; tem sua sede na Capital da República; jurisdição sobre todo o território nacional; e competência originária e recursal (ordinária e especial), prevista na Constituição (no art. 105, I a III). Os membros saídos dos tribunais estaduais e regionais, e escolhidos entre advogados e membros do Ministério Público, integram o chamado *quinto constitucional*.

1.1.4   Tribunais Regionais Federais

Os *Tribunais Regionais Federais*, criados pela Constituição, como órgãos de segundo grau da Justiça Federal comum, superpostos aos juízes federais, completam a estrutura dessa justiça; compõem-se de, no mínimo, sete juízes, escolhidos dentre juízes federais, com mais de cinco anos de carreira, mediante promoção; assegurada também a participação de advogados e membros do Ministério Público Federal, nomeados pelo Presidente da República, dentre brasileiros com mais de trinta e menos de sessenta e cinco anos; todos com mais de dez anos na profissão ou na carreira. Essa participação respeita também o chamado *quinto constitucional*.

Esses tribunais têm a sua competência, originária e recursal, prevista na Constituição (no art. 108, I e II), especialmente julgar, em grau de recurso, as causas decididas pelos juízes federais e estaduais no exercício da competência federal da área de sua jurisdição; a sua jurisdição é delimitada por região (são regionais), havendo, atualmente, cinco Tribunais Regionais Federais, com sede em Brasília, Rio de Janeiro, São Paulo, Porto Alegre e Recife, compreendendo cinco Regiões.

Os *juízes federais* são órgãos de primeiro grau da Justiça Federal;[11] cada Estado, bem como o Distrito Federal, constitui uma Seção Judiciária, que tem por sede a respectiva capital, e varas localizadas segundo o estabelecido em lei (CF, art. 110); sua competência é prevista na Constituição (art. 109), sobressaindo a de processar e julgar as causas em que a União, entidade autárquica (incluída a fundação de direito público) e empresa pública forem interessadas na condição de autoras, rés, assistentes ou oponentes, exceto as de falência, as de acidentes do trabalho e as sujeitas à Justiça Eleitoral e à Justiça do Trabalho.

A Justiça Federal conta, ainda, com Juizados Especiais Federais e Turmas Recursais, estando a sua disciplina na Lei n. 10.259/01; e também com tribunais do júri para o julgamento de crimes dolosos contra a vida.

---

[10] Estes requisitos existem somente no papel, porque na prática não são respeitados.
[11] Mais propriamente, os órgãos são os *juízos* ou *varas*, células do Poder Judiciário, que se colocam dentro do foro, e não os *juízes*, que são apenas um dos componentes desse órgão; o juiz, pessoa física, coloca-se dentro do juízo (ou vara).

1.1.5 Justiça do Trabalho

A *Justiça do Trabalho*[12] é estruturada com órgãos de primeiro grau, que são as Varas do Trabalho; de segundo grau, que são os Tribunais Regionais do Trabalho; e de terceiro grau, que é o Tribunal Superior do Trabalho (CF, art. 111, I a III).

1.1.5.1 Tribunal Superior do Trabalho

O *Tribunal Superior do Trabalho*, órgão de superposição da Justiça Trabalhista, compõe-se de vinte e sete ministros, escolhidos dentre brasileiros com mais de trinta e menos de sessenta e cinco anos de idade, nomeados pelo Presidente da República, após a aprovação pelo Senado Federal, sendo um quinto dentre advogados e membros do Ministério Público do Trabalho, com mais de dez anos de atividade, e os demais dentre juízes dos Tribunais Regionais do Trabalho, oriundos da magistratura de carreira; tem por sede a capital da República; jurisdição sobre todo o território nacional; e competência determinada por lei ordinária.

1.1.5.2 Tribunais Regionais do Trabalho

Os *Tribunais Regionais do Trabalho*, órgãos de segundo grau da Justiça Trabalhista, compõem-se, de, no mínimo, sete juízes nomeados pelo Presidente da República, dentre brasileiros com mais de trinta e menos de sessenta e cinco anos, assegurando, também, a participação, nesses tribunais, de advogados e membros do Ministério Público do Trabalho com mais de dez anos de atividade (CF, art. 115, I e II).

1.1.5.3 Varas do Trabalho

Os *órgãos de primeiro grau da Justiça do Trabalho* são as varas do trabalho, às quais compete processar e julgar as ações oriundas da relação de trabalho, abrangidos os entes de direito público externo e da administração pública direta e indireta da União, dos Estados, do Distrito Federal e dos Municípios (CF, art. 114, I), e outras controvérsias decorrentes da relação de trabalho, na forma da lei (CF, art. 114, IX), bem como todos os feitos referidos na Constituição (art. 114, II a IX).

1.1.5.4 Competência anômala da Justiça do Trabalho

Nas comarcas não abrangidas pela jurisdição da Justiça do Trabalho, a sua competência pode ser atribuída ao juiz de direito, com recurso para o Tribunal Regional do Trabalho (CF, art. 112).[13]

A Justiça do Trabalho tem também competência para promover a execução de ofício das contribuições sociais (CF, art. 195, I, "a", e II) decorrentes da sentença que proferir (CF, art. 114).

---

[12] A Emenda Constitucional n. 24, de 09.12.1999, deu nova estrutura à Justiça do Trabalho, ao extinguir as Juntas de Conciliação e Julgamento, excluindo a participação dos classistas inclusive nos tribunais trabalhistas.

[13] Existem também as Comissões de Conciliação Prévia, estabelecendo a Lei n. 9.958/00 que as empresas e os sindicatos podem instituir tais Comissões, de composição paritária, com representantes dos empregados e dos empregadores, com a atribuição de tentar conciliar os conflitos individuais do trabalho (CLT, art. 625-A), tendo competência para a execução de título executivo extrajudicial o juiz que teria competência para o processo de conhecimento relativo à matéria (CLT, art. 877-A).

1.1.5.5 Arbitragem na Justiça do Trabalho

Conta, ainda, a Justiça do Trabalho com a ajuda da arbitragem, pois, frustrada a negociação coletiva, as partes poderão eleger árbitros (CF, art. 114, § 1º), estando a arbitragem disciplinada pela Lei nº 9.307/96, alterada pelas Leis n. 13.105/15 e n. 13.129/15. No entanto, a arbitragem não se insere na estrutura da Justiça do Trabalho, mas ao lado dela na resolução dos conflitos de interesses trabalhistas. Entretanto, o Tribunal Superior do Trabalho entendeu, equivocadamente, no RR 25900-67.2008.5.03.0075,[14] ser a arbitragem inaplicável na Justiça do Trabalho; entendimento reafirmado pela Lei nº 13.140/15, dispondo que: "A mediação nas relações de trabalho será regulada por lei própria" (art. 42, parágrafo único). A Lei n. 13.140/15 foi parcialmente alterada pela Lei nº 13.327/16 (art. 38, parágrafo único).

1.1.6 Justiça Eleitoral

A *Justiça Eleitoral* tem estrutura organizacional mais ampla que as demais justiças, atuando em primeiro grau os juízes eleitorais e juntas eleitorais; em segundo grau, os Tribunais Regionais Eleitorais; e em terceiro grau o Tribunal Superior Eleitoral.

1.1.6.1 Tribunal Superior Eleitoral

O *Tribunal Superior Eleitoral* tem sede na capital da República; compõe-se de, no mínimo, sete membros escolhidos mediante eleição pelo voto secreto dentre os ministros do Supremo Tribunal Federal e do Superior Tribunal de Justiça, e dois juízes dentre seis advogados de notável saber jurídico e idoneidade moral[15] (CF, art. 119, I e II); tem jurisdição sobre todo o território nacional; e competência estabelecida em lei complementar. Suas decisões são irrecorríveis, salvo se contrariarem a Constituição, e as denegatórias de *habeas corpus* ou mandado de segurança.

1.1.6.2 Tribunais Regionais Eleitorais

Os *Tribunais Regionais Eleitorais* são os órgãos de segundo grau da Justiça Eleitoral, havendo um em cada Estado e no Distrito Federal; compõem-se de sete membros, escolhidos mediante eleição pelo voto secreto dentre desembargadores do Tribunal de Justiça e juízes de direito; um juiz do Tribunal Regional Federal com sede na capital do Estado ou no Distrito Federal, ou, não havendo, de juiz federal escolhido pelo Tribunal Regional Federal respectivo; e juízes escolhidos pelo Presidente da República, dentre advogados de notório saber jurídico e idoneidade moral, indicados pelo Tribunal de Justiça (CF, art. 120, § 1º, I, II e III).

---

[14] "5. O princípio tuitivo do empregado, um dos pilares do Direito do Trabalho, inviabiliza qualquer tentativa de promover-se a arbitragem, nos moldes em que estatuído pela Lei nº 9.307/96, no âmbito do Direito Individual do Trabalho. Proteção que se estende, inclusive, ao período pós-contratual, abrangidas a homologação da rescisão, a percepção de verbas daí decorrentes e até eventual celebração de acordo com vistas à quitação do extinto contrato de trabalho. A premência da percepção das verbas rescisórias, de natureza alimentar, em momento de particular fragilidade do ex-empregado, frequentemente sujeito à insegurança do desemprego, com maior razão afasta a possibilidade de adoção da via arbitral como meio de solução de conflitos individuais trabalhistas, ante o maior comprometimento da vontade do trabalhador diante de tal panorama."

[15] Esses requisitos também só são exigidos no papel, porque, na prática, nunca são observados.

1.1.6.3 Organização e competência dos juízos e juntas eleitorais

A organização e competência dos juízos eleitorais e das juntas eleitorais são objeto de lei complementar (CF, art. 121).

A Justiça Eleitoral é uma justiça *sui generis*, pois toda a sua estrutura organizacional é composta de membros integrantes de outros órgãos judiciários, pelo que não existe concurso para ingresso na carreira de magistrado eleitoral, pois quem exerce as funções de juiz eleitoral é o juiz de direito estadual da comarca, sendo a sua função temporária.

1.1.7 Justiça Militar da União

A *Justiça Militar da União* é composta de juízes e tribunais militares, instituídos em lei, sendo seus órgãos de primeiro grau os Conselhos Permanentes de Justiça, nas Auditorias (do Exército, da Marinha e da Aeronáutica), além dos Conselhos Especiais de Justiça para determinados julgamentos, cuja competência se restringe ao processo e julgamento de crimes militares definidos em lei, que dispõe também sobre a sua organização e funcionamento (CF, art. 124), atuando como órgão de segundo grau o Superior Tribunal Militar.

1.1.7.1 Superior Tribunal Militar

O *Superior Tribunal Militar* compõe-se de quinze ministros vitalícios, sendo três oficiais-generais da Marinha, quatro oficiais-generais do Exército e três oficiais-generais da Aeronáutica, todos da ativa e do posto mais elevado da carreira, e cinco civis, mediante nomeação pelo Presidente da República, depois de aprovada a indicação pelo Senado Federal, com os cinco civis indicados dentre brasileiros maiores de trinta e cinco anos, sendo três dentre advogados de notório saber jurídico e reputação ilibada, e dois por escolha paritária dentre juízes auditores e membros do Ministério Público da Justiça Militar (CF, art. 123, I e II).

Apesar da previsão constitucional, ainda não foram criados tribunais de segunda instância no âmbito da Justiça Militar da União, funcionando o Superior Tribunal Militar como órgão de segundo grau.

1.1.8 Justiça Estadual e do Distrito Federal

A *Justiça Estadual* e a *do Distrito Federal* são estruturadas com a observância dos preceitos constitucionais (CF, art. 125), que são, na verdade, diretrizes e limitações de observância obrigatória, sob pena de ofensa à Constituição.

1.1.8.1 Tribunais de Justiça

Os *Tribunais de Justiça* são os órgãos de segundo grau da Justiça estadual e do Distrito Federal; têm sua estrutura e competência estabelecidas na Constituição Federal, nas Constituições estaduais, na Lei Orgânica do Distrito Federal e nas respectivas Leis de Organização Judiciária; tem sua sede na capital; jurisdição sobre todo o território da unidade federada; e composição variada de Estado para Estado, respeitado o quinto constitucional, reservado aos advogados e membros do Ministério Público.

1.1.8.2 Varas estaduais e do Distrito Federal

Os *órgãos de primeiro grau da Justiça comum estadual* e da Justiça *do Distrito Federal* são os juízes de direito; e os tribunais do júri, para o julgamento dos crimes dolosos contra a vida.

Na justiça estadual e na do Distrito Federal, há também Juizados Especiais, providos por juízes togados ou togados e leigos, para o julgamento e execução de causas cíveis de menor complexidade e infrações penais de menor potencial ofensivo, permitidos a transação e o julgamento de recursos por turmas de juízes de primeiro grau (CF, art. 98, I); estando a sua disciplina sob regência da Lei n. 9.099/95.[16]

1.1.8.3 Justiça Militar Estadual

Existem órgãos da *Justiça Militar estadual* de *primeiro*[17] e *segundo* graus[18] *somente* naqueles Estados que os criaram, ainda na vigência da Constituição Federal de 1967, pois foram abolidos pela Emenda Constitucional n. 1/69, mantidos os Tribunais de Justiça Militar apenas nos Estados de Minas Gerais, São Paulo e Rio Grande do Sul; orientação essa que foi seguida pela atual Constituição.

Pela Constituição de 1988, a lei estadual poderá criar, por proposta do Tribunal de Justiça, a Justiça militar estadual, constituída, em primeiro grau, pelos juízes de direito e pelos Conselhos de Justiça e, em segundo grau, pelo próprio Tribunal de Justiça, ou por Tribunal de Justiça Militar nos Estados em que o efetivo militar for superior a vinte mil integrantes (art. 125, § 3º).

A competência dessa justiça é limitada ao processo e julgamento dos militares dos Estados, nos *crimes militares* definidos em lei, e nas ações judiciais contra atos disciplinares militares, ressalvada a competência do júri, quando a vítima for civil, cabendo ao tribunal competente decidir sobre a perda do posto e da patente dos oficiais e da graduação das praças (CF, art. 125, § 4º).

1.1.8.4 Inserção do leigo na administração da justiça

Na organização da justiça militar, tanto federal quanto estadual, e nos juizados especiais estaduais, a Constituição se afina com a doutrina que *valoriza* a justiça com a participação de *leigos* na administração da justiça, pelo que integra o leigo[19] na sua estrutura; isso sem falar no Tribunal do Júri, justiça leiga por excelência.

A justiça feita por leigos pode ser mais eficaz e justa do que a justiça inteiramente togada, mas desde que possam os juízes leigos julgar a liberto das regras estritamente legais, valendo-se da equidade e das máximas da experiência. Considero um despropósito, contrário à lógica mais elementar, integrar o juiz leigo na administração da justiça e vincular o seu julgamento ao exame dos fatos consoante a valoração que deles faz a lei. Isto porque, se um leigo tem *noção* do que seja, por exemplo, *estado de necessidade* ou *legítima defesa*, não tem, por certo, noção do alcance que lhes dá a legislação penal. Nada mais justo, pois, que os aplique de conformidade com o *senso comum* de justiça, como sucede nos julgamentos pelo tribunal do júri.

---

[16] A Justiça Agrária cedeu lugar à criação, pelos Tribunais de Justiça dos Estados, de "varas especializadas", com competência exclusiva para questões agrárias, para dirimir conflitos fundiários (art. 126, CF).
[17] Os órgãos de primeiro grau são os Conselhos de Justiça, nas auditorias militares.
[18] Órgãos de segundo grau são os Tribunais de Justiça Militar Estaduais.
[19] O "leigo" é aquele que não possui qualificação profissional em ciências jurídicas, ou seja, não é bacharel em direito; ou, sendo-o, não se submeteu ao critério para ingresso na magistratura como juiz "togado". Para a Constituição, todo aquele que não é juiz "togado" é "leigo", inclusive o bacharel em Direito.

Ao inserir o leigo nesse contexto, não se pode desconhecer que a sua capacidade de fazer justiça não deve ser medida pelos mesmos critérios utilizados pelos juízes togados.[20]

2 ORGANIZAÇÃO JUDICIÁRIA

2.1 Conceito de organização judiciária

A *organização judiciária* compreende toda a matéria concernente à constituição da magistratura, composição e atribuições dos juízos e tribunais, garantias de independência e subsistência dos juízos, bem como as condições de investidura, acesso e subsistência dos órgãos auxiliares e distribuição de suas atribuições.

Contêm-se, ainda, na organização judiciária os princípios e normas referentes às condições da disciplina geral do foro, assim como da disciplina especial dos juízos e dos seus auxiliares.

2.2 Organização da Justiça Federal e das justiças estaduais

A Justiça Federal de primeira instância é disciplinada pela Lei de Organização Judiciária Federal (Lei n. 5.010/66) e, quanto às justiças estaduais, cada unidade federada, assim como o Distrito Federal, tem sua própria Lei de Organização Judiciária, denominada também Código de Organização Judiciária ou Código Judiciário.

2.3 Comarcas, seções, subseções e circunscrições judiciárias

O território do País, para fins de exercício da jurisdição, é dividido em territórios menores que, na justiça estadual, são denominados "comarcas"; na justiça federal são as "seções e subseções judiciárias";[21] e, na justiça do Distrito Federal, são as "circunscrições judiciárias".

2.3.1 Classificação das comarcas

As comarcas são classificadas, em alguns Estados federados, em comarca de primeira, de segunda, de terceira e até de quarta entrância, conforme a sua população, movimento forense (número de processos), receita tributária etc., e de entrância especial (da capital do Estado), e, noutros Estados, em comarca "inicial", "intermediária" e "final" e comarca da Capital.

Recentemente, a preferência tem sido classificar comarcas em comarca *inicial* (correspondente à primeira entrância), *intermediária* (correspondente às comarcas de segunda e terceira entrâncias) e *final* (comarca de entrância especial ou da Capital), tendo, muitos Estados federados, adaptado a sua organização judiciária a essa nova classificação.

---

[20] Os critérios do juiz togado são os da lei e, excepcionalmente, os da equidade; os critérios do leigo se apoiam, exclusivamente, nos princípios da equidade e nas máximas da experiência, que são produto da sua cultura e do seu viver no meio social.

[21] Existem atualmente seis regiões da Justiça Federal, tendo a 1ª Região sede em Brasília, compreendendo os Estados do Acre, Amapá, Amazonas, Bahia, Goiás, Maranhão, Mato Grosso, Minas Gerais, Pará, Piauí, Rondônia, Roraima e Tocantins; a 2ª Região, com sede no Rio de Janeiro, compreendendo os Estados do Rio de Janeiro e Espírito Santo; a 3ª Região, com sede em São Paulo, compreendendo os Estados de São Paulo e Mato Grosso do Sul; a 4ª Região, com sede em Porto Alegre, compreendendo os Estados do Rio Grande do Sul, Paraná e Santa Catarina; a 5ª Região, com sede em Recife, compreendendo os Estados de Pernambuco, Alagoas, Ceará, Paraíba, Rio Grande do Norte e Sergipe; e a 6ª Região, com sede em Belo Horizonte, compreendendo o Estado de Minas Gerais.

Para se conhecer bem esse tema, é preciso uma visita à Lei de Organização Judiciária de cada Estado brasileiro, em relação à justiça estadual; e, relativamente às demais justiças (federal, do Distrito Federal, militar, eleitoral e do trabalho), às leis que as organizam.

2.4 Competência regional da Justiça do Trabalho e da Eleitoral

Na justiça do trabalho, o território é dividido por "regiões", correspondendo *geralmente* a cada Estado uma Região,[22] onde exercem a jurisdição as varas do trabalho, em primeiro grau, e um Tribunal Regional do Trabalho, em segundo grau; na justiça militar, o território nacional é dividido em "circunscrições judiciárias militares", correspondendo a cada circunscrição uma "auditoria".

Para fins de exercício da jurisdição, a justiça eleitoral, na inferior instância, segue o mesmo modelo da justiça estadual, atuando em cada comarca, como seus órgãos os juízos e as juntas eleitorais.

3 UNIDADE E DUPLO GRAU DE JURISDIÇÃO

3.1 Unidade ou dualidade de instâncias

Existem duas correntes doutrinárias disputando a primazia dos argumentos favoráveis e contrários ao duplo grau de jurisdição: uma sustentando que nada justifica a dualidade de instâncias, e, outra, a sua necessidade.

3.1.1 *Argumentos contrários ao duplo grau de jurisdição*

São argumentos *contrários* ao duplo grau de jurisdição:

a) Não se nega a possibilidade de erro ou injustiça na decisão do juiz de primeiro grau; mas também os juízes de segundo grau são suscetíveis de errar[23] ou de proceder com prevaricação.

b) A decisão de segundo grau é inútil se confirmar a de primeiro; e, se reformá-la, é perniciosa, por permitir a dúvida sobre qual a decisão mais justa, contribuindo para o desprestígio do Poder Judiciário.

3.1.2 *Argumentos favoráveis ao duplo grau de jurisdição*

São argumentos *favoráveis* ao duplo grau de jurisdição:

a) Há sempre a possibilidade de as decisões judiciais se ressentirem de vícios, resultantes de erro ou má-fé do seu prolator, donde a necessidade de permitir-se a sua reforma pela instância superior.

---

[22] Atualmente são 24 regiões da Justiça do Trabalho: a 2ª região compreende o Estado de São Paulo (Capital); a 8ª região abarca os Estados do Pará e do Amapá; a 10ª região, o Distrito Federal e Tocantins; a 11ª região, Amazonas e Roraima; a 14ª, Rondônia e Acre; e a 15ª abrange o Estado de São Paulo (interior). As demais correspondem cada região a um Estado da federação.

[23] Tivemos, no Brasil, um rumoroso *erro judiciário* cometido pelo Tribunal de Justiça de Minas Gerais, na época integrado por expoentes da judicatura nacional, e que, reformando sentença absolutória do Tribunal do Júri da comarca de Araguari, condenou os irmãos Naves *pela prática de um crime que não cometeram*, cuja suposta vítima de homicídio apareceu viva, depois que um dos condenados já havia falecido.

b) A admissibilidade de reexame das decisões de primeiro grau, por juízes de grau superior, de ordinário mais experientes, exige daqueles maior cuidado no exame e solução das lides, além de contribuir para o aprimoramento moral e cultural dos juízes.

c) É psicologicamente demonstrado que raramente alguém se conforma com um único julgamento que lhe seja contrário.[24]

No particular, penso que a justiça é uma instituição muito cara para se permitir recurso de toda e qualquer causa, independentemente da sua natureza e valor, porque o princípio da ampla defesa se cumpre na instância onde a causa é julgada, e, não, necessariamente, permitindo-se recursos para os tribunais; mesmo porque *as partes não têm direito a que a lei preveja recurso, senão ao recurso que a lei prevê.*

O duplo grau de jurisdição *facultativo* deve ser permitido naquelas hipóteses em que haja relevante interesse econômico ou moral, ou relevante interesse público, como nas ações relativas ao estado e à capacidade das pessoas, não sendo razoável que as pequenas causas, com valores irrisórios, tomem o tempo dos tribunais, quando, de fato, a verdadeira justiça se faz mesmo é na inferior instância, mormente quando a prova é testemunhal, com o juiz *olhando nos olhos das partes e dos depoentes.*

3.2 Duplo grau obrigatório de jurisdição

No Brasil, tem-se até um *duplo grau de jurisdição obrigatório*, nas causas em que a União, os Estados, o Distrito Federal e o Município, suas autarquias e fundações de direito público forem vencidos, tendo o juiz o dever processual de remeter os autos do processo ao reexame do tribunal de apelação, haja ou não recurso voluntário, sob pena de ser avocado pelo seu presidente; se bem que esse dever vem sendo restringido, não havendo mais remessa nas causas referidas no art. 496 do atual Código de Processo Civil.[25]

4 COMPOSIÇÃO DOS JUÍZOS E TRIBUNAIS

4.1 Distinção entre juízo ou vara e juiz

Na estrutura organizacional da justiça, uma coisa é o *"juízo"*, nome técnico que tem o órgão julgador, como célula do Poder Judiciário, identificado também como *"vara"*, na divisão

---

[24] Sirva de confirmação desta assertiva a observação de Carnelutti: "O réu é sempre vencido, mas nunca convencido."

[25] Art. 496. Está sujeita ao duplo grau de jurisdição, não produzindo efeito senão depois de confirmada pelo tribunal, a sentença: I – proferida contra a União, os Estados, o Distrito Federal, os Municípios e suas respectivas autarquias e fundações de direito público; II – que julgar procedentes, no todo ou em parte, os embargos à execução fiscal. § 1º Nos casos previstos neste artigo, não interposta a apelação no prazo legal, o juiz ordenará a remessa dos autos ao tribunal, e, se não o fizer, o presidente do respectivo tribunal avocá-los-á. § 2º Em qualquer dos casos referidos no § 1º, o tribunal julgará a remessa necessária. § 3º Não se aplica o disposto neste artigo quando a condenação ou o proveito econômico obtido na causa for de valor certo e líquido inferior a: I – 1.000 (mil) salários mínimos para a União e as respectivas autarquias e fundações de direito público; II – 500 (quinhentos) salários mínimos para os Estados, o Distrito Federal, as respectivas autarquias e fundações de direito público e os Municípios que constituam capitais dos Estados; III – 100 (cem) salários mínimos para todos os demais Municípios e respectivas autarquias e fundações de direito público. § 4º Também não se aplica o disposto neste artigo quando a sentença estiver fundada em: I – súmula de tribunal superior; II – acórdão proferido pelo Supremo Tribunal Federal ou pelo Superior Tribunal de Justiça em julgamento de recursos repetitivos; III – entendimento firmado em incidente de resolução de demandas repetitivas ou de assunção de competência; IV – entendimento coincidente com orientação vinculante firmada no âmbito administrativo do próprio ente público, consolidada em manifestação, parecer ou súmula administrativa.

orgânica dos serviços judiciários, em primeira instância, podendo haver mais de um juízo, como há nas médias comarcas, e até diversos juízos, como nas grandes comarcas. Outra coisa é o *"juiz"*, que é a pessoa física que se posta dentro do *juízo*, para decidir em nome do Estado, podendo um juízo (ou vara) ter um único ou mais de um *juiz*.

4.2 Critérios de composição dos juízos e tribunais

Vários critérios têm sido excogitados pela doutrina na composição dos juízos e tribunais, sendo os mais prestigiados os seguintes: I – juiz único em primeiro e segundo grau de jurisdição; II – juízo colegiado em primeiro e em segundo grau de jurisdição; III – juiz único em primeiro e juízo colegiado em segundo grau de jurisdição.

O ordenamento jurídico nacional não adota com exclusividade um desses critérios, mas todos eles, atendendo à natureza de cada justiça.

4.2.1 Juízo único em primeiro e em segundo grau de jurisdição

Este critério tem a vantagem de não ocupar mais de um juiz no julgamento das causas, como acontece quando o órgão é colegiado, pois, enquanto, por exemplo, uma "turma", composta de três juízes, julga determinado número de processos, cada um dos juízes, *individualmente*, julga três vezes mais. Pelo menos em tese deveria ser assim, embora na prática muitas vezes não seja.

Esta é a solução excepcionalmente adotada pelas justiças estaduais e federal, em que os juízes de direito e federal julgam, singularmente, na inferior instância (um único juiz), e, havendo recurso, o relator, no tribunal, julga, também, singularmente, nas hipóteses previstas nos incisos II a VI do art. 932 do Código de Processo Civil.[26]

4.2.2 Juízo colegiado em primeiro e segundo grau de jurisdição

Este critério tem a vantagem de evitar um grande número de recursos, porque a sentença já é o produto de uma vontade colegiada, na medida em que o órgão julgador é composto por mais de um juiz; mas, de outro lado, tem a desvantagem de ocupar mais de um juiz para julgar a causa, quando cada juiz poderia estar julgando, individualmente.

Esta é a solução adotada pela justiça militar, em que o Conselho de Justiça, integrado por mais de um juiz, julga em primeiro grau, e o Tribunal de Justiça Militar (se estadual) ou o Superior Tribunal Militar (se federal) julgam em segundo grau de jurisdição.

---

[26] Art. 932. Incumbe ao relator: (...) II – apreciar o pedido de tutela provisória nos recursos e nos processos de competência originária do tribunal; III – não conhecer de recurso inadmissível, prejudicado ou que não tenha impugnado especificamente os fundamentos da decisão recorrida; IV – negar provimento a recurso que for contrário a: a) súmula do Supremo Tribunal Federal, do Superior Tribunal de Justiça ou do próprio tribunal; b) acórdão proferido pelo Supremo Tribunal Federal ou pelo Superior Tribunal de Justiça em julgamento de recursos repetitivos; c) entendimento firmado em incidente de resolução de demandas repetitivas ou de assunção de competência; V – depois de facultada a apresentação de contrarrazões, dar provimento ao recurso se a decisão recorrida for contrária a: a) súmula do Supremo Tribunal Federal, do Superior Tribunal de Justiça ou do próprio tribunal; b) acórdão proferido pelo Supremo Tribunal Federal ou pelo Superior Tribunal de Justiça em julgamento de recursos repetitivos; c) entendimento firmado em incidente de resolução de demandas repetitivas ou de assunção de competência; VI – decidir o incidente de desconsideração da personalidade jurídica, quando este for instaurado originariamente perante o tribunal; (...)

4.2.3 Juízo único em primeiro e colegiado em segundo grau de jurisdição

Este critério apresenta a suposta virtude de conjugar os dois critérios antes enunciados, em que um juiz singular julga em primeiro grau, agilizando a prestação jurisdicional, e, havendo recurso, o reexame se faz por um órgão colegiado integrado, no mínimo, por três juízes, dando maior garantia à decisão.

Esta é a solução adotada pelas justiças estadual, federal e do trabalho, em que as causas são julgadas pelo juiz (singular) no primeiro grau de jurisdição, e, para fins de recursos, são objeto de reexame por um órgão colegiado (turma, câmara etc.) do tribunal.

Cada um desses critérios tem as suas virtudes e os seus defeitos, porque a verdadeira justiça não resulta de ser um órgão singular ou colegiado, nem a sua efetividade depende dessa circunstância, senão, a primeira, do bom senso e sensibilidade dos juízes, e, a segunda, de uma estrutura judiciária capaz de suportar a carga de processos.

5 CRITÉRIOS DE INGRESSO NA MAGISTRATURA

Vários são os critérios apontados pela doutrina para a escolha *de juízes*, sendo adotado, em cada país, aquele que melhor atenda às peculiaridades locais, e à índole e à cultura do seu povo.

No Brasil, adota-se mais de um critério, conforme se trate de órgão de primeiro ou de segundo grau de jurisdição, atendendo também à natureza de cada justiça.

Os critérios mais prestigiados são os expostos abaixo.

5.1 Eleição pelo voto popular

Este critério é adotado em diversos países, apresentando a vantagem de permitir ao povo a escolha os seus julgadores, pela mesma forma que escolhe os seus representantes no Poder Executivo e no Legislativo, mediante o voto direto; mas apresenta a desvantagem de vincular os futuros juízes às suas bases eleitorais, com promessas de campanha e recebimento de doações, o que compromete a sua imparcialidade na resolução dos litígios. É o critério adotado nos Estados Unidos da América, para a escolha de juízes locais (de condados), havendo mesmo uma *campanha política* para quem postule um cargo de juiz.

5.2 Livre escolha pelo Executivo

Por este critério, o chefe do Poder Executivo escolhe *livremente* aquele que, por seus méritos ou pelos seus dotes morais e intelectuais, deva integrar a magistratura; mas apresenta o inconveniente de serem esses requisitos substituídos, na prática, pelo *carisma* do escolhido, além de beneficiar quase sempre os *apadrinhados* políticos de quem detém o poder.

5.3 Livre nomeação pelo Judiciário

Segundo este critério, os próprios membros do Poder Judiciário escolhem aqueles que devam ingressar na magistratura, apresentando mais inconvenientes do que virtudes, porque tem o defeito de favorecer apenas as pessoas ligadas a desembargadores e ministros de tribunais, permitindo a formação de verdadeiras *castas judiciárias*. É também conhecido como critério da *cooptação*.[27]

---

[27] *Cooptar* significa admitir numa corporação com dispensa das condições ordinariamente exigidas para a admissão.

Variante desse sistema, e sem os perigos da *cooptação*, é adotada para as vagas de juízes (*rectius*, desembargadores) em alguns tribunais de justiça, como no Estado do Rio de Janeiro, em que o acesso se dá por promoção, pelos critérios de antiguidade e merecimento, alternadamente, mediante indicação do próprio tribunal, por ato de seu Presidente; sem qualquer intervenção de outro Poder; exceto quanto ao quinto constitucional, reservado aos advogados e ao Ministério Público.

5.4 Nomeação pelo Executivo com aprovação do Legislativo

De acordo com este critério, a escolha de juízes é feita mediante a conjugação da vontade do chefe do Poder Executivo, e da vontade do Senado Federal (colegiado), em que este se limita a aprovar a indicação feita por aquele, após o que o Presidente da República faz a nomeação.

As desvantagens desse critério é que favorece a composição de tribunais com uma *única* linha ideológica, que é aquela professada pelo Presidente da República, por lhe caber fazer a indicação para o cargo; não cabendo ao Senado Federal fazer recusas por motivo ideológico.

Este é o critério adotado para a composição do Supremo Tribunal Federal, a mais alta corte da Justiça brasileira, que não deveria ter colorido político.

5.5 Nomeação pelo Executivo por indicação do Judiciário ou do Legislativo

Este critério apresenta a vantagem de permitir uma conjugação de vontades de mais de um dos poderes, na nomeação de juízes, em que a nomeação é feita pelo chefe do Poder Executivo (Presidente da República ou Governador de Estado), mediante proposta formulada pelo Legislativo ou Judiciário. A desvantagem, contudo, ainda assim se faz presente, porque, quando a proposta provém do Poder Legislativo, o indicado é geralmente alguém ligado a partido político, e, quando provém do Poder Judiciário, de alguém ligado a ministros ou desembargadores de tribunais.

Esta solução, na nomeação pelo chefe do Executivo por proposta do Judiciário, é adotada para o preenchimento de vagas nos Tribunais Regionais Federais, em que o próprio tribunal escolhe três juízes federais, pretendentes ao cargo, remetendo essa lista ao Presidente da República que escolhe e faz a nomeação.

Não temos a solução de nomeação pelo chefe do Executivo por indicação do Legislativo, salvante as indicações (propostas) feitas pela Câmara dos Deputados e pelo Senado Federal de dois cidadãos para integrar o Conselho Nacional de Justiça (CF, art. 103-B), cujos nomes são encaminhados ao Presidente da República para nomeação; mas esse Conselho, apesar de integrar o elenco do art. 92, que trata dos órgãos do Poder Judiciário, não exerce funções jurisdicionais, mas apenas administrativa; embora não se tenha ainda convencido disso.[28]

5.6 Nomeação pelo Executivo por indicação do Judiciário com aprovação do Legislativo

Este critério apresenta igualmente a vantagem de permitir a conjugação de vontades de mais de um Poder para a composição dos tribunais, dele participando os três Poderes da

---

[28] O Conselho Nacional de Justiça vem tomando decisões que, pela Constituição, tem natureza jurisdicional, e, portanto, excluídas das suas atribuições, como acontece com a aposentadoria de juízes, que só podem resultar de sentença transitada em julgado (CF, art. 95, I), e não de decisão administrativa.

República, com o Judiciário fazendo a indicação, o Senado Federal aprovando a indicação e o Presidente da República fazendo a escolha e nomeando o escolhido.

Esta é a solução adotada para a composição do Superior Tribunal de Justiça, em que os juízes candidatos à vaga a eles reservadas (desembargadores estaduais[29] e federais) são indicados em lista tríplice; o nome do escolhido pelo Presidente da República é remetido à aprovação do Senado Federal, que depois de aprovado é nomeado.[30]

5.7 Nomeação pelo Executivo por indicação da OAB e do Ministério Público, com a participação do Judiciário e do Legislativo

Este critério é usado para o preenchimento das vagas destinadas ao *quinto constitucional*, nos tribunais de segundo grau, e ao *terço constitucional*, nos tribunais superiores, que são preenchidas por advogados e membros do Ministério Público, por indicação em lista sêxtupla dos seus respectivos órgãos de classe (dos Advogados e do Ministério Público), reduzida a lista tríplice pelo tribunal; sendo que, nos tribunais superiores, depende também da aprovação do Legislativo, por meio do Senado Federal.

Este critério é adotado para a composição do *quinto* constitucional nos Tribunais de Justiça (estaduais e do Distrito Federal), nos Tribunais Regionais Federais e nos Tribunais Regionais do Trabalho; e do *terço* constitucional nos tribunais superiores (Superior Tribunal de Justiça, Tribunal Superior do Trabalho e Superior Tribunal Militar).

5.8 Escolha por órgão especializado

Segundo este critério, a escolha se dá por um órgão composto de pessoas especializadas em assuntos da Justiça, representativa dos três Poderes do Estado e da classe de advogados, que, em muitos países, é o Conselho Nacional da Magistratura,[31] presidido pelo Presidente da República.

5.9 Escolha por concurso

O critério que tem granjeado os maiores aplausos, pelas vantagens que proporciona, é a escolha dos juízes por concurso, o que permite o ingresso na justiça de bacharéis em direito e advogados realmente capacitados para a função de julgar, dotados de conhecimentos jurídicos indispensáveis ao exercício da judicatura; além de permitir igual oportunidade a todos os que queiram ingressar na carreira, independentemente da classe social a que pertençam.

É este o critério adotado para o ingresso no cargo de juiz, em primeira instância, mediante concurso de provas e títulos, para a Justiça Federal e Estadual (e do Distrito Federal), Trabalhista e Militar.

A desvantagem do concurso é que este apura apenas a capacidade jurídica do candidato, mas não as suas qualidades morais e éticas e, muito menos, a sua sensibilidade judicante, indispensável para fazer uma justiça realmente justa.

---

[29] Nestes estão compreendidos dois desembargadores do Tribunal de Justiça do Distrito Federal.

[30] Na história do Judiciário brasileiro, temos um precedente, em que o Senado aprovou o nome de um advogado; o Presidente da República nomeou; mas o Superior Tribunal Militar se negou a dar-lhe posse; e não deu e teve que ser indicado e nomeado outro.

[31] Apesar da aparente semelhança no nome, o Conselho Nacional da Magistratura nada tem a ver com o inusitado Conselho Nacional de Justiça do sistema brasileiro.

5.10 Escolha por sorteio

Embora o sorteio não seja, em princípio, o melhor critério para a escolha de juízes, é o tradicionalmente usado, no Brasil, para a composição do órgão judiciário competente para o julgamento dos crimes dolosos contra vida, que é o Tribunal do Júri (Conselho de Sentença), integrado por pessoas leigas em direito; tendo o vocábulo "leigo", aqui, o sentido de juiz "não togado", sendo que o juiz togado apenas o preside.[32]

Os julgamentos pelo Tribunal do Júri são julgamentos *sociais*, não se tratando de jurisdição como atuação da vontade concreta de lei, porquanto as decisões independem de fundamentação, proferindo os jurados o seu julgamento *ex informata conscientia*.[33]

6 GARANTIAS DA MAGISTRATURA

Aos juízes, enquanto integrantes do Poder Judiciário, são asseguradas certas garantias, que lhes garantem a independência para proferir as suas decisões, que, muitas vezes, contrariam interesses de grandes grupos econômicos, ou até mesmo interesses de governos.

Essas garantias são constituídas pela independência política e pela independência jurídica dos juízes.

6.1 Tipos de garantias outorgadas aos juízes

Para certa corrente doutrinária, a *independência política* diz respeito às garantias do juiz para o exercício das suas funções, consistente na: I – vitaliciedade; II – inamovibilidade; e III – irredutibilidade de vencimentos.

A *vitaliciedade* é adquirida pelo juiz de primeiro grau após dois anos de exercício, dependendo a perda do cargo, nesse período, de deliberação do tribunal a que o juiz estiver vinculado e, nos demais casos, de sentença judicial transitada em julgado (CF, art. 95, I); a *inamovibilidade* significa que o juiz não pode ser removido, de comarca ou vara, ou promovido para o tribunal sem iniciativa sua, salvo por motivo de interesse público (CF, art. 95, II); e a *irredutibilidade de vencimentos* significa que o juiz não pode ter seus vencimentos reduzidos, sujeitando-se, contudo, ao pagamento de tributos, inclusive o imposto de renda (CF, art. 95, III).

Aos juízes estão também vedadas, constitucionalmente, determinadas atividades (art. 95, parágrafo único),[34] não podendo, dentre outras, exercer, ainda que em disponibilidade, outro

---

[32] O juiz togado, no Tribunal do Júri, além da função de comandar o julgamento, *não julga*; a não ser, excepcionalmente, quando o Conselho de Sentença desclassifica o crime de *doloso* para *culposo*.

[33] De acordo com a própria consciência.

[34] Art. 95 (...) Parágrafo único. Aos juízes é vedado: I – exercer, ainda que em disponibilidade, outro cargo ou função, salvo uma de magistério; II – receber, a qualquer título ou pretexto, custas ou participação em processo; III – dedicar-se à atividade político-partidária. IV – receber, a qualquer título ou pretexto, auxílios ou contribuições de pessoas físicas, entidades públicas ou privadas, ressalvadas as exceções previstas em lei; V – exercer a advocacia no juízo ou tribunal do qual se afastou, antes de decorridos três anos do afastamento do cargo por aposentadoria ou exoneração. (...)

Falta técnica ao inc. V do art. 95 da Constituição, ao proibir ao juiz o exercício da advocacia no juízo ou tribunal do qual se afastou, antes de decorridos três anos do afastamento do cargo por aposentadoria ou exoneração. Isso porque o juiz, quando passa para a inatividade, é aposentado, e não "afastado", e, ao se aposentar, deixa de ser juiz, mantendo apenas a condição de "magistrado, pelo que jamais um juiz poderia exercer mesmo a advocacia, porque juiz é apenas aquele que está no exercício da função. Em outros países, permite-se que o juiz dê meio expediente, podendo inclusive exercer a advocacia fora da sua circunscrição territorial. A disposição por si só é inócua, porque os juízes em quarentena exercem a advocacia por

cargo ou função, salvo uma de magistério; receber custas ou participação em processo e exercer atividade político-partidária;[35] nem exercer a advocacia enquanto no exercício da função judicante.

Essas garantias, no entanto, não são mais exclusivas dos juízes, em função do exercício da judicatura, porque são asseguradas igualmente aos membros do Ministério Público (CF, art. 128, § 5º, I, *a* a *c*) e estes não integram órgão judicante.[36]

6.1.1 Verdadeira garantia política dos juízes

Na verdade, a *garantia política* dos juízes resulta de uma garantia *implícita* na Constituição, para assegurar a sua liberdade de julgar, não podendo ser responsabilizado (civil ou criminalmente) por erros nas decisões e sentenças que profere, exceto se proceder com dolo ou culpa grave.

Para Rosenberg a "garantia política" consiste na eliminação da responsabilidade do juiz, em face das partes, pela sentença que profere, exceto na hipótese de conduta punível.

6.2 Independência jurídica dos juízes

A *independência jurídica* significa que o juiz a ninguém se subordina, senão à própria lei, segundo a interpretação que dela extraia, na solução dos casos concretos.

O fato de poderem os tribunais reformar as decisões dos juízes não significa quebra da independência jurídica para julgar, mas mera decorrência do *poder de derrogação* que os tribunais possuem sobre as decisões judiciais.

A existência de uma Corregedoria Geral de Justiça, nos tribunais, não afeta também a independência jurídica dos juízes, sendo as suas atribuições apenas de natureza *administrativa*, para corrigir eventuais excessos por parte de juízes, não atuando, porém, no exercício de função jurisdicional.

Os juízes inferiores (primeiro grau) são corrigidos, também, por via de correição parcial (ou reclamação correicional), a cargo de distintos órgãos dos tribunais (corregedores, presidente, turmas, câmaras etc.), conforme seus Regimentos Internos, pela prática de atos configuradores de "errores in procedendo" (erros de procedimento), que importem em tumulto processual.

7 AUXILIARES DA JUSTIÇA: CONCEITO E CLASSIFICAÇÃO

Poder Judiciário são os juízos e tribunais que, para o desempenho de suas funções, contam, necessariamente, com a colaboração de outros órgãos, chamados *órgãos secundários*, sendo que

---

interposta pessoa, o que é do conhecimento do próprio Legislativo e do Judiciário. Há muita *hipocrisia* na organização da Justiça brasileira.

[35] O juiz, no Brasil, é um meio-cidadão, que só possui a legitimidade ativa (para votar), mas não a passiva (para ser votado), pelo que, se pretender se candidatar a um cargo eletivo, deve se aposentar; mas, aí, será um magistrado, e não mais um juiz; embora a doutrina e a legislação não façam distinção entre o "magistrado" e o "juiz". Outro equívoco do ordenamento jurídico nacional é supor que a ideologia do juiz está no partido político (que ele não pode integrar), quando ela está na *cabeça* (da qual não pode prescindir para julgar). Absurdamente, o TRE e o TSE admitiram que uma magistrada (ex-juíza) aposentada de Mato Grosso do Sul fosse candidata e se elegesse senadora como Juíza Selma, que vem exercendo o mandato como se fosse ainda uma "juíza".

[36] Ademais, a irredutibilidade de vencimentos não é garantia que se aplique apenas aos juízes e membros do Ministério Público, aplicando-se igualmente a todo servidor público.

alguns deles integram o próprio Judiciário, enquanto outros são pessoas, físicas ou jurídicas, convocadas fora dos seus quadros para prestar serviços à Justiça num dado processo.

7.1 Auxiliares da Justiça *lato sensu*

No sentido amplo, são *auxiliares da Justiça* todos aqueles que, de alguma forma, participam da movimentação do processo, sob a autoridade do juiz, colaborando com este para tornar possível a prestação jurisdicional.

A discriminação dos *órgãos auxiliares* da Justiça e suas funções estão nas leis processuais, nas leis de organização judiciária, nos regimentos dos tribunais, nos provimentos etc.

Os órgãos auxiliares da Justiça são *permanentes*, conforme atuem em todo e qualquer processo, ou *eventuais*, quando atuam apenas em determinados processos.

7.1.1 Classificação dos auxiliares da Justiça

Esses órgãos são classificados pela doutrina em: a) órgãos auxiliares permanentes; b) órgãos de encargo judicial; e c) órgãos auxiliares extravagantes.

7.1.1.1 Órgãos auxiliares permanentes

Esses órgãos são os serventuários e funcionários judiciais, que atuam *permanentemente* nos processos, sendo investidos no cargo de acordo com a lei de organização judiciária, que lhes traça as atribuições e delimita o seu exercício, como o escrivão, o oficial de justiça, o contador, o porteiro dos auditórios etc.[37]

7.1.1.2 Órgãos de encargo judicial

Esses órgãos são as pessoas que exercem, *eventualmente*, um encargo num dado processo, como o perito, o intérprete etc.

7.1.1.3 Órgãos auxiliares extravagantes

Esses órgãos são não judiciários ou entidades estranhas à administração da Justiça que, no exercício de suas próprias atividades, colaboram com o juiz na prestação jurisdicional, como a Empresa Brasileira de Correios e Telégrafos (ECT), a Imprensa Oficial, os jornais particulares etc.

8 ÓRGÃOS DO FORO EXTRAJUDICIAL

Os *órgãos do foro extrajudicial* não se compreendem entre os auxiliares da Justiça, pois apenas administrativamente são subordinados ao Judiciário, pelo qual são fiscalizados, não desempenhando, diretamente, qualquer função no processo.

Esses órgãos apenas eventualmente participam da formação, documentação, publicidade de *atos jurídicos privados* de maior importância, aos quais transmitem fé pública, exercendo funções concernentes à prova desses atos, com especial repercussão na prova judiciária.

São órgãos do chamado *foro extrajudicial* os oficiais de registros públicos, como o registro das pessoas naturais, das pessoas jurídicas, de títulos e documentos, de imóveis etc.

---

[37] Nos tribunais, são auxiliares permanentes os funcionários que integram as Secretarias, os Gabinetes etc.

A partir do atual CPC, a existência e o modo de existir de algum fato podem ser atestados ou documentados, a requerimento do interessado, mediante ata lavrada por tabelião (CPC, art. 384, *caput*); podendo constar da ata notarial dados representados por imagem ou som gravados em arquivos eletrônicos (CPC, art. 384, parágrafo único).

A homologação de penhor legal pode, igualmente, ser promovida pela via extrajudicial, perante o notário de sua escolha (CPC, art. 703, § 2º), o mesmo ocorrendo com a partilha amigável, que pode ser lavrada em instrumento público (CPC, art. 657, *caput*).

Também o pedido de reconhecimento de usucapião pode ser postulado em sede extrajudicial, perante o cartório do registro de imóveis da comarca em que estiver situado o imóvel usucapiendo (CPC, art. 1.071).

9 MINISTÉRIO PÚBLICO

9.1 Posição do Ministério Público na ordem jurídica

O Ministério Público ocupa posição *sui generis* na ordem jurídica, porque não se integra ao Judiciário, e apenas funcionalmente atua *junto* a ele, como "instituição permanente, essencial à função jurisdicional do Estado, incumbindo-lhe a defesa da ordem jurídica, do regime democrático e dos interesses sociais e individuais indisponíveis" (CF, art. 127).[38]

O Ministério Público se considera uma instituição independente dos demais Poderes do Estado, um verdadeiro "quarto poder", mas, na verdade, ele *se integra na estrutura do Poder Executivo* (ADI 132-9/RO).[39]

9.2 Prerrogativas reconhecidas ao Ministério Público

Os membros do Ministério Público desfrutam de certas prerrogativas (*inconstitucionais*), como a de sentar-se, nas audiências,[40] *ao lado do juiz*, o que faz supor aos acusados na esfera penal ser ele um *parceiro do juiz*, em vez de *parte autora*, porque as partes não ficam ao lado do juiz, mas no local que lhes é reservado para esse fim. Esse privilégio vem de fora, de países onde os membros do Ministério Público integram a magistratura *requerente*, vulgarmente chamada de "magistratura de pé", pelo que os seus membros tomam assento nas audiências ao lado do juiz, que integra a magistratura *judicante*.

9.3 Estatuto do Ministério Público

No direito positivo, a Lei Complementar n. 75/93 dispõe sobre "a organização, as atribuições e o estatuto do Ministério Público da União", e a Lei n. 8.625/93 "institui a Lei Orgânica Nacional do Ministério Público, dispõe sobre normas gerais para a organização do Ministério Público dos Estados".

---

[38] Art. 127. O Ministério Público é instituição permanente, essencial à função jurisdicional do Estado, incumbindo-lhe a defesa da ordem jurídica, do regime democrático e dos interesses sociais e individuais indisponíveis.

[39] "Ministério Público: atribuição para 'adquirir bens e serviços e efetuar a respectiva contabilização': constitucionalidade, dado cuidar-se de corolário de sua autonomia administrativa (e financeira), *não obstante sua integração na estrutura do Poder Executivo*" (ADI 132-9/RO).

[40] Também nos tribunais, o representante do Ministério Público toma assento ao lado do juiz que preside o órgão julgador (turma, câmara, plenário), o que fica difícil fazer os réus, no processo penal, acreditar não ser ele um *parceiro* do juiz.

10 FUNÇÕES, GARANTIAS E ESTRUTURA DO MINISTÉRIO PÚBLICO

10.1 Funções do Ministério Público

As *funções do Ministério Público* são múltiplas, agindo como *parte* e como *fiscal da ordem jurídica*, atuando nessas qualidades tanto no âmbito penal como no civil e no trabalhista.

10.2 Natureza jurídica do Ministério Público

Não é pacífico, na doutrina, o entendimento de que o Ministério Público, que no processo não defende interesse próprio, possa ser verdadeira *parte*, entendendo Manzini que ele promove a atuação do direito objetivo por um interesse superior e não de *parte*, não sendo de admitir-se uma parte *imparcial*.

Entende Fenech que o Ministério Público é parte apenas *instrumental*, pois o titular do direito é o Estado, que atua por intermédio dos membros dessa instituição.

Carnelutti também não via no Ministério Público a qualidade de parte, senão de uma parte *artificial*, enquanto Alcalá-Zamora y Castillo o tinha como parte *sui generis*, imparcial e desinteressada.

No *âmbito penal*, a função do Ministério Público é geralmente *de parte*, tendo como principal atribuição tornar efetivo o poder punitivo do Estado, sendo o órgão de acusação dos violadores da lei penal; mas atua também na esfera penal como *fiscal da ordem jurídica*, quando zela pela indivisibilidade da ação penal, nos crimes de ação privada.

No *âmbito civil*, o Ministério Público atua *como parte*, na defesa do interesse público e social, e, como *fiscal da ordem jurídica*, nos processos em que se controverte sobre litígios coletivos pela posse de terra rural ou urbana e no interesse de incapazes (CPC, art. 178, *caput*);[41] bem assim nos processos de usucapião; de falência e recuperação judicial de empresa; de acidente do trabalho; de mandado de segurança e de anulação de casamento, de separação judicial e ações de família em que seja parte vítima de violência doméstica e familiar etc.

10.3 Garantias do Ministério Público

A Constituição detalha as funções do Ministério Público;[42] dispõe sobre as *garantias* da instituição, que são as mesmas dos juízes, como a vitaliciedade, a inamovibilidade e a ir-

---

[41] Os absolutamente incapazes são os menores de dezesseis anos (Cód. Civil, art. 3º). Os relativamente incapazes são os maiores de dezesseis e menores de dezoito anos; os ébrios habituais e os viciados em tóxico; aqueles que, por causa transitória ou permanente, não puderem exprimir sua vontade e os pródigos (Cód. Civil, art. 4º, I a IV).

[42] Art. 129. São funções institucionais do Ministério Público: I – promover, privativamente, a ação penal pública, na forma da lei; II – zelar pelo efetivo respeito dos Poderes Públicos e dos serviços de relevância pública aos direitos assegurados nesta Constituição, promovendo as medidas necessárias a sua garantia; III – promover o inquérito civil e a ação civil pública, para a proteção do patrimônio público e social, do meio ambiente e de outros interesses difusos e coletivos; IV – promover a ação de inconstitucionalidade ou representação para fins de intervenção da União e dos Estados, nos casos previstos nesta Constituição; V – defender judicialmente os direitos e interesses das populações indígenas; VI – expedir notificações nos procedimentos administrativos de sua competência, requisitando informações e documentos para instruí-los, na forma da lei complementar respectiva; VII – exercer o controle externo da atividade policial, na forma da lei complementar mencionada no artigo anterior; VIII – requisitar diligências investigatórias e a instauração de inquérito policial, indicados os fundamentos jurídicos de suas manifestações processuais; IX – exercer outras funções que lhe forem conferidas, desde que compatíveis com sua finalidade, sendo-lhe vedada a representação judicial e a consultoria jurídica de entidades públicas. (...)

redutibilidade de vencimentos;[43] vedando a seus membros determinados comportamentos e atividades,[44] inclusive o exercício da advocacia, a participação em sociedade comercial e o exercício de atividade político-partidária, ressalvando o exercício de uma função de magistério.

10.4 Estrutura do Ministério Público

O Ministério Público abrange tanto o Ministério Público da União[45] quanto o Ministério Público dos Estados e o do Distrito Federal.[46]

10.5 Conselho Nacional do Ministério Público

O Ministério Público conta com um Conselho Nacional do Ministério Público, composto de quatorze membros nomeados pelo Presidente da República, depois de aprovada a escolha pelo Senado Federal, integrado pelo Procurador-Geral da República, quatro membros do Ministério Público da União, três membros do Ministério Público dos Estados, dois juízes, dois advogados e dois cidadãos de notável saber jurídico e reputação ilibada. As suas atribuições são de controle da atuação administrativa e financeira da instituição e do cumprimento dos deveres funcionais de seus membros, cabendo-lhe as atribuições previstas na Constituição.[47]

---

[43] Art. 128 (...) § 5º Leis complementares da União e dos Estados, cuja iniciativa é facultada aos respectivos Procuradores-Gerais, estabelecerão a organização, as atribuições e o estatuto de cada Ministério Público, observadas, relativamente a seus membros: I – as seguintes garantias: a) vitaliciedade, após dois anos de exercício, não podendo perder o cargo senão por sentença judicial transitada em julgado; b) inamovibilidade, salvo por motivo de interesse público, mediante decisão do órgão colegiado competente do Ministério Público, pelo voto da maioria absoluta de seus membros, assegurada ampla defesa; c) irredutibilidade de subsídio, fixado na forma do art. 39, § 4º, e ressalvado o disposto nos arts. 37, X e XI, 150, II, 153, III, 153, § 2º, I; (...).

[44] Art. 128 (...) § 5º Leis complementares da União e dos Estados, cuja iniciativa é facultada aos respectivos Procuradores-Gerais, estabelecerão a organização, as atribuições e o estatuto de cada Ministério Público, observadas, relativamente a seus membros: (...) II – as seguintes vedações: a) receber, a qualquer título e sob qualquer pretexto, honorários, percentagens ou custas processuais; b) exercer a advocacia; c) participar de sociedade comercial, na forma da lei; d) exercer, ainda que em disponibilidade, qualquer outra função pública, salvo uma de magistério; e) exercer atividade político-partidária; f) receber, a qualquer título ou pretexto, auxílios ou contribuições de pessoas físicas, entidades públicas ou privadas, ressalvadas as exceções previstas em lei.

[45] O Ministério Público da União compreende o federal, do trabalho e o militar.

[46] Art. 128. O Ministério Público abrange: I – o Ministério Público da União, que compreende: a) o Ministério Público Federal; b) o Ministério Público do Trabalho; c) o Ministério Público Militar; d) o Ministério Público do Distrito Federal e Territórios; II – os Ministérios Públicos dos Estados. (...)

[47] Art. 130-A. O Conselho Nacional do Ministério Público compõe-se de quatorze membros nomeados pelo Presidente da República, depois de aprovada a escolha pela maioria absoluta do Senado Federal, para um mandato de dois anos, admitida uma recondução, sendo: § 2º Compete ao Conselho Nacional do Ministério Público o controle da atuação administrativa e financeira do Ministério Público e do cumprimento dos deveres funcionais de seus membros, cabendo-lhe: I – zelar pela autonomia funcional e administrativa do Ministério Público, podendo expedir atos regulamentares, no âmbito de sua competência, ou recomendar providências; II – zelar pela observância do art. 37 e apreciar, de ofício ou mediante provocação, a legalidade dos atos administrativos praticados por membros ou órgãos do Ministério Público da União e dos Estados, podendo desconstituí-los, revê-los ou fixar prazo para que se adotem as providências necessárias ao exato cumprimento da lei, sem prejuízo da competência dos Tribunais de Contas; III – receber e conhecer das reclamações contra membros ou órgãos do Ministério Público da União ou dos Estados, inclusive contra seus serviços auxiliares, sem prejuízo da competência disciplinar e correcional (*rectius*, correcional) da instituição, podendo avocar processos disciplinares em curso, determinar a remoção, a disponibilidade ou a aposentadoria com subsídios ou proventos proporcionais ao tempo de serviço e aplicar outras sanções administrativas, assegurada ampla defesa; IV – rever, de ofício ou mediante provocação, os processos disciplinares de membros do Ministério Público da União ou dos Estados julgados há menos de um ano;

10.6 Corregedoria do Ministério Público

Possui também o Ministério Público um Corregedor nacional, cujas atribuições são traçadas pela lei e pela Constituição;[48] estando prevista a criação de Ouvidorias para receber reclamações e denúncias de qualquer interessado contra membros ou órgãos do Ministério Público, inclusive contra seus serviços auxiliares, representando diretamente ao Conselho Nacional do Ministério Público.[49]

10.7 Ingresso na carreira do Ministério Público

O ingresso na carreira do Ministério Público se dá através do concurso público de provas e títulos, observada, na nomeação, a ordem de classificação.[50]

11 PRINCÍPIOS INFORMATIVOS DO MINISTÉRIO PÚBLICO

O Ministério Público é uma verdadeira *instituição*, sendo informado por dois princípios: a) princípio da unidade e indivisibilidade; e b) princípio da independência funcional.

11.1 Princípio da unidade e indivisibilidade

O Ministério Público é *uno*, significando que todos os seus membros fazem parte de uma única corporação; e *indivisível*, podendo ser substituídos, uns pelos outros, no exercício de suas funções, sem que haja alteração subjetiva da relação processual, pois quem atua no processo é o Ministério Público, e não o procurador da República ou o promotor de Justiça.

Contudo, o Ministério Público não é informado pelo princípio do "promotor natural", como pensam alguns, por ser esse suposto princípio incompatível com os princípios da unidade e da indivisibilidade.

11.2 Princípio da independência funcional

Os membros do Ministério Público agem segundo a sua própria consciência, com submissão exclusivamente à lei, sem dependência ao Poder Executivo, no qual se integra, e nem aos juízes, nos juízos ou tribunais em que atuem, e muito menos aos órgãos superiores da instituição.

Os membros do Ministério Público se distinguem da massa de funcionários públicos exatamente por sua *independência funcional*, sujeitos apenas à autoridade do chefe da instituição.

V – elaborar relatório anual, propondo as providências que julgar necessárias sobre a situação do Ministério Público no País e as atividades do Conselho, o qual deve integrar a mensagem prevista no art. 84, XI. (...)

[48] Art. 130-A. (...) § 3º O Conselho escolherá, em votação secreta, um Corregedor nacional, dentre os membros do Ministério Público que o integram, vedada a recondução, competindo-lhe, além das atribuições que lhe forem conferidas pela lei, as seguintes: I – receber reclamações e denúncias, de qualquer interessado, relativas aos membros do Ministério Público e dos seus serviços auxiliares; II – exercer funções executivas do Conselho, de inspeção e correição geral; III – requisitar e designar membros do Ministério Público, delegando-lhes atribuições, e requisitar servidores de órgãos do Ministério Público. (...)

[49] Art. 134-A. (...) § 5º Leis da União e dos Estados criarão ouvidorias do Ministério Público, competentes para receber reclamações e denúncias de qualquer interessado contra membros ou órgãos do Ministério Público, inclusive contra seus serviços auxiliares, representando diretamente ao Conselho Nacional do Ministério Público.

[50] Art. 129 (...) § 3º O ingresso na carreira do Ministério Público far-se-á mediante concurso público de provas e títulos, assegurada a participação da Ordem dos Advogados do Brasil em sua realização, exigindo-se do bacharel em direito, no mínimo, três anos de atividade jurídica e observando-se, nas nomeações, a ordem de classificação. (...)

12 ADVOCACIA PÚBLICA

12.1 Advocacia-geral da União

A *Advocacia-geral da União* é advocacia pública, a qual, na Constituição de 1988, ganhou *status* de instituição, que, direta ou através de órgão vinculado, representa a União, judicial[51] e extrajudicialmente, cabendo-lhe, nos termos da lei complementar, as atividades de consultoria e assessoramento jurídico do Poder Executivo.[52]

12.2 Ingresso na carreira de procurador federal

O ingresso na carreira de procurador federal far-se-á mediante concurso público de provas e títulos,[53] estando a sua disciplina sujeita à Lei Complementar n. 73/93, que institui a Lei Orgânica da Advocacia-Geral da União.

Nos Estados e no Distrito Federal atuam os respectivos procuradores, organizados em carreira, na qual o ingresso depende, também, de concurso público de provas e títulos, cabendo-lhes exercer a representação judicial e a consultoria jurídica das respectivas unidades federadas.[54]

13 ADVOCACIA PRIVADA

13.1 Natureza jurídica da advocacia

O advogado foi considerado, pela Constituição de 1988, como "indispensável à administração da justiça, sendo inviolável por seus atos e manifestações no exercício da profissão, nos limites da lei" (CF, art. 133), no que é desmentida pela legislação infraconstitucional, porque nem sempre o patrocínio na justiça se faz por intermédio de advogado.

No Brasil, não apenas na Justiça do Trabalho, como também nos Juizados Especiais, tanto estaduais quanto federais, a própria parte pode postular a defesa do seu direito, prescindindo da representação por advogado; embora os juízes nem sempre se sintam seguros sem a sua presença, temendo que, tendo que suprir as deficiências da parte, tenham comprometida a sua imparcialidade.[55]

Para exercer a advocacia, o advogado deverá estar inscrito na Ordem dos Advogados do Brasil da unidade federada onde exerce a sua profissão, não podendo postular em juízo quando estiver com a sua inscrição suspensa, como pena disciplinar, ou quando a tiver cassada por motivo legítimo.

---

[51] Antigamente, a defesa da União e suas autarquias e fundações públicas era feita pela Procuradoria da República, nas capitais, ou pelo Ministério Público estadual, no interior do País.

[52] CF: Art. 131. A Advocacia-Geral da União é a instituição que, diretamente ou através de órgão vinculado, representa a União, judicial e extrajudicialmente, cabendo-lhe, nos termos da lei complementar que dispuser sobre sua organização e funcionamento, as atividades de consultoria e assessoramento jurídico do Poder Executivo.

[53] CF: Art. 131. (...) § 2º O ingresso nas classes iniciais das carreiras da instituição de que trata este artigo far-se-á mediante concurso público de provas e títulos.

[54] CF: Art. 132. Os Procuradores dos Estados e do Distrito Federal, organizados em carreira, na qual o ingresso dependerá de concurso público de provas e títulos, com a participação da Ordem dos Advogados do Brasil em todas as suas fases, exercerão a representação judicial e a consultoria jurídica das respectivas unidades federadas.

[55] A prática demonstra que, quando a parte se dispõe a fazer a sua própria defesa, na Justiça trabalhista ou nos Juizados Especiais, os juízes logo se apressam em convocar a Defensoria Pública, onde exista, quando não tomam a iniciativa de lhes indicar um defensor *ad hoc* (para esse fim).

14 DEFENSORIA PÚBLICA

14.1 Natureza jurídica da Defensoria Pública

A Defensoria Pública ganhou também *status* constitucional, como "instituição essencial à função jurisdicional do Estado, incumbindo-lhe a orientação jurídica e defesa, em todos os graus, dos necessitados, na forma do art. 5º, LXXIV" (CF, art. 134).

A organização da Defensoria Pública da União e do Distrito Federal é objeto da Lei Complementar n. 80/94, que prescreve, também, normas gerais para a sua organização nos Estados, incumbindo a cada unidade federada organizar essa instituição no âmbito do seu território.

A Lei Complementar n. 80/94 repete em parte o preceito constitucional, dispondo que "a Defensoria Pública é instituição permanente, essencial à função jurisdicional do Estado, incumbindo-lhe, como expressão e instrumento do regime democrático, fundamentalmente, a orientação jurídica, a promoção dos direitos humanos e a defesa, em todos os graus, judicial e extrajudicial, dos direitos individuais e coletivos, de forma integral e gratuita, aos necessitados, assim considerados na forma do inciso LXXIV do art. 5º da Constituição".[56]

Às Defensorias Públicas estaduais são asseguradas autonomia funcional e administrativa e a iniciativa de sua proposta orçamentária dentro dos limites estabelecidos na lei de diretrizes orçamentárias e subordinação ao disposto no art. 99, § 2º (CF, art. 134, § 2º). Idênticas prerrogativas foram asseguradas às Defensorias Públicas da União e do Distrito Federal (CF, art. 134, § 3º).

Na prática, nem toda comarca dispõe de Defensoria Pública, porque, quando é criada[57] uma nova comarca, a lei respectiva cria o cargo de juiz e de Ministério Público, mas nunca a Defensoria Pública, e, quando a cria, não cuida de provê-lo de imediato; embora esse órgão seja o encarregado de dar cumprimento ao preceito constitucional que garante assistência jurídica integral e gratuita aos necessitados. Está precisando uma norma constitucional, dispondo que, sempre que for criada uma comarca, sejam providos, *concomitantemente*, os cargos de Ministério Público e de defensor público; além, evidentemente, do cargo de juiz.

14.2 Ingresso na carreira de defensor público

Os defensores públicos ingressam na carreira mediante concurso de provas e títulos,[58] assegurada a seus integrantes a garantia da inamovibilidade,[59] vedando-lhes o exercício da advocacia fora das suas atribuições institucionais;[60] cumprindo essas normas o disposto na Constituição.[61]

---

[56] Nos termos do inciso LXXIV do art. 5º da Constituição, "o Estado prestará assistência jurídica integral e gratuita aos que comprovarem insuficiência de recursos".

[57] O mesmo acontece quando ocorre o desmembramento de comarca.

[58] Art. 24. O ingresso na Carreira da Defensoria Pública da União far-se-á mediante aprovação prévia em concurso público, de âmbito nacional, de provas e títulos, com a participação da Ordem dos Advogados do Brasil, no cargo inicial de Defensor Público Federal de 2ª Categoria. (...)

[59] Art. 34. Os membros da Defensoria Pública da União são inamovíveis, salvo se apenados com remoção compulsória, na forma desta Lei Complementar.

[60] Art. 46. Além das proibições decorrentes do exercício de cargo público, aos membros da Defensoria Pública da União é vedado: I – exercer a advocacia fora das atribuições institucionais; II – requerer, advogar, ou praticar em Juízo ou fora dele, atos que de qualquer forma colidam com as funções inerentes ao seu cargo, ou com os preceitos éticos de sua profissão; III – receber, a qualquer título e sob qualquer pretexto, honorários, percentagens ou custas processuais, em razão de suas atribuições; IV – exercer o comércio ou participar de sociedade comercial, exceto como cotista ou acionista; V – exercer atividade político-partidária, enquanto atuar junto à justiça eleitoral.

[61] Art. 134. (...) § 1º Lei complementar organizará a Defensoria Pública da União e do Distrito Federal e dos Territórios e prescreverá normas gerais para sua organização nos Estados, em cargos de carreira, providos,

14.3 Conselho Superior da Defensoria Pública

As Defensorias Públicas dispõem também de um Conselho Superior da Defensoria (da União, do Distrito Federal e dos Estados) e suas respectivas Corregedorias-Gerais.[62]

BIBLIOGRAFIA

CARNELUTTI, Francesco. **Derecho procesal civil y penal**. Buenos Aires: 1971. v. II.

CASTILLO, Niceto Alcalá-Zamora y. **Derecho procesal penal**. Buenos Aires: Guillermo Kraft, 1945.

CINTRA, Antônio Carlos de Araújo; GRINOVER, Ada Pellegrini; e DINAMARCO, Cândido Rangel. **Teoria geral do processo**. 6. ed. São Paulo: RT, 1988.

FENECH, Miguel. **Derecho procesal penal**. Barcelona: Labor, 1952. v. 1.

MANZINI, Vicenzo. **Derecho procesal penal**. Buenos Aires: EJEA, 1951.

ROSENBERG, Leo. **Tratado de derecho processual civil**. Buenos Aires: EJEA, 1955. v. I.

SANTOS, Moacyr Amaral. **Primeiras linhas de direito processual civil**. São Paulo: Saraiva, 2009. v. I.

TOURINHO FILHO, Fernando da Costa. **Processo penal**. São Paulo: Saraiva, 2001. v. 2.

---

na classe inicial, mediante concurso público de provas e títulos, assegurada a seus integrantes a garantia da inamovibilidade e vedado o exercício da advocacia fora das atribuições institucionais.

[62] As Defensorias Públicas dispõem de autonomia funcional e administrativa, tendo também a iniciativa de sua proposta orçamentária (CF, art. 134, § 2º), para atender às suas despesas.

Capítulo 4
JURISDIÇÃO

Sumário: 1 Funções básicas do Estado: legislação, administração e jurisdição. 2 Jurisdição e equivalentes jurisdicionais. 3 Características da jurisdição em confronto com a legislação. 4 Critérios de distinção entre jurisdição e administração. 5 Caracterização do ato jurisdicional. 6 Elementos da jurisdição e poderes jurisdicionais. 7 Princípios fundamentais da jurisdição. 8 Extensão da jurisdição. 9 Jurisdição e suas divisões. 10 Jurisdição contenciosa e jurisdição voluntária: visão teórica. 11 Tese revisionista do conceito de jurisdição voluntária. 12 Jurisdição e arbitragem. 13 Resolução consensual dos conflitos.

1 FUNÇÕES BÁSICAS DO ESTADO: LEGISLAÇÃO, ADMINISTRAÇÃO E JURISDIÇÃO

1.1 Funções do Estado

A análise das funções do Estado moderno está estreitamente vinculada à doutrina da separação dos poderes, exposta e desenvolvida por Montesquieu, na clássica obra **O espírito das leis**.

Embora teorizada por Locke (**Tratado do governo civil**) e tendo antecedentes na obra de Aristóteles (**A política**), foi devido a Montesquieu que a doutrina da separação dos poderes ganhou enorme repercussão, transformando-se numa das mais célebres doutrinas políticas de todos os tempos.

A separação dos poderes consiste basicamente em distinguir três funções básicas do Estado: a legislativa, a administrativa (ou executiva) e a jurisdicional.

O poder, como expressão da soberania do Estado, é fundamentalmente uno, pelo que a tradicional "separação dos poderes" deve ser entendida no sentido de divisão *funcional* do poder. Por isso, afirmava Chiovenda, ser o poder do Estado uno na sua essência, mas fracionado no seu exercício.

1.2 Conceito de soberania estatal

A soberania, doutrina *Chiovenda*, é o poder inerente ao Estado, ou seja, a organização de todos os cidadãos para fins de interesse geral; mas este poder único compreende três grandes funções: legislativa, administrativa e jurisdicional.

1.3 Poderes da União e suas funções

Expressa a Constituição Federal (art. 2º) que são poderes da União, independentes e harmônicos entre si, o Legislativo, o Executivo e o Judiciário.

Cumpre ressaltar, entretanto, que a separação de poderes não significa que sejam eles estanques e incomunicáveis, vez que o Governo é a resultante da interação dos três poderes e a cada um corresponde, na doutrina constitucional moderna, especificamente, uma função. Assim, ao Poder Legislativo corresponde a função de "*ditar* as normas reguladoras das atividades dos cidadãos e dos órgãos públicos", ou a função de criar o direito, de elaborar a norma geral e abstrata, reguladora da vida em sociedade. As normas gerais e abstratas ditadas pelo Poder Legislativo compõem o ordenamento jurídico do Estado ou o *direito objetivo*, que tem na *lei* a sua expressão mais característica.

Ao Poder Executivo incumbe a função administrativa ou executiva, provendo as necessidades gerais e realizando o bem comum.

Ao Poder Judiciário, por fim, cabe a função jurisdicional, no exercício da qual atua a lei ou direito objetivo na composição (*rectius*, resolução) dos conflitos de interesses, declarando o direito aplicável no caso concreto.

À função jurisdicional corresponde, especificamente, "*atuar* as normas reguladoras da atividade dos cidadãos e dos órgãos públicos".

2 JURISDIÇÃO E EQUIVALENTES JURISDICIONAIS

2.1 Jurisdição e função jurisdicional

A palavra *jurisdição* vem do latim *ius* (direito) e *dicere* (dizer), querendo significar a "dicção do direito", correspondendo à função jurisdicional, que, como as demais, emana do Estado.

Já não se admite mais, pondera Chiovenda, que instituições diferentes do Estado constituam juízes,[1] como ocorria em outras civilizações, particularmente em favor da Igreja, cujos juízes pronunciavam sobre muitas matérias, especialmente nas relações entre os eclesiásticos, inclusive com efeitos civis.

Atualmente, além do Estado-juiz, apenas pessoas ou instituições autorizadas pelo Estado podem fazer justiça, como acontece com os árbitros, cuja atividade é toda ela regulada por lei (Lei n. 9.307/96, alterada pela Lei n. 13.129/15).

2.1.1 Conceito de jurisdição

A *jurisdição* é uma função do Estado, pela qual este atua o direito objetivo na composição dos conflitos de interesses, com o fim de resguardar a paz social e o império do direito. No exercício desta função, o juiz não atua espontaneamente, devendo, para tanto, ser provocado (*Ne procedat iudex ex officio*)[2] por quem tenha interesse envolvido em lide.

Não é pacífico, na doutrina, sobre ser a jurisdição um *poder*, um *dever*, ou as duas coisas ao mesmo tempo.

Os que concebem a jurisdição como um poder só assinalam um dos seus aspectos, pois não se trata somente de um conjunto de poderes, senão também um conjunto de deveres dos órgãos jurisdicionais.

Carnelutti vislumbrava na jurisdição um duplo aspecto, de poder e de obrigação do Estado-juiz; tendo Lopes da Costa visto nela um poder-dever do Estado-juiz de declarar e realizar o direito, enquanto Frederico Marques a entendia como função estatal de aplicar as normas da ordem jurídica em relação a uma pretensão.

---

[1] A arbitragem é constitucional, tem natureza jurisdicional.
[2] O juiz não procede de ofício.

Além do método *estatal* de resolução das lides, existem outras "possíveis desembocaduras do litígio", dentre as quais a autocomposição, a mediação e a arbitragem.

Algumas dessas formas de composição da lide são *intraprocessuais*, podendo ter lugar por ocasião do processo, caso em que adquirem um colorido jurisdicional, que lhes é passado pela sentença de homologação, como é o caso da conciliação judicial. Outras formas são *extraprocessuais*, afastando, *em princípio*,[3] a jurisdição estatal, como é o caso da arbitragem brasileira, que inclusive dispensa a homologação.

2.2 Equivalentes jurisdicionais

Os *"equivalentes jurisdicionais"* são meios pelos quais se pode atingir a composição (*rectius*, resolução) da lide por obra dos próprios litigantes, como a transação, ou com o auxílio de um particular, desprovido de poder jurisdicional, como na mediação.

A arbitragem brasileira não se inclui entre os *equivalentes* jurisdicionais porque ela configura o exercício de atividade *jurisdicional* exercida por um particular, com autorização do Estado.

3 CARACTERÍSTICAS DA JURISDIÇÃO EM CONFRONTO COM A LEGISLAÇÃO

3.1 Confronto entre as funções estatais

Caracterizar a jurisdição em confronto com a legislação não é tarefa das mais difíceis, na medida em que *legislar* é ditar o direito em tese, na lei, como norma de conduta que se dirige a todos em geral e a ninguém em particular; enquanto *exercer a jurisdição* é dizer o direito no caso concreto, em relação apenas às partes envolvidas no conflito. A sentença, que é o mais expressivo produto da atividade jurisdicional, se reveste de particularização, enquanto a lei, que é o mais típico produto da atividade legislativa, se reveste de generalização. Por isso, a sentença só alcança as partes envolvidas na lide resolvida no processo, e a lei alcança todos os que se encontram sob o seu império.

Em síntese: *legislar* é dizer o direito na lei, em abstrato; e exercer a jurisdição é atuar a lei no caso concreto.

3.1.1 *Jurisdição*

A *jurisdição* é uma atividade complementar da legislativa, cuja existência seria dispensável se os preceitos legais fossem voluntariamente cumpridos pelos seus destinatários, mas acontece que não são, em virtude da diversidade de interesses em lide.

Com a *jurisdição*, o Estado-juiz garante a sua autoridade de Estado-legislador, fazendo com que se realizem, no mundo dos fatos, as consequências práticas dos preceitos enunciados pelas normas de direito.

3.1.2 *Legislação*

A *legislação* é uma atividade que independe de provocação de quem quer que seja, sendo, por isso, *automovimentada*, operando o Estado-legislador na exata medida das necessidades

---

[3] Digo, em princípio, porque a arbitragem não afasta definitivamente a jurisdição, podendo a sentença arbitral ser *anulada* pelo órgão do Poder Judiciário, nos casos do art. 32 da Lei n. 9.307/96, alterada pela Lei n. 13.129/15.

sociais e coletivas do grupo social. Assim, na observância daquilo que geralmente acontece, o Estado-legislador valora os fatos da vida social e lhes imprime consequências jurídicas, ora para estimular (consequências boas), ora para desestimular (consequências más) a sua ocorrência.

A *jurisdição*, ao contrário, é uma atividade dependente de provocação, que só se movimenta por iniciativa do interessado, cumprindo a quem tiver interesse no seu exercício dirigir-se ao Estado-juiz, pedindo-lhe que atue a lei no caso concreto; sendo raras as manifestações de *jurisdição sem ação*, só consentida em casos expressamente permitidos, como verdadeiras exceções à regra. Essas exceções existem no âmbito da Justiça do Trabalho, em que o juiz pode *ex officio* determinar o cumprimento da sentença favorável ao reclamante; no processo civil, em que pode converter pedido de recuperação judicial da empresa em falência; e no processo penal, em que pode conceder *habeas corpus* de ofício.

4 CRITÉRIOS DE DISTINÇÃO ENTRE JURISDIÇÃO E ADMINISTRAÇÃO

Não tem sido tarefa fácil caracterizar a função jurisdicional e confrontá-la com a função administrativa.

Entre as três funções da soberania do Estado, ensina Chiovenda, observa-se uma separação conceitual mais ou menos clara, mas na prática difícil de determinar. Se a contraposição é bastante sensível entre a função legislativa e a função jurisdicional, porque àquela compete *criar* a lei e a esta *atuar* a lei, é menos fácil determinar a diferença entre a administração e a jurisdição, porque a administração pode também contrapor-se à jurisdição como atuação da lei. Apesar dessa dificuldade, a doutrina não tem medido esforços para apontar as notas diferenciadoras dessas duas atividades, tendo diversos critérios sido cogitados para esse fim.

4.1 Critério orgânico

Para determinar se o ato é administrativo ou jurisdicional, deve-se considerar a qualidade do órgão que o pratica, pelo que, se ele emana Poder Executivo, é administrativo, e, se emana do Poder Judiciário, é jurisdicional.

Este critério foi acoimado de *simplista* por Jellinek, ao argumento de que não é o órgão que qualifica a função, mas, ao contrário, a função é que imprime caráter ao órgão.

Registra Chiovenda que, examinando a diferença entre as funções e atendendo aos órgãos que dela estão investidos, não se pode resolver a questão, porque, se é certo que habitualmente as duas funções estão confiadas a órgãos distintos, nem sempre isso acontece, pois há órgãos jurisdicionais investidos de funções administrativas (jurisdição voluntária) e órgãos administrativos investidos de funções jurisdicionais (contencioso administrativo).

4.2 Critério formal

Segundo D'Alessio, o ato administrativo, sob o aspecto formal, é aquele que não toma a forma nem de lei e nem de sentença; sendo este também o pensamento de Duguit, para quem o ato jurisdicional, do ponto de vista material, é um ato administrativo, que dos demais não se distingue a não ser pelo seu *aspecto formal*, porque praticado por um funcionário não integrante do mecanismo da Administração.

A mesma crítica formulada ao critério orgânico serve para demonstrar a imprestabilidade do critério formal, pois os órgãos jurisdicionais praticam também atos administrativos, e vice-versa.

4.3 Critério da diversidade de procedimento lógico

Para essa corrente, a atividade jurisdicional é uma atividade *vinculada*, enquanto a atividade administrativa é uma atividade *discricionária*. Assim, no exercício da função jurisdicional, o juiz tem o dever de aplicar a lei ao caso concreto, pelo que a sua atividade é *vinculada à lei*; e, no exercício da atividade administrativa, o administrador tem o poder de escolher, entre duas ou mais alternativas que a lei põe ao seu alcance, aquela que melhor atende ao interesse público, sendo, por isso, a sua atividade *discricionária*.

A discricionariedade, que é a marca da administração, ao regular as relações de fato, segundo o interesse público, faltaria na jurisdição, onde a relação concreta deve ser sempre regulada conforme a vontade da lei.

Sucede, porém, que a atividade jurisdicional nem sempre é vinculada, pois, em muitos casos, são conferidos ao juiz poderes discricionários, como, por exemplo, na fixação de alimentos, em que deve guiar-se pela necessidade do alimentando e condições econômicas do alimentante; e nem sempre a atividade administrativa é discricionária, como, por exemplo, a nomeação de funcionários aprovados em concurso, em que deve ser observada rigorosamente a ordem de classificação.

4.4 Critério da finalidade

Segundo esse critério, na jurisdição, a lei é "um fim", e, na administração, a lei é "um meio".

Se a função do juiz é garantir o império da lei, a consideração da lei domina toda a atividade jurisdicional, pelo que para a jurisdição a lei é um *fim*, visto que essa atividade se destina especificamente à aplicação da lei. A Administração, por seu turno, ao promover o progresso socioeconômico, age nos limites traçados pela lei, pelo que, para ela, a lei é *um meio*.

Essa distinção, segundo Lopes da Costa, depende do ponto de vista do observador; pois, do ponto de vista do juiz e do administrador, a atividade de ambos tem como fim a aplicação da lei, mas, do ponto de vista dos interessados, tanto a jurisdição como a administração são meios de que se servem para a satisfação de seus fins.

4.5 Critério psicológico

Para este critério, a aplicação do direito pode ser tanto atividade jurisdicional quanto administrativa, pelo que a diferença estaria em que, na atividade jurisdicional, predomina a *inteligência*, enquanto na atividade administrativa predomina a *vontade*.

No exercício da jurisdição, o juiz examina os fatos alegados pelas partes, as provas por elas produzidas, se desses fatos resultam consequências jurídicas, e só então profere a decisão, sendo todo esse trabalho predominantemente de *inteligência*. Já o administrador, agindo em prol do bem comum, faz seus planos, delibera sobre a sua execução, e só então verifica se a lei o permite, sendo a atividade administrativa informada predominantemente pela *vontade*.

Acontece que a sentença, que é produto da atividade jurisdicional, e pela qual o juiz atua o direito objetivo na composição da lide, é também um *ato de vontade*; enquanto o ato administrativo, não podendo fugir à finalidade do bem comum, essa verificação é *obra da inteligência*. A *prevalência* de um elemento sobre o outro não é suficiente para caracterizar o ato jurisdicional e o ato administrativo.

4.6 Critério de acertamento do direito

Para este critério, a jurisdição consistiria em regular os casos de *direito incerto e controvertido*, pelo que toda vez que o juiz proceder a esse acertamento, *em contraditório*, estará exercendo a jurisdição.

Esse critério é imprestável, porque deixa de fora da jurisdição o *cumprimento* da sentença, que é atividade jurisdicional, mas o direito não é mais *incerto* nem *controvertido*.

Cumpre observar, também, que pode haver *atos jurisdicionais* sem controvérsia e contraditório, como acontece nas hipóteses de revelia ou de confissão, e atos *não jurisdicionais*, que se apresentam com a aparência de decisão de uma controvérsia, como na jurisdição voluntária.

4.7 Critério da natureza do interesse protegido

Segundo este critério, o ato administrativo se dirige à *proteção do interesse público*, enquanto o ato jurisdicional visa à *proteção de interesses privados*.

Sucede que a *jurisdição penal* tutela interesses públicos, enquanto a administração, muitas vezes, tutela o interesse do particular, sem, com isso, perder a sua natureza administrativa; como, por exemplo, quando a Administração impede o funcionamento de uma empresa por falta de condições de trabalho.

4.8 Critério da sanção

Segundo este critério, a diferença entre a função jurisdicional e a função administrativa estaria em que aquela se exerce através de *sanções*, o que não acontece com esta.

Nesse ponto não se encontra a distinção, porque a função jurisdicional não importa, necessariamente, na aplicação de sanções, como, por exemplo, nos provimentos meramente declaratórios; e, no exercício da função administrativa, podem ser impostas sanções, como, por exemplo, na aplicação de multas ou na imposição de penas disciplinares.

4.9 Critério da substituição de atividade

Para este critério, a atividade jurisdicional é uma atividade de substituição, e, portanto, uma *atividade secundária*, em que o juiz age substituindo a atividade das partes, que é a atividade primária, o que não acontece com a atividade administrativa, que é em si uma atividade primária, agindo a administração em nome próprio e não em lugar de outrem.

Este critério, originalmente formulado por Chiovenda, foi aceito, na Itália, por Alfredo Rocco e Calamandrei, e seguido, no Brasil, por Amaral Santos, Frederico Marques, Humberto Theodoro Júnior e, com alguns reparos, por Lopes da Costa.

4.9.1 *Característica da jurisdição: Chiovenda*

Para Chiovenda, a verdadeira característica da função jurisdicional está na substituição, por uma atividade pública, da atividade alheia, substituição esta que tem lugar porque, tendo o Estado proibido a autodefesa, reservou para si a tarefa de resolver os conflitos de interesses, substituindo por uma atividade sua, de órgão público, a atividade das partes envolvidas no conflito.

Essa substituição de atividade se opera de dois modos, correspondentes aos dois estágios do processo: o de conhecimento e o de execução; sendo que, no processo de conhecimento, a jurisdição consiste na substituição da atividade *intelectiva* das partes pela atividade *intelectiva* do juiz, ao afirmar existente ou inexistente uma vontade concreta de lei; o mesmo ocorrendo na fase de execução da sentença, em que a atividade das partes é substituída pela atividade do juiz.

Administrar, doutrina Chiovenda, é uma atividade imposta direta e imediatamente pela lei aos órgãos públicos, pelo que, do mesmo modo que o proprietário age por conta própria, a Administração Pública age também por conta própria e *não no lugar de outrem*. Quando a Administração satisfaz, reconhece, reintegra ou repara direitos alheios, não faz coisa diferente do que faz o devedor pagando ao seu credor, ou o possuidor restituindo a coisa ao seu proprietário.[4]

4.9.2 Distinção entre jurisdição e administração

A partir destas considerações, formula Chiovenda as distinções entre a atividade jurisdicional e a administrativa nestes termos:

a) o juiz age *atuando a lei*; a Administração age *de conformidade com a lei*;

b) o juiz *considera a lei em si mesma*; o administrador *considera a lei como norma de sua própria conduta*;

c) a administração *é uma atividade primária ou originária*; a jurisdição é *uma atividade secundária*;

d) quando a Administração julga, julga sobre sua própria atividade; quando a jurisdição julga, julga sobre uma atividade alheia e sobre uma vontade de lei concernente a outrem.

A *jurisdição* consiste, portanto, para Chiovenda, "na atuação da lei mediante a substituição, pela atividade de órgãos públicos, da atividade alheia, seja afirmando a existência de uma vontade de lei, seja tornando-a efetiva na prática"; sob o primeiro aspecto, tem-se uma jurisdição de cognição[5] e na segunda, de execução.

Criticando essa teoria, observa Lopes da Costa que esse critério isolado não separaria os atos de jurisdição voluntária, à qual se reconhece hoje natureza administrativa, pois, na decisão que concede ou nega ao pai autorização para alienar bem imóvel do filho incapaz, a inteligência do juiz substitui a do requerente. Então, a jurisdição voluntária seria uma *espécie de jurisdição* e não uma *espécie de função administrativa*.

4.10 Critério da exclusão

Para os adeptos dessa corrente,[6] não existe um meio de se caracterizar a função administrativa, relativamente às demais funções do Estado, a não ser procedendo por exclusão, de modo que a administração compreenderia todas as atividades estatais, que não fossem judiciárias ou legislativas.

5 CARACTERIZAÇÃO DO ATO JURISDICIONAL

Assevera Couture que a importância da configuração do ato jurisdicional não é apenas um problema de doutrina, mas de segurança individual e de tutela dos direitos humanos, porque somente o ato jurisdicional proporciona um produto, que é a sentença, capaz de adquirir a imutabilidade, principal característica da coisa julgada.

---

[4] Acrescenta Chiovenda que, às vezes, a Administração julga sobre a própria atividade, mas em vista de uma atividade alheia, e vice-versa, quando o juiz pronuncia acerca da atividade alheia, julga, ao mesmo tempo, acerca do que deve fazer, julga se tem a obrigação de prover sobre a demanda (por exemplo, se é competente), e julga o que deve fazer para substituir a atividade alheia, corrigi-la ou repará-la. Mas, na Administração, predomina o juízo sobre a própria atividade, enquanto, na jurisdição, predomina o juízo sobre a atividade alheia (Chiovenda).

[5] A jurisdição de cognição é o mesmo que jurisdição de conhecimento.

[6] Era esse o entendimento de Adolf Merkl.

5.1 Características do ato jurisdicional: Couture

Distingue o jurista uruguaio três elementos próprios (característicos) do ato jurisdicional: a forma,[7] o conteúdo e a função.

Por *forma*, entende-se a presença de *partes*, de *juiz* e de *procedimentos* estabelecidos na lei; por *conteúdo*, considera-se a existência de um conflito com relevância jurídica, que deve ser dirimido pelos órgãos da jurisdição, mediante uma decisão que adquira a autoridade de coisa julgada; e por *função* entende-se o encargo ou a incumbência de assegurar a justiça, a paz social e demais valores jurídicos, mediante a aplicação eventualmente coercível do direito.

5.2 Formas externas do ato jurisdicional

Alfredo Rocco vê na jurisdição algumas *formas externas*, a saber:

a) um órgão adequado, distinto dos que exercem as funções de legislar e administrar, colocado em posição de independência, para exercer o seu ofício imparcialmente;

b) um contraditório regular, que permita às partes pugnarem por seus interesses, fazendo valer suas razões, a fim de que a autoridade judiciária tudo decida conforme o direito;

c) um procedimento preestabelecido, com formas predeterminadas, para assegurar uma resolução justa (conforme a lei) do conflito.

Considerando insuficiente o critério *de substituição*, preconizado por Chiovenda, para caracterizar a jurisdição, Lopes da Costa faz intervir outras notas diferenciadoras.

Na verdade, adverte Lopes da Costa, o conceito de jurisdição se prende, estreitamente, ao conceito de ação, de processo e de coisa julgada.

Jurisdição e *processo* são conceitos correlativos, sendo este o campo em que aquela se desenvolve; sendo que o processo exige no mínimo três sujeitos: juiz, autor e réu.

Para funcionar na causa, o juiz deve ser *imparcial*, não podendo ser nela interessado, atuando, portanto, *supra partes*, enquanto a autoridade administrativa, quando julga, age *inter partes*.

Outra nota característica dessa distinção é que, somente quando provocado, o juiz pode agir, pelo que toda vez que um procedimento é iniciado oficiosamente pode-se dizer, com segurança, que não é jurisdicional.[8]

Em face dessas considerações, Lopes da Costa resume assim as *notas características* da jurisdição: *a*) atuação do juiz *supra partes*; *b*) em processo; *c*) sob provocação do interessado; *d*) substituindo, no processo de conhecimento, a inteligência das partes, e, no processo de execução,[9] a vontade delas; *e*) em decisão com efeito (*rectius*, autoridade) de coisa julgada; *f*) declarando a existência de direitos e realizando-os, se necessário.

6 ELEMENTOS DA JURISDIÇÃO E PODERES JURISDICIONAIS

A doutrina clássica, acentuando que o direito pátrio usa a palavra *jurisdição* para exprimir o conhecimento da causa, seu julgamento e execução (*rectius*, cumprimento) da sentença, assim

---

[7] A forma corresponde aos elementos externos da lide.

[8] Cumpre observar, porém, que o ordenamento jurídico brasileiro agasalha procedimentos civis *ex officio* (falência) e, no processo trabalhista, a execução da sentença pode ter início também *ex officio*. Em ambos os casos, há verdadeiro exercício de função jurisdicional. No âmbito processual penal, o *habeas corpus* pode também ser concedido de ofício.

[9] Atualmente, a sentença não é mais objeto de execução, como no passado, mas de simples "cumprimento", no próprio processo em que for proferida.

como o direito de impor as penas legais, conclui que os juízes têm a *jurisdição* e o *imperium* do pretor romano, que compreende: o direito de conhecer, de ordenar, de julgar, de punir e de executar.

6.1   Elementos da jurisdição segundo a doutrina clássica

Segundo a concepção clássica, são *elementos da jurisdição*:

Notio – é a faculdade de conhecer de certa causa, ou de ser regularmente investido da faculdade de decidir uma controvérsia, assim como de ordenar os atos respectivos.

Vocatio – é a faculdade de fazer comparecer em juízo todos aqueles cuja presença seja útil à justiça e ao conhecimento da verdade.

Coertio (ou *coertitio*) – é o direito de fazer-se respeitar e de reprimir as ofensas feitas ao juiz no exercício de suas funções (*iurisdictio sine coertitio nulla est*).[10]

Iudicium – é poder de julgar e de proferir a sentença.

Executio – é poder de, em nome do Estado, tornar obrigatória e coativa a obediência às próprias decisões.

6.2   Elementos da jurisdição para a moderna doutrina

Para a moderna doutrina, a *jurisdição* compreende os seguintes *poderes jurisdicionais*: poder de decisão, poder de coerção e poder de documentação.

6.2.1   *Poder de decisão*

Através desse poder, o Estado-juiz afirma a existência ou a inexistência de uma vontade concreta de lei, por dois modos possíveis e com diferentes efeitos: a) afirma uma vontade de lei concernente às partes, através de uma sentença de mérito, reconhecendo a uma delas um bem da vida, e garantindo-o para o futuro, no mesmo ou em outros processos, com efeito (*rectius*, autoridade) de coisa julgada material; b) afirma uma vontade de lei concernente ao dever do juiz de pronunciar-se sobre o mérito, julgando sobre a sua própria atividade, sem o efeito (*rectius*, autoridade) de coisa julgada, com eficácia limitada ao processo em que é proferida, sem obrigar em outros processos.

Esse poder de decisão, de dizer a última palavra sobre o que é e o que não é o *direito*, é típico da atividade jurisdicional, com o que o juiz decide o mérito dos conflitos, excluindo-o da apreciação de qualquer outro órgão, pertencente aos demais poderes do Estado.

6.2.2   *Poder de coerção*

Este poder se manifesta com mais intensidade na execução (ou cumprimento), embora esteja presente também no processo de cognição, como no ato de intimação ou de citação; em que se o destinatário se recusa a receber materialmente o mandado, considera-se como se tivesse sido entregue.

Em virtude desse poder, faculta-se ao juiz determinar a remoção de obstáculos opostos ao exercício de suas funções; sujeitar ao seu poder os presentes à audiência (partes, advogados, assistentes); admoestar e afastar os infratores etc. A testemunha, por exemplo, tem o dever de comparecer, podendo ser conduzida à força se se recusar a colaborar com a Justiça. O juiz pode ainda requisitar a presença de força policial, para vencer qualquer resistência ilegal, das partes ou de terceiros, no cumprimento das suas decisões.

---

[10]   A jurisdição sem o poder de coerção é nula.

6.2.3 Poder de documentação

Este poder resulta da necessidade de documentar, de modo a fazer fé, tudo o que ocorre perante os órgãos judiciais, como termos de assentada, de audiência, de instrução, certidões de notificação, de citação etc.

7 PRINCÍPIOS FUNDAMENTAIS DA JURISDIÇÃO

A jurisdição é informada por certos *princípios*, universalmente aceitos e reconhecidos, que servem para esclarecer e desenvolver o seu conceito, princípios esses que, em maior ou menor extensão, implícita ou explicitamente, estão sempre presentes onde haja o exercício de função jurisdicional.

São *princípios fundamentais da jurisdição*:

7.1 Princípio da investidura

Significa esse princípio que a jurisdição só pode ser legitimamente exercida por quem tenha sido dela investido por autoridade competente do Estado, de conformidade com as normas legais. Quem, a pretexto de exercer a jurisdição, pratica ato próprio da atividade jurisdicional, sem a observância do requisito da investidura, pratica crime previsto no Código Penal (art. 328).[11]

À ausência de investidura equipara-se, para os efeitos legais, a situação dos juízes aposentados, visto que, com a aposentadoria, perdem a jurisdição, o mesmo ocorrendo com os juízes em disponibilidade.

7.2 Princípio da aderência ao território

Este princípio significa que a jurisdição pressupõe um território sobre o qual é exercida, não se podendo falar em jurisdição, senão enquanto correlata com determinada área territorial do Estado. É também chamado de *princípio da improrrogabilidade da jurisdição*. Tal princípio estabelece, inclusive, limites às atividades jurisdicionais dos juízes, que, fora do território sujeito por lei à sua jurisdição, não podem exercê-las, não passando de um cidadão como qualquer outro.

O Supremo Tribunal Federal e os Tribunais Superiores, por exemplo, têm jurisdição sobre todo o território do País; os Tribunais de Justiça têm jurisdição sobre todo o território do Estado (ou Distrito Federal); os Tribunais Regionais (federais e do trabalho) têm jurisdição sobre determinada região do País, compreendendo um ou mais Estados; os juízes (federais, do trabalho e estaduais ou do Distrito Federal) têm jurisdição no âmbito da sua respectiva base territorial (seção ou subseção judiciária, região, comarca ou circunscrição judiciária), podendo abranger um ou mais municípios ou distritos.

Em face desse princípio, e, havendo necessidade de ser praticado um ato processual fora da jurisdição do juízo da causa, deve ele solicitar a cooperação de outro juízo, do local onde deva o ato ser realizado.

O princípio da aderência ao território comporta, no ordenamento jurídico nacional, não poucas exceções, tanto no âmbito civil como, por exemplo, nos casos de prevenção (CPC, art. 60);[12]

---

[11] Art. 328. Usurpar o exercício de função pública: Pena – detenção, de três meses a dois anos, e multa.

[12] Art. 60. Se o imóvel se achar situado em mais de um Estado, comarca, seção ou subseção judiciária, a competência territorial do juízo prevento estender-se-á sobre a totalidade do imóvel.

de citação em comarca contígua (CPC, art. 255);[13] e no âmbito penal, na hipótese de haver desclassificação da infração da competência de outro juízo (CPP, art. 74, § 2º, parte inicial)[14] ou de desaforamento do julgamento do réu (CPP, art. 427, *caput*).[15]

7.3 Princípio da indelegabilidade

Este princípio significa que, sendo o juiz investido das funções jurisdicionais, como órgão do Estado, deve exercê-las pessoalmente, sem poder delegar atribuições. Se o Estado investiu o juiz no exercício de uma função pública, cometendo-lhe a função jurisdicional referente a determinadas lides, não pode o julgador transferir a outro a competência para conhecer e julgar os processos que lhe tocam.

Quando se trata de ato a ser praticado fora do território sujeito à jurisdição do juiz, não há delegação de função, pois tanto o deprecante quanto o deprecado, aquele solicitando e este realizando o ato, estão a exercer a jurisdição na sua base territorial e nos limites da sua própria competência.

7.4 Princípio da indeclinabilidade

Este princípio significa que o juiz não pode declinar do seu ofício, deixando de atender quem deduza em juízo uma pretensão, pedindo a tutela jurisdicional.[16] Nem mesmo a lacuna ou a obscuridade da lei exime o juiz de proferir decisão ou sentença,[17] devendo, nesses casos, valer-se dos costumes, da analogia e dos princípios gerais de direito.

7.5 Princípio do juízo natural[18]

Este princípio significa que todos têm, em igualdade de condições, direito a um julgamento por juiz independente e imparcial, segundo as normas legais e constitucionais. O juiz (*rectius*,

---

[13] Art. 255. Nas comarcas contíguas, de fácil comunicação e nas que se situem na mesma região metropolitana, o oficial de justiça poderá efetuar, em qualquer delas, citações, intimações, notificações, penhoras e quaisquer outros atos executivos.

[14] Art. 74. A competência pela natureza da infração será regulada pelas leis de organização judiciária, salvo a competência privativa do Tribunal do Júri. § 2º Se, iniciado o processo perante um juiz, houver desclassificação para infração da competência de outro, a este será remetido o processo, salvo se mais graduada for a jurisdição do primeiro, que, em tal caso, terá sua competência prorrogada.

[15] Art. 427. Se o interesse da ordem pública o reclamar ou houver dúvida sobre a imparcialidade do júri ou a segurança pessoal do acusado, o Tribunal, a requerimento do Ministério Público, do assistente, do querelante ou do acusado ou mediante representação do juiz competente, poderá determinar o desaforamento do julgamento para outra comarca da mesma região, onde não existam aqueles motivos, preferindo-se as mais próximas. (...)

[16] Este princípio tem assento constitucional, dispondo o art. 5º, XXXV, da Constituição que "a lei não excluirá da apreciação do Poder Judiciário lesão ou ameaça a direito".

[17] CPC: Art. 140. O juiz não se exime de decidir sob alegação de lacuna ou obscuridade do ordenamento jurídico. (...)

[18] O Superior Tribunal de Justiça já decidiu que a Constituição, diferentemente do que faz com os juízes, *não garante o princípio do promotor natural*. Ao contrário, consagra (a Constituição) no § 1º do art. 127 os princípios da "unidade" e da "individualidade" do Ministério Público, dando maior mobilidade à instituição, permitindo avocação e substituição do órgão acusador, tudo evidentemente nos termos da lei orgânica (*Habeas Corpus* n. 2.088-0/RJ).

juízo) natural é sinônimo de juiz *legal* ou juiz *constitucional*, competente para processar e julgar ao tempo em que ocorre o fato a ser processado e julgado.

Em face desse princípio, não pode haver lugar para tribunais ou juízos de exceção, como tal considerado todo aquele que vier a ser constituído *post factum* (depois do fato), para julgar um fato já ocorrido ao tempo da sua constituição.

As justiças especializadas (militar, eleitoral, trabalhista) nada têm a ver com os tribunais de exceção, pois são instituídas pela Constituição, que as regula e delimita o âmbito de sua jurisdição, para julgamentos de fatos ocorridos posteriormente.

7.6 Princípio da inércia

Segundo este princípio, não pode haver "jurisdição sem ação", pois a jurisdição depende de provocação do interessado no seu exercício, não sendo, de regra, automovimentada. No particular, prefiro falar em *dependência de provocação*, pois "inerte" é o que não se movimenta, e a jurisdição se movimenta.

A *imparcialidade* que caracteriza a atividade jurisdicional impede que os juízes exerçam suas funções sem que haja pedido de quem entenda ter sido lesado ou ameaçado de lesão em um direito seu.

As máximas *Ne procedat iudex ex officio*[19] e *Nemo iudex sine actore*[20] dão bem a exata extensão desse princípio.

A inércia da jurisdição é rompida pelo exercício do direito de ação, e, a partir daí, o processo se movimenta por impulso oficial (autodinâmica), não prescindindo, porém, da atividade das partes (heterodinâmica).

Mesmo no âmbito penal o processo se instaura mediante provocação do Ministério Público e, portanto, através da ação.

Existem, no ordenamento jurídico nacional, poucas exceções ao *princípio da inércia*, tanto no âmbito civil *stricto sensu* como no trabalhista e no penal. Assim, por exemplo, o juiz pode decretar de ofício a falência do comerciante, se, no curso de um processo de recuperação judicial de empresa, verificar que falta algum requisito para a sua concessão; a execução no processo trabalhista pode instaurar-se de ofício pelo juiz; também o *habeas corpus* pode conceder-se de ofício.

7.7 Princípio do acesso à justiça

A simples faculdade acesso à justiça acabou erigida num princípio, segundo o qual a todos é assegurado o acesso ao Judiciário, para defesa de seus direitos; servindo a expressão "acesso à Justiça" para determinar duas finalidades básicas do sistema jurídico: a) primeiro, o sistema deve ser igualmente acessível a todos; e b) segundo, deve ele produzir resultados que sejam *individual e socialmente justos*.

7.8 Princípio da *Nula poena sine iudicio*[21]

Este princípio é *exclusivo* da jurisdição penal, significando que nenhuma sanção penal pode ser imposta sem a intervenção do juiz, através do competente processo. Nem com a

---

[19] O juízo não procede de ofício.
[20] Não há juiz sem autor.
[21] Não há pena sem processo.

concordância do próprio infrator da norma penal, pode ele sujeitar-se voluntaria e extrajudicialmente à sanção penal.[22]

8 EXTENSÃO DA JURISDIÇÃO

Como emanação da soberania do Estado, a jurisdição vai até onde chega a soberania do Estado, pelo que, sendo a jurisdição atuação da vontade da lei ao caso concreto, não pode haver sujeição à jurisdição, senão onde possa haver sujeição à lei, e vice-versa.

8.1 Limites da jurisdição

Os limites da jurisdição são impostos pelo poder de império do Estado, de sujeitar os destinatários da lei ao seu comando; pelo que, onde há sujeição à lei, há também sujeição à jurisdição; e onde não impera a lei não há lugar para o exercício da jurisdição.

8.2 Paralelismo entre legislação e jurisdição

Esse *paralelismo* entre a legislação e a jurisdição, dentro dos limites territoriais da soberania, não desaparece, mesmo quando (nos processos internos) se aplica a lei estrangeira, pois, na realidade, "o juiz nacional aplica, em qualquer caso, a lei nacional".

Em obediência a um dever genérico internacional, de reconhecer os demais Estados como soberanos, nos limites de seus respectivos territórios, todo Estado, ainda que em medida diversa, reconhece a atividade desenvolvida pelos demais, mas sem detrimento da própria soberania.

Com este objetivo, o Estado expede atos de vontade própria, cujo conteúdo esteja em conformidade com os atos de vontade do Estado estrangeiro, e, em vista dessa atividade legislativa (estrangeira), o Estado nacional prescreve normas preliminares[23] que traçam os limites dentro dos quais o legislador *reconhece* o direito alienígena, como regra de relações que interessam concomitantemente a estrangeiros e nacionais.

Em virtude dessas *normas de aplicação*, o juiz não aplica direito estrangeiro, mas direito *nacionalizado*; porquanto a vontade de lei que o juiz atua *somente pode ser a do Estado Nacional*.

8.3 Fórmula da nacionalização do direito estrangeiro

A fórmula "nacionalização do direito estrangeiro" deve-se a Savigny, que alude à "faculdade de incluir leis originariamente estrangeiras entre as fontes a que devem ater-se os tribunais e juízos do país".

O exercício da jurisdição se entrosa intimamente com a ideia de território, pelo que todos aqueles que nele se encontrem estão submetidos *potencialmente* à jurisdição do Estado.

9 JURISDIÇÃO E SUAS DIVISÕES

9.1 Jurisdição e soberania estatal

A jurisdição, considerada em si mesma, é emanação da soberania do Estado, pelo que, sendo única a soberania, uma também é a jurisdição.[24]

---

[22] A transação, no processo dos Juizados Especiais Criminais estaduais e federais, é possível, nos termos das Leis n. 9.099/95 e n. 10.259/01.

[23] No Brasil, é a Lei de Introdução às Normas do Direito Brasileiro, que é a mesma Lei de Introdução ao Código Civil Brasileiro (Decreto-Lei n. 4.657/42), com a ementa modificada pela Lei n. 12.376/10.

[24] A jurisdição é função unitária, porque a *potestade* (poder) que lhe é inerente e a atividade que requer são essencialmente idênticas em todos os casos. Mas ela pode ser especificada em atenção aos interesses

Entender o contrário seria admitir a existência de uma pluralidade de soberanias, atuando no âmbito *de um mesmo* território, o que contraria a própria ideia de Estado.

Quer decida um conflito de interesses de natureza civil, quer penal ou trabalhista, o Estado exerce a jurisdição, pois a diversidade de lide não determina a diversidade de função jurisdicional. Neste sentido, afirma-se que a *jurisdição é una*, quer dizer, não comporta divisões.

9.2 Classificação da jurisdição

A doutrina, no entanto, costuma classificar a jurisdição, segundo vários critérios, quando se fala, então, em *espécies de jurisdição*, a saber:

9.2.1 Quanto à gradação

Quanto à *gradação* dos seus órgãos: jurisdição inferior e jurisdição superior.

A jurisdição *inferior* é a que se exerce na primeira instância, por juízo que conhece e julga, originariamente, as causas; a jurisdição *superior* é a exercida nos tribunais, por força de recurso interposto em causa já sentenciada, como consequência do duplo grau ou por força de remessa *necessária*.

9.2.2 Quanto à matéria

Quanto à *matéria*: jurisdição penal e jurisdição civil.

A jurisdição *penal* tem por objeto as lides de natureza penal; a jurisdição *civil* compreende as causas de natureza extrapenal, como as civis, comerciais, administrativas, tributárias, constitucionais etc.

9.2.3 Quanto à origem

Quanto à *origem*: jurisdição legal e jurisdição convencional.

A jurisdição *legal* é permanente, nasce da investidura do juiz no cargo com as atribuições próprias de seu ofício, de dizer ou declarar o direito; a jurisdição *convencional* é momentânea, exercida pelo árbitro ou tribunal arbitral, por força de compromisso assumido pelas partes.

9.2.4 Quanto aos organismos judiciários

Quanto aos *organismos judiciários que a exercem*: jurisdição especial e jurisdição comum.

A jurisdição *especial* tem o seu campo de atuação assinalado pela lei, como a militar, eleitoral e trabalhista; e a jurisdição comum tem competência sobre todas as causas que não estejam expressamente atribuídas a outras jurisdições, como a jurisdição comum federal e a estadual.

Na doutrina, prevalece o entendimento de que a justiça federal se enquadra na jurisdição comum, porque esses juízes processam e julgam qualquer lide não compreendida na competência reservada às justiças especiais. Assim, ao lado de uma justiça comum federal, existe uma justiça comum estadual.

---

envolvidos no processo e à modalidade segundo a qual a garantia processual se desenvolve. Têm-se, pois, não propriamente uma jurisdição penal e uma jurisdição civil, mas uma *competência penal* e uma *competência civil* (Manzini).

9.2.5 Quanto à forma

Quanto à *forma*: jurisdição contenciosa e jurisdição voluntária.

A jurisdição contenciosa é exercida em face de litígio, quando há controvérsia (*inter nolentes*),[25] e a jurisdição voluntária, quando o juiz se limita a homologar a vontade dos interessados, ou quando o juiz decide, mas em face de interesses não litigiosos (*inter volentes*).[26]

A doutrina tem reconhecido, porém, que a chamada jurisdição *voluntária* não é verdadeira jurisdição, e nem voluntária; pois voluntário no caso seria o procedimento.

Graficamente:

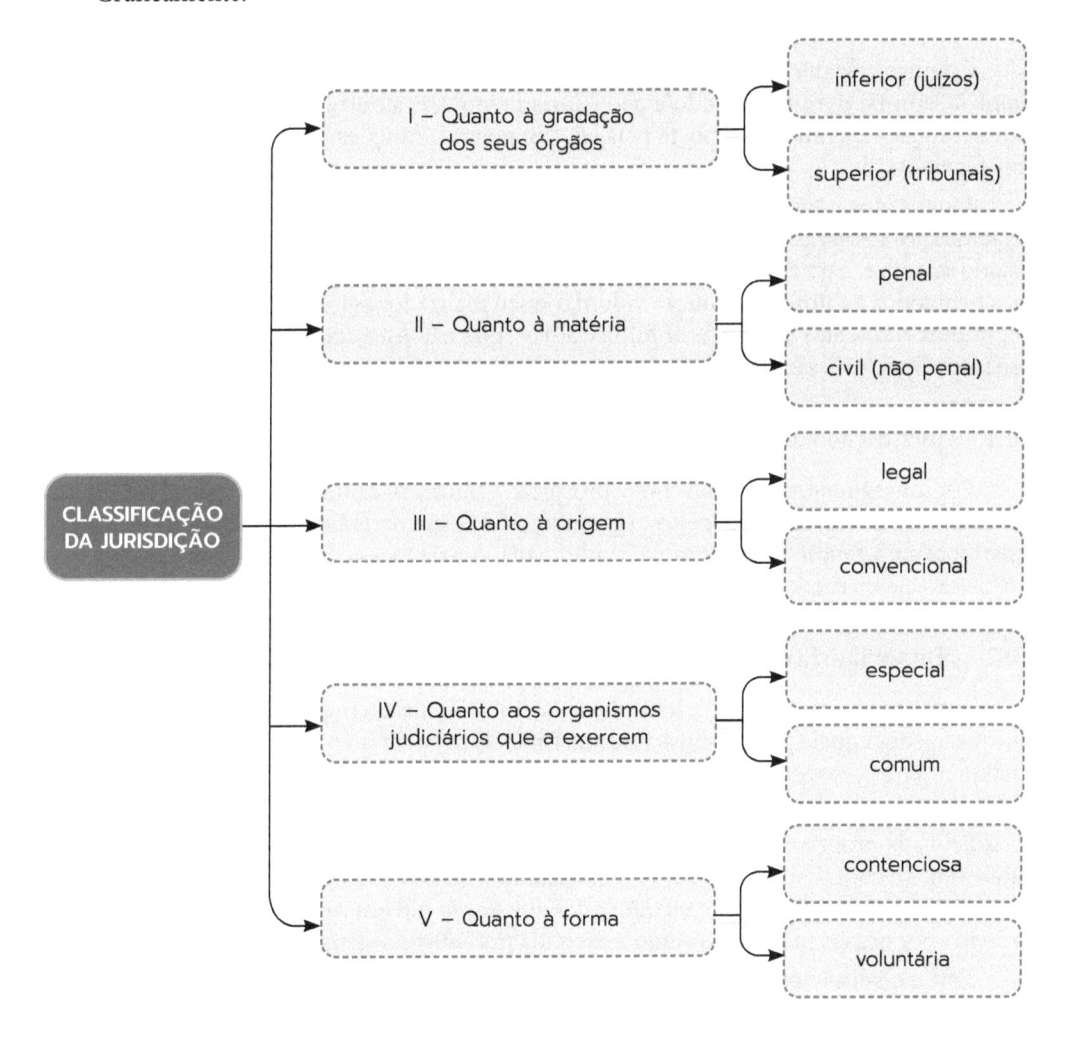

CLASSIFICAÇÃO DA JURISDIÇÃO

- I – Quanto à gradação dos seus órgãos
  - inferior (juízos)
  - superior (tribunais)
- II – Quanto à matéria
  - penal
  - civil (não penal)
- III – Quanto à origem
  - legal
  - convencional
- IV – Quanto aos organismos judiciários que a exercem
  - especial
  - comum
- V – Quanto à forma
  - contenciosa
  - voluntária

---

[25] "Entre os que não querem."
[26] "Entre os que querem."

10 JURISDIÇÃO CONTENCIOSA E JURISDIÇÃO VOLUNTÁRIA: VISÃO TEÓRICA

Não existe um critério insusceptível de crítica para se distinguir a jurisdição contenciosa da jurisdição voluntária, o que levou Kisch a afirmar estar fadada ao insucesso a procura de uma acentuada separação entre os domínios dessas duas espécies de jurisdição.

Identicamente, pensam Weismann e Rosenberg, que julgam impossível apresentar um decisivo fundamento material para distinguir a jurisdição contenciosa da jurisdição voluntária.

Chiovenda também reputa imprópria a contraposição tradicional, jurisdição *voluntária* e *contenciosa*, porque entre as atividades jurisdicionais não se insere a *jurisdição voluntária*, que não é propriamente jurisdição.[27]

Couture ressalta que a denominada *jurisdição voluntária* não é jurisdição e *nem voluntária*, a uma, porque sua índole não é jurisdicional, e, a outra, porque, em muitos casos, a intervenção dos juízes é imposta pela lei, sob pena de sanções pecuniárias ou privação do fim esperado.

Muitos atos estatais, doutrina Chiovenda, embora sejam atos de *simples administração*, exigem especiais garantias de autoridade nos órgãos que os praticam, pelo que é natural que o Estado se utilize, para corresponder a essas exigências, da mesma hierarquia judiciária comum; mas nem todos os atos de jurisdição voluntária são realizados pelos órgãos jurisdicionais, sendo, muitas vezes, atos de órgãos administrativos, que não estão disciplinados pelo Código de Processo Civil, mas são similares aos que a lei atribui, como jurisdição, aos juízes.

10.1 Jurisdição voluntária para Chiovenda

Por conseguinte, para Chiovenda a jurisdição voluntária "é uma forma especial de atividade do Estado, exercida, em parte pelos órgãos judiciários, em parte pelos órgãos administrativos, e pertencente à *função administrativa*, embora distinta da massa dos atos administrativos, por certos caracteres particulares".

10.2 Importância da distinção entre as duas jurisdições

A distinção entre a jurisdição *contenciosa* e a *voluntária* tem grande importância prática, porque apenas aquela produz coisa julgada, e não esta, podendo o ato voluntário ser revisto, a qualquer tempo, respeitados apenas os direitos adquiridos.

Partindo da observação de que a chamada *jurisdição voluntária* não se insere nas atividades jurisdicionais propriamente ditas, porque não visam à resolução de "conflitos de interesses", tutelando, ao contrário, interesses não conflitantes, sustentam alguns doutrinadores que são de jurisdição voluntária *toda e qualquer administração pública de interesses privados*: tanto a exercida por órgãos judiciários como a exercida por outros órgãos da Administração Pública.

Este é o pensamento de Chiovenda, que mereceu, no Brasil, o aval de Lopes da Costa.

Outros autores procuram abrandar a extensão desse pensamento, sustentando ser de jurisdição voluntária tão somente os atos de administração pública de interesses privados *exercidos por órgãos do Poder Judiciário*, sendo este o entendimento de Frederico Marques.

---

[27] A tese revisionista do conceito de jurisdição vem sustentando o caráter jurisdicional da jurisdição voluntária.

Não se pode afirmar que a doutrina tenha chegado a resultados satisfatórios na pesquisa da índole das jurisdições *contenciosa* e *voluntária*, pois os diversos critérios apresentados para distingui-las não lograram acobertar-se das críticas a respeito.

10.3 Critérios distintivos das jurisdições contenciosa e voluntária

São os seguintes os critérios mais prestigiados:

10.3.1 *Critério da contenciosidade da relação jurídica*

Esta circunstância não é essencial à jurisdição, porque pode haver processo *sem controvérsia*, como na hipótese de revelia do réu, podendo também haver processos em que o réu reconheça a pretensão adversária.[28]

10.3.2 *Critério da coação*

Este critério é também insubsistente, pois a coação não é exclusiva da jurisdição contenciosa, havendo provimentos de jurisdição voluntária de caráter coativo, como acontece, por exemplo, com a nomeação de tutores.

10.3.3 *Critério da repressão e da prevenção*

A repressão como característica da jurisdição contenciosa, e da *prevenção*, como característica da jurisdição voluntária, também é inexata, porque existem formas processuais de *tutela preventiva*, e muitos atos de jurisdição voluntária carecem de fim preventivo.

10.3.4 *Critério do escopo constitutivo da jurisdição voluntária*

Chiovenda, com apoio em Wach, sustenta que a diferença entre as jurisdições contenciosa e voluntária está no *escopo constitutivo* da jurisdição voluntária.

Os atos de jurisdição *voluntária* tendem sempre à constituição de estados jurídicos novos ou cooperam no desenvolvimento de relações jurídicas existentes; enquanto a jurisdição contenciosa, ao contrário, visa apenas à atuação de relações existentes.

A jurisdição contenciosa supõe um *juízo* sobre uma vontade de lei concernente às partes e a *substituição* da atividade das partes pela do órgão público, seja no afirmar a existência daquela vontade, seja no fazer tudo quanto for necessário para que se consiga o bem garantido pela lei.[29] Assim, a jurisdição civil supõe, numa das partes, a expectativa de um bem da vida em face de outra, seja esse *bem* uma prestação, um efeito jurídico, uma declaração, um ato conservativo ou um ato executivo. Isso não acontece na jurisdição voluntária, em que *não há duas partes*, não há um bem garantido *contra outrem*, uma norma de lei a atuar *contra outrem*, mas um *estado jurídico* impossível de nascer ou desenvolver-se sem a intervenção do Estado-juiz.

---

[28] "A total ausência de controvérsia sobre a qual deva pronunciar-se o juiz, dando razão a um ou outro dos contendores, é a condição principal e essencialíssima para que a jurisdição voluntária possa ser exercida" (Ricci).

[29] Para Couture, contudo, por oposição à sentença jurisdicional, cujo conteúdo pode ser declaratório, constitutivo, condenatório ou cautelar, as decisões que se proferem na jurisdição voluntária são sempre de mera *declaração*. Não condenam nem constituem novos direitos.

Respondendo à crítica que Weismann opôs aos seus ensinamentos, de que também no campo da jurisdição contenciosa existem sentenças *constitutivas*, respondia Chiovenda que as sentenças constitutivas contêm a "atuação de um *direito* à constituição de um novo estado jurídico; direito que corresponde a um sujeito jurídico *contra o outro*". Pelo contrário, na constituição ou desenvolvimento de estados jurídicos, na jurisdição voluntária, não se atua um *direito* correspondente a *Tício* contra *Caio*.

Para Chiovenda, o caráter da jurisdição voluntária não está na ausência *de contraditório*, pois pode haver processo sem contraditório, mas a *ausência de duas partes*;[30] se bem que a jurisdição contenciosa possa desenvolver-se também sem contraditório, mas haverá sempre duas partes.

Na jurisdição voluntária, ao contrário, *não há partes*, há requerentes (ou *interessados*),[31] e, mesmo naqueles casos em que o juiz emite um provimento *inaudita altera parte* (sem ouvir a outra parte), emite sempre *contra* ou *em face* de alguém, a quem deve ser comunicado, para que possa impugná-lo ou para fins de que seja executada.

Outra diferença é que a sentença proferida na jurisdição *voluntária* não passa materialmente em julgado, nem o seu objeto é uma lide, como na jurisdição contenciosa, mas um mero dissenso (divergência) de opinião.

10.3.5 Síntese das duas jurisdições

Jurisdição Contenciosa	*Jurisdição Voluntária*
Atividade jurisdicional (substitutiva)	Atividade administrativa (não substitutiva)
Escopo de atuar a lei	Escopo constitutivo
Existência de partes	Existência de interessados
Produz coisa julgada	Não há coisa julgada
Existe uma lide	Existe um dissenso de opinião

11 TESE REVISIONISTA DO CONCEITO DE JURISDIÇÃO VOLUNTÁRIA

11.1 Processo contencioso e processo voluntário

Contrariando a doutrina tradicional, que afirma a natureza administrativa da jurisdição voluntária, negando haver nela atividade jurisdicional, opõe-se a *tese revisionista*, que afirma o seu caráter de verdadeira e própria jurisdição, permitindo a seus adeptos falar em *processo contencioso* e *processo voluntário*. Assim, são considerados jurisdicionais não somente os atos do processo contencioso, como também os atos do processo voluntário, afirmando-se que, na

---

[30] "Tampouco há controvérsia na jurisdição voluntária. Se esta aparece, se à pretensão do peticionante se opuser alguém que se considere lesado por ela, o ato judicial não jurisdicional se transforma em contencioso, e, portanto, em jurisdicional" (Couture).

[31] O ato judicial não jurisdicional não tem partes; faltando-lhe, pois, o primeiro elemento formal da jurisdição; nele o peticionante ou pretendente não pede nada contra ninguém, faltando-lhe, pois, o adversário; ele não é parte no sentido técnico, porque não é contraparte de ninguém (Couture). Ricci entende que, se surgir contestação na jurisdição voluntária, a questão deixa de pertencer à sede honorária (*rectius*, voluntária) e deve deferir-se à sede contenciosa.

jurisdição voluntária, se aplica direito privado, e, tanto quanto na contenciosa, tende à atuação do direito objetivo, na tutela de interesses privados; enfim, pela natureza e pelo objeto, o *processo voluntário é jurisdicional*.

11.1.1 Ausência de litígio ou controvérsia

No concernente à forma, apontam os *revisionistas* algumas diferenças entre as duas jurisdições, concordando, porém, com a doutrina tradicional em que não há *litígio* ou *controvérsia* no processo voluntário; se surgir conflito entre os interesses privados, como, por exemplo, na nomeação de um tutor, transforma-se em contencioso.[32]

11.1.2 Ausência de contraparte

Afirmam também os revisionistas que *não há contraparte*, na jurisdição voluntária, mas formulam uma indagação: quem promove a atuação da jurisdição voluntária não é parte? E respondem: considerando parte aquele que pede em seu próprio nome ou em cujo nome é pedida a atuação da lei, quem pede autorização para vender bens de menores, ou quem reclama tutela, é parte; *o que não existe é contraparte*.

11.1.3 Ausência de demanda

Não há *demanda*, no sentido de que não há um demandado direto; mas, se *demanda* é o ato processual em que se manifesta a ação, e esta é o direito à jurisdição, entendem que dificilmente poder-se-ia explicar que não seja jurisdicional o processo voluntário, pois quem promove qualquer dos *negócios* voluntários o faz em procura da tutela e reconhecimento de seus próprios direitos, o mesmo que no processo contencioso. Aceitam os revisionistas que os requisitos exigidos na demanda contenciosa não são, em sua totalidade, exigíveis no processo voluntário.

Em resumo, no processo voluntário *não há contraparte*, nem, em consequência, *controvérsia*, como no contencioso, mas essas diferenças formais carecem de valor suficiente para negar caráter jurisdicional ao processo voluntário. Assim, continua de pé o fundamento de que, tanto no processo contencioso quanto no voluntário, trata-se de tutela dos mesmos direitos; apenas num caso controvertido, e noutro, não.

11.1.4 Jurisdição voluntária é atividade jurisdicional

Para a corrente revisionista, a jurisdição voluntária é jurisdição, enquanto o adjetivo *voluntária* encontra plena coincidência entre a tese tradicional e a revisionista. Não é voluntária, no sentido de que o peticionante não vai a juízo espontaneamente, por sua vontade (*inter volentes*) em oposição à jurisdição contenciosa (*inter nolentes*).

Em ambos os casos, é uma atividade necessária; mas, contudo, pode-se continuar a usar a expressão *jurisdição voluntária* por comodidade ou por costume.

Couture salienta que a adoção da tese revisionista tornaria necessário revisar o conceito de ato jurisdicional, incluindo nele a jurisdição voluntária,[33] e que esta tarefa, nas atuais circunstâncias, não resultaria em proveito da ciência processual.

---

[32] Embora sem ser um revisionista, também Couture – adepto da concepção tradicional – afirma que, se surgir controvérsia, o ato não jurisdicional transforma-se em contencioso.

[33] Anota Afrânio Jardim que Sérgio Demoro Hamilton vislumbra a existência de jurisdição voluntária nos procedimentos regulados nos arts. 33 e 53 do Código de Processo Penal; sendo este também o seu próprio entendimento.

Para Schönke, as jurisdições contenciosa e voluntária são partes do mesmo ramo, e a delimitação da esfera de ambas é um problema de distribuição de competência.

12 JURISDIÇÃO E ARBITRAGEM

A jurisdição é atividade estatal compositiva (resolutiva) do litígio, mediante o processo, em que o Estado substitui por uma atividade sua a atividade das partes envolvidas no conflito.

A *arbitragem* é também uma forma de se compor (resolver) conflitos mediante um processo, só que a cargo de particulares, a quem o Estado outorga o poder de emitir sentença com a mesma eficácia das sentenças proferidas por seus próprios juízes. Neste sentido, é facultado às pessoas capazes de contratar se valerem dessa instituição para dirimir litígios relativos a direitos patrimoniais disponíveis.

A arbitragem é disciplinada pela Lei n. 9.307/96, parcialmente alterada pela Lei n. 13.129/15, que atribui eficácia à sentença arbitral, que, sendo condenatória, tem força de título executivo judicial (art. 31).[34]

Na verdade, a arbitragem permite que a resolução dos conflitos possa ser obtida numa outra vertente, também processual e jurisdicional, mas fora da esfera estatal.

A Lei n. 13.129/15 incluiu dois parágrafos no art. 1º da Lei n. 9.307/96. O § 1º dispõe que "a administração pública direta e indireta [compreendendo União, Estados, Distrito Federal e Municípios] poderá utilizar-se da arbitragem para dirimir conflitos relativos a direitos patrimoniais disponíveis", e o § 2º traz que "A autoridade ou o órgão competente da administração pública direta para a celebração de convenção de arbitragem é a mesma para a realização de acordos ou transações".

12.1 Existência de jurisdição na arbitragem

Na arbitragem existe o exercício de verdadeira jurisdição, só que exercida por órgãos-pessoas, aos quais o Estado reconhece uma parcela do seu poder, e cujas decisões ele chancela com o selo de sua autoridade, outorgando-lhes idêntica eficácia à que confere às decisões de seus próprios juízes (órgãos-entes). Daí chamar-se *sentença arbitral* as decisões finais de mérito proferidas pelos árbitros (Lei n. 9.307/96, art. 31, alterada em parte pela Lei n. 13.129/15).

12.2 Existência de processo arbitral

Há também na arbitragem, tanto quanto na jurisdição estatal, um processo que proporciona a formação de uma relação jurídica processual entre as partes litigantes, requerente (autor), requerido (réu) e tribunal arbitral (juiz).

Portanto, ao lado de uma jurisdição estatal, viceja uma jurisdição privada, cujo produto final é a sentença de mérito, que em nada difere, quanto à sua extensão e eficácia, da sentença judicial, a não ser que a sentença judicial esteja sujeita a recurso para o tribunal, o que não acontece com a sentença arbitral, sujeita apenas a ação de nulidade, pela inobservância de requisitos formais, e a embargos de declaração (Lei n. 9.307/96, art. 30).

Espera-se que, através da arbitragem, os conflitos de interesses sejam resolvidos de forma mais ágil e eficaz, deixando para o Poder Judiciário apenas aqueles que, por envolverem *interesses intransigíveis*, não possam ser entregues à decisão de árbitros.

---

[34] Art. 31. A sentença arbitral produz, entre as partes e seus sucessores, os mesmos efeitos da sentença proferida pelos órgãos do Poder Judiciário e, sendo condenatória, constitui título executivo.

12.3 Arbitragem no atual Código de Processo Civil

O § 1º do art. 3º do CPC consagra regra inédita, dispondo que *é permitida a arbitragem, na forma da lei*, passando a impressão de que na arbitragem não haveria exercício de jurisdição, quando, atualmente, não há mais dúvida sobre o caráter jurisdicional da arbitragem, jurisdição privada, mas impregnada de interesse público, tendo a sentença proferida pelo árbitro ou tribunal arbitral, em tudo e por tudo, eficácia equivalente à sentença proferida pelo juiz togado (Lei n. 9.307/96: art. 31).

Nos termos do art. 31 da Lei de Arbitragem: "A sentença arbitral produz, entre as partes e seus sucessores, os mesmos efeitos da sentença proferida pelos órgãos do Poder Judiciário e, sendo condenatória, constitui título executivo", garantindo o atual CPC o seu cumprimento compulsório (art. 515, VII), considerando-a, *expressamente*, um título executivo judicial.

Embora a arbitragem nada tenha a ver com o Código de Processo Civil, por estar disciplinada por lei especial (Lei n. 9.307/96, alterada pela Lei n. 13.129/15), a referência valeu pelo prestígio reconhecido ao instituto, que, pela forma abrupta como adentrou no ordenamento jurídico nacional, não granjeou a simpatia dos juízes estatais, e pela forma *atabalhoada* como foi aplicada por muitos operadores do direito, não conseguiu, ainda, conquistar a confiança dos jurisdicionados; apesar das vantagens que oferece sobre a jurisdição estatal, mormente pelo fato de poder as partes escolher os árbitros, além da garantia de tê-la julgada num prazo máximo de até seis meses.

12.4 Princípio da colaboração na arbitragem

Entre o árbitro ou tribunal arbitral deve imperar o princípio *da colaboração*, porque somente os juízes togados dispõem do *ius imperii* (direito de império), necessário para adentrar no patrimônio e na esfera da liberdade das pessoas (físicas e jurídicas) e entes formais, para tornar efetivas as decisões interlocutórias e sentenças arbitrais, pelo que sem essa colaboração a jurisdição arbitral não se desenvolveria por ausência do poder de coerção.

12.5 Medida cautelar ou de urgência na arbitragem

Desde que defendi minha tese de doutorado na arbitragem interna, sustentei que os árbitros, uma vez em curso o processo arbitral, tinham poderes para **conceder** medidas cautelares ou de urgência, e isso por uma simples razão: "Quem pode o mais: resolver o próprio mérito do conflito; pode o menos: conceder medidas para acautelá-lo". O que o árbitro ou tribunal arbitral não possui, dizia eu, era o poder para fazer cumprir **coercitivamente** a sua decisão – por não dispor do *ius imperii*, devendo valer-se, nessa hipótese, da colaboração do juiz togado.

Nesse sentido, veio a dispor o art. 22-B, parágrafo único, da Lei de Arbitragem (LA), a Lei n. 9.307/96, incluído pela Lei 13.129/15, que: "**Estando já instituída a arbitragem**, a medida cautelar ou de urgência será requerida diretamente aos árbitros" – justo o que sempre sustentei na esfera arbitral.

"Antes de instituída a arbitragem, as partes poderão recorrer ao Poder Judiciário para a concessão de medida cautelar ou de urgência" (art. 22-A, LA), cessando a sua eficácia "se a parte interessada não requerer a instituição da arbitragem no prazo de 30 (trinta) dias, contado da data de efetivação da respectiva decisão" (art. 22-A, parágrafo único, LA).

Instituída a arbitragem, caberá aos árbitros manter, modificar ou revogar a medida cautelar ou de urgência concedida pelo Poder Judiciário (art. 22-B, LA).

13 RESOLUÇÃO CONSENSUAL DOS CONFLITOS

13.1 Conciliação e mediação

A norma inédita do art. 3º, § 2º, do CPC permite que sejam os litígios resolvidos por autocomposição das partes, o que se obtém através da conciliação e da mediação, que são formas alternativas de resolução dos conflitos de interesses, muito prestigiadas nos sistemas jurídicos estrangeiros.

Assim, dispõe o § 2º do art. 3º do CPC que: "O Estado promoverá, sempre que possível, a solução consensual dos conflitos", o que não infirma o princípio da *inafastabilidade da jurisdição*, porquanto o verbo "promover" significa, tão somente, adotar as medidas necessárias para que o conflito de interesses seja resolvido pelas próprias partes, *abortando* a lide, que é o grande problema com que se defronta atualmente o Poder Judiciário.

Nos termos do § 3º do art. 3º do CPC: "A conciliação, a mediação e outros métodos de solução consensual de conflitos deverão ser estimulados por juízes, advogados, defensores públicos e membros do Ministério Público, inclusive no curso do processo judicial."

A *conciliação* é um instituto que participa do funcionamento da justiça, remontando à antiga Lei n. 968/49, que estabeleceu uma fase preliminar de conciliação ou acordo, nas causas de desquite litigioso ou de alimentos, inclusive os provisórios, cujo art. 1º dispunha que, nessas causas, o juiz, antes de despachar a petição inicial, logo que esta lhe fosse apresentada, promoveria todos os meios para que as partes se reconciliassem ou transigissem, nos casos e forma em que a lei permite a transação.

A norma do art. 3º, § 3º, do CPC deixa claro que a conciliação e a mediação podem ocorrer estando em curso o processo, sendo esta, provavelmente, a forma que virá a ser preferida, mesmo porque o modelo que se tomou foi o dos juizados especiais.

Os conciliadores e os mediadores judiciais foram inseridos no elenco dos "Auxiliares da Justiça", estando a sua atividade disciplinada pelos arts. 165 a 175 do CPC.

A propósito, foi promulgada a Lei nº 13.140, de 26 de junho de 2015, disciplinando a mediação entre particulares como meio de solução de controvérsias e sobre a autocomposição de conflitos no âmbito da Administração Pública, ressalvada a mediação nas relações de trabalho, que será regulada por lei própria (art. 42, parágrafo único).

BIBLIOGRAFIA

CALAMANDREI, Piero. **Instituciones de derecho procesal.** Buenos Aires: EJEA, 1973.

CALMON DE PASSOS, J. J. **Mandado de segurança coletivo, mandado de injunção e "habeas data" – constituição e processo.** Rio de Janeiro: Forense, 1989.

CAPPELLETTI, Mauro; GARTH, Bryant. **Acesso à justiça.** Porto Alegre: Sergio Fabris Editor, 1988.

CARNELUTTI, Francesco. **Instituciones del proceso civil.** Buenos Aires: EJEA, 1973. v. I.

CARNELUTTI, Francesco. **Sistema de diritto processuale civile.** Padova: Cedam, 1936. v. I.

CARREIRA ALVIM, J. E. **Direito arbitral.** 2. ed. Rio de Janeiro: Forense, 2004.

CHIOVENDA, Giuseppe. **Instituições de direito processual civil.** São Paulo: Saraiva, 1962. v. I.

CHIOVENDA, Giuseppe. **Princípios de derecho procesal civil.** Madrid: REUS S.A., 1977. v. I.

CINTRA, Antônio Carlos de Araújo; GRINOVER, Ada Pellegrini; DINAMARCO, Cândido Rangel. **Teoria geral do processo.** 6. ed. São Paulo: RT, 1988.

COSTA CARVALHO, Luiz Antônio. **Curso theorico e pratico de direito judiciário civil.** 2. ed. Rio de Janeiro: Ed. A. Coelho Branco Filho, 1973.

COUTURE, Eduardo J. **Fundamentos del derecho procesal civil**. Buenos Aires: Depalma, 1988.

D'ALESSIO, Francesco. **Istituzioni di diritto amministrativo italiano**. Torino: UTET, 1932.

FERREIRA FILHO, Manoel Gonçalves. **Curso de direito constitucional**. 14. ed. São Paulo: Saraiva, 2004.

FROCHAM, Manuel Ibañez. **La jurisdicción**. Buenos Aires: Depalma, 1972.

JARDIM, Afrânio Silva. **Revista de direito penal**, n. 30.

JARDIM, Afrânio Silva. **Direito processual penal**. 4. ed., Rio de Janeiro: Forense, 1991.

LOPES DA COSTA, Alfredo de Araújo. **Manual elementar de direito processual civil**. Rio de Janeiro: Forense, 1956.

LOPES DA COSTA, Alfredo de Araújo. **A administração pública e a ordem jurídica privada (jurisdição voluntária)**. Belo Horizonte: Bernardo Álvares, 1961.

MALTA, Cristóvão Piragibe Tostes. **Da competência no processo trabalhista**. Rio de Janeiro: Forense, 1960.

MANZINI, Vicenzo. **Istituzioni di diritto processuale penale**. Padova: Cedam, 1967.

MARQUES, José Frederico. **Elementos de direito processual penal**. Rio de Janeiro: Forense, 1960. v. I.

MEIRELLES, Hely Lopes. **Direito administrativo brasileiro**. 4. ed. São Paulo: Malheiros, 2002.

OLIVEIRA FILHO. Cândido de. **Curso de prática do processo**. Rio de Janeiro: Ed. Cândido de Oliveira Filho, 1938.

RAMALHO, Barão de. **Praxe brasileira**. Lisboa: J. Ribeiro dos Santos, 1904.

RICCI, Francisco. **Commento al codice di procedura civile**. 7. ed. Firenze: Casa Editrice Libraria, 1895. 3º v.

ROCCO, Alfredo. **La sentenza civile**. Milano: Giuffrè, 1962.

SANTOS, Moacyr Amaral. **Primeiras linhas de direito processual civil**. São Paulo: Saraiva, 2009. v. I.

SAREDO, Giuseppe. **Istituzioni di procedura civile**. Editora Giuseppe Pellas, 1887.

SCHÖNKE, Adolf. **Derecho procesal civil**. Barcelona: Bosch, 1950.

TOURINHO FILHO, Fernando da Costa. **Processo penal**. São Paulo: Saraiva, 2001. v. II.

Capítulo 5
COMPETÊNCIA

Sumário: 1 Competência: conceito e relações com a jurisdição. 2 Limites e delimitação da jurisdição no espaço. 3 Competência interna. 4 Prorrogação de competência: conexão e prevenção. 5 Perpetuação da jurisdição.

1 COMPETÊNCIA: CONCEITO E RELAÇÕES COM A JURISDIÇÃO

A competência mantém o mais estreito relacionamento com a jurisdição, pois é a distribuição da jurisdição entre os diversos órgãos do Poder Judiciário que dá vida à *teoria da competência*.

A jurisdição é a um só tempo *poder* do Estado, expressão da soberania nacional, e *função*, que corresponde especificamente, embora não exclusivamente,[1] aos órgãos jurisdicionais estatais.[2]

1.1 Competência como medida da jurisdição

A *competência* nada mais é do que "a medida da jurisdição";[3] e tanto é assim que a autorizada doutrina faz coincidir a competência[4] com "a quantidade de jurisdição assinalada pela lei ao exercício de cada órgão jurisdicional" (Liebman).[5]

Nem todo órgão jurisdicional que tenha jurisdição é, também, competente para julgar todas as causas; embora a recíproca seja verdadeira, pois todo órgão jurisdicional competente tem, *ipso factu* (*por isso mesmo*), jurisdição.

A restrição ao exercício da jurisdição provém da lei, que traça os limites dentro dos quais ela pode ser exercida; pelo que, se a lei não restringe a jurisdição de um juiz, ele pode julgar

---

[1] Também os árbitros e tribunais arbitrais exercem a jurisdição privada (Lei nº 9.307/96), o mesmo acontecendo com o Senado Federal, no exercício da jurisdição política, no julgamento de crimes de responsabilidade (CF, art. 52, I e II).

[2] Couture assinala, contudo, que a noção de jurisdição como poder é insuficiente porque a jurisdição é um poder-dever. Junto à faculdade de julgar, o juiz tem o dever administrativo de fazê-lo. O conceito de *poder* deve ser substituído pelo conceito de *função*.

[3] Costuma-se atribuir a Mortara essa definição, mas ele próprio a atribui a Pisanelli.

[4] Por *competência* se entende, também, "a faculdade e o dever de exercício da jurisdição no caso particular" (Schönke).

[5] Para Carnelutti, a competência "é o poder pertencente ao ofício judicial (*rectius*, juízo) ou ao oficial (*rectius*, juiz) considerado na sua singularidade"; com o que se clareia a diferença entre a *competência* e a *jurisdição*; sendo esta o poder pertencente a cada ofício judicial considerado como gênero, e não como espécie.

tudo; mas se a lei lhe atribui poderes para julgar apenas determinadas controvérsias (lides), *a jurisdição fica demarcada pela competência*.

Para cada possível causa (ou demanda), registra Liebman, existe, pelo menos, um juiz (*rectius*, juízo) competente, corolário da aplicação do princípio do *juiz natural*; e, se existir mais de um, ter-se-á uma competência "concorrente".

Cada juízo, singular ou colegiado, somente pode julgar aquelas causas que, segundo a lei, estão compreendidas no âmbito dos seus poderes jurisdicionais; pois, fora desses limites, é *incompetente*.

Sendo a "competência" um dos pressupostos processuais de validade do processo, deve o juiz examinar, de ofício, se é ou não competente para a causa; pelo que, num primeiro momento, julga sobre a própria competência; decisão que, no entanto, não vincula outros juízos e tribunais.

O poder jurisdicional é amplo e abstrato, e dele estão investidos todos os órgãos jurisdicionais, mas cada um tem a sua jurisdição delimitada pela *competência*.

1.2 Distinção entre juízo e juiz

A doutrina e a lei processual não têm feito a devida distinção entre "juízo" e "juiz", falando amiúde em *juiz* competente, quando, na verdade, se trata de *juízo* (ou *vara*) competente, que é o órgão judicial dentro do qual se posiciona o *juiz*, pessoa física, no exercício da jurisdição. Portanto, se o *juízo* for competente, essa competência se estende ao *juiz*; embora possa não ter este condições de processar e julgar a causa, se for impedido (art. 144)[6] ou suspeito (art. 145).[7]

2 LIMITES E DELIMITAÇÃO DA JURISDIÇÃO NO ESPAÇO

2.1 Extensão da jurisdição

A jurisdição do Estado nacional vai até onde vai a sua soberania, surgindo daí um primeiro problema, que é delimitar a jurisdição em relação ao território, objetivando evitar que a jurisdição nacional entre em choque com a de outros países, também soberanos, criando conflitos intoleráveis na ordem jurídica internacional, com possíveis danos à segurança externa.

---

[6] CPC: Art. 144. Há impedimento do juiz, sendo-lhe vedado exercer suas funções no processo: I – em que interveio como mandatário da parte, oficiou como perito, funcionou como membro do Ministério Público ou prestou depoimento como testemunha; II – de que conheceu em outro grau de jurisdição, tendo proferido decisão; III – quando nele estiver postulando, como defensor público, advogado ou membro do Ministério Público, seu cônjuge ou companheiro, ou qualquer parente, consanguíneo ou afim, em linha reta ou colateral, até o terceiro grau, inclusive; IV – quando for parte no processo ele próprio, seu cônjuge ou companheiro, ou parente, consanguíneo ou afim, em linha reta ou colateral, até o terceiro grau, inclusive; V – quando for sócio ou membro de direção ou de administração de pessoa jurídica parte no processo; VI – quando for herdeiro presuntivo, donatário ou empregador de qualquer das partes; VII – em que figure como parte instituição de ensino com a qual tenha relação de emprego ou decorrente de contrato de prestação de serviços; VIII – em que figure como parte cliente do escritório de advocacia de seu cônjuge, companheiro ou parente, consanguíneo ou afim, em linha reta ou colateral, até o terceiro grau, inclusive, mesmo que patrocinado por advogado de outro escritório; IX – quando promover ação contra a parte ou seu advogado. (...)

[7] CPC: Art. 145. Há suspeição do juiz: I – amigo íntimo ou inimigo de qualquer das partes ou de seus advogados; II – que receber presentes de pessoas que tiverem interesse na causa antes ou depois de iniciado o processo, que aconselhar alguma das partes acerca do objeto da causa ou que subministrar meios para atender às despesas do litígio; III – quando qualquer das partes for sua credora ou devedora, de seu cônjuge ou companheiro ou de parentes destes, em linha reta até o terceiro grau, inclusive; IV – interessado no julgamento do processo em favor de qualquer das partes. (...)

Nenhum critério científico existe a nortear o legislador nesse particular, guiando-se ele mais por motivos de ordem prática ou política do que qualquer outra coisa.

Com a impossibilidade de o Estado nacional tornar efetivas as suas decisões no estrangeiro, aconselha-se a limitação espacial, pois, segundo Celso Barbi, não seria do seu interesse ocupar os seus juízes com questões que não se liguem ao seu ordenamento jurídico por qualquer circunstância, como o domicílio das partes, a localização do objeto da demanda no seu território, a ocorrência neste dos fatos que originam a demanda etc.

2.2 Princípio da efetividade

Para Amílcar de Castro, *o princípio da efetividade* significa ser o juiz incompetente para proferir sentença quando não tenha condições de fazê-la cumprir.

Se a jurisdição pode, em tese, ser concebida ilimitadamente, desconhecendo qualquer fronteira, motivos de ordem prática e razões de natureza política aconselham ao Estado a agir de forma a não conturbar a jurisdição de outros países, mesmo porque qualquer medida que a comprometesse seria inoperante.

2.3 Competência externa e competência interna

Cuida, assim, cada Estado soberano, numa primeira operação, de traçar a linha limítrofe ao exercício da jurisdição *dos seus juízes*, além da qual ela não se exercita em hipótese alguma, determinando a competência internacional (ou externa). Nessa hipótese, fala-se também em *competência de jurisdição* da justiça nacional.

O atual Código de Processo Civil dedica o Título II do Livro II *aos Limites da Jurisdição Nacional e da Cooperação Internacional*, disciplinando no Capítulo I a jurisdição nacional, em que regula, nos arts. 21[8] e 22,[9] a competência *concorrente*, e, no art. 23,[10] a competência *exclusiva* do juiz nacional, tratando da *Cooperação Internacional* nos arts. 26[11]

---

[8] Art. 21. Compete à autoridade judiciária brasileira processar e julgar as ações em que: I – o réu, qualquer que seja a sua nacionalidade, estiver domiciliado no Brasil; II – no Brasil tiver de ser cumprida a obrigação; III – o fundamento seja fato ocorrido ou ato praticado no Brasil. Parágrafo único. Para o fim do disposto no inciso I, considera-se domiciliada no Brasil a pessoa jurídica estrangeira que nele tiver agência, filial ou sucursal.

[9] Art. 22. Compete, ainda, à autoridade judiciária brasileira processar e julgar as ações: I – de alimentos, quando: a) o credor tiver domicílio ou residência no Brasil; b) o réu mantiver vínculos no Brasil, tais como posse ou propriedade de bens, recebimento de renda ou obtenção de benefícios econômicos; II – decorrentes de relações de consumo, quando o consumidor tiver domicílio ou residência no Brasil; III – em que as partes, expressa ou tacitamente, se submeterem à jurisdição nacional.

[10] Art. 23. Compete à autoridade judiciária brasileira, com exclusão de qualquer outra: I – conhecer de ações relativas a imóveis situados no Brasil; II – em matéria de sucessão hereditária, proceder à confirmação de testamento particular e ao inventário e à partilha de bens situados no Brasil, ainda que o autor da herança seja de nacionalidade estrangeira ou tenha domicílio fora do território nacional; III – em divórcio, separação judicial ou dissolução de união estável, proceder à partilha de bens situados no Brasil, ainda que o titular seja de nacionalidade estrangeira ou tenha domicílio fora do território nacional.

[11] Art. 26. A cooperação jurídica internacional será regida por tratado de que o Brasil faz parte e observará: I – o respeito às garantias do devido processo legal no Estado requerente; II – a igualdade de tratamento entre nacionais e estrangeiros, residentes ou não no Brasil, em relação ao acesso à justiça e à tramitação dos processos, assegurando-se assistência judiciária aos necessitados; III – a publicidade processual, exceto nas hipóteses de sigilo previstas na legislação brasileira ou na do Estado requerente; IV – a existência de autoridade central para recepção e transmissão dos pedidos de cooperação; V – a espontaneidade na transmissão de

e 27.[12] Na cooperação internacional, regula também o atual CPC o Auxílio Direto (arts. 28 a 34) e a Carta Rogatória (art. 36).

3 COMPETÊNCIA INTERNA

Estabelecida, numa primeira operação, a competência internacional (ou externa), a multiplicidade de órgãos jurisdicionais, atuando no território do Estado soberano, determina que, numa segunda operação, se reparta entre eles o exercício da jurisdição, quando se fala, então, em *competência interna*.

3.1 Critérios de determinação da competência

A doutrina aponta diversos critérios para a determinação da competência interna, não havendo, contudo, uniformidade no que tange à fixação dessas diretrizes.

Pode-se afirmar que, *grosso modo*, as diversas teorias assentam as suas bases em cinco elementos, a saber:[13]

a) Valor da causa – quando a competência se determina com base no *valor econômico* da relação jurídica ou objeto da demanda.

b) Matéria – quando é a natureza da relação jurídica que serve de base para determinar a competência.

c) Pessoa – quando se determina a competência em razão da condição ou qualidade da parte *em lide*.

d) Território – quando a competência é determinada com base no lugar onde se encontra a parte ou o objeto da relação jurídica que constitui objeto do processo.

e) Função – quando a competência atende à natureza da função que o órgão jurisdicional é chamado a exercer em relação a uma determinada demanda.

Com as variantes próprias de cada sistema, estes elementos constituem o fundamento de todos os critérios determinantes da competência.

3.1.1 Sistema de determinação da competência de Carnelutti

Carnelutti[14] concebeu um sistema segundo o qual a jurisdição é repartida entre os diversos órgãos jurisdicionais levando-se em consideração a função a ser desenvolvida pelos

---

informações a autoridades estrangeiras. § 1º Na ausência de tratado, a cooperação jurídica internacional poderá realizar-se com base em reciprocidade, manifestada por via diplomática. § 2º Não se exigirá a reciprocidade referida no § 1º para homologação de sentença estrangeira. § 3º Na cooperação jurídica internacional não será admitida a prática de atos que contrariem ou que produzam resultados incompatíveis com as normas fundamentais que regem o Estado brasileiro. § 4º O Ministério da Justiça exercerá as funções de autoridade central na ausência de designação específica.

[12] Art. 27. A cooperação jurídica internacional terá por objeto: I – citação, intimação e notificação judicial e extrajudicial; II – colheita de provas e obtenção de informações; III – homologação e cumprimento de decisão; IV – concessão de medida judicial de urgência; V – assistência jurídica internacional; VI – qualquer outra medida judicial ou extrajudicial não proibida pela lei brasileira.

[13] Os antigos praxistas distribuíam a competência segundo três critérios: a) *ratione materiae* – determinada pela natureza da causa ou objeto do lide; b) *ratione personae* – determinada pela condição das pessoas envolvidas na lide; c) *ratione loci* (ou *rationi territorii*) – tendo em vista a posição territorial dos juízes e das partes.

[14] A competência externa, referida por Carnelutti, não é a competência internacional de que se tem falado e a interna tem também sentido diverso.

juízes (competência funcional ou hierárquica) e a matéria sobre a qual a função deve atuar (competência material); traça, de um lado, a competência *externa*, atendendo às relações entre os órgãos jurisdicionais, conforme a qual se fixa o *juízo* competente, e delimita a competência *interna*, considerando os problemas internos dos juízes, pela qual se fixa o *juiz* (*rectius,* juízo) competente.

Critica Carnelutti a teoria sobre competência adotada pelo CPC italiano, seguida pelo CPC brasileiro, cujas normas se referem ao que ele chama de competência *externa*, quando existe também uma competência *interna*, que é relativa à distribuição dos assuntos no âmbito interno de cada órgão. As disposições codificadas são impropriamente agrupadas em torno de critérios heterogêneos, como os da matéria e os do território, enquanto, mais corretamente, dever-se-ia falar de competência hierárquica, isto é, da distribuição dos assuntos segundo o grau dos órgãos judiciários; além de considerar também impróprio falar-se de competência "por matéria", que indicaria, em matéria penal, o crime imputado, enquanto tal critério não é exclusivo, coexistindo com o da pena cominada.

Esse é o critério preferido por Frederico Marques, mas não granjeou a simpatia da doutrina nacional, em vista de ter o Código de Processo Civil brasileiro optado pelos critérios de Chiovenda.[15]

3.1.2 Critérios de determinação da competência de Chiovenda

Para Chiovenda, compreendem-se no estudo da competência os critérios pelos quais é determinada, pelo que, ao influxo das afinidades entre os vários critérios e sua diversa importância, agrupou-os desta forma: I – critério objetivo; II – critério territorial; e III – critério funcional.

3.1.2.1 Critério objetivo

Pelo *critério objetivo*, a competência é determinada pelo *valor da causa* ou pela *natureza da causa*;[16] tendo-se, no primeiro caso, a competência *pelo valor*, e, no segundo, a competência *pela matéria*.

No direito processual brasileiro, essa competência é determinada também pela qualidade da pessoa, o que não acontece em outros ordenamentos jurídicos.

3.1.2.2 Critério territorial

Pelo *critério territorial*, a competência se relaciona com o território onde o órgão judicial exerce a sua atividade, pelo fato de residir o réu em determinado lugar (*forum domicilii*),[17] ou de haver-se contraído a obrigação em certo lugar (*forum contractus*),[18] ou de achar-se em dado lugar o objeto da lide (*forum rei sitae*).[19]

3.1.2.3 Critério funcional

Pelo *critério funcional*, a competência é determinada pela natureza e pelas exigências especiais *das funções* que o juízo é chamado a exercer num determinado processo; podendo

---

[15] João Mendes Júnior tem critério próprio, dividindo a competência em: competência de atribuições (dos juízes) e competência de foro; mas que também não teve a simpatia dos doutrinadores nacionais.
[16] Neste caso, a competência é determinada pelo conteúdo da relação jurídica em lide.
[17] Foro do domicílio.
[18] Foro do contrato.
[19] Foro da situação da coisa.

repartir-se pelos diversos órgãos na mesma causa, entre juízos de cognição e juízos de execução, entre juízos de primeiro grau e juízos de segundo grau; ou, então, atribuir a causa ao juízo de determinado território, abrindo lugar a uma competência em que o elemento *funcional* concorre com o *territorial (competência territorial-funcional)*.

3.2 Critérios de competência do Código de Processo Civil

Foram esses critérios os adotados pelo Código de Processo Civil brasileiro, com as adaptações necessárias ao sistema nacional[20] na forma seguinte:

3.2.1 Critério objetivo

Pelo critério objetivo, a competência é fixada em razão da matéria, em razão do valor e em razão da qualidade da pessoa.

3.2.1.1 Competência pela matéria

A competência *em razão da matéria* é determinada pela natureza da causa ou da relação jurídica material controvertida que se apresenta ao juízo para ser decidida.

Algumas causas, em vista da natureza da *relação jurídica material em lide*, são atribuídas exclusivamente a determinados juízos, independentemente do seu valor.

O que justifica essa distribuição da competência é o interesse público, em que o legislador pretende conceder uma proteção mais eficaz ao indivíduo ou aos interesses sociais, subtraindo essas controvérsias da cognição de alguns juízos, chamando *determinados (específicos) juízos* a decidi-las.

No âmbito da Justiça comum estadual, por exemplo, as causas cíveis são da competência das varas cíveis, mas, se versar sobre questão de família, passam a ser das varas de família, se houver; as causas penais tocam às varas criminais; e assim por diante. Como sabido, o vocábulo "vara" é sinônimo de "juízo", órgão jurisdicional competente para processar e julgar a causa.

A competência *em razão da matéria* é distribuída aos órgãos jurisdicionais *estaduais* e *federais*, de primeiro e de segundo graus, pelas Constituições Federal e Estadual, leis de processo, especialmente o Código de Processo Civil e pelas leis de organização judiciária estadual e federal; sendo a competência do Supremo Tribunal Federal e dos tribunais superiores determinada pela Constituição.

Nas comarcas com vara única, *toda a competência* lhe é atribuída, mesmo porque é também única; salvo se for da competência da justiça federal, trabalhista, eleitoral ou militar.

3.2.1.2 Competência pelo valor

A *competência em razão do valor* se assenta, em princípio, no fato de toda causa ter um valor, seja o valor do objeto em lide, seja o do bem estimado em dinheiro, tendo o atual CPC assegurado o seu julgamento por determinados juízos.

O valor da causa não é fixado arbitrariamente pelo autor, resultando de critérios estabelecidos pelo CPC (art. 292).[21]

---

[20] Os critérios de determinação da competência não valem isoladamente, mas em conjunto, pelo que o critério funcional se entrelaça com o da matéria e com o territorial.
[21] Art. 292. O valor da causa constará da petição inicial ou da reconvenção e será: I – na ação de cobrança de dívida, a soma monetariamente corrigida do principal, dos juros de mora vencidos e de outras penalidades, se houver, até a data de propositura da ação; II – na ação que tiver por objeto a existência, a validade, o

No campo da *teoria geral da competência*, não se pode entender por "valor da causa" apenas o valor do bem estimado em dinheiro, pois excluiria esse elemento de fixação da competência do campo processual penal, em que a competência é fixada também pela quantidade da pena aplicada em tese ao crime, devendo enxergar-se aí a competência pelo valor.

Nem todas as causas, porém, estão sujeitas a uma valoração *pecuniária*, como, por exemplo, as concernentes ao estado e à capacidade das pessoas (anulação de casamento, separação judicial e alteração de registro civil etc.).

Chiovenda se refere, também, às causas de valor "indeterminável" ou "inestimável", que, não encerrando conteúdo econômico imediato, impossíveis de serem por si avaliadas, como relativas ao estado da pessoa;[22] cumprindo, no entanto, ao autor estimar-lhes um valor, que pode ser impugnado pelo réu, decidindo o juiz a questão.

3.2.1.3 Competência pela qualidade da pessoa

A *qualidade da pessoa interfere* no sistema brasileiro de repartição de competência, em que algumas pessoas jurídicas (União, autarquias, fundações públicas e empresas públicas), por motivo de interesse público, gozam do privilégio de foro e de juízo, quando se fala, então, em competência em *razão da pessoa*.

A competência *pela qualidade da pessoa* não encontra obstáculo na Constituição Federal, que consagra esse critério para determinar a competência dos juízes federais (*rectius*, juízos federais), caso em que se leva em consideração para fixá-la o "fator subjetivo" (qualidade da autora, ré ou interveniente).

A Constituição distribui a competência em consideração à *qualidade da pessoa*, quando estão em lide pessoas jurídicas de direito público, nacionais ou estrangeiras, autoridades do Estado etc.

A Justiça do Trabalho é competente para processar e julgar os litígios trabalhistas, bem assim os decorrentes do *contrato de empreitada*, em que o empreiteiro seja operário e artífice (CLT, art. 652),[23] embora o contrato de empreitada não se confunda com o contrato de trabalho; caso em que se leva em consideração a condição de *pequeno empreiteiro* do reclamante.

Na esfera penal, interfere na competência a *prerrogativa de função*, que nada tem a ver com a competência funcional, aproximando-se da competência pela *atividade da pessoa*.

Ao contrário do que se poderia supor, a prerrogativa de função (CPP, art. 84)[24] não sugere "foro privilegiado", porque o privilégio se refere à pessoa e não à prerrogativa, que leva em conta a dignidade da função, a importância do cargo e a eminência da posição de quem o ocupa; pelo que, se perde a função, cessa a competência pela prerrogativa de função.

---

cumprimento, a modificação, a resolução, a resilição ou a rescisão de ato jurídico, o valor do ato ou o de sua parte controvertida; III – na ação de alimentos, a soma de 12 (doze) prestações mensais pedidas pelo autor; IV – na ação de divisão, de demarcação e de reivindicação, o valor de avaliação da área ou do bem objeto do pedido; V – na ação indenizatória, inclusive a fundada em dano moral, o valor pretendido; VI – na ação em que há cumulação de pedidos, a quantia correspondente à soma dos valores de todos eles; VII – na ação em que os pedidos são alternativos, o maior valor; VIII – na ação em que houver pedido subsidiário, o valor do pedido principal. (...)

[22] São causas de estado: as de divórcio, separação judicial, anulação de casamento, tutela e curatela etc.
[23] Art. 652. Compete às Varas do Trabalho: a) conciliar e julgar: III – os dissídios resultantes de contratos de empreitadas em que o empreiteiro seja operário ou artífice. (...)
[24] Art. 84. A competência pela prerrogativa de função é do Supremo Tribunal Federal, do Superior Tribunal de Justiça, dos Tribunais Regionais Federais e Tribunais de Justiça dos Estados e do Distrito Federal, relativamente às pessoas que devam responder perante eles por crimes comuns e de responsabilidade.

A Constituição distribui a competência entre os diversos órgãos do Poder Judiciário, tendo em vista a prerrogativa da função, atribuindo-a ao Supremo Tribunal Federal e aos tribunais superiores; e as Constituições estaduais atribuindo-as ao Tribunal de Justiça.

3.3 Competência territorial

A *competência territorial*, também chamada *competência de foro*, atende à necessidade de se determinar a competência, quando vários juízos, competentes em razão da matéria, do valor ou da pessoa, exercem funções jurisdicionais nas comarcas, seções ou subseções ou circunscrições judiciárias. Através dela se distribuem as causas entre os juízos, tornando mais cômoda a defesa das partes, em especial a do réu, e dispõe, para particulares espécies de controvérsias, que o processo se desenvolva num juízo que, pela sua sede, possa exercitar as suas funções de maneira mais eficiente.

A *competência por território*, na esfera penal, como escreve Manzini, é o "poder-dever de um juiz (*rectius*, juízo), competente em razão da matéria, de conhecer e julgar um determinado crime, por motivo de nexo entre o *lugar do crime* ou do réu *e o lugar* em que o juiz exercita a jurisdição".

3.3.1 Foro geral e foros supletivos e especiais

O *foro* é o lugar onde a demanda deve ser proposta, ou a verdadeira sede da lide; não se confundindo com *fórum*, que é o lugar onde se tratam as questões judiciais, nem com *juízo*, que é uma unidade do Poder Judiciário que se coloca dentro do foro.

A lei cuida de estabelecer o foro onde as causas devem ser propostas, em consideração a determinados elementos, que variam conforme se trate de jurisdição civil, penal ou trabalhista.

Ao lado do *foro geral*, estabelece a lei os foros *supletivos* do geral e também os foros *especiais*.

3.3.1.1 Foro geral

O *foro geral* é aquele onde uma pessoa deve ser ré, em juízo, em qualquer causa, salvo quando seja expressamente deferida a outro foro.

No processo civil, a *competência territorial geral* é determinada pelo *domicílio do réu* nas ações pessoais e reais sobre bens móveis (CPC, art. 46, *caput*),[25] sendo o domicílio da pessoa natural o lugar onde ela estabelece a sua residência com ânimo definitivo (Código Civil, art. 70) e o da pessoa jurídica privada o lugar da sua administração (Código Civil, art. 75, IV).

3.3.1.2 Foros supletivos do geral

Cuida também a lei de estabelecer os foros *supletivos do geral*, atendendo à circunstância de uma pessoa ter mais de um domicílio, de ser incerto, ou desconhecido o seu domicílio ou de não ter domicílio no território nacional.

Se a *pessoa natural* tiver diversas residências onde, alternadamente, viva, considera-se domicílio seu qualquer delas;[26] quanto às relações concernentes à profissão, o domicílio é o lugar onde esta é exercida;[27] se não tiver residência habitual, tem-se por domicílio o lugar onde é encontrada.[28]

---

[25] Art. 46. A ação fundada em direito pessoal ou em direito real sobre bens móveis será proposta, em regra, no foro de domicílio do réu. (...)

[26] Código Civil: Art. 71. Se, porém, a pessoa natural tiver diversas residências, onde, alternadamente, viva, considerar-se-á domicílio seu qualquer delas.

[27] Código Civil: Art. 72. É também domicílio da pessoa natural, quanto às relações concernentes à profissão, o lugar onde esta é exercida. (...)

[28] Código Civil: Art. 73. Ter-se-á por domicílio da pessoa natural, que não tenha residência habitual, o lugar onde for encontrada.

Se for ré pessoa jurídica que tiver diversos estabelecimentos em lugares diferentes, será domicílio qualquer deles;[29] se a administração ou diretoria tiver a sede no estrangeiro, será domicílio a agência ou estabelecimento, no Brasil, quanto às obrigações por eles contraídas.[30]

3.3.1.3 Foros especiais

Ao lado do foro geral e dos supletivos do geral, consagra a lei, ainda, o *foro especial*, ou seja, aquele em que o réu deve ser chamado a responder somente em determinadas causas, atribuídas ao juízo desse foro.

No processo civil, a competência especial de foro se estabelece: *a*) em razão da situação da coisa; *b*) em razão da condição da pessoa; *c*) em razão do ato ou fato determinante da demanda.

3.3.2 Critério da situação da coisa

O *critério da situação da coisa* (*forum rei sitae*) atende à conveniência de ser a ação proposta no foro onde a coisa está, porque as provas, em regra, aí se encontram, podendo haver necessidade de inspeção judicial pelo juiz, que é excelente meio de apuração dos fatos por quem vai julgar a causa. Nos termos do art. 47, *caput*, do CPC, para as ações fundadas em direito real sobre imóveis, é competente o foro de situação da coisa, podendo o autor optar pelo foro de domicílio do réu ou pelo foro de eleição se o litígio não recair sobre direito de propriedade, vizinhança, servidão, divisão e demarcação de terras e de nunciação de obra nova (CPC, art. 47, § 1º); mas a ação possessória imobiliária será proposta no foro de situação da coisa, cujo juízo tem competência absoluta (CPC, art. 47, § 2º).

Modelo de Petição – Foro da situação do imóvel

Acesse o QR Code e faça o download.
> http://uqr.to/1ztlt

3.3.3 Critério da condição da pessoa

O *critério da condição da pessoa* vem atender às condições especiais em que se encontra determinada pessoa, como o incapaz (CPC, art. 50), o alimentando (CPC, art. 53, II), o idoso (CPC, art. 53, III, "e"), a vítima de violência doméstica e familiar etc.

3.3.4 Critério do lugar do ato ou fato

O *critério do lugar do ato ou fato* determina o foro onde ocorreu um ou outro para a ação de reparação de dano; e em que for réu administrador ou gestor de negócios alheios (CPC, art. 53, IV, "a" e "b"); e, ainda, de *local do fato*, para a ação de reparação de dano sofrido em razão de delito ou acidente de veículos, inclusive aeronave (CPC, art. 53, V) etc.

---

[29] Código Civil: Art. 75. (...) § 1º Tendo a pessoa jurídica diversos estabelecimentos em lugares diferentes, cada um deles será considerado domicílio para os atos nele praticados.

[30] Código Civil: Art. 75. (...) § 2º Se a administração, ou diretoria, tiver a sede no estrangeiro, haver-se-á por domicílio da pessoa jurídica, no tocante às obrigações contraídas por cada uma das suas agências, o lugar do estabelecimento, sito no Brasil, a que ela corresponder.

Na esfera trabalhista, a *competência territorial geral* é determinada pela localidade onde o empregado presta serviço ao empregador, ainda que tenha sido contratado noutro local ou no estrangeiro,[31] independentemente do fato de ser a parte reclamante ou reclamado.[32]

Na esfera penal, a *competência territorial geral* é ditada pelo local da infração, porque aí se tem maior interesse na persecução do crime, que será mais eficaz, e haverá também maior facilidade na produção da prova.

Quando é desconhecido o lugar da infração, determina-se a competência tomando-se como critério subsidiário o "domicílio ou residência do réu".

No caso de ação penal privada, o querelante poderá preferir o foro do domicílio ou residência do acusado, ainda quando conhecido o lugar da infração,[33] salvo as hipóteses de ação subsidiariamente entregue ao Ministério Público, quando prevalece a regra geral.

Modelo de Petição – Foro do lugar do fato

Acesse o *QR Code* e faça o *download*.
> http://uqr.to/1ztlu

3.4 Critério funcional

A *competência funcional*, nas esferas *civil* e *trabalhista*, tem relevância no plano vertical, relativamente aos recursos, em que o juízo de primeiro grau julga e o tribunal *rejulga*, e nas causas de competência originária dos tribunais (mandado de segurança, ação rescisória etc.), em que a competência para processar a causa é do relator e a competência para julgar é do órgão colegiado (seção, órgão especial, plenário etc.).

Nas causas civis e trabalhistas, o juízo da ação é o juízo da execução (ou cumprimento) da sentença, não tendo lugar a repartição de competência funcional.

Nos âmbitos civil e trabalhista, a *competência funcional* se reparte, também na esfera horizontal, na prática de atos processuais por meio de carta precatória, e, apenas na esfera do processo civil, mais recentemente, com a criação do Grupo de Sentença por alguns tribunais, para dar cumprimento às Metas do CNJ (Conselho Nacional de Justiça).

Modelo de Carta Precatória

Acesse o *QR Code* e faça o *download*.
> http://uqr.to/1ztlv

---

[31] CLT: Art. 651. A competência (...) é determinada pela localidade onde o empregado, reclamante ou reclamado, prestar serviços ao empregador, ainda que tenha sido contratado noutro local ou no estrangeiro.

[32] A CLT consagra algumas exceções à regra geral, prevendo outros foros, como o "foro da celebração do contrato" ou "da prestação de serviços" (art. 651, § 3º, CLT), o do "domicílio do empregador" ou "do local em que estiver situada a agência ou filial" (art. 651, § 2º, CLT) etc.

[33] CPP: Art. 73. Nos casos de exclusiva ação privada, o querelante poderá preferir o foro de domicílio ou da residência do réu, ainda quando conhecido o lugar da infração.

Na esfera penal, contudo, a competência funcional é adotada na inferior instância, quando haja juízos *de cognição* e juízos *de execução*, competindo a uns o *julgamento* da causa penal e a outros a *execução* da sentença.

Graficamente:

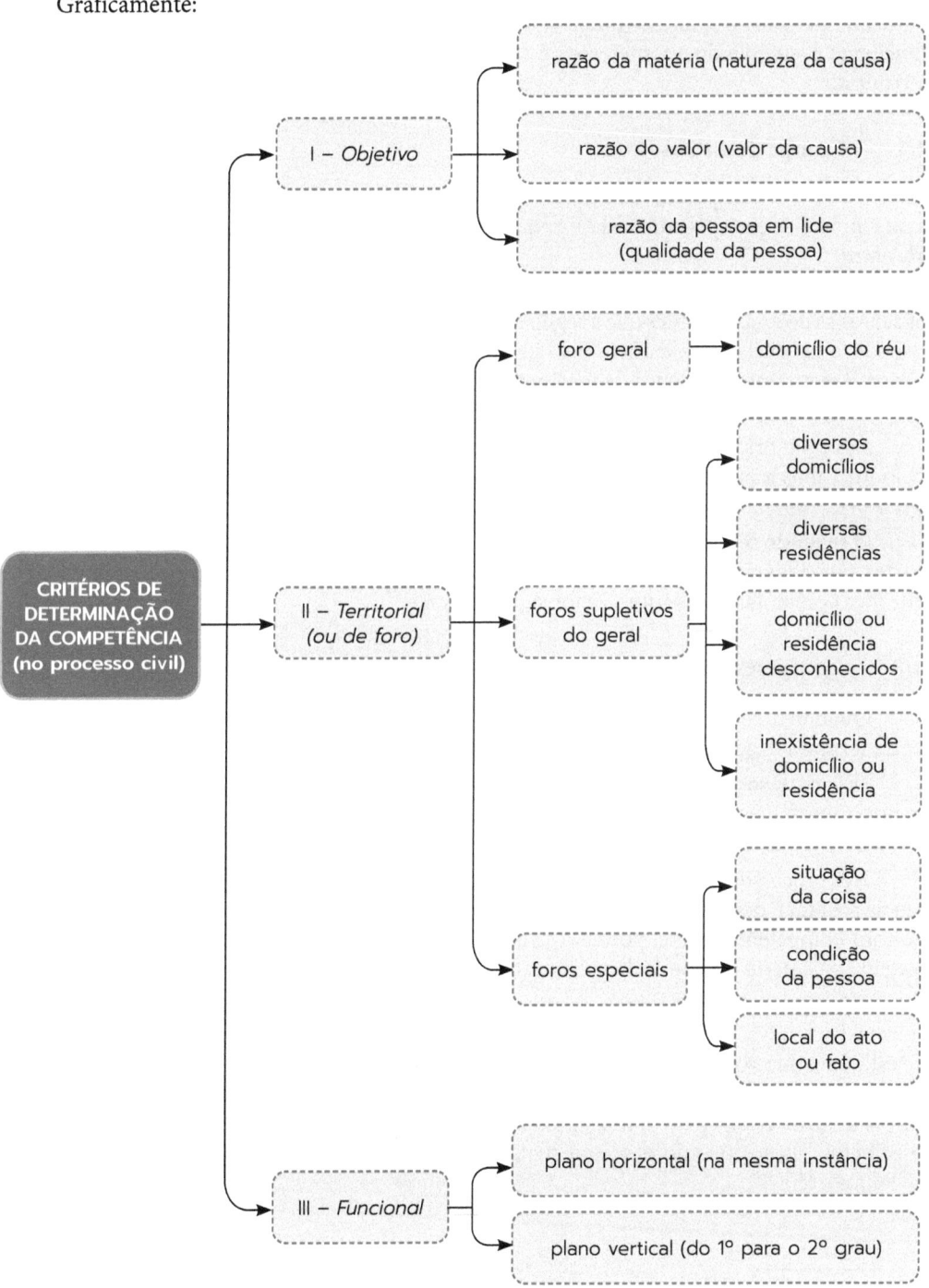

CRITÉRIOS DE DETERMINAÇÃO DA COMPETÊNCIA (no processo civil)

- **I – Objetivo**
  - razão da matéria (natureza da causa)
  - razão do valor (valor da causa)
  - razão da pessoa em lide (qualidade da pessoa)

- **II – Territorial (ou de foro)**
  - foro geral → domicílio do réu
  - foros supletivos do geral
    - diversos domicílios
    - diversas residências
    - domicílio ou residência desconhecidos
    - inexistência de domicílio ou residência
  - foros especiais
    - situação da coisa
    - condição da pessoa
    - local do ato ou fato

- **III – Funcional**
  - plano horizontal (na mesma instância)
  - plano vertical (do 1º para o 2º grau)

4 PRORROGAÇÃO DE COMPETÊNCIA: CONEXÃO E PREVENÇÃO

A distribuição da jurisdição entre os diversos órgãos do Poder Judiciário atende, às vezes, ao interesse público e, às vezes, ao interesse ou comodidade das partes.

Em atenção ao interesse público, determina-se a competência pelos critérios *objetivo e funcional*; e, atendendo ao interesse ou comodidade das partes, determina-se a competência *territorial*.

4.1 Competência absoluta

Quando a competência se determina em vista do interesse público, a lei não admite a sua modificação, pelo que ela é *improrrogável*, tratando-se, portanto, de *competência absoluta*.

Da mesma forma, a incompetência *absoluta* é de ordem pública, pelo que cabe ao juiz observar as normas cogentes que a regulam, independentemente de provocação das partes. Por isso, deve ser declarada de ofício pelo juiz, e, não sendo decretada, serão nulos os atos decisórios. Até mesmo a sentença de mérito transitada em julgado poderá ser rescindida, quando proferida por juiz absolutamente incompetente (CPC, art. 966, II).

Assim, o primeiro remédio para a incompetência absoluta é sua declaração de ofício pelo juiz, mas a parte poderá alegá-la em qualquer tempo e grau de jurisdição (CPC, art. 64, § 1º).

O segundo remédio para a incompetência absoluta é sua declaração por provocação das partes, que poderão alegá-la, como *preliminar* na contestação ou na primeira oportunidade em que lhes couber falar nos autos, se for superveniente.

4.2 Competência relativa

Quando a competência tem em vista o interesse de uma das partes (autor ou réu), ela pode ser modificada, tratando-se, portanto, de *competência relativa*.

No processo penal, esta distinção, entre competência absoluta e relativa, não apresenta maior importância, porque, seja uma ou outra, deve o juiz de ofício declarar a incompetência do juízo (*rectius*, do foro).[34]

Nos processos civil e trabalhista, a distinção é relevante, pois, quando se trata de incompetência absoluta, deve o juiz declarar-se *incompetente* de ofício, remetendo os autos do processo ao foro competente; não é, porém, quando se trata de incompetência relativa, que deve ser alegada pela parte, sob pena de prorrogação.

Não pode a incompetência relativa ser declarada de ofício pelo juiz, já que se trata de norma dispositiva, estabelecida no exclusivo interesse das partes que, assim, podem dispensá-la se esta for a sua vontade. A não alegação pelo réu, na contestação, de declinação do foro, no caso e prazo legais, é manifestação *tácita* de vontade, que prorroga a competência. O silêncio da parte torna competente o juízo incompetente. Por isso, a declaração de ofício contrariaria o princípio dispositivo do processo civil, impedindo a livre expressão da vontade das partes (CPC, art. 65).

---

[34] Assim não entendeu, porém, o STJ, no RHC n. 6.491-60: "Tratando-se de incompetência *ratione loci* de nulidade relativa, sujeita-se este à comprovação de prejuízo" (RHC n. 6.491-GO).

4.3 Alegação de incompetência no processo civil

A incompetência, absoluta ou relativa, será alegada como questão preliminar de contestação (CPC, art. 64, *caput*).

Apenas a competência territorial ou de foro é relativa, podendo ser modificada pela vontade das partes, salvo nas ações fundadas em direito real sobre imóveis, em que o foro competente é o da situação do imóvel (CPC, art. 47, *caput*), por ser do tipo territorial-*funcional* (o território concorre com a função judicial).

A competência em razão da matéria, da pessoa ou da função (*rectius*, funcional) é inderrogável por convenção das partes (CPC, art. 62); mas estas podem modificar a competência em razão do valor e do território, elegendo o foro onde será proposta a ação oriunda de direitos e obrigações (CPC, art. 63, *caput*).

A incompetência *absoluta* pode ser alegada em qualquer tempo e grau de jurisdição e deve ser declarada de ofício (CPC, art. 64, § 1º).

Caso o juiz não declare *de ofício* a sua incompetência para processar e julgar a causa relativa a bem imóvel, cumpre à parte alegar a *incompetência absoluta* do juízo onde a ação foi proposta.

Modelos de contestação com arguição de preliminar de incompetência absoluta e relativa

Acesse o QR Code e faça o download.
> http://uqr.to/1ztlw

4.4 Conflito de competência

O conflito de competência é o instituto processual de que dispõem a parte, o Ministério Público ou o próprio juiz, para que se alcance o entendimento sobre o juízo ou foro competente para processar e julgar a demanda.

Há conflito de competência quando:

a) dois ou mais juízos se declaram competentes, atribuindo um ao outro a competência. É o conflito *positivo*, em que vários juízos se atribuem a competência, e aquele que estiver com o processo, por considerar-se competente, dá-lhe andamento;

b) dois ou mais juízos se consideram incompetentes. É o conflito *negativo*, no qual fica o processo suspenso;

c) entre dois ou mais juízos, surge controvérsia acerca da reunião ou separação de processos, como ocorre nos casos de conexão e continência (CPC, art. 66, I a III).

O conflito poderá ser suscitado por qualquer das partes e pelo Ministério Público, por petição, ou pelo juiz, por ofício (CPC, art. 951) ao Tribunal (CPC, art. 953).

Ao decidir o conflito, o tribunal declarará qual o juízo competente, pronunciando-se também sobre a validade dos atos do juízo incompetente (CPC, art. 957, *caput*), remetendo os autos do conflito ao juízo (não ao juiz) declarado competente (CPC, art. 957, parágrafo único).

O processo e o julgamento do conflito são regulados pelos arts. 66 e 951 a 959 do CPC.

Não pode suscitar conflito a parte que, no processo, arguiu incompetência relativa (CPC, art. 952, *caput*). Entretanto, o conflito não obsta a que a parte que não o suscitou ofereça exceção declinatória de foro (CPC, art. 952, parágrafo único).

Modelos de conflito negativo e positivo de competência

Acesse o *QR Code* e faça o download.
> http://uqr.to/1ztlx

4.5 Prorrogação de competência

Fala-se em *prorrogação de competência* para designar o fenômeno pelo qual o juiz tem ampliada a sua competência, para atuar num processo para o qual, em princípio, seria incompetente.

A competência que pode ser ampliada é tão somente a competência de *foro* ou *territorial*, prorrogação esta que pode ocorrer por *determinação da lei* ou *pela vontade das partes*.

4.5.1 Prorrogação legal e prorrogação voluntária

Denomina-se *prorrogação legal* aquela em que o CPC, por motivos de ordem pública, dispõe sobre a modificação; e diz-se *prorrogação voluntária* aquela ligada ao poder dispositivo das partes, que pode ser *expressa* ou *tácita*.

A *prorrogação legal* ocorre nos casos de *continência* ou *conexão*, cujo objetivo é evitar sentenças contraditórias e também por questão de economia processual.

4.5.2 Conexão de causas: doutrina de Pescatore

A doutrina mais difundida sobre a *conexão* (de causas) se deve a Pescatore, segundo o qual as coisas, nas suas relações lógicas, são idênticas, diversas ou análogas, conforme sejam os seus elementos constitutivos.

Duas *coisas* são idênticas quando todos os seus elementos são os mesmos; diversas quando todos os seus elementos são diferentes; e *análogas* quando algum ou alguns dos seus elementos são idênticos, e outro ou outros são diferentes.

Aplicados esses ensinamentos às ações, conclui-se que duas *ações* são idênticas quando seus elementos são os mesmos; diversas, quando os seus elementos são diferentes; e análogas, quando um ou mais de um de seus elementos são idênticos e outro ou outros são diferentes.

4.5.2.1 Elementos da ação

A ação compõe-se de três elementos, a saber: partes (quem pede e contra quem se pede), pedido (o que se pede), e causa de pedir (por que se pede).

Se duas ações tiverem idênticos dois desses elementos, as partes e o pedido, ou as partes e a causa de pedir, ou o pedido e a causa de pedir, serão análogas; sendo também análogas se apenas um desses elementos lhes for comum, como o pedido ou a causa de pedir.

Na teoria, são também análogas as ações quando o elemento comum consiste apenas nas pessoas (*rectius*, partes), embora, nesse caso, a analogia seja tão *fraca* que não é considerada para fins de prorrogação de competência.

Em vez de falar em "analogia" de ações, a doutrina e o atual CPC preferem a expressão "conexão de ações" (ou de causas).

4.5.2.2 Conexão nos processos civil e penal

A *conexão* é o vínculo entre duas ou mais ações, por terem um elemento ou dois elementos comuns, fazendo com que sejam decididas pelo mesmo juízo.

Para o Código de Processo Civil, reputam-se conexas duas ou mais ações, quando lhes for comum o pedido ou a causa de pedir (art. 55).

No *processo penal*, a conexão tem outra configuração, ocorrendo quando: a) duas ou mais infrações penais houverem sido praticadas, ao mesmo tempo, por várias pessoas reunidas, ou por várias pessoas em concurso, embora diverso o tempo e o lugar, ou por várias pessoas, umas contra as outras; b) no mesmo caso, houverem sido praticadas para facilitar ou ocultar as outras, ou para conseguir impunidade ou vantagem em relação ao qualquer delas; e c) a prova de uma infração ou de qualquer de suas circunstâncias elementares influir na prova de outra infração (CPP, art. 76, I a III).

4.5.3 Continência de causas

A *continência* é uma espécie do gênero conexão de causas, pelo que teria sido desnecessário consagrá-la, porquanto a identidade de partes nas duas ações apenas torna a conexão mais qualificada.

Para o Código de Processo Civil, dá-se a *continência* entre duas ou mais ações quando houver identidade quanto às partes e à causa de pedir, mas o pedido de uma, por ser mais amplo, abrange o das demais (art. 56).

A *continência* exige mais do que a simples conexão, pois, pelo fato de terem duas ações a mesma causa de pedir, já seriam conexas; sendo que a continência exige também a identidade de partes e que o pedido de uma, por ser mais amplo, abranja o das demais. Assim, na hipótese de os credores solidários, fundados num mesmo contrato de mútuo (idêntica causa de pedir), proporem duas ações distintas, postulando, numa delas, a cobrança dos juros, e noutra, a cobrança do mútuo por inteiro, há identidade de partes e de causa de pedir, nas duas ações. Contudo, a segunda, por ter o pedido mais amplo (cobrança de todo o mútuo), do que a primeira (cobrança apenas dos juros), é por ela absorvida.

4.5.3.1 Continência no processo penal

No *processo penal*, a continência tem outra configuração, ocorrendo: a) quando duas ou mais pessoas forem acusadas pela mesma infração; e b) no caso de infração cometida em concurso formal de crimes (CP, art. 70),[35] de erro na execução (CP, art. 73)[36] ou de resultado diverso do pretendido (CP, art. 74)[37] (CPP, art. 77, I e II).[38]

---

[35] CP: Art. 70. Quando o agente, mediante uma só ação ou omissão, pratica dois ou mais crimes, idênticos ou não, aplica-se-lhe a mais grave das penas cabíveis ou, se iguais, somente uma delas, mas aumentada, em qualquer caso, de um sexto até metade. As penas aplicam-se, entretanto, cumulativamente, se a ação ou omissão é dolosa e os crimes concorrentes resultam de desígnios autônomos, consoante o disposto no artigo anterior.

[36] CP: Art. 73. Quando, por acidente ou erro no uso dos meios de execução, o agente, ao invés de atingir a pessoa que pretendia ofender, atinge pessoa diversa, responde como se tivesse praticado o crime contra aquela, atendendo-se ao disposto no § 3º do art. 20 deste Código. *No caso de ser também atingida a pessoa que o agente pretendia ofender, aplica-se a regra do art. 70 deste Código.*

[37] CP: Art. 74. Fora dos casos do artigo anterior, quando, por acidente ou erro na execução do crime, sobrevém resultado diverso do pretendido, o agente responde por culpa, se o fato é previsto como crime culposo; se ocorre também o resultado pretendido, aplica-se a regra do art. 70 deste Código.

[38] CPP: Art. 77. A competência será determinada pela continência quando: I – duas ou mais pessoas forem acusadas pela mesma infração; II – no caso de infração cometida nas condições previstas nos

4.5.4 Conexão e continência no processo trabalhista

No processo trabalhista, aplicam-se as regras de conexão ou continência do Código de Processo Civil no que for compatível.

4.6 Prorrogação de competência

Ocorre a prorrogação voluntária *expressa* de competência, no processo civil, em virtude de acordo das partes, antes da instauração do processo, mediante eleição de foro (ou foro contratual), sendo admitida no processo civil, mas vedada no processo trabalhista.

A prorrogação voluntária *tácita*, no processo civil, se dá quando a ação é proposta num foro incompetente e o réu não alega a incompetência no prazo legal.

4.6.1 Competência no processo penal

No processo penal, em que o foro é determinado no *interesse público*, e não no *interesse do réu*, mesmo que o acusado não oponha a alegação de incompetência, o juiz pode dar-se por incompetente, a qualquer tempo.

Caso específico de prorrogação de competência no campo penal é o do *desaforamento*, nos processos da competência do Tribunal do Júri, quando o interesse da ordem pública o reclamar ou houver dúvida sobre a imparcialidade do júri ou a segurança do acusado, caso em que poderá o julgamento ser deslocado para outra comarca da mesma região, preferindo-se as mais próximas.[39]

4.7 Prevenção de competência

A *prevenção* é o fenômeno processual segundo o qual o juízo que primeiro tomar conhecimento da causa tem sobre ela firmada a sua competência, com a exclusão de todos os demais.

O Código de Processo Civil determina que o registro ou a distribuição da petição inicial torna *prevento* o juízo (art. 59),[40] embora considere proposta a ação quando a petição inicial é protocolada (art. 312), caso em que se tem prevento o foro da causa.[41] O registro ou distribuição se faz necessário, porque pode haver no foro mais de um juízo (diversas varas cíveis, por exemplo), caso em que o simples protocolo da petição não seria suficiente para determinar a competência.

No *processo penal*, dá-se a competência por *prevenção* toda vez que, concorrendo dois ou mais juízes igualmente competentes ou com jurisdição cumulativa, um deles tiver antecedido aos outros na prática de algum ato do processo ou de medida a este relativa, ainda que anterior ao oferecimento da denúncia ou da queixa.[42]

---

arts. 51, § 1° [atual art. 70], 53, segunda parte [atual art. 73, segunda parte], e 54 [atual art. 74] do Código Penal.

[39] CPP: Art. 427. Se o interesse da ordem pública o reclamar ou houver dúvida sobre a imparcialidade do júri ou a segurança pessoal do acusado, o Tribunal, a requerimento do Ministério Público, do assistente, do querelante ou do acusado ou mediante representação do juiz competente, poderá determinar o desaforamento do julgamento para outra comarca da mesma região, onde não existam aqueles motivos, preferindo-se as mais próximas.

[40] Art. 59. O registro ou a distribuição da petição inicial torna prevento o juízo.

[41] Art. 312. Considera-se proposta a ação quando a petição inicial for protocolada, todavia, a propositura da ação só produz quanto ao réu os efeitos mencionados no art. 240 depois que for validamente citado.

[42] Art. 83. Verificar-se-á a competência por prevenção toda vez que, concorrendo dois ou mais juízes igualmente competentes ou com jurisdição cumulativa, um deles tiver antecedido aos outros na prática de algum ato do

A *prevenção* firma a competência de um juízo que já era competente, segundo as regras gerais da competência, pelo que na verdade não se inclui entre os critérios de determinação da competência.

5 PERPETUAÇÃO DA JURISDIÇÃO

5.1 Perpetuação da jurisdição ou da competência

A *perpetuação da jurisdição* traduz o fenômeno processual pelo qual, firmada a competência de um juízo, perdura até o final da decisão (da sentença) e do seu respectivo cumprimento.

Na verdade, o que se perpetua é, antes, a *competência* do que a jurisdição.

5.1.1 Momento de perpetuação da competência

Para o Código de Processo Civil, determina-se a competência no momento do registro ou da distribuição da petição inicial, sendo irrelevantes as modificações do estado de fato ou de direito ocorridas posteriormente; salvo quando suprimirem órgão judiciário ou alterarem a competência absoluta (art. 43).[43]

Assim, a mudança de domicílio das partes, o aumento ou diminuição do valor da coisa demandada, ou a sucessão processual por morte da parte em nada altera a competência, que perdura até a prolação da sentença, em primeiro grau, ou do acórdão em segundo grau.

A perpetuação da competência não subsiste quando ocorrer supressão do órgão judiciário, como, por exemplo, na extinção de comarca, quando todos os processos serão remetidos à nova comarca; da mesma forma quando houver alteração da competência em razão da matéria ou da hierarquia, que, por ser absoluta, passa à competência do novo órgão judiciário.

5.1.2 Perpetuação da jurisdição no processo penal

O Código de Processo Penal não contém um preceito genérico sobre a perpetuação da jurisdição, porém, no seu art. 81,[44] traz uma regra, que é corolário desse princípio.

BIBLIOGRAFIA

ALMEIDA JÚNIOR, João Mendes de. **Direito judiciário brasileiro**. Rio de Janeiro-São Paulo: Freitas Bastos, 1960.

ARRUDA ALVIM, José Manoel de. **Manual de direito processual civil**. 7. ed. São Paulo: RT, 2001. v. 1.

BARBI, Celso Agrícola. **Comentários ao Código de Processo Civil**. Rio de Janeiro: Forense, 1998. v. II.

CARNELUTTI, Francesco. **Sistema del diritto processuale civile**. Padova: Cedam, 1936. v. I.

---

processo ou de medida a este relativa, ainda que anterior ao oferecimento da denúncia ou da queixa (...).

[43] Art. 43. Determina-se a competência no momento do registro ou da distribuição da petição inicial, sendo irrelevantes as modificações do estado de fato ou de direito ocorridas posteriormente, salvo quando suprimirem órgão judiciário ou alterarem a competência absoluta.

[44] Art. 81. Verificada a reunião dos processos por conexão ou continência, ainda que no processo da sua competência própria venha o juiz ou tribunal a proferir sentença absolutória ou que desclassifique a infração para outra que não se inclua na sua competência, continuará competente em relação aos demais processos. Parágrafo único. Reconhecida inicialmente ao júri a competência por conexão ou continência, o juiz, se vier a desclassificar a infração ou impronunciar ou absolver o acusado, de maneira que exclua a competência do júri, remeterá o processo ao juízo competente.

CARNELUTTI, Francesco. **Instituciones del proceso civil.** Buenos Aires: EJEA, 1956. v. I.

CHIOVENDA, Giuseppe. **Instituições de direito processual civil.** São Paulo: Saraiva, 1969. v. I.

COUTURE, Eduardo J. **Fundamentos del derecho procesal civil.** Buenos Aires: Depalma, 1988.

LIEBMAN, Enrico Tullio. **Manuale di diritto processuale civile.** Milano: Giuffrè, 1973. v. I.

MANZINI, Vincenzo. **Istituzioni di diritto penale italiano.** Padova: Cedam, 1967.

MARQUES, José Frederico. **Instituições de direito processual civil.** Rio de Janeiro: Forense, 1958. v. 1.

MORALES, Hernando M. **Curso de derecho procesal civil.** 6. ed. Bogotá: ABC, 1973.

MORTARA, Ludovico. **Manuale della procedura civile.** Torino: UTET, 1916.

RICCI, Francesco Ricci. **Commento al codice di procedura civile.** 7. ed. Firenze: Casa Editrice Libraria, 1895.

SANTORO, Arturo Santoro. **Manuale de diritto processuale penale.** Torino: Editrice Torinese, 1954.

SANTOS, Moacyr Amaral. **Primeiras linhas de direito processual civil.** São Paulo: Saraiva, 1995.

SCHÖNKE, Adolf. **Derecho procesal civil.** Barcelona: Bosch, 1950.

TORNAGHI, Hélio. **Instituições de processo penal.** São Paulo: Saraiva, 1977. v. 2.

TORNAGHI, Hélio. **Instituições de processo penal.** São Paulo: Saraiva, 1977. v. I.

Capítulo 6
PROBLEMÁTICA DA AÇÃO

Sumário: 1 Evolução do conceito de ação. 2 Teorias sobre a ação. 3 Relatividade do conceito de ação. 4 Condições da ação civil. 5 Condições da ação penal. 6 Defesa contra a ação. Questões sobre o exercício da ação. 7 Classificação das ações. 8 Elementos da ação. 9 Cumulação de ações. 10 Concurso de ações. 11 Cumulação de pedidos. 12 Reunião de ações e cumulação de ações.

1 EVOLUÇÃO DO CONCEITO DE AÇÃO

A evolução da ação não se pode dizer encerrada, tão grande é ainda a discussão em torno do seu conceito.

Desde a concepção da *actio*, no direito romano, muitos séculos se passaram, e o tema continua tão atual quanto os mais recentes institutos e as mais novas conquistas da ciência processual.

Os estudos que surgiram, a partir do século XIX, contribuíram em grande parte para a elucidação do conceito de ação e tiveram o mérito de abrir o debate em torno dela.

Estas considerações sintetizam as diversas posições doutrinárias sobre tão polêmico conceito.

1.1 Evolução da ação no direito romano

Qualquer pesquisa relativa ao tema deve começar, sem dúvida, pelo direito romano, dada a importância que o processo romano teve como antecedente mais importante das construções sistemáticas e doutrinárias dos nossos dias.[1]

A história de Roma divide-se em três etapas (monarquia, república e império), correspondentes a três épocas distintas, em que o procedimento romano tomou o nome de cada sistema que nelas estiveram em vigor: I) sistema das ações da lei (*legis actiones*); II) sistema formulário (*per formulas*); e III) sistema da *cognitio extraordinaria* (ou *cognitio extra ordinem*).

No decurso desses três sistemas, a palavra "ação" (*actio*) foi mudando de sentido e adquirindo um conteúdo diferente.

1.1.1 *Sistema das ações da lei*

No primeiro período, chamado das *ações da lei*, o procedimento caracterizou-se por um ritualismo próximo da religiosidade, consistente em declarações solenes, acompanhadas de gestos

---

[1] Os romanos, além de guerreiros, foram inegavelmente grandes juristas, sabendo colocar a força a serviço do direito.

que os pontífices ensinavam aos litigantes, e que estes deveriam repetir diante do pretor,[2] sendo que o mais insignificante erro conduzia à perda do litígio. Bem conhecido é o exemplo citado por Gaio, e que se tornou o retrato do sistema, de um contendor que, demandando contra seu vizinho por haver este lhe cortado umas videiras, pronunciou perante o pretor a palavra *vites* (videira) em vez da palavra *arbor* (árvore), que era a que lhe haviam ensinado os pontífices, e, por este simples erro na denominação, perdeu a demanda.

As *ações da lei* encontram o seu fundamento na *Lei das XII Tábuas*,[3] que, mais do que uma classificação de ações, constituíam formas autorizadas de procedimento, com características próprias, em que palavras, gestos e atitudes prescritas pela lei deveriam ser adotadas pelas partes.

Eram as seguintes as ações da lei: *legis actio sacramentum*,[4] *legis actio per iudicis postulationem*,[5] *legis actio per conditionem*,[6] *legis actio per manus iniectionem*[7] e *legis actio per pignoris capionem*.[8]

1.1.2 Sistema formulário

Na segunda fase do procedimento romano, chamado *formulário*, o processo se constituía por fórmulas que o pretor redigia e entregava aos litigantes, de acordo com a ação que se pretendia instaurar, correspondendo a cada direito violado uma ação e uma fórmula diferente. Ao *domínio*, correspondia uma ação reivindicatória; à *posse*, uma ação possessória etc.

Essa característica do procedimento formulário levou Riccobono a afirmar que o direito romano *não era um sistema de direitos, senão um sistema de ações*, registrando Arangio-Ruiz existirem tantas ações quantos os direitos subjetivos, e umas e outros são numerados e definidos por fórmulas que se encontram expostas no edito[9] do pretor.

A fórmula era uma instrução escrita, com a qual o pretor nomeava o juiz (*iudex*) ou árbitro (*arbiter*) e fixava os elementos sobre os quais deveria basear o seu juízo, outorgando-lhe um

---

[2] O pretor era o magistrado romano, numa época em que quem julgava não era o pretor, mas o *iudex* (juiz) ou *arbiter* (árbitro), ambos julgadores privados.

[3] Eram as seguintes as Tábuas: Tábua I – chamamento a juízo; Tábua II – julgamentos e furtos; Tábua III – direitos de crédito e devedores relapsos; Tábua IV – casamento e pátrio poder; Tábua V – herança e tutela; Tábua VI – propriedade e posse; Tábua VII – delitos; Tábua VIII – direitos prediais; Tábua IX – dispositivos de Direito Público; Tábua X – direito sacro; Tábuas XI e XII – complementam as matérias das Tábuas precedentes. Dessas Tábuas, apenas as Tábuas I a III tratavam do direito processual.

[4] A *actio sacramentum* era a ação comum utilizada toda vez que a lei não estabelecia uma ação especial. O *sacramentum* era o depósito de uma quantia feito pelas partes em juízo; aquela que perdesse a causa perdia também essa quantia, que era destinada ao Estado.

[5] A *actio per iudicis postulationem* era a ação especial utilizada para a divisão de herança; para a cobrança de crédito decorrente de promessa; e para a divisão de bens comuns.

[6] A *actio per conditionem* era a ação para cobrança de crédito em dinheiro e para sancionar prestações de coisa certa que não dinheiro.

[7] A *actio per manus iniectionem* era a ação executória utilizada contra o condenado, numa ação de declaração, a pagar certa importância, ou que confessa que o autor tinha razão.

[8] A *actio per pignoris capionem* era a ação que só podia ser utilizada para cobrança de certos débitos – cobrança de soldos; de contribuição para compra de cavalo e sua manutenção; de preço do animal destinado ao sacrifício religioso; de aluguel de animal, desde que o preço fosse aplicado em sacrifício religioso; e cobrança de impostos – e que admitia o apossamento de bens do devedor, para compeli-lo ao pagamento do débito.

[9] O *edito* é parte de uma lei em que se preceitua alguma coisa; diferente de *édito*, ordem judicial publicada por editais.

mandato, mais ou menos determinado, para a condenação eventual do réu ou sua absolvição na sentença.[10]

1.1.2.1 Composição da fórmula

A fórmula era composta de: *intentio*; *demonstratio*; *condemnatio*; e *adjudicatio*.

A *intentio* é a parte da fórmula em que se pede que se declare um fato, traduzindo a intenção do autor; a *demonstratio*, necessária apenas se a *intentio* é incerta, traduz a demonstração ou fundamentação da pretensão; a *condemnatio* significa o pedido de condenação do réu; e a *adjudicatio* tem o propósito de adjudicar a uma das partes o quanto corresponda à obrigação.

Tanto o procedimento das ações da lei quanto o formulário compreendiam duas fases: *in iure*,[11] perante o pretor, para escolher a fórmula, e terminava com a *litiscontestatio*;[12] e *in iudicio*,[13] perante o juiz ou árbitro, e terminava com a sentença.

Esses dois períodos ficaram conhecidos como *ordo iudiciorum privatorum* (ordem dos processos privados).

1.1.3 Sistema da cognitio extraordinária

O terceiro período, chamado *cognitio extraordinaria*, caracterizou-se pela fusão das duas fases do procedimento romano numa só instância, em que os litigantes compareciam perante o pretor, que conhecia diretamente da demanda, colhendo a prova e proferindo sentença.

A essa época o Estado, já bastante fortalecido, fazia sentir mais diretamente sua presença no processo, tendo o pretor se transformado em juiz, assumindo posição mais ativa do que nos períodos anteriores, deixando de ser um mero concessor das ações.

1.2 Codificação de Justiniano e a definição de ação de Celso e Ulpiano

Esta última etapa na evolução do procedimento romano termina com as publicações ordenadas pelo Imperador Justiniano,[14] que tornaram conhecida a definição de ação, elaborada séculos antes por Celso e reproduzida, mais tarde, quase textualmente, por Ulpiano: *Actio autem nihil aliud est quam ius persequendi in iudicio quod sibi debeatur.*[15]

1.2.1 Teoria imanentista da ação

Essa definição de Celso viria, séculos mais tarde, a constituir a base de uma doutrina, a qual teve a adesão dos juristas até meados do século XIX, que, identificando a *ação* com

---

[10] Exemplo: "*Si paret... Condemnato, si non paret absolvito*" (Arangio-Ruiz). Se for manifesto, condena; se não for, absolve.

[11] A etapa denominada "*in iure*" era aquela em que o pretor organizava o julgamento, fixando a proposta da questão litigiosa, sem considerar a veracidade ou falsidade dos fatos invocados pelas partes, decidindo se devia haver julgamento (*iudicium*).

[12] A *litiscontestatio* encerrava a primeira fase do procedimento, fixando, perante o pretor, a lide que seria objeto de decisão pelo juiz popular (*iudex* ou *arbiter*) na segunda fase.

[13] A etapa denominada "*in iudicio*" era aquela que se passava perante o *iudex* ou *arbiter*, que dirigia o processo, colhia as provas e proferia a sentença.

[14] Essas publicações ocorreram entre os anos de 529 a 534 da Era Cristã.

[15] "Em verdade, a ação nada mais é do que o direito de perseguir em juízo o que nos é devido."

o *direito subjetivo material*, que através dela se fazia valer em juízo, ficou conhecida como *doutrina civilista* ou *imanentista da ação*. Era chamada de *imanentista* porque a ação era algo imanente ao próprio direito material, sem ter vida própria, do que resultou a clássica proposição: "Não há direito sem ação; não há ação sem direito; a ação segue a natureza do direito."[16]

Esta identificação da ação com o direito subjetivo material fez com que ela constituísse uma parte do estudo do direito civil, mas teve o mérito de permitir o surgimento da Escola Histórica do Direito, com Savigny à frente, criando o ambiente adequado para que os investigadores alemães colocassem as bases da nova ciência do direito processual, na segunda metade do século XIX.

1.3 Polêmica Windscheid *versus* Muther

De grande importância, pelos reflexos que provocou, foi a polêmica que nos anos de 1856 e 1857 travaram Windscheid e Muther; o primeiro, professor na Universidade de Greifswald, e o segundo, na Universidade de Königsberg.[17]

Em 1856, Windscheid publicou uma obra intitulada "**A ação do direito civil romano do ponto de vista do direito atual**", que foi o ponto de partida das doutrinas acerca da natureza jurídica da ação, até então acomodadas com a definição de Celso.

Nessa época, vigorava em grande parte da Alemanha o direito romano-justinianeu, reelaborado pelos juristas medievais e modernos, e continuava sendo aplicado o processo comum germânico, com a recepção, também muito ampla, de concepções de institutos romanos.

Em face da advertência do romanista francês Ortolam, de que o termo *actio* havia trocado de significado no tempo, em relação aos diversos sistemas processuais, ninguém pensou pôr em dúvida a substancial afinidade entre a figura da *actio* – delineada com referência a uma outra época histórica – e a figura moderna da ação, nem a legitimidade de subsumir ambas numa definição compreensiva. Nenhuma dúvida havia, também, sobre o sujeito passivo da ação (*actio*), identificado com a pessoa do adversário, cujo vínculo frente ao autor se concebia como obrigação de reparar a lesão. A doutrina não parecia perturbada com a natureza da *actio* que, não obstante alguma divergência, admitia uma série de denominadores comuns.

A monografia de Windscheid agitou as águas estancadas, ao discutir, primeiro, o paralelismo entre a *actio* (ação) romana e a moderna *klage* (ação) germânica, e, depois, a coordenação da *actio* com o direito subjetivo material, cuja tutela ela assegurava, abrindo um debate que não se pode dizer ainda encerrado.

Em sua monografia, procurou Windscheid demonstrar que o conceito romano de *actio* não coincidia em absoluto com o conceito de *klage* do moderno direito germânico. A concepção dominante, que teve em Savigny o expoente que lhe dera sua formulação mais significativa, entende por *direito de acionar* o direito à tutela judicial, nascido da lesão de um direito, no qual se transforma um direito ao ser lesado. No tocante ao conceito de *actio*, não era necessário passar muitas páginas do *Corpus Iuris Civilis*[18] para se achar nele referências a ações que não pressupunham a lesão a um direito. Atribui-se a *actio* à pessoa que foi lesada em um direito

---

[16] Acolhida pelo art. 75 do Código Civil de 1916: a todo direito corresponde uma ação, que o assegura.
[17] Königsberg se chama hoje Kaliningrad e se encontra sob o domínio da Rússia.
[18] Compilação das leis romanas que reunia Institutos, Pandectas, Novelas e Código Justiniano.

seu, mas não somente a ela. Se se diz, no direito romano, que o comprador tem a *actio empti*[19] e pode, mercê dela, exigir isto ou aquilo, tal afirmação, por certo, se baseia na ideia de que não se valerá dela, senão quando se lhe negue o que possa pretender; mas a possibilidade de que essa *actio* não lhe competisse, também antes dessa negativa, escapara ao entendimento de um romano. Em Roma, a *actio* passara a ocupar o lugar do direito, pois o ordenamento jurídico não diz ao indivíduo: *tens tal e tal direito*, senão *tens tal e tal actio*. Nele não se diz: *nesta relação, tua vontade é lei para os demais*, senão: *nesta relação, podes fazer valer tua vontade, frente aos demais, pela via judicial*. O ordenamento jurídico romano não é um ordenamento de direitos, senão um ordenamento de pretensões judicialmente persequíveis, que confere direitos ao autorizar a persecução judicial. Nesse sistema, a *actio* não é algo derivado; senão algo originário e autônomo.

A principal razão de ser desta concepção residia na peculiar posição que ocupavam, em Roma, os pretores encarregados de distribuir justiça. Em nosso meio, dizia Windscheid, o juiz está submetido ao direito e sua missão consiste em realizar as situações que este ordena; mas, quanto ao magistrado romano, não se exagera se se diz que ele está acima do direito; não que ele, no exercício de suas funções, não tivesse em consideração o direito, mas, teoricamente, não estava sujeito a ele. Na prática, é sabido quantas foram as oportunidades em que o pretor negou à parte o seu auxílio, quando o *ius civile* (direito civil) reconhecia um direito; e quantas foram mais as em que o prestou, quando o *ius civile* o negava. Para os romanos, o importante não era o que dizia o direito, mas o que dizia o pretor. Aquele cuja pretensão era contestada não perguntava se tal pretensão tinha respaldo no direito, senão se o pretor estaria inclinado a conceder-lhe uma *actio*, para fazer valer essa pretensão em juízo. A *actio* está no lugar do direito; mas não é uma emanação dele. Mas, se bem que a *actio* não seja uma emanação do direito, é, inobstante, uma expressão desse direito. A *actio* não está no lugar do *direito real*, que não se resolve nela. A *actio* não ordena relações entre pessoas e coisas, senão unicamente relação entre pessoas, pressupondo sempre um adversário determinado. Do ponto de vista da *actio*, a questão é sempre esta: o que pode uma pessoa exigir da outra? Como se vê, a *actio* é a expressão imediata e exaustiva de um direito creditório, da *obligatio*, e é sabido que as fontes falam, amiúde, de *actio*, quando querem se referir à *obligatio*. Mas a *actio* não se limita à *obligatio*. Se alguém exige de outrem que o reconheça como proprietário, ou que reconheça a existência de alguma outra relação de direito ou de fato, está a lhe exigir algo, e, na medida em que se lhe concede a tutela judicial para obter o que exige, se lhe atribui uma *actio*. A *actio* é, pois, o termo empregado para designar *o que se pode exigir de outrem*; pelo que para caracterizar a *actio* o vocábulo adequado (no direito alemão) é *pretensão (anspruch)*. A palavra *debeatur* (devido) usada por Celso está tomada no sentido mais amplo; para designar não somente o que se deve a alguém, senão, no geral, o que lhe compete. A *actio* está, pois, no lugar de *pretensão*; pelo que dizer que alguém tem uma *actio* significa que alguém tem uma *pretensão* juridicamente reconhecível, ou, simplesmente, uma *pretensão*.

A expressão "alguém tem uma *actio*" significa, traduzida em linguagem da concepção jurídica moderna, que "alguém tem uma *pretensão*"; sendo não menos certo que a *actio* serve, primordialmente, para designar, não a pretensão mesma, senão o fato de se fazer valer essa pretensão ante o pretor.

Em 1857, Muther publicou uma monografia em revide a Windscheid intitulada **Sobre a teoria da actio romana, do moderno direito de queixa, da litiscontestação e da sucessão singular nas obrigações**, obra de direito civil, mas já com sabor de direito processual.

---

[19] "Ação de coisa comprada."

Ao contrário de Windscheid, procurou Muther demonstrar que havia uma perfeita coincidência entre a *actio* (ação) romana e a *klage* (ação) germânica.

O verdadeiro e originário significado da palavra *agere* (agir) significava apresentar-se diante do pretor, falar e atuar em cooperação com o adversário. A *legis actio sacramento*[20] falava em *agere cum aliquo* (agir com alguém). A *actio* era um ato *bilateral* com que se iniciava o processo, ou, mais exatamente, não esse ato, mas o ritual do ato, e especialmente a fórmula escrita desse ritual. *Actio* era, pois, a fórmula da ação, que devia observar-se e cumprir-se (*actio ad formam redacta*).[21] Quando desapareceram as *legis actio*, e com elas o comparecimento e a atuação solene das partes ante o pretor, os termos *agere* e *actio* subsistiram para significar o ato pelo qual o demandante iniciava o processo, e chegou inclusive a abarcar todo o procedimento que se desenrolava diante do pretor. Esse procedimento se encerrava com a concessão da fórmula ao autor, quando a *actio* passou, então, a traduzir a fórmula da ação.

No agir do demandante, o mais importante era evidentemente o momento da *editio* (concessão) da ação, na qual se solicitava a fórmula. Onde o pretor havia prometido, no edito, uma fórmula, para certos casos, pode-se dizer que o autor teria uma pretensão a que se lhe conferisse essa fórmula, ainda antes que fosse conferida, sempre e quando houvessem ocorrido as condições gerais, sob as quais se havia prometido a *actio*. O autor tem um direito a que se lhe conceda a fórmula, antes mesmo da sua *impetratio* (impetração), se bem que o pretor possa denegá-la quando não se apresentem as condições sob as quais prometeu concedê-la.

Se o jurista romano diz que em tal caso compete a "x" a *actio empti*,[22] tal equivale a dizer que tem ele uma pretensão a que se lhe confira a fórmula da *actio empti*, caso o demandado se negue a satisfazê-la; tem uma pretensão a que se lhe conceda a tutela estatal, conforme o direito positivo romano, a quem tenha sido lesado no seu direito. Se o litígio era um pressuposto para se invocar essa tutela, os juristas romanos não poderiam conceder a ninguém a pretensão de invocá-la, sem pressupor o litígio.

O ordenamento jurídico romano não era um ordenamento de pretensões judicialmente persequíveis, senão um ordenamento de direitos subjetivos, e somente estes eram susceptíveis de persecução judicial. Quem tinha o direito a que se lhe conferisse a fórmula devia ter também um direito subjetivo, que era um pressuposto do primeiro. O obrigado à concessão da fórmula era o pretor, na sua qualidade de titular do poder judicial do Estado; e o obrigado pelo direito primitivo do autor eram pessoas particulares, ou o Estado, mas como pessoa. Têm-se, pois, dois direitos distintos, em que um é pressuposto do outro, mas pertencem a campos distintos, já que um é *direito privado* e o outro, de *natureza pública*. Esse direito público, ou *direito de acionar*, ou simplesmente *actio*, assim entendida, pode imaginar-se como vinculado, desde o começo, com o direito primitivo, mas não como um "anexo" dele, e sim como um direito especial, condicionado, existente junto a esse outro direito, com o propósito de tutelá-lo. Mas pode ser, também, imaginado como direito nascido incondicionalmente, de modo que sua existência só se revele com a lesão desse direito primitivo.

A tutela estatal só pode ser invocada contra uma pessoa determinada, ou seja, aquela que causa a lesão, pois só em relação a esta o Estado-juiz tem o direito (*rectius*, poder) de exigir que

---

[20] A *legis actio sacramentum* era a ação comum utilizada toda vez que a lei não estabelecia uma ação especial. O *sacramentum* era o depósito de uma quantia feito pelas partes em juízo; aquela que perdesse a causa perdia também essa quantia, que era destinada ao Estado.

[21] Ação em que a forma condiciona o êxito.

[22] Ação do comprador de boa-fé para obter a coisa comprada.

a lesão seja reparada. Em relação ao causador da lesão, como tal, o lesado não tem nenhum direito especial; podendo unicamente exigir-lhe que reconheça seu direito; e a *actio* que o pretor concede não persegue outro objetivo. Com a *actio*, pode citar-se a juízo o causador da lesão, porque ele é o único contra o qual a *actio* pode ser concedida. O direito (*rectius*, poder) do Estado-juiz contra o causador da lesão diferencia-se do direito lesado, não só quanto ao sujeito titular, senão, também, quando esse direito lesado não existe em relação a um obrigado determinado, que o primeiro pressupõe sempre. Tampouco, coincide quanto ao seu conteúdo, pois, enquanto aquele está dirigido a um reconhecimento fático do direito, o objeto deste é um *restituere* (restituir).

A *actio é a pretensão do titular (do direito) em face do pretor, a fim de que este lhe confira uma fórmula, para o caso de o seu direito ser lesado.*

O conceito romano de *direito de acionar* deve ser entendido de maneira um pouco distinta do que sucede atualmente; mas resulta óbvio que o conceito, na sua acepção romana, tem ainda realidade no direito moderno. Também em nossos dias, quem foi lesado num direito seu tem direito à tutela estatal (*direito de acionar*), e, como para os romanos, os pressupostos desse direito são outro direito e a sua lesão. O direito material e o *direito de acionar* não são, hoje em dia, idênticos, se pensarmos que há um obrigado no direito material e outro obrigado distinto no *direito de acionar*, e, também, porque, hoje, pode haver pretensões sem direito de acionar, a menos que se queira negar a possibilidade das *naturales obligationes* (obrigações naturais).

Os distintos direitos têm sua teoria e tem-se dito que alguém *tem tal e tal direito, tem tais e tais pretensões*, mas *pretensões* não são idênticas ao *direito* nem à tutela estatal que se tem, se essas pretensões não são respeitadas. Quem tem, por exemplo, um direito de propriedade tem uma pretensão contra todos os demais indivíduos, a que, de fato, reconheçam seu incondicionado senhorio sobre essa coisa. A *isto é que se chama ordenamento jurídico*; ao qual se agrega o *ordenamento das ações*. Se essa pretensão não é respeitada, o lesado pode solicitar a tutela estatal, que será, no entanto, distinta, conforme o modo como tenha sido lesado o direito. Terá a *reivindicatio* (reivindicação) ou a *actio negatoria* (ação negatória);[23] sendo a pretensão de seu direito a mesma em ambos os casos, mas a essa única *pretensão* servem dois *direitos de acionar* diversos.

Em 1857, Windscheid respondeu a Muther na obra intitulada **A *actio*. Réplica ao Dr. Theodor Muther**,[24] acolhendo muitas das ponderações de seu opositor.

2 TEORIAS SOBRE A AÇÃO

Desde a célebre definição da *actio*, formulada por Celso, concebendo-a como "o direito de perseguir em juízo o que nos é devido", muitos séculos se passaram sem que a ação tenha alcançado a sua elaboração definitiva, sendo muitas as teorias que se debatem em torno do seu conceito. As diversas teorias em torno do conceito de ação se agruparam em duas grandes vertentes, sendo uma o *direito abstrato de agir* e outra o *direito concreto de agir*, sendo a concepção *abstrata* da ação exposta com anterioridade à concepção *concreta*.

Dentre as diversas formulações teóricas da ação, sintetizo as que me parecem as mais prestigiadas no campo doutrinário.

---

[23] Ação negatória de direitos alheios sobre a coisa.
[24] "*Die actio. Abwehr gegen Dr. Th. Muther*", Düsseldorf, 1857.

2.1 Ação como direito a uma sentença justa

Esta teoria se deve a Bülow,[25] que, no tocante à ação, adotou muitas das ideias de Muther, reafirmando a tese de que "a ação como direito subjetivo anterior ao juízo (*rectius*, ao processo) não existe, pois só com a demanda judicial nasce o direito de obter uma sentença justa", ou seja, conforme a lei.

Segundo Bülow, não se podendo conhecer precisamente o resultado da sentença, não se pode falar num direito à sentença favorável, nem falar desse direito, fundando-se em fatos anteriores ao processo, porque a sentença se funda na convicção do juiz, que pode não corresponder à realidade dos fatos.

Esta teoria, mais que uma teoria sobre a ação, é a negação da própria ação e do próprio direito subjetivo. É verdade que, com a demanda judicial, nascem direitos de natureza pública para ambos os litigantes, mas uma coisa são estes direitos públicos *processuais*, e outra, o direito público ou privado de agir, que compete a quem tem razão *antes do processo*. Se existe ou não existe esse direito de agir, só se fica sabendo por ocasião da sentença, mas o mesmo acontece quanto à existência do direito de agir, quer dizer, de pedir a atuação de uma vontade de lei, e quanto à existência da mesma vontade cuja atuação se pede. Negar a ação é negar todo direito.[26]

2.2 Ação como emanação da personalidade

Esta teoria foi exposta por Köhler, afirmando que a ação não é uma emanação da pretensão procedente, pois, se esta é ou não fundada, há de resolver-se na sentença; e tampouco é a expressão de um direito público geral de acionar; senão emanação dos direitos da personalidade, na mesma medida em que o são os demais atos jurídicos, sendo o *acionar* (agir em juízo) um direito individual, como é o de andar, de comerciar etc.

O fato de Köhler atribuir o caráter de *faculdade* à ação, na sua qualidade de emanação do direito da personalidade, se deve, exclusivamente, à clara distinção por ele estabelecida entre o "direito" e a "faculdade". Enquanto para Köhler o direito de ação dimana da personalidade da pessoa, para outros (Jellinek) a personalidade é que dimana da ação.

A ação como emanação da personalidade está longe do que se deva entender por *ação processual*, pois seu sentido corresponderia melhor a uma *faculdade* ou simples *manifestação* de vontade, de maior utilidade para a psicologia do que para o direito. Para os juristas, o vocábulo "personalidade" tem um significado muito diferente do que para os psicólogos.

Ao dizer Köhler que a ação é uma emanação da personalidade, assimilando-a aos atos de comerciar e andar, se afasta demasiado do conceito processual, pelo que, por representar a manifestação de uma faculdade ou atividade anímica, poderia servir igualmente para ser estudada no sentido psicológico, e esta aproximação a outro sistema o alija do que é objeto do direito processual.

---

[25] Bülow foi o primeiro teórico a falar numa *relação jurídica processual*, e, também, o primeiro a ocupar-se da importância que têm, no processo civil, a defesa do demandado e a correta integração dos diferentes estágios judiciais, tendo batizado as prescrições que se devem apresentar em toda relação jurídica processual com o nome de "pressupostos processuais".

[26] Quanto ao mais, também Degenkolb termina por reconhecer que, no uso corrente e no sentido gramatical, tem-se entendido a ação como um direito *concreto atual* existente antes do processo, e, precisamente, como um poder jurídico para obter contra o adversário um resultado favorável no processo.

2.3 Ação como direito de ser ouvido em juízo

Esta teoria é exposta por Degenkolb,[27] para quem a ação é um *direito abstrato de agir*, desvinculado de todo fundamento positivo que legitime a pretensão de quem a exercita, sendo o primeiro doutrinador a definir a ação "como direito subjetivo público, correspondente a todo aquele que de boa-fé creia ter razão, para ser ouvido em juízo e obrigar o adversário a se apresentar (comparecer)".

Na visão de Degenkolb, quando o demandante promove a sua demanda ante o juiz, pode não ter razão, mas ninguém discutirá o seu direito de se dirigir ao juiz, pedindo-lhe uma sentença favorável, o que não impede o demandado de lhe negar o direito de obter essa sentença, mas nunca o de comparecer perante o juiz. Este direito de comparecer em juízo pertence mesmo aos que não tenham razão. Seria verdadeiramente milagroso, se não fosse um fato familiar na vida do juízo, que, durante o processo, ninguém tivesse razão; porquanto só a sentença haverá de decidi-lo. O estado de incerteza é inerente a esse fenômeno a que se denomina "processo".

Também Plósz[28] admitiu a natureza pública do direito de ação, considerando-o de caráter abstrato, porquanto se dirige a obter sentença, independentemente de o peticionário ter ou não um direito subjetivo privado, abstraindo-se do resultado que se obterá mediante a sentença.

Essa corrente abstrai do resultado que venha a obter mediante a sentença, bastando que seja esta proferida, com o que fica configurada a ação, como um direito ao juízo ou direito de demandar, prescindindo do fato de a demanda ser ou não fundada.

Anos depois, Degenkolb abandonou a sua tese original, admitindo que a pretensão de tutela jurídica pressupõe a crença ou boa-fé sobre a existência de um direito subjetivo.

Essa mudança de posição enfraqueceu a teoria, porquanto também o autor malicioso, aquele que sabe que não tem razão, pode acorrer ao juiz por sua conta e risco, submetendo-se às responsabilidades que lhe imponha seu abuso do direito.

2.4 Ação como pretensão de tutela jurídica

Esta teoria se deve a Wach, que, em 1885, publica o primeiro volume[29] do seu "**Manual de Direito Processual Civil**", e, em 1888, uma monografia sobre a "**Ação Declaratória**",[30] ambos na Alemanha, considerando a ação como pretensão de tutela jurídica (*Rechtschutzanspruch*)[31] em face do Estado, obrigado a prestá-la, direito autônomo e concreto, distinto do direito material invocado através dela.

A pretensão de tutela jurídica não é uma função do direito subjetivo, pois não está condicionada por ele; o interesse e a pretensão de tutela jurídica não existem apenas onde existe direito, do que é exemplo a chamada ação declaratória negativa, não tem por objetivo proteger ou conservar um direito subjetivo, senão manter a integridade da situação jurídica do demandante. Através da ação declaratória negativa, mais não pretende o demandante do que obter do Estado-juiz uma mera declaração de inexistência de uma relação jurídica, com o que fica caracterizada a sua autonomia, relativamente ao direito subjetivo material.

---

[27] "*La contesa sul concetto d'azione*" – A disputa sobre o conceito de ação (1877).
[28] **Contribuições à teoria do direito de queixa (ou ação) (1880).**
[29] Foram publicados apenas dois volumes, tendo a obra, infelizmente, ficado incompleta.
[30] Os espanhóis preferem traduzir por "A pretensão de declaração".
[31] Literalmente, *Rechtschutzanspruch* significa "pretensão à proteção do direito".

A pretensão de tutela jurídica, ou direito de acionar, é apenas o meio para se fazer valer o direito subjetivo material, mas não é esse direito mesmo.

Nestes termos, Wach desenvolveu a tese já esboçada por Muther, vindo a definir a ação como "direito daquele a quem se deve a tutela jurídica".

A pretensão de tutela jurídica ou direito de ação é um direito público contra o Estado, ao qual corresponde a obrigação de prestá-la, e também contra o demandado, que está obrigado a suportar os seus efeitos; sendo, a um só tempo, um direito contra o Estado, garantidor dos direitos, e contra o réu, titular da obrigação.

Embora distinta do direito subjetivo material, a ação pressupõe a existência desse direito, correspondendo apenas a quem tem direito a uma sentença favorável, o que lhe imprime um perfil "concretista", deixando sem resposta o fenômeno processual em que o juiz nega ao autor a sentença favorável.

Para Wach, se o demandante não logra obter uma sentença favorável, não terá existido a ação, tendo havido o exercício de uma *mera faculdade jurídica*.

A importância desta teoria foi vivamente aplaudida por Couture, que chegou a dizer que a dissociação do direito subjetivo material da ação representou para o direito processual algo semelhante ao que representara para a física a divisão do átomo.

2.5 Ação como direito potestativo

Esta teoria é produto de uma conferência[32] proferida por Chiovenda, no ano de 1903, na Universidade de Bolonha, na Itália, sob o tema "*A ação no sistema dos direitos*", sustentando ser a ação "o poder de criar a condição para a atuação da vontade da lei", integrando-a na categoria dos chamados "direitos potestativos".

A ação é um poder que nos assiste em face do adversário, em relação a quem se produz o efeito jurídico da atuação da lei, sem que esteja o adversário obrigado a coisa alguma frente a este poder, mas simplesmente sujeito a ele. A ação se exaure com o seu exercício, sem que o adversário nada possa fazer, quer para impedi-la, quer para satisfazê-la, tendo natureza *privada* ou *pública*, conforme a vontade de lei, cuja atuação produza, seja privada ou pública.

A ação não é a mesma coisa que a obrigação; não é o meio para atuar a obrigação; não é obrigação na sua tendência à atuação; nem um efeito da obrigação; nem um elemento; nem uma função do direito subjetivo; senão, *um direito distinto e autônomo*, que nasce, e pode extinguir-se, independentemente da obrigação – a ação de condenação se extingue com a sentença definitiva, se bem que a obrigação continue existindo –; direito que tende a um efeito jurídico e não a uma prestação.[33]

Para Chiovenda, a *ação*, como todos os direitos potestativos, é um poder puramente ideal, de produzir determinados efeitos jurídicos (atuação da lei); poder este que se exercita mediante uma *declaração de vontade* relativamente aos efeitos que se pretende, e não requer nenhuma ação física, senão a que é necessária para manifestar e manter, durante o processo, a vontade de que a lei seja atuada (demanda judicial).

---

[32] Esta conferência se celebrizou com o nome de Prolusão bolonhesa.

[33] Quando se diz que a coação é um elemento do direito e que, pela mesma razão, a ação é um elemento do direito *subjetivo*, resvala-se num sofisma, porque a coação é um elemento do direito *objetivo*, enquanto, do ponto de vista subjetivo, uma coisa é o direito à prestação e, outra, o poder de provocar a coação do Estado (Chiovenda).

Observa Chiovenda que o reconhecimento da *autonomia* da ação, iniciada com Windscheid e Muther, completou-se com Wach, que demonstrou ser a ação, tanto quando supre a falta de realização da vontade da lei, que deveria operar-se por prestação do obrigado, como nos numerosíssimos casos em que tende à realização da vontade concreta de lei, que não deve nem pode ser realizada de outro modo, senão no processo, *é um direito por si mesmo*, claramente distinto do direito subjetivo do autor, que tende a uma prestação do obrigado.

Registra Chiovenda que, quando Wach assim demonstrou, a categoria dos direitos potestativos estava por ser desenvolvida pela doutrina, pelo que definiu (ele Wach) a ação como "o direito daquele a quem se deve a tutela jurídica" ("*Rechtschutzanspruch*"), mas tendo ele (Chiovenda) começado a se ocupar desses problemas quando a categoria dos direitos potestativos já havia sido amplamente estudada pela doutrina, teve facilitado o caminho, aproveitando estes estudos, para enquadrar pela primeira vez a ação nesta categoria; pelo que, aceitando o elemento fundamental da teoria de Wach, definiu a ação como "direito potestativo".

Se a coação é inerente à ideia de *direito*, no sentido de que este tende a atuar-se, valendo-se de todas as forças postas à sua disposição; se, quando o obrigado não satisfaz a vontade concreta de lei, esta tende a atuar-se por outra via, e existem muitas vontades concretas de lei, cuja atuação só é concebível por obra do juiz no processo; se os juízes só podem prover à atuação da lei mediante pedido da parte; então, a atuação da lei depende, normalmente, de uma condição, que é a manifestação de vontade de um particular. Se ao dizer que uma pessoa tem ação, entende-se ter ela o *poder jurídico*[34] de provocar, com sua demanda, a atuação da vontade da lei, então a ação é o "poder jurídico de criar a condição para a atuação da vontade da lei"; definição esta que coincide com a das fontes – *Nihil aliud est actio quam ius persequendi in iudicio quod sibi debetur*[35] –, onde está claríssima a contraposição entre o direito ao que nos é devido e o direito de perseguir em juízo o que nos é devido (*in indicio persequendi*).

Para Chiovenda, a ação por sua natureza não pressupõe, necessariamente, um direito subjetivo material; mas só existe direito de ação quando a sentença for favorável ao autor, pertencendo ao grupo das teorias *concretistas*.

A ação é assim um poder *em face* do adversário, mais do que *contra* o adversário, e não direito contra o Estado; porque a admissão de uma tutela jurídica *contra* o Estado suporia um conflito de interesses entre o particular e o Estado, quando dar razão a quem tem é interesse do próprio Estado, que ele provê permanentemente com a instituição dos juízes.

2.6 Ação como direito processual das partes

Esta teoria se deve a Carnelutti, que não estruturou o seu sistema sobre o conceito de *ação*, mas ao tratar desta o fez com a maior propriedade.

Embora tenha, inicialmente, definido a ação como um direito subjetivo do indivíduo, para obter do Estado a composição do litígio, mais tarde Carnelutti a define como um *direito subjetivo processual das partes*; afirmando ser sujeito passivo da ação o *juiz*, a quem compete prover sobre a demanda da parte, e não a parte adversária.

A intuição de que às partes compete um direito subjetivo de caráter estritamente processual respondeu o nome de ação (*actio*), com o qual se denota um *agir em juízo*, ou seja, desenvolver atividade para a tutela do interesse da parte, mediante o processo, como conteúdo do direito mesmo.

---

[34] *Kann Rechte* (Direito do poder) ou *Rechte des rechtlichen Könnens* (Direito do poder jurídico).
[35] "Nada mais é a ação do que o direito de perseguir em juízo o que nos é devido."

Antiga é a intuição de que, por um lado, a *actio* se distingue do *ius* deduzido no processo, mas que é também ela um *ius* (*ius persequendi in iudicio quod sibi debeatur*);[36] porém, antes que esta intuição tivesse podido resolver-se numa verdade científica, passaram-se dezenas de séculos.

A dificuldade estava em distinguir o direito que se faz valer em juízo (direito subjetivo *material*) do direito mediante o qual se faz valer o primeiro (direito subjetivo *processual*).

Tão longe está em se confundir, hoje, o direito subjetivo processual e o direito subjetivo material, que um pode existir sem o outro; tendo eu o direito a obter do juiz uma sentença acerca da minha pretensão, ainda que minha pretensão seja infundada.[37]

A distinção entre os dois direitos concerne tanto a seu conteúdo como ao sujeito passivo deles:[38] a) o direito subjetivo *material* tem por conteúdo a prevalência do interesse em lide, e por sujeito passivo, a outra parte; e b) o direito subjetivo processual tem por conteúdo a prevalência do interesse na composição da lide, e por sujeito passivo, o juiz.

A principal crítica a essa teoria está no fato de entender Carnelutti que a ação se dirige contra o juiz, não sendo lógica a separação entre o funcionário judicial e o Estado, porquanto este se manifesta e atua através de seus órgãos; e é sabido que os funcionários são os órgãos do Estado.

2.7 Ação como direito de petição

Esta teoria foi elaborada por Couture, para quem a ação é "o poder jurídico que tem o sujeito de direito, de recorrer aos órgãos jurisdicionais, para reclamar deles a satisfação de uma pretensão".

Este poder jurídico compete ao indivíduo, enquanto tal, como um atributo de sua personalidade,[39] tendo sob este aspecto um caráter rigorosamente privado; mas, ao mesmo tempo, na efetividade desse exercício, está interessada a comunidade, o que lhe assinala caráter público.

Para esta teoria, mediante a ação, cumpre-se a jurisdição, vale dizer, realiza-se efetivamente o direito subjetivo material, já que, pelo tradicional princípio que rege em matéria civil, a jurisdição não atua sem a iniciativa individual (*Nemo iudex sine actore*).[40] A ação atua

---

[36] "Direito de perseguir em juízo o que a si é devido."

[37] Carlos Ramirez Arcila assim relaciona os postulados da concepção carneluttiana: I – A ação é um direito subjetivo processual das partes; II – Este direito é diferente do direito subjetivo material; III – Para exercitar a ação, não é necessário ter o direito subjetivo material, pelo que pode exercitá-la qualquer cidadão; IV – A ação não é um poder de obter uma sentença favorável, senão unicamente o poder de obter a decisão. A obrigação do juiz não é a de dar razão a quem a peça, senão unicamente a quem a tenha; V – A ação é diferente da pretensão. Aquela é uma relação; a pretensão é um ato, uma manifestação de vontade, é a exigência de subordinação de um interesse alheio a outro próprio; VI – A ação não tem como sujeito passivo o adversário, senão o juiz ou, em geral, o membro do ofício a quem corresponde prover sobre a demanda proposta pela parte; VII – A legitimação não é um requisito do sujeito da ação, necessário para que esta possa ter consequências jurídicas, senão um pressuposto dos atos processuais e, como tal, da pretensão; VIII – O interesse individual do autor é diferente do interesse da ação. O daquele está na solução favorável do litígio e o desta está na composição do litígio. O interesse da ação não é o interesse individual das partes, senão o interesse coletivo: o interesse da sociedade, de que os litígios sejam dirimidos mediante o exercício da ação.

[38] Carnelutti, tal como Windscheid, distingue a "ação" da "pretensão", registrando que, enquanto a ação é uma *relação*, a pretensão é um *fato*, ou, mais concretamente, um *ato jurídico*; conceitos estes que pertencem a áreas distintas e mesmo opostas da ciência jurídica, que são a *estática* e a *dinâmica* do direito.

[39] Nesse ponto, a teoria de Couture se aproxima da de Köhler da ação como emanação do direito da personalidade; enquanto Couture afirma ser a ação um "atributo" da personalidade, Köhler afirmar ser uma "emanação" dele.

[40] Não há juiz sem autor.

prescindindo do direito (subjetivo material) que o autor quer ver protegido, pelo que tanto a pretensão infundada como até a temerária, do *improbus litigator*,[41] merecem a consideração do juiz até o seu último instante.

Por essa circunstância, enquanto o indivíduo vê na ação a tutela da própria personalidade, a comunidade vê nela o cumprimento de um de seus mais altos fins, qual seja, a realização das garantias de justiça, de paz, de segurança, de ordem e de liberdade, consignadas na Constituição.

Couture considera a ação como uma espécie do gênero *direito de petição*, agasalhado pela Constituição, e quando esse poder de peticionar se exerce ante o Poder Judiciário, sob a forma de ação, resulta coativo não apenas para o demandado como, também, para o juiz, que deve emitir um pronunciamento a respeito.

2.8 Ação como direito cívico

Esta teoria foi concebida por Ugo Rocco, para quem o direito de ação é um direito público subjetivo do cidadão frente ao Estado-juiz, pertencente à categoria dos chamados *direitos cívicos*,[42] quer dizer, direito à prestação da atividade jurisdicional do Estado, e, portanto, uma relação obrigatória de direito público.

O direito de ação é *abstrato*, seja porque, sendo independente do direito substancial, abstrai da existência ou inexistência dos chamados direitos pleiteados, seja porque, em virtude do seu caráter geral – compete a todo possível sujeito de direitos –, abstrai daqueles que o exercitam, bem assim, do conteúdo concreto da pretensão (declaração, condenação, medidas executivas) feita valer ante os órgãos jurisdicionais.[43]

O direito de ação e de contradição (defesa) é um direito *abstrato*, genericamente determinado, como abstrata e genericamente determinada é a obrigação jurisdicional do Estado-juiz; direito esse que é público, subjetivo e individual do cidadão frente ao Estado, e pertencente à categoria dos chamados *direitos cívicos*. Esse direito tem como elemento substancial o *interesse secundário* do particular na intervenção do Estado, para a eliminação dos obstáculos que se interpõem à realização dos interesses de direito material tutelados pelo direito objetivo.

O objeto do direito de ação é a prestação da atividade jurisdicional pelo Estado, através dos seus juízes, com a finalidade de declarar o direito incerto ou de realizar com o uso da sua força coletiva os interesses cuja tutela seja certa; sendo um direito dependente de demanda do interessado dirigida ao Estado.

Para Ugo Rocco, o *direito de ação* pode definir-se como o direito de pretender a prestação da atividade jurisdicional do Estado, para a declaração de certeza ou a realização coativa dos interesses tutelados em abstrato pelas normas do direito objetivo.[44]

---

[41] Litigante ímprobo.

[42] Neste ponto, esta teoria se aproxima da teoria de Couture, da ação como direito de petição, com base na Constituição.

[43] No campo da jurisdição e do processo, afirma Ugo Rocco, o Estado se apresenta como sujeito cuja vontade e ação estão reguladas por normas de direito processual objetivo, e, frente a ele, enquanto sujeito de direitos e obrigações, encontra-se o cidadão, também dotado de capacidade e sujeito de direitos e obrigações no que respeita àquelas especiais relações que nascem do exercício da função jurisdicional. Essas relações que ocorrem entre o Estado, no exercício da função jurisdicional, e os cidadãos são relações de direito público (direito de ação e de contradição em juízo).

[44] A doutrina de Ugo Rocco representa um avanço em relação à de Carnelutti, pois, sem se apartar de suas teses fundamentais, as supera, quanto à eliminação do vínculo entre ação e litígio e em relação ao sujeito passivo da ação, que para ele não é o juiz, mas o Estado.

2.9 Ação como direito à jurisdição

Esta teoria provém de Liebman, para quem a ação é o direito subjetivo consistente no poder de criar a situação para o exercício da função jurisdicional, ou seja, o *direito à jurisdição*.

A ação se dirige *contra* o Estado-juiz, na sua qualidade de titular do poder jurisdicional, mas ele a nada é obrigado com o autor, porquanto essa função se desenvolve para satisfação do interesse público, consistente no cumprimento das normas que a disciplinam. A ação é proposta, também, *em face da* parte contrária, contra a qual se pede um provimento jurisdicional, pelo que corresponde, por parte dela, um estado de sujeição ao poder do juiz.

Se o réu não pode subtrair-se aos efeitos jurídicos dos provimentos emitidos pelo órgão jurisdicional, em idêntica situação encontra-se o autor, que, tendo provocado o exercício da jurisdição, permanecerá, igualmente, sujeito a esses efeitos, ainda que, total ou parcialmente, desfavoráveis aos seus interesses.

A ação é um direito *abstrato* que independe da existência ou inexistência do direito subjetivo material que se pretende, através dela, ver reconhecido ou satisfeito; ou mais precisamente um "direito ao juízo sobre o mérito", de todo independente do direito material.[45] Por isso, a ação é um direito de caráter *instrumental*, porque é "direito a um provimento jurisdicional", ou seja, o meio de se buscar a tutela jurisdicional e não a tutela mesma do direito material.

Se bem que seja a ação um direito abstrato, não é genérica em caráter absoluto, mas referida a um *caso concreto*, determinado e individualizado, idôneo para se tornar objeto da atividade jurisdicional, possibilitando ao juiz a emissão de um provimento sobre determinada situação danosa, para que seja removida ou reparada mediante a aplicação da lei.

Portanto, a ação seria um direito subjetivo público, autônomo e abstrato, mas *instrumentalmente conexo* a uma pretensão de direito material.

Para Liebman, a ação depende, *para existir*, de alguns requisitos constitutivos, chamados por ele de *condições da ação*: I – interesse de agir; e II – legitimação.

I – O *interesse de agir* consiste no interesse na obtenção do provimento jurisdicional para a satisfação do interesse material.

O reconhecimento do *interesse de agir* não significa, ainda, que o autor tenha razão, mas apenas que o seu pedido merece ser examinado pelo juiz; pois o reconhecimento do direito material do autor é matéria de *mérito*, se a demanda for procedente.[46]

II – A *legitimação* (ou *legitimatio ad causam*) é pertinente à titularidade, ativa e passiva, da ação, e se presta para determinar quem possui o interesse de agir em juízo e aquele em face de quem existe esse interesse de acionar.

Para uma ação ser validamente exercitada, deve o autor propô-la em face da pessoa em cuja esfera jurídica deva produzir efeito o provimento jurisdicional demandado.[47]

---

[45] Para Liebman, a ação é um direito que traz implícito um elemento hipotético e aleatório, porque é exercido com risco próprio, com um resultado que será conforme o próprio interesse, somente se ocorrerem todas as outras condições vez por outra necessárias e por si mesmas estranhas à ação.

[46] O interesse de agir é um requisito não só da ação, mas de todos os direitos processuais, como o direito de defender-se, de recorrer etc.

[47] Como direito *bilateral*, a titularidade da ação apresenta-se necessariamente como problema de duas faces, correspondendo à legitimação do autor expor em juízo sua pretensão e à legitimação do réu para deduzir pretensão contrária.

Presentes estas condições, considera-se *existente a ação*, como direito de provocar o exame da pretensão e pretender uma decisão do mérito; mas o *resultado* da demanda depende de o autor ter ou não ter direito substancial (material). Se faltar uma dessas condições, o autor será *carecedor* da ação, e, como tal, declarado pelo juiz em qualquer fase do processo; se o autor tiver razão, a ação, além de existente, será *fundada* (procedente).

3 RELATIVIDADE DO CONCEITO DE AÇÃO

Calamandrei não chegou a formular uma teoria sobre a ação, limitando-se a analisar as diversas teorias, nas suas relações de espaço e tempo, concluindo que o conceito de ação não é absoluto, mas relativo, sendo verdadeiro ou não consoante determinado momento histórico.

Para Calamandrei, a ação pode ser concebida como um direito subjetivo *autônomo*, que pode existir por si mesmo, independentemente da existência de um direito subjetivo material, e *concreto*, destinado a obter uma providência jurisdicional favorável ao demandante.

Depois de resumir as teorias em torno do conceito de ação, registra Calamandrei que, entre as várias teorias, algumas partem de uma concepção de relações entre cidadãos e Estado, entre liberdade e autoridade, que não é a vigente no Estado italiano (da época: 1952).

Quando se considera a ação apenas como um *momento inseparável do direito subjetivo privado*, preordenado a realizar o predomínio do interesse individual protegido, sobre o sacrificado, a parte reservada ao Estado, nesta relação entre particulares, é a de um personagem *de terceiro plano*, que a pedido do credor intervém como seu auxiliar e substituto, com o objetivo de ajudá-lo a demonstrar ter razão contra o adversário, e a alcançar seus fins individuais. A ideia de que o Estado trate, também, através da jurisdição civil, de satisfazer a um interesse de caráter público, *permanece na sombra*: o momento da liberdade predomina sobre o da autoridade.

Igualmente a teoria do *direito à tutela jurídica*, expressão do *direito concreto de agir*, ao conceber o Estado como *obrigado* à prestação jurisdicional, frente ao cidadão, é uma expressão, acaso a mais consciente e perfeita, daquela concepção essencialmente liberal de Estado, segundo a qual o interesse público é considerado em função do interesse privado e a justiça aparece como um serviço que o Estado põe à disposição do cidadão, para ajudá-lo a satisfazer o próprio direito subjetivo.

No extremo oposto, como expressão de uma concepção autoritária e coletivista do Estado, diametralmente antitética à liberdade, está a teoria do *direito abstrato de agir*, segundo a qual a ação, inteiramente desvinculada do direito subjetivo, serviria unicamente ao interesse público na observância da lei, desaparecendo o conceito de ação como direito, e entrando em jogo o conceito de ação como função pública. O sujeito agente, que, ao promover o processo, proporciona ao Estado a ocasião para confirmar a própria autoridade, aparece como *investido de uma função pública*, que exercita não no interesse próprio, senão no interesse do Estado.

A ação no sentido abstrato, como *direito de não ter razão*, não pode justificar-se senão assim, porque também quem apresenta ao juiz uma demanda infundada oferece ao Estado a ocasião de pronunciar uma sentença, com a qual, ao declarar que, segundo a lei, o reclamante não tem razão, alcança seu fim público de fazer respeitar a lei.[48]

---

[48] O absoluto predomínio, na ordem constitucional, do interesse coletivo, põe cada vez mais em evidência o direito objetivo da vontade do Estado, deixando na sombra a função, antes preeminente, de garantia e de

Entre estas duas teorias *extremas* da ação, uma correspondente à concepção liberal e individualista do Estado, e outra correspondente a uma concepção autoritária e coletivista, parece que a teoria que melhor se adapta ao atual momento histórico do Estado italiano (da época: 1952) seja a intermédia, do "direito potestativo", formulada por Chiovenda.

A *teoria da ação como direito potestativo* parece, pois, a mais adequada, historicamente, ao processo civil; mas com isto não se nega que as outras teorias tenham no passado, ou possam, no futuro, aparecer como mais adequadas para explicar uma realidade social diversa da presente; assim, no mesmo ordenamento positivo, hoje vigente, apresentam-se não poucas zonas do direito civil, nas quais predominam tão energicamente as considerações de ordem pública, que a ação, relativa a estas relações, vai perdendo, cada vez mais, os caracteres de *direito subjetivo*, e assumindo cada vez mais a figura de *poder público*, que tem sido posto em evidência pelos teóricos do direito abstrato de agir."

Num artigo intitulado "Relatividade do conceito de ação", Calamandrei procura demonstrar que as várias teorias que lutam em torno do conceito de ação encontram justificação histórica no momento presente (ano de 1952), enquanto cada uma delas deve entender-se relativa a uma dentre as diversas concepções ou fases do amadurecimento das relações entre cidadão e Estado, que convivem hoje (ano de 1952) em zonas limítrofes do ordenamento jurídico, de sorte que cada uma das teorias não pode ser considerada em si mesma, *nem absolutamente verdadeira*, nem *absolutamente falsa*, porque serve para recolher, de um diverso ponto de vista, uma diversa porção de verdade, e para fazer brilhar um instante, antes de ser superada, uma das inumeráveis facetas desse metal em fusão, que penetra na armação do Estado.

Qualquer que pareça, dentre as várias teorias, a preferível, o certo é que a ação, antes de ser uma construção dogmática dos teóricos, é uma realidade prática, aceita pelo direito de todos os Estados civilizados.

Posteriormente, ao se referir à ação, Calamandrei[49] já não fala que seja um direito subjetivo, nem que se dirija contra o adversário, nem tampouco que seja um direito potestativo e concreto destinado a obter uma sentença favorável, senão que a defesa é um direito inviolável do cidadão, em qualquer grau de procedimento, e, em virtude desta disposição, o direito de *ação*, ou o direito de dirigir-se aos órgãos judiciais (o direito de agir em sentido abstrato), assim como o direito inviolável de defesa, entra diretamente no campo *constitucional*, entre os direitos fundamentais reconhecidos a todos os cidadãos e, em determinadas condições, aos estrangeiros.

4 CONDIÇÕES DA AÇÃO CIVIL

As *condições da ação* são requisitos necessários ao exercício da ação, sem os quais o direito de ação não existe.

Duas são as *condições da ação*: *a*) interesse de agir (ou interesse processual); e *b*) legitimidade das partes (ou *legitimatio ad causam*).

---

equilíbrio dos interesses individuais. Assim, enquanto o direito objetivo se resigna a ser, pouco a pouco, a sombra de si mesmo, retrocedendo ao grau de interesse ocasionalmente protegido, também a jurisdição civil, insensivelmente, vai se convertendo em jurisdição de mero direito objetivo.

[49] Essa sua posição foi exposta numa conferência pronunciada em 1952.

4.1 Interesse de agir ou interesse processual

O *interesse de agir*, também chamado de *interesse processual*, é o interesse da parte de se socorrer das vias judiciais para evitar ameaça ou reparar lesão cometida contra o seu direito. Se o valor do crédito estiver depositado num banco, à disposição do credor, este carecerá de interesse processual para propor uma ação de cobrança, pois, estando a quantia à sua disposição, poderá ele sacá-la quando quiser. Entretanto, se vencida a dívida, o devedor se recusa a pagá-la, configura-se, pelo menos em tese, uma *lesão* ao direito do autor, que é o primeiro elemento do *interesse de agir*.

Suponha-se que o autor, lesado no seu direito de haver o crédito no vencimento, formule, na sua petição inicial, um pedido de imissão na posse de determinado bem do devedor, não será idônea tal pretensão para a reparação do direito lesado. No caso, *idôneo* seria o pedido de condenação do réu ao pagamento da dívida. É este o segundo elemento do interesse processual, ou seja, a *idoneidade* da providência jurisdicional pedida para satisfazer a pretensão.

Em suma, o *interesse de agir* não se confunde com o *interesse substancial* (ou material) contido na pretensão. Noutros termos, o interesse de exigir a prestação fora do processo se exterioriza com a formulação de uma simples pretensão. A *pretensão* é a exigência de subordinação de um interesse alheio a um interesse próprio (Carnelutti). A resistência à pretensão configura a lide e pressupõe, em tese, uma lesão ao interesse do autor; e é nesse ponto que nasce o interesse processual, juntamente com a lide.

O interesse de agir configura-se com o pedido de uma providência idônea à satisfação da pretensão. Se o papagaio do vizinho faz barulho depois das 23h, não há dúvida de que há, pelo menos em tese, uma lesão ao direito do morador, que é o direito ao repouso e ao silêncio. Mas se o morador, para que prevaleça o seu direito, pretende o despejo do vizinho, carecerá de interesse processual para propor essa ação, já que tal providência não é idônea para reparação da lesão. Se o vizinho resolve manter um canil no seu apartamento, com cachorros latindo altas horas da noite, violando a convenção de condomínio, tem qualquer condômino o direito de fazer com que cessem os incômodos, mediante a remoção dos animais do imóvel.

Se o autor carecer *de interesse de agir*, a petição inicial será indeferida, como preceitua o art. 485, I, do CPC, ou será julgado extinto o processo, a qualquer momento, antes da sentença de mérito, declarando o juiz, em qualquer dos dois casos, que o autor é "carecedor de ação".

4.2 Legitimação das partes

A *legitimação das partes* (ou *legitimatio ad causam*) traduz a *pertinência subjetiva da lide*, de modo que o autor seja aquele a quem a lei assegura o direito de invocar a tutela jurisdicional, e o réu, aquele em face de quem pode o autor pretender algo. Assim, faltaria legitimidade ao pai para cobrar judicialmente dívida do filho; ou ao marido para cobrar dívida da mulher.

Em princípio, a legitimidade *ativa* ou *passiva ad causam* corresponde à titularidade ativa ou passiva da pretensão de direito material objeto da ação. Assim, terá legitimidade ativa o titular do interesse subordinante e, passiva, o titular do interesse subordinado.

A essa legitimação denomina-se *legitimação ordinária*.

Existe, também, outra espécie de legitimação, a que a doutrina denomina de "legitimação extraordinária", a respeito da qual dispõe o art. 18, *caput*, do CPC: "Ninguém poderá pleitear direito alheio em nome próprio, salvo quando autorizado pelo ordenamento jurídico". A essa especial modalidade de legitimação dá-se o nome de *substituição processual*, porquanto *não existe* identidade entre o titular do direito de ação e o titular do direito material que se faz valer por seu intermédio. Assim, em virtude de expressa permissão legal, pode o titular da ação não ser o mesmo titular da pretensão de direito material, como acontece, por exemplo, com o gestor de negócios em defesa dos bens do gerido (CC, art. 861).[50] Esse tema será tratado mais pormenorizadamente adiante.

Modelo de contestação alegando ilegitimidade passiva

Acesse o *QR Code* e faça o *download*.
> http://uqr.to/1ztly

São estas as condições da ação, à luz do Código de Processo Civil (arts. 17 e 485, VI),[51] fiel ao magistério de Liebman.[52]

4.3 Crítica à concepção original de Liebman sobre a ação

Era criticável a posição inicial de Liebman, na primeira e segunda edições do seu Manuale di diritto processuale civile, ao inserir a "possibilidade jurídica do pedido" entre as condições da ação, como sendo aquela situação em que faltava no ordenamento jurídico a previsão, em abstrato, a pretensão postulada; razão por que, na terceira edição do seu Manuale, considerou a possibilidade jurídica do pedido incluída no interesse de agir.

Num ordenamento jurídico como o brasileiro, em que a lacuna ou obscuridade na lei não exime o juiz de decidir (CPC, art. 140),[53] a possibilidade jurídica do pedido não ficava numa situação confortável como uma das condições da ação.

Haverá caso em que faltará essa previsão legal, em abstrato, no direito objetivo, mas, nem por isso, poderá o juiz eximir-se de processar e julgar a causa, alegando omissão na lei.

Isso porque, se a ordem jurídica *não vedar* de forma expressa a pretensão material, haverá a "possibilidade jurídica do pedido", pois terá havido o "interesse de agir", ainda que, para aferi-la e julgá-la, tenha o juiz de se socorrer de regras de integração do ordenamento jurídico; mas, se vedar a pretensão, não haverá possibilidade jurídica, uma vez que não terá havido o interesse de agir.

A *possibilidade jurídica do pedido,* não é algo que se possa contrapor ao *interesse de agir*, porque, se o ordenamento jurídico vedar determinada pretensão, como, por exemplo, a cobrança de dívida de jogo (ilícito), não terá o credor *interesse de agir* para postular a sua tutela em juízo; pelo que a hipótese será de *falta de interesse de agir*, e não de *falta de possibilidade jurídica*.

---

[50] Art. 861. Aquele que, sem autorização do interessado, intervém na gestão de negócio alheio, dirigi-lo-á segundo o interesse e a vontade presumível de seu dono, ficando responsável a este e às pessoas com que tratar.

[51] Art. 17. Para postular em juízo é necessário ter interesse e legitimidade. (...) Art. 485. O juiz não resolverá o mérito quando: (...) VI – verificar ausência de legitimidade ou de interesse processual (...).

[52] Na terceira edição do seu *Manuale di diritto processuale civile*, Liebman já limitou as condições da ação ao interesse de agir e legitimidade para agir, entendendo que a possibilidade jurídica do pedido se compreendia no interesse de agir.

[53] Art. 140. O juiz não se exime de decidir sob a alegação de lacuna ou obscuridade do ordenamento jurídico. (...)

Essas são as razões pelas quais o atual CPC se limitou a considerar como condições da ação apenas a legitimidade (das partes) e o interesse processual (art. 485, VI).

O atual CPC apartou-se da teoria liebmaneana, ao considerar a possibilidade jurídica do pedido integrante do mérito da causa – com o que prestigiou a posição de Chiovenda sobre o tema – por entender que, quando a parte apresenta uma demanda sem que haja possibilidade jurídica do pedido, trata-se de verdadeira improcedência com resolução de mérito nos termos do art. 487, I;[54] mas, sem dúvida, não foi a melhor orientação (*tollitur quaestio*).[55]

A teoria de Liebman, adotada pelo atual Código de Processo Civil, continua não explicando, satisfatoriamente, o que acontece quando o juiz julga o autor carecedor da ação, *por ocasião da sentença*, por constatar a ausência de uma das condições da ação. Nesse caso, seguindo os ensinamentos de Wach, teria havido o exercício de *mera faculdade jurídica*.

5 CONDIÇÕES DA AÇÃO PENAL

A ação penal, tanto quanto a ação civil e trabalhista, subordina-se a determinadas condições, pois é direito subjetivo público, abstrato e autônomo de pedir ao órgão jurisdicional a atuação da lei penal.

No âmbito penal, além do *interesse de agir* e da *legitimação para agir*, emerge de forma bastante destacada a *possibilidade jurídica*, pois a denúncia ou a queixa deverá fundar-se, necessariamente, num fato típico e antijurídico, expressamente previsto no direito material penal.

O princípio da reserva legal (*Nullum crimen nulla poena sine lege*)[56] impede que, através da atividade integradora da lei, se crie a norma a aplicar-se ao caso concreto, sendo *impossível*, por exemplo, denunciar alguém por incesto,[57] que não é crime previsto na lei penal brasileira.

Na *esfera penal*, costuma-se falar na doutrina (Vannini, Leone, Frederico Marques) em *condições de procedibilidade* para traduzir os requisitos ou pressupostos aos quais se subordina o *exercício da ação penal*.

Algumas das condições da ação são *genéricas*, indispensáveis ao exercício de qualquer ação, inclusive a ação penal, devendo coexistir – interesse de agir e *legitimatio ad causam* –, e outras são *específicas*, necessárias apenas num ou noutro caso, condicionando o exercício de determinada ação. Assim, por exemplo, na esfera penal, a representação da parte ofendida ou de seu representante legal, quando necessária ao exercício da ação penal.

6 DEFESA CONTRA A AÇÃO. QUESTÕES SOBRE O EXERCÍCIO DA AÇÃO

6.1 Conceito de "questão"

Na doutrina de Carnelutti, "*questão*" é todo ponto duvidoso, de fato ou de direito, que surge no processo e que cumpre ao juiz resolver, sendo correlata à noção de *afirmação* da parte.

---

[54] "Art. 487. Haverá resolução de mérito quando o juiz: I – acolher ou rejeitar o pedido formulado na ação ou na reconvenção."
[55] "Tollitur quaestio" significa questão resolvida.
[56] Não há crime nem pena sem lei (anterior) que os defina.
[57] *Incesto* é a relação sexual ou marital entre parentes próximos ou alguma forma de restrição sexual dentro de determinada sociedade.

Se a afirmação por uma das partes não for contraditada pela outra, nem posta em dúvida pelo juiz, configura mero *ponto*; mas, havendo discordância ou dúvida, o ponto converte-se em *questão*.

No sentido técnico jurídico, o vocábulo "questão" designa uma controvérsia sobre um *ponto* de fato ou de direito.

O estudo das *questões* é importante, pois, conforme sua natureza, vai influir diversamente na decisão final; e diversa será também a eficácia da decisão do juiz a respeito.

A eficácia dos atos processuais, de um modo geral, resulta justamente da natureza das questões solucionadas num determinado processo. Assim, se o réu alegar, na sua defesa, a ausência de pressupostos processuais ou de condições da ação, estará suscitando *questões*; o mesmo acontecendo se atacar ponto relacionado com a pretensão material do autor.

Todas estas questões levantadas pelas partes devem ser solucionadas pelo juiz, e da sua decisão dependerá o resultado quanto ao mérito da causa.

6.2   Classificação das questões na teoria de Hélio Tornaghi

Hélio Tornaghi classifica as questões, genericamente, em três categorias: *a)* questões preliminares ou prévias; *b)* questões intermédias; e *c)* questões finais.

As *questões preliminares* ou *prévias* são pertinentes aos pressupostos processuais; as *questões intermédias* são pertinentes às condições da ação; e as *questões finais* são pertinentes à pretensão deduzida em juízo, ou seja, ao mérito da causa.

Certas *questões* se colocam entre o exame dos pressupostos processuais e o mérito da causa, sendo, por isso, chamadas questões *intermédias*, como são as concernentes ao exercício do *direito de ação*, como o interesse de agir e a legitimidade das partes.

Sempre que o réu alegar a falta de alguma dessas *condições* ou o juiz, *ex officio,* puser em dúvida a sua existência, estaremos diante de uma *questão sobre o exercício da ação*. Assim, por exemplo, o réu, ao se defender, alega que o autor está cobrando dívida ainda não vencida, ou cujo vencimento foi prorrogado (falta de interesse de agir), ou que a dívida foi contraída pelo pai e está sendo cobrada do filho (falta de legitimidade da parte), estará, em defesa, suscitando questões relativas às condições da ação.

Como a ação nada mais é do que *um dos vértices da relação processual* – aquele que liga o autor ao juiz e vice-versa –, qualquer *questão sobre a ação* (ou sobre alguma de suas condições) deriva numa *questão processual*, a ser resolvida antes do mérito da causa.

Para Hélio Tornaghi, a ausência das *condições da ação* se abriga no termo "exceção" (defesa), ao lado da falta de pressupostos processuais.

O exame dessas questões prescinde de alegação das partes, cumprindo ao juiz examinar de ofício a presença das condições da ação, em qualquer fase do procedimento, e, se der pela sua ausência, extinguir o processo sem resolução de mérito.

A eficácia da decisão que resolve sobre uma *questão intermédia* é restrita ao processo em que foi proferida, pois a pretensão material deduzida em juízo continua imprejulgada.

Se não preencher o autor as *condições da ação*, deve ser julgado *carecedor de ação*, sem prejuízo de que, uma vez satisfeitas, exercite nova ação para tutela do pretendido direito material; salvo se lhe for interditado o exercício de nova ação (casos de perempção, litispendência ou coisa julgada).[58]

Essas *questões* podem surgir em qualquer processo, civil, trabalhista ou penal, pois o exercício do direito de ação, qualquer que seja o conteúdo da lide a que se refira, está sujeito ao preenchimento das condições da ação.

7 CLASSIFICAÇÃO DAS AÇÕES

As ações são classificadas pela doutrina sob mais de um aspecto, conforme se trate de ação civil, trabalhista ou penal.

7.1 Classificação da ação civil

A ação civil, *em razão da prestação jurisdicional invocada pela parte,* pode ser assim classificada:

1) Ação *individual*:

    A) de conhecimento:

        a) declaratória;

        b) condenatória;

        c) constitutiva.

    B) de execução.

2) Ação *coletiva*:

    A) de conhecimento:

        a) declaratória;

        b) condenatória;

        c) constitutiva.

    B) de execução.

O atual Código de Processo Civil disciplina a tutela cautelar e a tutela antecipada, na Parte Geral, como modalidades de tutela provisória de urgência (cautelar ou antecipada), podendo ser antecedente e incidental, sendo essa ação exercitável no processo de conhecimento (de procedimento comum e de procedimentos especiais) e de execução.

---

[58] "Art. 486. O pronunciamento judicial que não resolve o mérito não obsta a que a parte proponha de novo a ação. (...)" A perempção vem prevista no art. 486, § 3º; a litispendência, no art. 337, VI, e a coisa julgada, no art. 337, VII, todos do CPC.

124 | TEORIA GERAL DO PROCESSO – J. E. Carreira Alvim

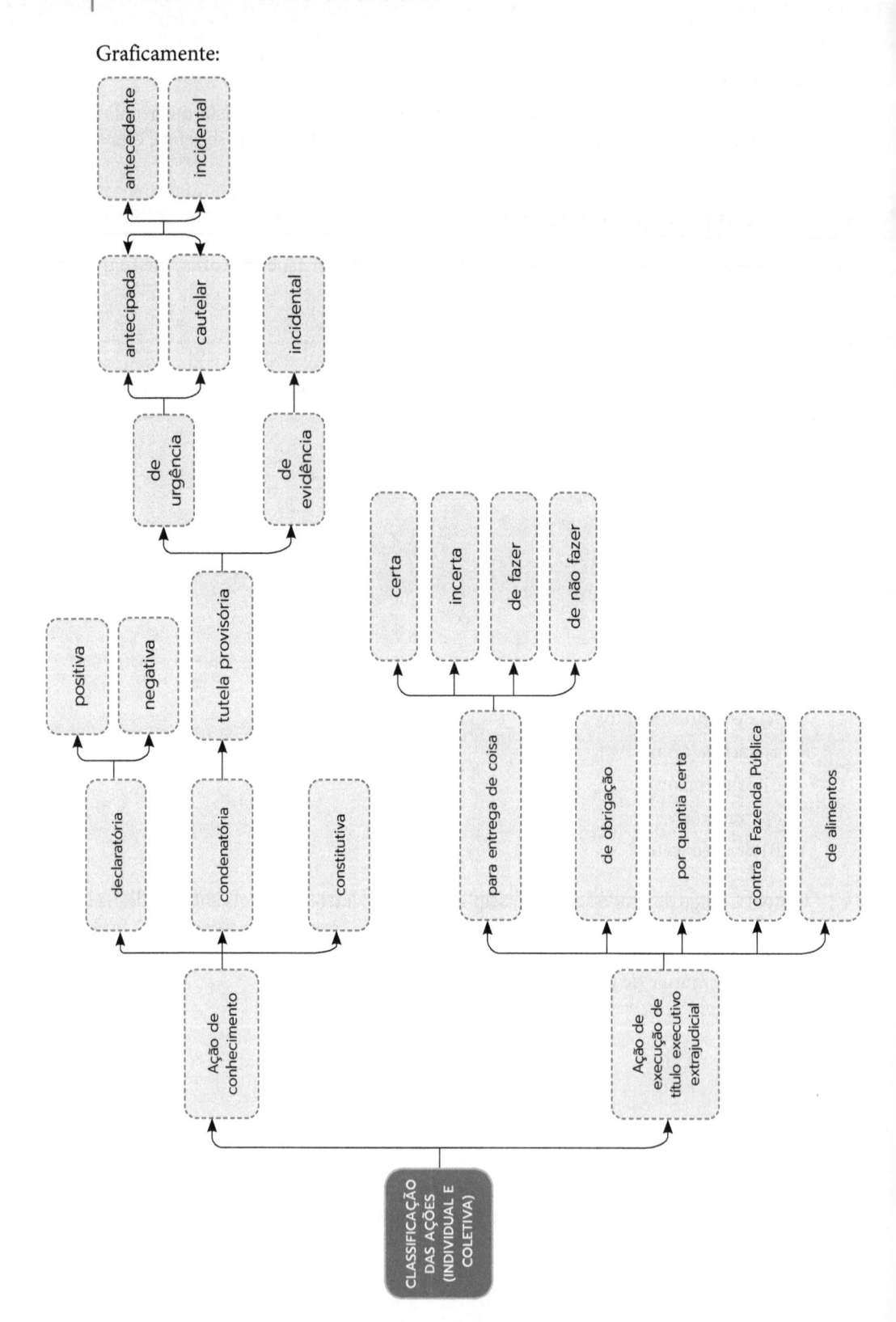

Graficamente:

```
                                    ┌─────────────┐  ┌────────────┐
                                    │ antecedente │  │ incidental │
                                    └──────▲──────┘  └─────▲──────┘
                                           │               │
                                    ┌──────┴──────┐  ┌─────┴──────┐        ┌─────────────┐
                                    │ antecipada  │  │  cautelar  │        │ incidental  │
                                    └──────▲──────┘  └─────▲──────┘        └──────▲──────┘
                                           │               │                      │
                                         ┌─┴───────────────┴─┐           ┌────────┴────────┐
                                         │    de urgência    │           │  de evidência   │
                                         └─────────▲─────────┘           └────────▲────────┘
                                                   │                              │
                                                   └──────────────┬───────────────┘
                                                                  │
    ┌──────────┐  ┌──────────┐                          ┌─────────┴─────────┐
    │ positiva │  │ negativa │                          │  tutela provisória │
    └─────▲────┘  └────▲─────┘                          └─────────▲─────────┘
          │            │                                          │
          └─────┬──────┘                                                                    ┌──────┐ ┌─────────┐ ┌─────────┐ ┌────────────┐
                │                                                                           │ certa │ │ incerta │ │ de fazer │ │ de não fazer │
    ┌───────────┴───────┐  ┌──────────────┐  ┌──────────────┐                               └───▲──┘ └────▲────┘ └────▲────┘ └──────▲─────┘
    │   declaratória    │  │ condenatória │  │ constitutiva │                                   │         │           │              │
    └──────────▲────────┘  └──────▲───────┘  └──────▲───────┘                                   └────┬────┴─────┬─────┴──────┬───────┘
               │                  │                 │                                                │          │            │
               └──────────────────┼─────────────────┘                                    ┌───────────┴────┐ ┌───┴──────┐ ┌───┴─────────┐ ┌──────────────┐ ┌──────────┐
                                  │                                                     │ para entrega   │ │    de    │ │  por quantia │ │ contra a     │ │    de    │
                            ┌─────┴───────┐                                              │    de coisa    │ │ obrigação │ │     certa    │ │ Fazenda      │ │ alimentos│
                            │   Ação de   │                                              └───────▲────────┘ └────▲─────┘ └───────▲──────┘ │  Pública     │ └─────▲────┘
                            │conhecimento │                                                      │               │               │       └───────▲──────┘       │
                            └──────▲──────┘                                                      └───────┬───────┴───────────────┴───────────────┴──────────────┘
                                   │                                                                     │
                                   │                                                   ┌─────────────────┴─────────────────┐
                                   │                                                   │    Ação de execução de título     │
                                   │                                                   │      executivo extrajudicial      │
                                   │                                                   └─────────────────▲─────────────────┘
                                   │                                                                     │
                                   └─────────────────────────┬───────────────────────────────────────────┘
                                                             │
                                                  ┌──────────┴──────────┐
                                                  │   CLASSIFICAÇÃO     │
                                                  │     DAS AÇÕES       │
                                                  │   (INDIVIDUAL E     │
                                                  │      COLETIVA)      │
                                                  └─────────────────────┘
```

A *ação individual* tem por objeto pretensão material pertencente a uma única pessoa ou a mais de uma solidariamente ou em condomínio.

A *ação de conhecimento* provoca uma providência jurisdicional que reclama um processo regular de cognição, pelo qual o juiz tenha pleno conhecimento da lide, a fim de que possa proferir uma decisão de mérito, extraindo da lei a regra concreta aplicável à espécie.

A *ação declaratória* visa à simples declaração de existência ou inexistência de uma relação jurídica, ou de autenticidade ou falsidade de um documento, em que o bem da vida pretendido é somente a *certeza*, com o que se esgota a função jurisdicional do Estado, ficando satisfeita a pretensão do autor (CPC, art. 19, I e II).

Quando a pretensão do autor é a declaração de *existência* de uma relação (ou situação jurídica), diz-se *ação declaratória positiva*; e, quando a pretensão é a declaração de *inexistência* de uma relação (ou situação jurídica), diz-se *ação declaratória negativa*.

A *ação condenatória* visa à condenação do réu a uma prestação (de pagar quantia, fazer, não fazer, entregar coisa), mediante aplicação de uma sanção ao réu, que, no âmbito civil, é sujeitá-lo à execução.

A *ação constitutiva* visa à criação, modificação, conservação ou extinção de uma relação jurídica ou situação jurídica.

A *tutela provisória* visa a uma tutela urgente, antecedente ou incidental (CPC, art. 294)[59] ou uma tutela da evidência (CPC, art. 311),[60] tendentes a satisfazer o direito (material), mediante tutela antecipada, quando houver probabilidade do direito e perigo de dano (tutela de urgência) ou mediante tutela cautelar, quando houver probabilidade do direito e risco ao resultado útil do processo (CPC, art. 300, *caput*);[61] e satisfazer o direito material na tutela da evidência, independentemente de perigo de dano ou de risco ao resultado útil do processo (CPC, art. 311), sendo admitidas liminares apenas nas hipóteses previstas nos incisos II e III do art. 311 (CPC, parágrafo único).

A *ação de execução* provoca providências jurisdicionais de execução, tendo por pressuposto um *título executivo extrajudicial*; mesmo em face da Fazenda Pública (CPC, art. 910).[62]

---

[59] Art. 294. A tutela provisória pode fundamentar-se em urgência ou evidência. Parágrafo único. A tutela provisória de urgência, cautelar ou antecipada, pode ser concedida em caráter antecedente ou incidental.

[60] Art. 311. A tutela da evidência será concedida, independentemente da demonstração de perigo de dano ou de risco ao resultado útil do processo, quando: I – ficar caracterizado o abuso do direito de defesa ou o manifesto propósito protelatório da parte; II – as alegações de fato puderem ser comprovadas apenas documentalmente e houver tese firmada em julgamento de casos repetitivos ou em súmula vinculante; III – se tratar de pedido reipersecutório fundado em prova documental adequada do contrato de depósito, caso em que será decretada a ordem de entrega do objeto custodiado, sob cominação de multa; IV – a petição inicial for instruída com prova documental suficiente dos fatos constitutivos do direito do autor, a que o réu não oponha prova capaz de gerar dúvida razoável. Parágrafo único. Nas hipóteses dos incisos II e III, o juiz poderá decidir liminarmente.

[61] Art. 300. A tutela de urgência será concedida quando houver elementos que evidenciem a probabilidade do direito e o perigo de dano ou o risco ao resultado útil do processo. (...)

[62] Art. 910. Na execução fundada em título extrajudicial, a Fazenda Pública será citada para opor embargos em 30 (trinta) dias. § 1º Não opostos embargos ou transitada em julgado a decisão que os rejeitar, expedir-se-á precatório ou requisição de pequeno valor em favor do exequente, observando-se o disposto no art. 100 da Constituição Federal. § 2º Nos embargos, a Fazenda Pública poderá alegar qualquer matéria que lhe seria lícito deduzir como defesa no processo de conhecimento. § 3º Aplica-se a este Capítulo, no que couber, o disposto nos artigos 534 e 535.

As medidas cautelares (*rectius*, *ações* cautelares) sobrevivem no direito processual penal (CPP, art. 282, §§ 1º a 6º),[63] pois no processo trabalhista se aplicam, subsidiariamente, as normas do Código de Processo Civil relativas à tutela provisória (CLT, art. 8º, § 1º;[64] CPC, art. 15[65]).

A *ação coletiva* tem por objeto pretensão material pertencente a um grupo, categoria ou classe de pessoas; sendo a pretensão coletiva objeto de tutela pela Lei da Ação Civil Pública,[66] do Código de Defesa do Consumidor etc., viabilizando a tutela dos direitos e interesses difusos, coletivos e individuais homogêneos.

7.2 Classificação da ação trabalhista

A ação ou dissídio trabalhista é classificado em:

1) Dissídio (ação) individual:

   A) de conhecimento:

   a) declaratório;

   b) constitutivo;

   c) condenatório.

   B) de execução.

2) Dissídio (ação) coletivo:

   A) constitutivo;

   B) declaratório.

---

[63] Art. 282. As medidas cautelares previstas neste Título deverão ser aplicadas observando-se a: I – necessidade para aplicação da lei penal, para a investigação ou a instrução criminal e, nos casos expressamente previstos, para evitar a prática de infrações penais. II – adequação da medida à gravidade do crime, circunstâncias do fato e condições pessoais do indiciado ou acusado. § 1º As medidas cautelares poderão ser aplicadas isolada ou cumulativamente. § 2º As medidas cautelares serão decretadas pelo juiz a requerimento das partes ou, quando no curso da investigação criminal, por representação da autoridade policial ou mediante requerimento do Ministério Público. § 3º Ressalvados os casos de urgência ou de perigo de ineficácia da medida, o juiz, ao receber o pedido de medida cautelar, determinará a intimação da parte contrária, para se manifestar no prazo de 5 (cinco) dias, acompanhada de cópia do requerimento e das peças necessárias, permanecendo os autos em juízo, e os casos de urgência ou de perigo deverão ser justificados e fundamentados em decisão que contenha elementos do caso concreto que justifiquem essa medida excepcional. § 4º No caso de descumprimento de qualquer das obrigações impostas, o juiz, mediante requerimento do Ministério Público, de seu assistente ou do querelante, poderá substituir a medida, impor outra em cumulação, ou, em último caso, decretar a prisão preventiva, nos termos do parágrafo único do art. 312 deste Código. § 5º O juiz poderá, de ofício ou a pedido das partes, revogar a medida cautelar ou substituí-la quando verificar a falta de motivo para que subsista, bem como voltar a decretá-la, se sobrevierem razões que a justifiquem. § 6º A prisão preventiva somente será determinada quando não for cabível a sua substituição por outra medida cautelar, observado o art. 319 deste Código, e o não cabimento da substituição por outra medida cautelar deverá ser justificado de forma fundamentada nos elementos presentes do caso concreto, de forma individualizada.

[64] "Art. 8º. (...) § 1º O direito comum será fonte subsidiária do direito do trabalho."

[65] Art. 15. Na ausência de normas que regulem processos eleitorais, trabalhistas ou administrativos, as disposições deste Código lhes serão aplicadas supletiva e subsidiariamente.

[66] Lei nº 7.347/85 e alterações posteriores.

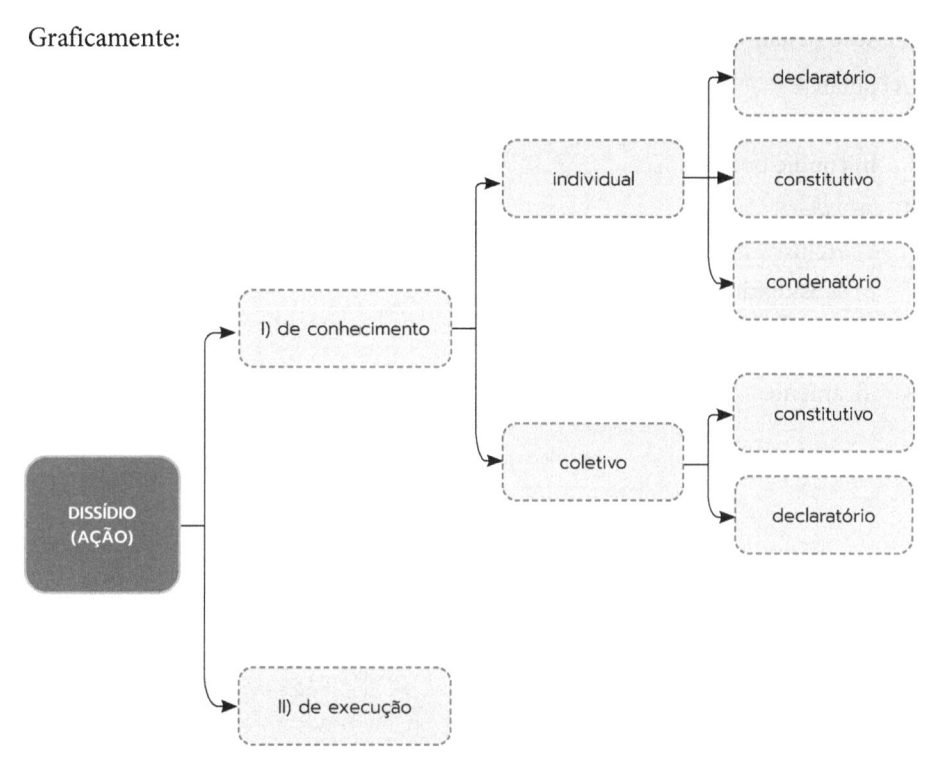

Graficamente:

```
                                    ┌─→ declaratório
                          ┌─ individual ─┼─→ constitutivo
                          │         └─→ condenatório
           ┌─ I) de conhecimento ─┤
           │              │         ┌─→ constitutivo
DISSÍDIO ──┤              └─ coletivo ─┤
(AÇÃO)     │                        └─→ declaratório
           │
           └─ II) de execução
```

O *dissídio (ação) individual* é aquele cujo titular é pessoa singularmente considerada e destina-se à obtenção de um pronunciamento judicial sobre interesse concreto e individualizado; podendo ser declaratório, constitutivo, condenatório e de execução.

Estas modalidades de ações (reclamações) não se distinguem, na essência, da classificação civil.

O *dissídio (ação) coletivo* é exercido em função de um direito que é reconhecido aos grupos, isto é, às categorias profissionais, representadas no processo pelos sindicatos ou associações organizadas. O dissídio coletivo pode ser constitutivo ou declaratório.[67]

O dissídio (ação) constitutivo (econômico ou de interesses) é aquele em que os trabalhadores reivindicam novas e melhores condições de trabalho, especialmente de natureza salarial; e o dissídio declaratório (jurídico ou de direito) é aquele em que há divergência na aplicação ou na interpretação de normas coletivas que vigoram no âmbito de cada categoria.

Segundo o art. 3º da Instrução Normativa do TST 39/2015, aprovada pela Resolução 203/2016 do mesmo Tribunal, sem prejuízo de outros, aplicam-se ao Processo do Trabalho, em face de omissão e compatibilidade, os preceitos do Código de Processo Civil que regulam a tutela provisória (arts. 294 a 311).

7.3 Classificação da ação penal

A *ação penal* pode ser classificada em função do *elemento subjetivo*,[68] correspondente ao sujeito que a promove:

---

[67] O mandado de segurança coletivo (CF, art. 5º, LXX) se inclui, também, na categoria das ações coletivas.
[68] Existe, também, uma classificação, segundo a tutela jurisdicional *invocada*, procurando adaptar a classificação das ações civis ao processo penal, assim: I) Ação penal: I) de conhecimento: a) condenatória;

1) Ação penal:

A) pública:
   a) incondicionada;
   b) condicionada.

B) privada:
   a) exclusivamente privada;
   b) subsidiária da ação pública;
   c) privada personalíssima.

Graficamente:

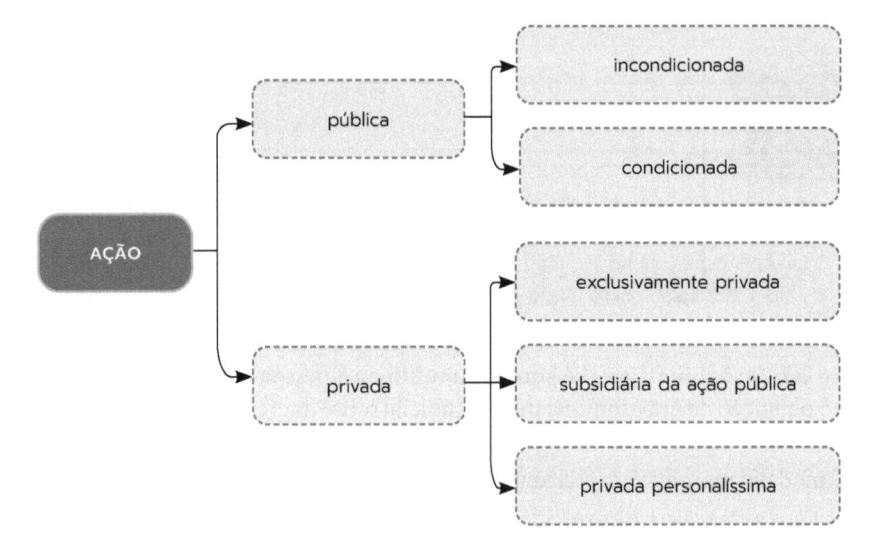

```
                    ┌──> incondicionada
            ┌─ pública ─┤
            │       └──> condicionada
  AÇÃO ─────┤
            │       ┌──> exclusivamente privada
            └─ privada ─┼──> subsidiária da ação pública
                    └──> privada personalíssima
```

A *ação pública incondicionada* compete, com exclusividade, ao Ministério Público, sem que haja necessidade de manifestação de vontade de quem quer que seja.

A *ação pública condicionada* é promovida pelo Ministério Público, mas condicionada a uma manifestação de vontade, por meio de representação do ofendido ou de seu representante legal, ou de requisição do Ministro da Justiça.

A *ação exclusivamente privada* compete ao ofendido ou a quem legalmente o represente, dependendo o seu exercício do seu poder dispositivo.

A *ação privada subsidiária da ação pública* é intentada nos crimes de ação penal pública, seja condicionada ou incondicionada, se o órgão do Ministério Público não oferecer a denúncia no prazo legal.

Ação penal privada personalíssima compete única e exclusivamente ao ofendido, dependendo da sua vontade a persecução penal.

---

b) constitutiva; c) declaratória: c1) positiva; c2) negativa. II) Ação (medida) cautelar; e III) Ação de execução.

8 ELEMENTOS DA AÇÃO

A ação se compõe de três elementos, que lhe dão *individualidade* no caso concreto, sendo este tema de grande importância na doutrina da *identificação das ações* e nas que se desenvolvem a partir dela, como a da coisa julgada, da litispendência, da sucumbência, da conexão etc.

Em sede doutrinária, a ação vem sendo considerada como um direito *abstrato*, que, ao ser exercida, adquire um colorido que a identifica ou distingue pela presença de determinadas *pessoas*, litigando sobre determinado *bem*, por alguma *razão* ou *motivo*.

São elementos da ação: a) partes; b) pedido; c) causa de pedir (ou *causa petendi*).

a) *Partes* são os titulares das posições ativa (autor) e passiva (réu) na demanda judicial; aquele que *age* e aquele que *reage* em juízo; aquele que exercita o direito de ação e aquele em face de quem esse direito é exercido.[69]

As partes são os sujeitos parciais da lide.

b) *Pedido* é aquilo que se pede em juízo e que constitui o núcleo da pretensão material, dividindo-se em: 1) pedido imediato; e 2) pedido mediato.

1) O pedido *imediato* é aquilo que imediatamente se pede, que é a atuação da lei, consistente numa providência jurisdicional declaratória, condenatória, constitutiva ou de execução.

2) O pedido *mediato* é o bem ou interesse que se quer ver tutelado pela sentença, seja esse bem material ou imaterial, econômico ou moral, consistente no pagamento do crédito, na restituição do imóvel etc.

c) *Causa de pedir* ou *causa petendi* é a razão ou o motivo pelo qual se exercita a ação.

8.1 Teorias sobre a causa de pedir: individuação e substanciação

Existem duas teorias sobre a causa de pedir: da individuação; da substanciação.

Pela teoria da *individuação*, basta ao autor indicar na petição inicial a causa próxima do pedido, consistente no seu fundamento jurídico.

Pela teoria da substanciação, deve o autor indicar na petição inicial a causa remota do pedido, ou seja, o fato constitutivo do seu direito, bem assim a causa próxima, ou seja, o fundamento jurídico do pedido.[70]

---

[69] Para Chiovenda, parte é aquele que pede no seu próprio nome, ou em cujo nome é pedida, a atuação de uma vontade de lei (autor), e aquele em face de quem essa atuação é pedida (réu).

[70] Não confundir "fundamento jurídico" do pedido com a indicação de preceitos legais (artigos de lei) que amparam a pretensão; aquele deve ser indicado pelo autor, sob pena de inépcia da petição inicial; estes são do conhecimento do juiz (*Da mihi factum, dabo tibi ius* = Dá-me o fato, dar-te-ei o direito; e *Iura novit curia* = O tribunal conhece o direito).

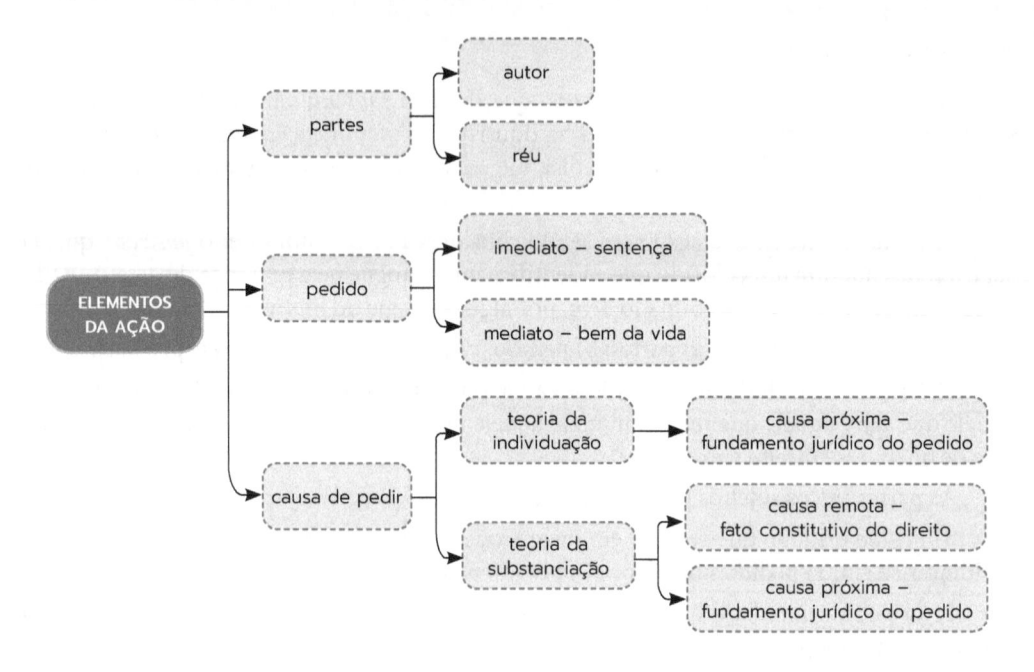

```
ELEMENTOS
DA AÇÃO
├── partes
│   ├── autor
│   └── réu
├── pedido
│   ├── imediato – sentença
│   └── mediato – bem da vida
└── causa de pedir
    ├── teoria da individuação
    │   └── causa próxima – fundamento jurídico do pedido
    └── teoria da substanciação
        ├── causa remota – fato constitutivo do direito
        └── causa próxima – fundamento jurídico do pedido
```

No sistema brasileiro, manda o inciso III do art. 319 do Código de Processo Civil que a petição inicial indicará o fato (causa remota) e os fundamentos jurídicos do pedido (causa próxima), com o que adotou a *teoria da substanciação*. Assim, na ação de despejo por falta de pagamento, deverá o autor indicar a relação jurídica de locação (causa remota) e a falta de pagamento de aluguéis (causa próxima).

Se, por acaso, não tiver êxito nessa ação, poderá o autor propor outra ação de despejo, indicando, desta feita, o contrato de locação (causa remota) e a necessidade do imóvel para uso próprio (causa próxima).

Apesar de a causa remota ou fato constitutivo do direito do autor, nas duas ações, ser a mesma (o contrato de locação), a causa próxima ou o fundamento jurídico é diferente (numa, a falta de pagamento; na outra, a necessidade do imóvel).

No que concerne à individualização das ações, duas ações são idênticas quando os seus elementos constitutivos são os mesmos, havendo identidade de partes, de pedido e de causa de pedir. Se algum ou alguns desses elementos forem os mesmos, mas outro ou outros forem diferentes, ter-se-á uma conexão de causas, e não identidade de ações.

9 CUMULAÇÃO DE AÇÕES

Sendo os elementos constitutivos da ação as partes, o pedido e a causa de pedir, a ação será sempre *identificada* por estes elementos. Não importa que o processo seja um só, podendo comportar o exercício de várias ações. Questão de *grande* importância, teórica e prática, consiste em apontar critérios e formular regras para a individualização das ações *cumuladas* num processo.

Verifica-se, inicialmente, que o pedido, unido à respectiva causa de pedir, outra coisa não é senão a expressão da "pretensão".

A lide, por sua vez, além da pretensão, envolve, também, as partes, já que ela é constituída pela pretensão de uma delas, resistida ou insatisfeita pela outra.

Do exposto, pode-se deduzir que a lide encerra os elementos da ação: no mínimo, duas partes (autor e réu) e a pretensão, que, por sua vez, é traduzida no pedido e na causa de pedir. Chega-se, assim, à conclusão de que, cada vez que se configurar uma *lide*, a ela corresponderá uma *ação*.

O problema, agora, consistirá em identificar as diversas lides, que podem ser cumuladas num só processo, cumulação gerada pela cumulação de pedidos contra o mesmo réu e pela cumulação de partes. Assim, individualizadas as lides, a elas corresponderá o mesmo número de ações.

Modelo de petição com cumulação de ações

Acesse o *QR Code* e faça o download.
> http://uqr.to/1ztlz

10 CONCURSO DE AÇÕES

O *concurso* de ações se dá quando a um só pedido correspondem várias causas de pedir, ou, pelo contrário, quando a uma só causa de pedir correspondem vários pedidos. Por exemplo, a pessoa que compra um imóvel, cuja área não corresponda às dimensões previstas no contrato com o vendedor, tem três ações para reparação da lesão: a) uma para pedir a rescisão do contrato; b) outra para reclamar a complementação da área; c) e outra para pedir o abatimento do preço. Aqui, a causa de pedir é uma só, sendo o fato, o contrato e o fundamento jurídico o vício que o inquina. Os pedidos é que são diferentes, podendo dois deles – a complementação de área e o abatimento do preço –, em caráter *alternativo*, figurar na mesma petição inicial. Chama-se a esse tipo de concurso, um *concurso eletivo* de ações.

Denomina-se *concurso próprio* de ações aquele em que o locador ajuíza ação de despejo, ao mesmo tempo, por inadimplemento contratual e para uso próprio. Aqui, o pedido é o mesmo, ou seja, a entrega do imóvel, sendo dois os fundamentos, quais sejam, o inadimplemento contratual e a necessidade em ter o imóvel para habitação.

Em suma, ocorre o *concurso de ações* quando o autor pode escolher entre várias ações, ou cumulá-las, para fazer valer sua pretensão de direito material. Fornecida a prestação jurisdicional, através do acolhimento de uma das ações, surge a coisa julgada, pelo que não podem ser propostas as demais.

Na doutrina, é lícito falar-se em cumulação *de pedidos* ou cumulação *objetiva*, nos casos de pedidos alternativos, ainda que não se acrescente uns aos outros, hipótese em que se está diante de *cumulação imprópria*. Haverá, também, cumulação de ações quando existente um único pedido com mais de um fundamento jurídico.

Em casos de concurso de ações, o número de lides será determinado pelo número de pedidos alternativos, cumulados no mesmo processo e decorrentes da mesma causa de pedir, isso no concurso eletivo, e pelo número de causas de pedir expostas para apoiar o único pedido, isso no concurso próprio.

De fato, sendo a pretensão constituída pelo conjunto do pedido e da causa de pedir, e havendo mais de um pedido ou mais de uma causa de pedir, haverá, igualmente, maior número de pretensões. No exemplo *retro*, por exemplo, o locador *pretende* o despejo por inadimplemento contratual, mas ele tem também uma outra pretensão, que é o despejo de ter o imóvel para uso próprio.

Modelo de petição de ações cumuladas

Acesse o *QR Code* e faça o *download*.
> http://uqr.to/1ztm0

11 CUMULAÇÃO DE PEDIDOS

A cumulação de pedidos é prevista pelo art. 327, *caput*, do CPC, que reza: "É lícita a cumulação, em um único processo, contra o mesmo réu, de vários pedidos, ainda que entre eles não haja conexão".

Desse modo, o autor, em vez de formular suas pretensões em diversos processos, pode enfeixá-las num só processo, por medida de economia processual. Cada pretensão resistida gera uma lide e, portanto, uma ação.

Modelo de petição de ação cumulando pedidos

Acesse o *QR Code* e faça o *download*.
> http://uqr.to/1ztm1

12 REUNIÃO DE AÇÕES E CUMULAÇÃO DE AÇÕES

Interessante distinção prática faz a doutrina entre *reunião* de ações e *cumulação* de ações.

Na *reunião* de ações, perderiam estas sua individualidade, fundindo-se numa só. Assim, somente poderia ocorrer essa reunião quando, pela natureza do objeto de cada ação, representado por valores ou quantidades apreciadas pecuniariamente, se permita uma *somação*. Os elementos da ação, nesse caso, desde que os mesmos, se fundem.

Já a *cumulação* de ações não induz a identificação destas. É o caso, por exemplo, da ação de divórcio cumulada com a de alimentos; ou da ação de demarcação de terras cumulada com a sua divisão.

BIBLIOGRAFIA

ARANGIO-RUIZ, Vicenzo. **Las acciones en el derecho privado romano**. Madrid: Revista de Derecho Privado, 1945.

ARCILA, Carlos Ramirez. **Teoría de la acción**. Bogotá: Temis, 1969.

CALAMANDREI, Piero. **Instituciones de derecho procesal civil**. Buenos Aires: EJEA, 1973. v. I.

CARLOS, Eduardo B. **Introducción al estudio del derecho procesal**. Buenos Aires: EJEA, 1959.

CARNELUTTI, Francesco. **Sistema del derecho procesal civil**. Padova: Cedam, 1936. v. I.

CHIOVENDA, Giuseppe. **Princípios de derecho procesal civil**. 3. ed. Madrid: REUS, 1977. t. I.

CHIOVENDA, Giuseppe. **Instituições de direito processual civil**. São Paulo: Saraiva, 1962 e 1969. v. I e II.

CHIOVENDA, Giuseppe. **Saggi di diritto processuale civile**. Milano: Giuffrè, 1993. v. I.

COUTURE, Eduardo J. **Fundamentos del derecho procesal civil**. Buenos Aires: Depalma, 1988.

COUTURE, Eduardo J. **Introducción al estudio del proceso civil**. Buenos Aires: EJEA, 1959.

DINAMARCO, Cândido Rangel. **Fundamentos do processo civil moderno**. São Paulo: RT, 1986.

GIGLIO, Wagner D. **Direito processual do trabalho**. São Paulo: RT, 1972.

GOLDSCHMIDT, James. **Derecho justicial material**. Buenos Aires: EJEA, 1959.

LARA, Cipriano Gómez. **Teoria general de processo**. México: Textos Universitários, 1976.

MOREIRA ALVES, José Carlos. **Direito romano**. Rio de Janeiro: Forense, 1971. v. I.

NASCIMENTO, Amauri Mascaro. **Direito processual do trabalho**. 14. ed. São Paulo: Saraiva, 1997.

NOGUEIRA, Paulo Lúcio. **Curso completo de processo penal**. 2. ed. São Paulo: Saraiva, 2000.

PINTO, José Augusto Rodrigues. **Processo trabalhista de conhecimento**. 4. ed. São Paulo: LTr, 1998.

PUGLIESE, Giovanni. **Polemica sobre la "actio" – Introducción, XII**. Trad. de Tomás Banzhaf. Buenos Aires, EJEA, 1974.

ROCCO, Ugo. **Tratado de derecho procesal civil**. Bogotá e Buenos Aires: Temis e Depalma, 1969. t. I.

SANTOS, Moacyr Amaral. **Primeiras linhas de direito processual civil**. São Paulo: Saraiva, 2009. v. 1.

TOURINHO FILHO, Fernando da Costa. **Processo penal**. 6. ed. São Paulo: Saraiva, 2001. v. I.

WACH, Adolf. **Manual de derecho procesal civil**. Buenos Aires: EJEA, 1977. v. I.

Capítulo 7
PROBLEMÁTICA DO PROCESSO

Sumário: 1 Valores e normas fundamentais. 2 Principais teorias sobre a natureza do processo. 3 Processo como contrato. 4 Processo como quase contrato. 5 Processo como instituição. 6 Processo como situação jurídica. 7 Processo como relação jurídica. 8 Relação jurídica processual: características. 9 Caracterização da relação processual. 10 Pressupostos processuais: pressupostos de existência e pressupostos de validade. 11 Defesa contra o processo.

1   VALORES E NORMAS FUNDAMENTAIS

O princípio *fundamental* de todo processo, sustentáculo de todos os princípios que lhe são inerentes, é o *devido processo legal,* consagrado pelo art. 5º, LIV, da Constituição, dispondo que: "*Ninguém será privado da liberdade ou de seus bens sem o* **devido processo legal**", aplicável tanto ao processo penal quanto ao processo civil *lato sensu* (sentido amplo), ao civil *stricto sensu* (sentido estrito), ao trabalhista, ao eleitoral, ao tributário etc.

O atual Código de Processo Civil (Lei n. 13.105/15) inaugura, na esfera civil, um sistema processual mais condizente com a realidade, buscando harmonizar dois dos principais sistemas processuais: o da *civil law* (da lei civil), de estrutura predominantemente escrita, e o da *common law* (direito comum), de fundo prevalentemente costumeiro. Assim, inaugura-se entre nós um *processo* democrático, do tipo *cooperativo,* regado pelo *contraditório substancial,* correndo pelos trilhos da *lealdade* e da *boa-fé* processuais.

1.1   Ordenação do processo civil

O processo civil, nos termos do art. 1º do CPC, "será ordenado, disciplinado e interpretado conforme os valores e as normas fundamentais estabelecidos na Constituição da República Federativa do Brasil, observando-se as disposições deste Código".

Esta regra revela o compromisso do atual CPC com o *devido processo legal* (*due process of law*), o que se obtém, na linguagem de Marinoni e Mitidiero, através da tutela jurisdicional adequada, efetiva e tempestiva dos direitos, só possível mediante a concretização dos princípios fundamentais processuais estabelecidos na Constituição.

A grande preocupação do legislador na elaboração do atual Código de Processo Civil foi, sem dúvida, com as garantias constitucionais, enquanto "garantias que regem, eminentemente, as relações das partes entre si, entre elas e o juiz e, também, entre elas e terceiros, de que são exemplos a imparcialidade do juiz, o contraditório e a demanda".

Diferentemente de muitos estatutos processuais estrangeiros, que disciplinam, além do processo civil, também o processo trabalhista, o processo arbitral, o processo comercial etc., a alusão ao processo "civil" faz sentido para identificar esse tipo de processo, mas, no ordenamento jurídico brasileiro, em que o Código de Processo Civil disciplina *apenas* o processo civil, bastaria o legislador dizer –, na medida em que achou necessário –, que "o processo será ordenado, disciplinado e interpretado conforme os valores e as normas fundamentais constitucionais, observando-se as disposições deste Código", porque não poderia ser outro senão o processo civil.

1.2 Direito constitucional processual e direito processual constitucional

Não apenas as normas do Código ordenam e disciplinam o processo civil, porquanto este é informado também por normas *de direito constitucional processual* e por normas de *direito processual constitucional*, sendo este a reunião dos princípios para o fim de regular a jurisdição constitucional, e aquele, o conjunto das normas de direito processual que se encontra na Constituição.

Normas típicas de *direito constitucional processual*, dentre outras, se encontram, por exemplo, no art. 5º, XXXV, da Constituição, dispondo que "*a lei não excluirá da apreciação do Poder Judiciário lesão ou ameaça a direito*", e no art. 8º, III, prevendo que "*ao sindicato cabe a defesa dos direitos e interesses coletivos ou individuais da categoria, inclusive em questões judiciais ou administrativas*".

De outra parte, *normas de direito processual constitucional* são, dentre outras, as contidas no art. 5º, LXIX, da Constituição, dispondo que "conceder-se-á mandado de segurança para proteger direito líquido e certo, não amparado por *habeas corpus* ou *habeas data*, quando o responsável pela ilegalidade ou abuso de poder for autoridade pública ou agente de pessoa jurídica no exercício de atribuições do poder público", e no art. 5º, LXXI, prevendo que "conceder-se-á mandado de injunção sempre que a falta de norma regulamentadora torne inviável o exercício dos direitos e liberdades constitucionais e das prerrogativas inerentes à nacionalidade, à soberania e à cidadania".

A Constituição não distingue entre princípios de *direito constitucional processual* e princípios de *direito processual constitucional*, limitando-se a enunciar, no elenco dos direitos e garantias fundamentais, aqueles que asseguram ao jurisdicionado uma justiça segundo o enunciado do princípio fundamental e básico do *devido processo legal.*

2   PRINCIPAIS TEORIAS SOBRE A NATUREZA DO PROCESSO

Quando se trata de determinar a natureza jurídica do processo, a doutrina se divide em dois grandes grupos: *privatistas* e *publicistas*.

As teorias *privatistas* buscavam uma explicação para a natureza do processo no campo do direito privado, ou, mais precisamente, do direito civil; as teorias *publicistas* buscam explicar a natureza do processo à luz do direito público.

No grupo das *privatistas* se incluem as teorias do processo como contrato e a do processo como quase contrato; e, no grupo das *publicistas*, as teorias do processo *como instituição, relação jurídica* e *situação jurídica*.

O estudo dessas teorias é importante, tanto sob o aspecto teórico quanto prático, porque se, algum dia, alguém demonstrar que o processo é um contrato, daí decorrerão consequências práticas da maior importância, pois, na falta de alguma norma na regulação do processo, as normas subsidiárias serão as do direito civil, que regulam o contrato, no tocante à capacidade, à competência, à nulidade dos atos jurídicos etc.

3 PROCESSO COMO CONTRATO

Os adeptos dessa teoria identificavam o processo com o contrato,[1] vendo a relação que interliga autor e réu no processo como idêntica à que une as partes contratantes.

No contrato, existe um acordo de vontades entre os titulares do interesse subordinante e subordinado, tendo o primeiro o poder de exigir do segundo que satisfaça uma prestação que lhe é assegurada por lei.

No processo, as partes estariam ligadas pelo mesmo nexo que liga as partes no contrato.

A fonte de inspiração desta teoria foi um texto de Ulpiano:[2] "Em juízo se contrai obrigações, da mesma forma que nas estipulações."

Este *contrato judiciário* se originava da chamada *litiscontestatio*, quando ficava perfeito e acabado.

Na fase remota do direito romano, o Estado não havia alcançado ainda um estágio de evolução capaz de permitir-lhe impor a sua vontade às partes litigantes; pelo que se buscava uma justificação, para que a sentença pudesse ser imposta coercitivamente aos contendores. Isto se tornou possível com fundamento na *litiscontestatio*, pela qual as partes convencionavam aceitar a decisão que viesse a ser proferida pelo *juiz*, em troca do eventual direito que pudessem ter.

A princípio, a *litiscontestatio* era o ato pelo qual as pessoas que assistiram ao desenvolvimento do processo, na fase *in iure*, perante o pretor, testemunhavam (daí, *cum testari*)[3] a transformação do conflito, vago e indeterminado, em lide; quando então se fixava a *res* (coisa demandada), a escolha do juiz e a obrigação que as partes voluntariamente assumiam de se submeter à decisão judicial que viesse a ser proferida.

Este foi o primeiro significado do fenômeno denominado "*litiscontestatio*", no período das *ações da lei*.

Já no período formulário (ou *per formulas*), a *litiscontestatio* passou a significar a tríplice operação pela qual o pretor entregava ao autor da ação a fórmula e este a passava ao réu, que a aceitava. A partir da *litiscontestatio*, o autor renunciava à prestação que afirmava devida pelo réu, em troca do direito à condenação deste; e o réu, por sua vez, ficava liberado da prestação devida ao autor, em troca da sua submissão àquilo que fosse decidido pelo juiz.[4] A partir deste momento, desaparecia qualquer relação de direito material entre as partes, pois os seus direitos e obrigações seriam aqueles que a sentença declarasse.

Esta teoria tem hoje mero sabor histórico, pois ninguém mais considera o processo como um contrato.[5]

---

[1] O processo como contrato identifica o processo arbitral, que tem o seu fundamento na convenção de arbitragem.

[2] *Sicut stipulatione contrahitur (...) ita iudicio contrahi*. Fragmento 3, § 11, *Digesto*: "De Peculio", XV, 1: Ulpiano, *lib*, 29, *ad edictum* (Ugo Rocco).

[3] "*Cum testari*" significa atestar com.

[4] A doutrina francesa dos séculos XVIII e XIX, influenciada pela doutrina política do contrato social de Rousseau, continuou considerando o *iudicium* como sendo um contrato, *supondo* um acordo de vontades, ou uma convenção das partes, de aceitarem a decisão do juiz.

[5] A *litiscontestatio*, de grande importância no processo romano, desapareceu por completo; o juiz não é mais mero árbitro, mas representante do Estado; a jurisdição é verdadeira função estatal, estando a ela sujeitas as partes envolvidas no conflito; os deveres processuais não decorrem de qualquer manifestação de vontade, expressa ou tácita das partes, mas da lei; independentemente da concordância das partes, o

4 PROCESSO COMO QUASE CONTRATO

Os idealizadores desta teoria, assim como os contratualistas, foram buscar nas fontes romanas os seus fundamentos, inspirando-se num fragmento romano[6], que traduzido resulta: "Em juízo quase contratamos."

Os quase contratualistas viam na *litiscontestatio* um ato bilateral em si mesmo, pelo qual se atribuíam direitos a uns e obrigações a outros; mas, como, nela, o consentimento não era inteiramente livre, pois, se o réu se recusasse a comparecer perante o pretor, o autor poderia conduzi-lo à força.[7] A *litiscontestatio* não apresentava, por isto, o caráter de um contrato, porque este supõe a liberdade de alguém de verificar a conveniência ou não de se sujeitar ao cumprimento de determinada obrigação.

Os idealizadores desta teoria buscaram também nas fontes das obrigações os fundamentos das suas concepções – no contrato, no quase contrato, no delito e no quase delito –, e, verificando que o processo não era um contrato, porque não resultava de um acordo livre de vontades; que também não era um delito, porque o litigante, ao ingressar em juízo, nada mais faz do que exercer um direito; e que não era, evidentemente, um quase delito; chegaram à conclusão de que somente poderia ser um *quase contrato*. Sucede que existia ainda uma quinta fonte das obrigações, que é a lei, mas para esta não atentaram os quase contratualistas.[8]

Na visão dos teóricos do quase contratualismo, se o processo não era um contrato, que pressupõe vontade livre, era algo semelhante a um contrato, como se fosse um contrato.

Demonstra Couture que esses autores cometeram um grave equívoco, quando da pesquisa nas fontes, porque a passagem que estaria no fragmento romano seria esta outra: "De fato, em juízo se contrai obrigações, assim como nos contratos com o filho";[9] o que demonstra que a figura não era exatamente a do quase contrato, mas a do contrato.[10]

5 PROCESSO COMO INSTITUIÇÃO

Esta teoria foi concebida pelo espanhol Jaime Guasp, que adotou para explicar a natureza do processo o conceito de *instituição*, criado e consolidado no âmbito das ciências sociais, mas já transposto para o campo da ciência do direito privado, assim consolidado pelos civilistas.

Mas o que é uma *instituição*?

A princípio, as atividades do grupo eram exercidas livremente, segundo as conveniências de cada um ou de cada parcela do grupo, conveniências estas que levaram o grupo a selecionar alguns hábitos comuns, que considerava importantes para todos. Assim nascem os *folkways* (caminhos do povo), que são formas usuais de comportamento, mas sem o caráter de obrigatoriedade, pois quem quiser seguir os *folkways* que os siga, mas daí não resulta nenhuma sanção.

---

juiz profere decisão no processo; o *iudicium* não mais se aperfeiçoa com o comparecimento do réu, pelo que a ausência deste não impede a formação da relação processual.

[6] De Peculio: *Iudicio quasi cantrahimus*.
[7] A esse ato se denominava "*In ius vocatio*".
[8] Ante o fracasso da doutrina do processo como contrato, pretendeu-se substituí-la pela do quase contrato, outra fonte das obrigações, esquecendo-se, seus autores, de que, se nestas devia encontrar-se similar (do processo), não podia ela ser outra senão a lei, já que o nexo que une as partes e o juiz tem sua origem na lei.
[9] De Peculio: "*Nam sicut in stipulatione contrahitur cum filio, ita iudicio contrahi*."
[10] Falar-se em consenso presuntivo de vontades, como querem os quase contratualistas, seria falar-se em contrato e não em quase contrato (Hélio Tornaghi).

É claro que o cidadão, nascendo num determinado grupo social, torna-se inconscientemente herdeiro dos hábitos do grupo; mas ele não se limita a receber esses *folkways*, contribuindo sempre com algo novo, pelo que os *folkways* revelam certo dinamismo, sendo uma forma usual de comportamento, mas sem caráter obrigatório. No fundo, são modos de pensar, sentir e agir no meio social, mas quem quiser agir, pensar e sentir de modo contrário aos *folkways* que o faça, pois por isso não sofrerá nenhuma sanção.

À medida que os grupos sociais foram evoluindo, passaram a selecionar certos hábitos, mais favoráveis à vida grupal, procurando fazer com que todos adotassem esses modos de comportamento, através de pressões exercidas sobre seus membros, com o objetivo de obter a sua adesão. Assim, os *folkways* se elevam à categoria de *mores* (costumes).

A pressão que o grupo exerce sobre cada um de seus membros se reveste das mais variadas formas, como o repúdio, a vaia, o clamor público etc.

Destarte, os *mores* revelam modos de agir, sentir e pensar em sociedade, com certo caráter de obrigatoriedade, pelo que, se algum membro do grupo adota um comportamento contrário a esses *mores*, será repudiado pelos demais integrantes do grupo.

Os *mores* são, pois, padrões de comportamento com o caráter obrigatório, resultante da pressão exercida pelo próprio grupo social sobre cada um de seus membros, através daquelas atitudes, como o repúdio, a vaia etc.

A sociedade, contudo, não se revela muito exigente com os *mores*, mas reconhece a sua necessidade, e procura fazer com que todos se comportem de conformidade com eles, havendo certa dose de obrigatoriedade. Exemplo típico de *mores* é o cuidado que todos devem ter com os idosos, os doentes e as crianças.

Com o evoluir do tempo, esses *mores* se elevam igualmente de categoria e se tornam tão importantes para a sociedade, que esta não pode prescindir deles, quando, então, se transformam em *instituição*.

As *instituições* são formas padronizadas de comportamento relativas a determinadas necessidades; modos de pensar, sentir e agir do homem em sociedade, tão importantes para o grupo, que qualquer procedimento contrário resulta numa reprovação *específica*.

A instituição garante a si mesma, porque a própria comunidade a reputa indispensável à estabilidade social e vela por ela, além de ser também tutelada pela lei.

No início da sociedade, o trabalho era visto como um *folkway*, isto é, trabalhava quem quisesse, e quem não quisesse não trabalhava. Depois, o trabalho passou a um *mores*; pois o cidadão que não trabalhava, que não adotava aquele modo comum de comportamento que o meio social reputava importante, sentia a repulsa do grupo. Hoje, o trabalho é uma *instituição*, porque a sociedade o considera fundamental para o seu progresso econômico, social etc. Temos, inclusive, normas que tutelam o trabalho e até uma justiça especializada para resolver controvérsias resultantes de contratos de trabalho. Além disso, a pessoa que não trabalha, e não possui meios para se manter, sofre uma sanção específica, aplicada por um órgão do meio social; pois pratica uma contravenção, que é vadiagem. Poderá sofrer uma punição, porque não adota aquela forma padronizada de comportamento que a sociedade reputa decisiva.

O processo é uma *instituição*?

Desde o momento em que o Estado proibiu a autodefesa dos próprios interesses, teria que dar algo em troca, tendo, então, assumido a tarefa de resolver os conflitos de interesses.

A ação e a jurisdição foram as moedas com as quais o Estado comprou dos particulares a renúncia à defesa privada.

Quem faz justiça pelas próprias mãos, mesmo para satisfazer pretensão legítima, pratica o crime punido pelo Código Penal, de exercício arbitrário das próprias razões;[11] salvo se a lei o permitir. Isso porque há um modo de agir em face de um conflito de interesses, que é através do processo.

Quando dois interesses entram em conflito, as pessoas nele envolvidas devem adotar aquela forma de comportamento, dirigindo-se ao juiz, pedindo-lhe que resolva o conflito.

A sociedade reputa o processo tão importante e decisivo que não abre mão dele como garantia de estabilidade, da paz jurídica e do próprio ordenamento jurídico, a fim de que a tranquilidade social não seja perturbada. Então, o *processo* seria uma *instituição*.

Por "*instituição*" entende Jaime Guasp não somente o resultado de uma combinação de atos tendentes a um fim, como também "um complexo de atividades relacionadas entre si pelo vínculo de uma ideia comum objetiva, à qual adere, seja ou não essa a sua finalidade específica, as diversas vontades dos sujeitos dos quais provém a referida atividade".

A *instituição* se compõe, segundo ele, de dois elementos fundamentais, que são como a trama e a urdidura de um tecido: a *ideia objetiva*, situada fora e acima da vontade dos sujeitos; e o *conjunto* das vontades que se vinculam a essa ideia para lograr a sua realização.

Entendida dessa forma, não é difícil aplicar o conceito de *instituição* ao processo: a *ideia objetiva comum*, que nele aparece, é a concessão ou a denegação da pretensão; *as vontades que aderem a essa ideia* são as dos diversos sujeitos que atuam no processo, entre os quais a ideia comum cria uma série de vínculos de caráter jurídico.

Desta fundamentação, Guasp extrai as seguintes conclusões:

a) o processo é uma realidade jurídica de tendência permanente, podendo nascer e extinguir-se continuamente processos concretos, mas a ideia de atuação estatal de pretensões fundadas está sempre firme;

b) o processo tem caráter objetivo, pois sua existência se determina, não pela atuação das vontades das quais resulta a atividade que o compõem, mas pela relevância da ideia objetiva superior a essas vontades;

c) o processo não posiciona os sujeitos que nele intervêm num plano de igualdade ou de coordenação, senão num plano de desigualdade ou subordinação; sendo a ideia hierárquica também consubstancial com o conceito de processo;

d) o processo não é modificável no seu conteúdo pelas vontades dos sujeitos processuais, senão em certos e reduzidos limites, não podendo, de modo algum, alterar a ideia fundamental do mesmo;

e) o processo é adaptável à realidade de cada momento, sem que o respeito a situações subjetivas anteriores tenha a mesma força que tem na relação do tipo contratual.

O defeito desta teoria está no impreciso conceito de *instituição*, pois tudo afinal pode ser reduzido ao esquema institucional, uma vez que tão elástico e impreciso é o seu significado.

Couture chegou a flertar com esta teoria, escrevendo, inclusive, uma monografia intitulada **O processo como instituição jurídica**, expondo-a também na primeira edição dos seus **Fundamentos del derecho procesal civil**; mas, posteriormente, verificou que não era sustentável, e acabou por abandoná-la, passando a sustentar, de novo, a tese de que o processo é, na verdade, uma *relação jurídica*.

---

[11] Art. 345. Fazer justiça pelas próprias mãos, para satisfazer pretensão, embora legítima, salvo quando a lei o permite: Pena – detenção, de quinze dias a um mês, ou multa, além da pena correspondente à violência.

6   PROCESSO COMO SITUAÇÃO JURÍDICA

A teoria do processo como *situação jurídica* (*Rechtslage*) foi concebida por Goldschmidt, jurista alemão, por não concordar com a teoria da relação jurídica processual formulada originalmente por Bülow, e seguida por Hellwig e Köhler, tendo ele exposto as suas ideias na obra **O processo como situação jurídica: uma crítica do pensamento processual**.[12]

Goldschmidt não nega a existência da relação jurídica processual, observando, porém, que ela é insuficiente para atender às exigências do direito processual.

Aos litigantes em geral não assiste nenhuma *obrigação* de natureza processual; e a obrigação de julgar atribuída ao juiz é, enquanto dever de administrar justiça, uma manifestação da *relação política* do cidadão com o Estado; e que não deve ser confundida com o dever do Estado de outorgar proteção jurídica.

Os pressupostos processuais não são, na realidade, pressupostos do processo, senão *pressupostos prévios da sentença de fundo*, e que são resolvidos no processo.

A situação jurídica se diferencia da relação jurídica não só por seu conteúdo, mas também por depender, não da "existência", mas da "evidência", e, especialmente, da prova de seus pressupostos.[13]

O conceito de "situação jurídica" se deve a Köhler, que vê nela uma relação jurídica imperfeita; ou seja, uma "etapa" do nascimento ou desenvolvimento de um direito subjetivo, como, por exemplo, a situação dos contratantes, depois da oferta e antes da aceitação.

Embora Köhler aplique o conceito de situação jurídica ao direito privado, na realidade esse conceito é especificamente processual.

Esclarece, contudo, Goldschmidt, que a aplicação que faz do conceito de situação jurídica ao direito material difere completamente da de Köhler, pois, para sua aplicação, o direito subjetivo privado tem que sofrer uma dupla metamorfose: em primeiro lugar, a transposição numa exigência de proteção jurídica; e, em segundo, a redução desta exigência a uma mera expectativa ou possibilidade processual.

Para Goldschmidt, as normas jurídicas têm uma dupla natureza: por um lado, representam imperativos dirigidos aos cidadãos; e, por outro, são medidas para o juízo (julgamento) do juiz.

Sob o primeiro aspecto, o direito subjetivo é considerado, na sua *feição estática* ou extraprocessual, como *norma de conduta*, e, na segunda, esse mesmo direito é considerado, na sua *feição dinâmica* ou processual, como *regra de julgamento*.

Sendo as normas jurídicas *imperativos* dirigidos aos cidadãos, aos quais eles têm de submeter-se, podem eles próprios julgar suas ações e relações, de conformidade com esses imperativos, caso em que se antecipam à tarefa judicial. Se o direito funciona como medida para o juízo (julgamento) do juiz, fica evidente que ele não figura nessa relação como súdito, mas como *soberano* do direito, sendo o direito, para o juiz, o instrumento mediante o qual ele julga, do mesmo modo que – valha a metáfora – "o pedreiro se serve do prumo para endireitar o muro". O juiz estabelece, por meio da lei, uma segunda ordem aos obrigados, e a particularidade da sua relação com o direito está em que ele aplica a lei não só para obedecer a ela, senão, também, com o caráter profissional. Quem

---

[12]   Der Prozess als Rechtslage: Eine Kritik des prozessualen Denkens, Berlin, 1925.
[13]   Para Köhler, existe uma *situação jurídica* sempre que, antes de o direito subjetivo assumir veste concreta, surja algo de jurídico que possa ter alguma influência sobre a sua futura formação. Para Chiovenda, a *situação jurídica* distingue-se do *direito* "porque encerra um *elemento* do direito, ou de um efeito ou de um ato jurídico futuro".

concebe o direito como *medida para o juízo do juiz* não pode considerar o juiz como sujeito ou objeto de vínculos jurídicos com as partes.

6.1 Feição estática e dinâmica do direito

Na teoria de Goldschmidt, adquire importância a feição *estática* e *dinâmica* do direito, porquanto é dessa forma que as diversas situações ocorrentes no processo constituem "situações jurídicas":[14] a) expectativa de uma sentença favorável; b) perspectiva de uma sentença desfavorável; c) possibilidade ou ocasião processual); d) situação de encargo; e) dispensa de encargo.

6.1.1 *Expectativa de sentença favorável*

A *expectativa de uma sentença favorável* depende regularmente de um ato processual anterior da parte interessada coroado de êxito, como, por exemplo, a situação da parte que aproveitou todas as ocasiões processuais; desincumbiu-se dos ônus que lhe cumpriam, ou beneficiou-se da situação de dispensa desses mesmos ônus. É uma situação identificada com a *expectativa de vitória*.

6.1.2 *Perspectiva de sentença desfavorável*

A *perspectiva de sentença desfavorável* resulta da omissão de um ato processual da parte interessada, principalmente nos processos informados pelo princípio dispositivo, como, por exemplo, a situação da parte que não aproveitou as ocasiões processuais; não cumpriu os ônus processuais que lhe cabiam; ou não se beneficiou da situação de dispensa dos ônus processuais. É uma situação que se identifica com a *perspectiva de derrota*.

6.1.3 *Situação de possibilidade*

A *situação de possibilidade* ou ocasião processual é aquela em que a parte se encontra capaz de proporcionar a si própria, mediante um ato seu, uma vantagem processual, de que pode resultar uma sentença favorável, como, por exemplo, a possibilidade de o autor fundamentar sua demanda; de propor provas a serem produzidas, especialmente apresentar documentos; de negar os fatos alegados pelo autor; de propor exceções dilatórias ou peremptórias, ou de replicar.

6.1.4 *Situação de encargo ou de ônus*

A *situação de encargo* ou de ônus processual é aquela em que se encontra a parte tendo que praticar um ato processual para prevenir um prejuízo no processo e uma eventual sentença desfavorável, como é, por exemplo, o ônus de contestar para não ser considerado revel; de comparecer para depor, para não ser tido por confesso, e de produzir provas.

---

[14] Esse modo de considerar o direito, que converte todas as relações jurídicas em *situações jurídicas*, resulta da consideração do direito na sua feição *dinâmica*, em contraste com a sua feição *estática*. Reportando-se a Spengler (**La decadencia del occidente**), ilustra Goldschmidt essa diferença de enfoque: "Durante a paz, a relação de um Estado com seus territórios e súditos é *estática*, constituindo um império intangível. Mas, quando explode a guerra, *tudo se encontra na ponta da espada*. Os direitos mais intangíveis se convertem em expectativas, possibilidades e encargos, e todo direito pode ser aniquilado por não ter sido aproveitada uma ocasião ou descumprido um ônus. Ao contrário, a guerra pode proporcionar ao vencedor o gozo de um direito que na realidade não lhe compete. Tudo isso pode acontecer em relação ao direito material das partes e da situação em que as mesmas se encontram relativamente a ele, quando se formula um pleito judicial sobre ele" (Goldschmidt).

6.1.5 Situação de dispensa de encargo

A *situação de dispensa* de encargo ou de ônus processual resulta excepcionalmente da lei, que pode dispensar uma das partes de determinado ônus, numa situação em que normalmente teria que cumpri-lo, como é, por exemplo, a situação do autor, dispensado de provar o fato constitutivo do seu direito, que se presume verdadeiro em face da revelia do réu, e as presunções legais, que dispensam de prova os fatos favorecidos por ela.

A expectativa de uma vantagem processual, e, em consequência, de uma sentença favorável; a dispensa de um encargo processual ou ônus processual; e a possibilidade de se chegar a essa situação pela realização de um ato processual constituem *direitos* no sentido *processual* da palavra. Na verdade, não se trata de direitos propriamente ditos, senão de *situações* que se poderiam denominar com a palavra francesa: *chances*.

Essas três classes de *direitos processuais* correspondem às três classes de *direitos materiais* em que estes se distinguem: as *expectativas de uma vantagem processual* podem comparar-se aos *direitos relativos*, porque há um dever do juiz de satisfazê-las; as *dispensas de ônus processuais* se parecem com os *direitos absolutos*, porque põem a salvo a liberdade da parte interessada contra qualquer prejuízo; e, por último, *as possibilidades de agir com êxito no processo* têm correspondência com os *direitos potestativos* ou *constitutivos*.

Por outro lado, a necessidade de atuar para prevenir um prejuízo processual, e, em consequência, uma sentença *desfavorável*, representa um ônus processual, categoria processual que corresponde ao *conceito material* de dever ou obrigação.

6.1.6 Crítica de Calamandrei à teoria da situação jurídica

Para Calamandrei, Goldschmidt não descreve o processo como ele é *tecnicamente*, mas como se apresenta em suas deformações da realidade.[15]

Outro equívoco de Goldschmidt foi ter descuidado da posição que o juiz ocupa no processo, em que atuaria como representante do Estado, não havendo vínculos jurídicos entre ele e as partes, quando, na realidade, o juiz ocupa uma posição de destaque no processo, com deveres de caráter funcional para com o Estado, tendo, como qualquer sujeito do processo, poderes, mas também deveres processuais para com as partes.

6.1.7 Mérito da teoria de Goldschmidt: conceito de ônus processual

Em que pesem as críticas feitas à *teoria da situação jurídica*, ela contribuiu para desvendar fenômenos processuais pouco esclarecidos, como o conceito de *ônus processual*, que, até então, em vez de uma *situação de encargo*, era considerado como uma obrigação das partes.[16]

Foi Goldschmidt que realçou a *situação jurídica de encargo*, em que se encontram as partes, no processo, vendo esses encargos como *imperativos do próprio interesse*.

Do ponto de vista temporal, a teoria da situação jurídica é posterior à teoria da relação jurídica processual.

---

[15] A teoria de Goldschmidt valeu-lhe a crítica de Calamandrei, refutada pelo próprio autor no seu *Derecho Procesal Civil*, que considerou errônea a suposição de que o conceito de *situação jurídica* em geral e, em particular, o de *expectativa* juridicamente assegurada sejam de caráter sociológico.

[16] Realmente, o *ônus* não é o mesmo que *obrigação*, porque, enquanto cumprir a obrigação é do interesse da outra parte, titular do interesse subordinante, cumprir o ônus é do interesse do próprio onerado.

7 PROCESSO COMO RELAÇÃO JURÍDICA

Esta teoria foi concebida por Oskar von Bülow, numa obra intitulada **A teoria das exceções processuais e os pressupostos processuais**,[17] em que sustentou ser o processo *uma relação jurídica*, com o que alargou os horizontes para que o direito processual lograsse a sua autonomia científica.

Na verdade, Bülow não foi o criador do conceito de *relação jurídica*[18] processual, vez que a intuição dessa relação jurídica já se continha em texto de Bulgarus: "*Iudicium est actus trium personarum: iudicis, actoris et rei.*"[19]

7.1 Sistematização da relação jurídica processual

O grande mérito de Bülow não foi o de *criar*, mas o de *sistematizar*[20] a relação processual.

Logo no *prólogo* da sua obra, observou Bülow que a ciência processual civil tinha um largo caminho a percorrer para alcançar o progresso a que se havia chegado nos demais campos da ciência do direito, para o que era preciso o esforço de uma investigação dogmática livre.

Registrou, também, Bülow que jaziam na penumbra as mais importantes e básicas ideias processuais, obscurecidas por uma construção conceitual inadequada e uma errônea terminologia, ambas herança do direito medieval, conservadas com a maior fidelidade e constância.

Na sua obra, Bülow buscou esclarecer alguns desses conceitos fundamentais, e a sua principal tarefa consistiu em afastar uma teoria equivocada e falseadora de todo o sistema processual civil, por culpa da qual estiveram aqueles conceitos, até então, totalmente ignorados.

Começa Bülow por assinalar que nunca houve dúvida de que o direito processual civil determina as faculdades e os deveres que põem em mútua vinculação as partes e o tribunal (juiz); mas, tem-se afirmado também que "o processo é uma relação de direitos e obrigações recíprocos, ou seja, uma *relação jurídica*".

Esta simples, mas importantíssima realidade, para o direito científico, sob qualquer ponto de vista, não tem sido, até agora, devidamente apreciada, nem sequer devidamente entendida. Costuma-se falar, tão somente, em relações de direito privado; mas a estas relações não pode ser referido o processo. Desde que os direitos e as obrigações processuais se passam entre os funcionários do Estado e os cidadãos; desde que se trata no processo da função dos oficiais públicos; e desde que as partes são consideradas no processo em virtude da sua vinculação e cooperação com a atividade judicial; essa relação pertence, com toda evidência, ao direito público, e o processo resulta, portanto, numa *relação jurídica pública*.

Para Bülow, a *relação jurídica processual* se distingue das demais relações de direito por outra característica, que pode ter contribuído para o desconhecimento da sua natureza de relação jurídica contínua. O processo é uma *relação jurídica* que avança gradualmente e que se desenvolve passo a passo. Enquanto as relações jurídicas privadas, que constituem o objeto do debate judicial, se apresentam como totalmente concluídas, por ocasião do processo, a relação jurídica processual está apenas começando, ainda no seu embrião.[21]

---

[17] Essa obra foi publicada em 1868, na cidade de Giessen, na Alemanha.
[18] Essa ideia já fora notada por Hegel e afirmada por Bethmann-Holweg.
[19] "Juízo (= processo) é o ato de três pessoas: juiz, autor e réu."
[20] Quer dizer, colocá-la no contexto de um sistema jurídico, como o processual.
[21] A relação processual é formada por meio de atos particulares; só se aperfeiçoa com a *litiscontestação*, o contrato de direito público, pelo qual, de um lado, o tribunal assume a concreta obrigação de decidir e

Em vez de considerar o processo como uma relação de *direito público*, que se *desenvolve de modo progressivo entre o tribunal e as partes*, a doutrina tem destacado unicamente aquele aspecto da noção de processo que salta à vista da maioria, a sua marcha ou avanço gradual, ou seja, o *procedimento*; unilateralidade esta que, além de ter sua origem na jurisprudência romana da Idade Média, foi favorecida por uma concepção germânica do direito.

Lamentavelmente se tem feito da palavra "processo" um monumento imperecível e um ponto de apoio muito difícil de derrubar; e quem pretenda extrair dela a ideia será levado pelo vocábulo "processo" por um caminho, senão falso, bastante estreito. Os juristas romanos, contudo, não se contentaram com a ideia superficial do processo, como pura série de atos do juiz e das partes, concebendo a sua natureza como uma relação jurídica unitária[22] (*iudicium*).

Sendo o processo uma relação jurídica, prossegue Bülow, apresentam-se, na ciência processual, análogos problemas aos que surgiram e foram resolvidos, tempos antes, relativamente às demais relações jurídicas. A exposição sobre uma relação jurídica deve, antes de tudo, dar uma resposta à questão relacionada aos requisitos a que se sujeita o seu nascimento, sendo preciso saber entre que pessoas essa relação se pode formar; a que objeto se refere; que ato ou fato é necessário para seu surgimento; e quem é capaz ou está facultado a realizar tal ato.

Estes problemas devem colocar-se, também, na *relação processual*, e não se mostram menos apropriados e fecundos do que se mostraram nas relações jurídicas privadas, na medida em que também, aqui, a atenção se dirige a uma série de importantes preceitos legais estreitamente unidos, como as *prescrições* sobre: a) a competência, capacidade e insuspeição do *juiz*; a capacidade processual das *partes*; a pessoa legitimada para estar em juízo e a legitimação de seu *representante*; b) as qualidades próprias e imprescindíveis de uma *matéria litigiosa civil*; c) a redação e comunicação ou notificação da *demanda* e a obrigação do autor por cauções processuais; e d) *a ordem* entre vários processos.

Estas prescrições devem fixar os requisitos de admissibilidade e as condições prévias para o desenvolvimento da relação processual; precisar entre que *pessoas* se forma; sobre que *matéria* versa; por meio de que *atos*, e em que *momento* se constitui; pois um defeito em qualquer dessas relações impediria o surgimento do processo.

Em resumo, acrescenta Bülow, nesses princípios estão contidos os *elementos constitutivos da relação jurídica processual*; ideia tão pouco considerada até hoje, que nem uma vez tem sido designada com um nome definido; pelo que propôs, como tal, a expressão "*pressupostos processuais*".[23]

Para melhor compreender o "processo" e distingui-lo do "procedimento", tome-se um exemplo bastante sugestivo, que, evidentemente, não foi dado por Bülow, mas ajuda a separar os dois conceitos: uma pessoa e a sua indumentária.[24]

Se uma pessoa "x" for convidada para uma apresentação no Teatro Municipal, deverá apresentar-se adequadamente vestida, de acordo com as normas protocolares, provavelmente

---

realizar o direito deduzido em juízo, e, de outro, as partes se obrigam a prestar uma colaboração indispensável para isso, e a submeter-se aos resultados desta atividade comum. Também esta posterior atividade resulta numa série de atos separados, independentes e resultantes uns dos outros (Bülow).

[22] Poder-se-ia, seguindo a tradição, ter feito predominar o procedimento na definição do processo, se não se tivesse descuidado de mostrar a relação processual como a outra parte da sua noção (Bülow).

[23] Bülow não "fechou questão" quanto à denominação por ele sugerida, de "pressupostos processuais" em vez de "exceções processuais impeditivas", dizendo expressamente, ao final de sua obra, que poderia ser "outra expressão que expressasse melhor o conceito a interpretar".

[24] A indumentária é a roupa, vestuário ou vestimenta.

um traje esporte fino; se a mesma pessoa for convidada para um piquenique na Floresta da Tijuca, usará um traje mais adequado, como uma calça *jeans* e camisa; se a mesma pessoa for convidada para um banho de mar, lá estará de sunga e camiseta regata. Nesse exemplo, a pessoa não mudou, é sempre "x", mas a vestimenta variou conforme as circunstâncias. Pois bem: a pessoa "x" é o *"processo"*; a indumentária é o *"procedimento"*.

No processo, são praticados tantos atos processuais quantos necessários para o atingimento do seu fim, conforme a lide a ser solucionada; atos estes que serão "x", "y" ou "z", conforme o objetivo a ser alcançado pelo demandante.

Essa a razão por que a lei disciplina o *processo* e os respectivos *procedimentos*; de modo que, no exemplo retro, considerada a pessoa como sendo *o processo* e a indumentária como sendo *o procedimento*, ter-se-ia que: o traje esporte fino é o *procedimento especial*; a calça jeans e camisa, o *procedimento comum*.

A *teoria da relação processual* serviu para distinguir dois aspectos da maior relevância na determinação da natureza do processo, demonstrando que uma coisa é o seu aspecto intrínseco (interior), caracterizado pela própria relação jurídica processual; e, coisa diversa, o seu aspecto extrínseco (exterior), caracterizado pela forma como essa mesma relação se apresenta e se desenvolve em juízo. Apenas sob este segundo aspecto é possível perceber a existência de um processo em curso, porque é o que se revela aos olhos do observador.

Serviu, também, essa teoria para demonstrar a substancial diferença entre a *relação jurídica material* e a *relação jurídica processual*, cada qual sujeita a pressupostos próprios e normatização jurídica própria; pois, enquanto a primeira está disciplinada pelo *direito material*, a segunda é regulada pelo *direito processual*; se bem que existam normas heterotópicas,[25] que, sendo de direito material, estão no direito processual e vice-versa.

Quando o autor propõe uma demanda em juízo, forma-se uma relação jurídica entre ele e o juiz; com a citação do réu, esta relação jurídica se completa, ligando o réu ao juiz; e todos são, enquanto sujeitos processuais, titulares de direitos, poderes e faculdades, e os correspondentes, deveres, sujeições e ônus.[26] Portanto, quando postas as partes em confronto, no processo, forma-se entre os sujeitos processuais uma relação jurídica, que não é vista a olho nu, mas que se encarrega de uni-los, e só se extinguirá com o trânsito em julgado da sentença. A esse fenômeno é que se chama relação jurídica processual ou simplesmente processo.

A concepção do processo como *relação jurídica* é hoje dominante na doutrina, sendo que, para uns, o processo é uma relação jurídica (Bülow), enquanto, para outros, ele *contém* uma relação jurídica (Chiovenda).

8 RELAÇÃO JURÍDICA PROCESSUAL: CARACTERÍSTICAS

A relação jurídica processual apresenta as seguintes características, que a distinguem da relação jurídica material: *a)* autonomia; *b)* caráter público; *c)* progressividade; *d)* complexidade; *e)* unicidade; *f)* triangularidade.

a) Autonomia – A relação jurídica processual é autônoma, quer dizer, distinta da relação de direito material, com a qual não se confunde. Por serem autônomas, existem normas que

---

[25] Diz-se "heterotópica" a norma que está em posição ou localização diferente da usual.
[26] Doutrina João Mendes de Almeida Júnior que o processo é uma direção no movimento, enquanto o procedimento é o modo de mover e a forma em que é movido o ato, salientando que o sufixo nominal *mentum*, em sua derivação etimológica, exprime os atos no *modo de fazê-los* e na *forma em que são feitos*.

regulam a relação processual e normas que regulam a relação material. As que disciplinam a relação jurídica processual são normas *instrumentais*, que a doutrina clássica chamava, impropriamente, de normas adjetivas; e as que regulam a relação jurídica material são normas *substanciais*.

b) *Caráter público* – A relação de direito material pode ser pública, quando regulada pelo direito público, e privada, quando regulada pelo direito privado.

O Estado, muitas vezes, ao praticar atos jurídicos, se mantém em pé de igualdade com o particular, como, por exemplo, quando celebra um contrato de compra e venda, segundo as normas de direito civil; caso em que se despe das suas prerrogativas, praticando *atos de gestão*.

A relação jurídica que une o credor ao devedor é uma relação jurídica *privada*, regulada pelo direito privado, como a relação de locação, de compra e venda, de comodato etc.

Já a relação jurídica decorrente do poder de punir do Estado é uma relação jurídica material *pública*, porque regida pelo direito público; e porque, ao poder punitivo do Estado, se opõe o direito de liberdade do réu. Também a relação jurídica tributária é uma relação jurídica pública, porque regulada pelo direito público, que é o direito tributário.

A relação jurídica processual, porém, é *essencialmente pública*, não podendo assumir o caráter de relação privada, porque dela participa o Estado na sua condição de ente soberano, sendo o processo o campo propício ao exercício de uma função eminentemente pública, que é a função jurisdicional. Às vezes, instaura-se uma demanda para resolver uma lide, sobre uma relação jurídica material privada, mas a relação jurídica processual, que se forma para proporcionar uma sentença, é pública, porquanto regida pelo direito público, que é o direito processual. Quando se instaura uma demanda para resolver sobre uma relação jurídica pública, também pública será a relação jurídica processual.

Relação jurídica pública é aquela que se caracteriza pelo desequilíbrio entre a posição dos sujeitos nela envolvidos, um dos quais se apresenta numa posição de superioridade em relação aos demais, exatamente o que acontece no processo, em que a situação das partes é de sujeição à autoridade do Estado-juiz, que dela participa como ente soberano.

c) *Progressividade* – A relação jurídica material é *estática*, de modo que, se alguém, por exemplo, vai a uma loja comprar sapatos; pergunta o preço dos sapatos; e aceita pagar o preço; no momento em que comprador e vendedor acordam quanto à coisa e ao preço, o contrato de compra e venda está perfeito e acabado. Tem-se uma relação jurídica material, nela existindo seus elementos fundamentais: a coisa, o preço e o consenso.

A relação jurídica processual, ao contrário, é uma relação *progressiva* ou *dinâmica*, sendo o seu clima o movimento, nascendo com o primeiro ato que lhe dá vida, como a petição inicial ou a denúncia, e os demais atos não fazem senão desdobrar essa relação processual, até alcançar a sentença. Por isso se diz que ela se reveste de *progressividade* ou *dinamicidade*, ou seja, uma relação mutante, em constante movimento.

d) *Complexidade* – A relação jurídica *material* se apresenta, na sua feição mais simples, interligando apenas dois sujeitos, o titular do interesse subordinante e o titular do interesse subordinado, nela se contendo um único direito ou uma única obrigação. Outras vezes se apresenta numa feição mais complexa, nela se contendo vários direitos e várias obrigações.

Na relação de compra e venda, por exemplo, o vendedor é credor do preço, mas obrigado à entrega da coisa vendida; tendo o devedor direito à coisa comprada, mas sendo devedor do preço.

A *relação jurídica processual*, por seu turno, é uma *relação jurídica complexa*, porque, uma vez formada, não resulta para as partes apenas um único direito ou um único dever, contendo-se nela um complexo de faculdades, direitos e poderes, e os correspectivos deveres, sujeições e ônus, que vão surgindo desde o momento em que ela nasce até o instante em que se extingue. À medida que essa relação vai se desenvolvendo, um ato gera outro, sucessivamente, até alcançar a sentença da causa.

No processo, o autor não é sujeito apenas de direitos, mas também de obrigações, e ainda de encargos ou ônus processuais; e o réu não é apenas sujeito de obrigações, mas também de direitos e de encargos e ônus processuais. O juiz, sujeito imparcial do processo, não possui apenas poderes, mas também deveres, obrigado à prestação jurisdicional. De tudo isso resulta o caráter de complexidade da relação processual, que é uma decorrência da sua progressividade.

e) *Unicidade* – Apesar da complexidade da relação processual, os atos praticados por força dessa relação se unem pelo objetivo comum, pelo que Chiovenda afirmou ser processo uma *unidade jurídica*.

A relação jurídica processual é sempre a mesma, em que pesem as modificações *subjetivas* ou *objetivas* por que possa passar no curso do procedimento. Suponha-se que o autor mova uma ação reivindicatória de imóvel contra o réu, vindo este a falecer no curso do processo, impondo-se a intimação do seu espólio (na pessoa do inventariante) ou dos seus herdeiros para ocupar o seu lugar na relação processual. Houve aí uma modificação subjetiva da lide, mas a relação processual em si não se alterou. Às vezes, onde havia um único réu, passam a existir vários réus, e onde havia vários réus passa a existir um só. Suponha-se, também, que o juiz, um dos sujeitos da relação processual, venha a se aposentar, vindo outro a ocupar o seu lugar, na condição de órgão jurisdicional investido de jurisdição. A relação processual, contudo, continuará a mesma, não se alterando por ter havido a saída de um juiz e a entrada de outro. Nisto consiste a índole *unitária* da relação processual, em que os vários atos praticados se unem pelo escopo comum, que é a prestação jurisdicional devida pelo Estado.[27]

f) *Triangularidade* – A relação jurídica processual é uma relação entre três sujeitos: autor, juiz e réu,[28] o que lhe imprime um *caráter tríplice*, denotando a presença de vínculos de reciprocidade entre autor e juiz, entre juiz e réu, e entre autor e réu.

Não é pacífica na doutrina essa característica da relação processual, havendo quem afirme ser ela, na verdade, uma relação *angular*.

9 CARACTERIZAÇÃO DA RELAÇÃO PROCESSUAL

As ideias de Bülow, expostas na sua teoria da relação processual, foram, posteriormente, desenvolvidas pelos teóricos do direito, sobretudo para determinar quais os sujeitos interligados por essa relação.

Três teorias surgiram para caracterizar a relação processual: a) teoria linear; b) teoria angular; e c) teoria triangular.

9.1 Teoria linear da relação processual

A *teoria linear* da relação processual foi defendida por Köhler, para quem havia uma relação jurídica no processo, distinta da relação de direito material que se pretendia fazer valer em juízo, mas que interligava apenas o autor e o réu, não alcançando o juiz.

---

[27] Essa unidade tem na lei e no juiz um conceito harmônico: a sentença justa, mediante a atuação do direito objetivo. Nos litigantes, isto não acontece; os atos de unidade no sentido finalista, de aspiração à sentença, senão que, em muitos casos, enquanto um aspira à sentença definitiva, o outro procura impedi-la mediante exceções dilatórias e incidentes (Podetti).

[28] "*Iudicium est actum trium personarum: iudicis, actoris et rei*": Juízo (= processo) é o ato de três pessoas: juiz, autor e réu.

Graficamente:

$$\text{Autor} \longleftrightarrow \text{Réu}$$

9.2 Teoria angular da relação processual

A *teoria angular* da relação processual foi sustentada por Hellwig, afirmando que a relação jurídica no processo interliga apenas os sujeitos parciais ao juiz.

Para essa teoria, quando o autor se dirige ao juiz, forma-se uma relação entre autor e juiz, mas, quando o juiz manda citar o réu, nasce a relação entre juiz e réu, completando-se a relação jurídica que então se *angulariza*.

Para Hellwig, a relação que se forma no processo liga apenas autor e juiz e juiz e réu, não havendo nenhuma relação entre autor e réu.

Graficamente:

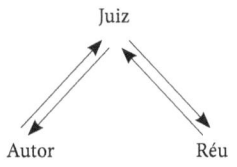

$$\text{Autor} \nearrow^{\text{Juiz}} \nwarrow \text{Réu}$$

Esta teoria mereceu a adesão de eminentes processualistas mineiros, como Amilcar de Castro e Celso Agrícola Barbi.

9.3 Teoria triangular da relação processual

A *teoria triangular* da relação processual foi exposta por Bülow e seguida também por Wach, sustentando que a relação jurídica que se forma no processo alcança todos os sujeitos processuais, reciprocamente considerados: autor e juiz; juiz e réu; e autor e réu.

Essa relação se forma, inicialmente, entre o autor e o juiz, quando aquele se dirige a este, pedindo-lhe a tutela jurisdicional para o seu direito, numa perspectiva linear; vindo, posteriormente, com a citação do réu para responder ao pedido, a se angularizar; e, ato contínuo, se *triangulariza*, ficando todos os sujeitos do processo vinculados por essa relação jurídica.

Para Bülow e Wach a relação que se forma no processo une autor e juiz; juiz e réu; e autor e réu, numa perspectiva de íntima reciprocidade, ficando, por isso, conhecida como concepção triangular da relação processual.

Graficamente:

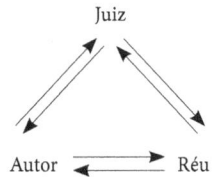

$$\text{Autor} \longleftrightarrow \text{Réu}, \text{ com Juiz no topo}$$

No campo das ideias, os *triangularistas* combatem a angularidade da relação jurídica processual, porque as partes têm o dever de lealdade processual recíproca; estão sujeitas ao pagamento das custas processuais; podem convencionar a suspensão do processo; podem transacionar, quando a lide versa sobre interesses transigíveis; e até extinguir a relação jurídica processual, sem que o juiz possa impedi-lo.

A esses argumentos, rebatem os *angularistas* que não existe nenhuma relação entre o autor e o réu, porque tudo no processo se passa por intermédio do juiz.

Do ponto de vista do direito positivo, a posição *angularista* é desmentida pelo Código de Processo Civil, que reza, textualmente, que os atos das partes, consistentes em declarações unilaterais ou bilaterais de vontade, produzem imediatamente a constituição, a modificação ou a extinção de direitos processuais;[29] mas do ponto de vista prático tem razão, porque nada realmente acontece no processo sem que o juiz não queira.

10 PRESSUPOSTOS PROCESSUAIS: PRESSUPOSTOS DE EXISTÊNCIA E PRESSUPOSTOS DE VALIDADE

A relação jurídica *in generi* é vínculo regulado por lei entre dois ou mais sujeitos, titulares de direitos e obrigações.

Se esses direitos e obrigações surgem em decorrência de uma providência jurisdicional invocada, ou em virtude de atividade do autor, do réu, ou do juiz, tem-se uma *relação jurídica processual*; relação esta que nasce, desenvolve-se e se extingue de acordo com a lei que a disciplina.

A relação processual adquire uma roupagem externa, e se manifesta, em cada caso, de acordo com a ordem imposta pelo direito objetivo, segundo determinado procedimento.

As normas reguladoras do processo são chamadas "normas jurídicas processuais" e se contêm nos Códigos de Processo Civil e Penal, e na Consolidação das Leis do Trabalho, conforme a natureza da causa.

Essa relação processual não se exterioriza da mesma forma nas esferas civil, penal e trabalhista; do que resulta uma diversidade de *procedimentos* ou *ritos*, conforme a lide a ser composta (resolvida) pela providência (provimento) jurisdicional.

No *processo penal*, de rito ordinário e sumário, oferecida a denúncia, o juiz, se não a rejeitar liminarmente, recebe-a e manda citar o acusado para responder à acusação, por escrito, no prazo de dez dias (CPP, art. 396, *caput*), quando deverá especificar as provas pretendidas e arrolar testemunhas (CPP, art. 396-A, *caput*), seguindo-se a audiência de instrução e julgamento, para a inquirição de testemunhas arroladas pela acusação e pela defesa, sendo, em seguida, interrogado o acusado (CPP, art. 400), oferecidas as alegações finais, proferindo o juiz a sentença (CPP, art. 403, *caput*).

No *processo civil*, de rito comum, após o recebimento da petição inicial do autor, se não for caso de improcedência liminar do pedido, procede-se à citação do réu para comparecer à audiência de conciliação ou de mediação, e, não havendo autocomposição (art. 334), começa a fluir o prazo para contestação (art. 335, I); seguindo-se as providências preliminares e de saneamento (art. 347); o julgamento conforme o estado do processo; a audiência de instrução e julgamento; a instrução da causa e a sentença.

Qualquer que seja o processo, civil, penal ou trabalhista, é sempre uma relação jurídica, estando a diversidade nos procedimentos, que lhes imprime um colorido diferente, conforme a natureza da lide que forma o objeto do processo. Por isso se afirma que o processo não se modifica porque a lide a ser composta (resolvida) pela providência (provimento) jurisdicional seja penal ou extrapenal, porque a relação processual, como entidade lógico-jurídica, é uma só, enquanto instrumento de atuação do Estado-juiz na composição dos conflitos de interesses (Couture).

No campo penal, não foi difícil a aceitação da *relação jurídica processual*, porque convinha ao interesse do próprio Estado agasalhar essa doutrina, que transformava o réu, de objeto do processo penal, na confortável posição de sujeito de direito na relação processual.

---

[29] Art. 200. Os atos das partes consistentes em declarações unilaterais ou bilaterais de vontade produzem imediatamente a constituição, modificação ou extinção de direitos processuais.

10.1 Pressupostos processuais

O processo, *como conceito* lógico-jurídico, pode existir na mente de qualquer um, mas, para que exista, *concretamente*, no mundo dos fatos, impõe a lei o preenchimento de certos *requisitos*, sem os quais não existirá; requisitos estes que a doutrina, a partir de Bülow, convencionou chamar de *pressupostos processuais de existência* do processo.

Mas, embora existente o processo, precisa, para ser válido, de preencher outros requisitos que lhe garantam eficácia, aos quais a doutrina, também a partir de Bülow, convencionou chamar de *pressupostos processuais de validade* do processo.

10.1.1 Pressupostos de existência da relação processual

Entre os *pressupostos de existência*, alinham-se duas categorias: a) pressupostos *subjetivos*; e b) pressuposto *objetivo*.

Os pressupostos subjetivos dizem respeito aos sujeitos do processo; e o pressuposto objetivo concerne ao seu objeto.

10.1.1.1 Pressupostos subjetivos de existência do processo

Como *pressupostos subjetivos de existência* do processo figuram: *juiz e partes* (autor e réu).

Não pode existir *processo* sem a existência de um órgão estatal investido de jurisdição, incumbido de compor os conflitos de interesses, no caso o juiz; da mesma forma que não pode haver *processo* sem a existência de *partes* (autor e réu),[30] pois haverá sempre necessidade de alguém se dirigir ao juiz, pedindo a tutela para o seu direito em face de outrem (*Nemo iudex sine actore*).[31]

Não pode haver processo sem a presença de autor, juiz e réu, porque, segundo a concepção dominante, a relação jurídica processual é um vínculo de, no mínimo, três sujeitos: autor, juiz e réu.

Se o réu for revel, não atendendo à citação, nem por isto terá deixado de haver um réu, porque haverá um réu contumaz, que não se defendeu; podendo, no entanto, mesmo sem ter contestado a ação, intervir no processo em qualquer fase, recebendo-o no estado em que se encontrar[32] (CPC, art. 346, parágrafo único).[33]

10.1.1.2 Pressuposto objetivo de existência do processo

Para o processo *existir* tem que atender a um *pressuposto objetivo*, que é a *lide*, pois esta é a razão de ser do processo.

A lide é, sabidamente, o "conflito de interesses qualificado pela pretensão de um dos interessados e pela resistência do outro"; o conteúdo objetivo do processo; porque é para resolver a lide que se instaura o processo.

---

[30] Chiovenda conceituou como parte aquele que pede em seu próprio nome ou em cujo nome é pedida (autor) a atuação de uma vontade da lei e aquele em face de quem esta atuação é pedida (réu).

[31] "Não há juiz sem autor". No entanto, no âmbito penal, o juiz pode conceder *habeas corpus*, independentemente de pedido.

[32] O que não pode o réu é pretender praticar atos processuais que não praticou no momento oportuno; isto devido a um fenômeno que ocorre no processo, chamado "preclusão". Mas, a partir do momento da sua intervenção, poderá praticar atos processuais, se em tempo. Pode ser que o réu não conteste a ação, porque entenda absurdo o pedido do autor, mas vê, surpreso, esse pedido julgado procedente. Mesmo tendo sido revel, poderá manifestar recurso para o tribunal.

[33] Art. 346 (...) Parágrafo único. O revel poderá intervir no processo em qualquer fase, recebendo-o no estado em que se encontrar.

Estando presentes estes pressupostos, subjetivos e objetivo, *existirá* um processo, porque foram preenchidos os chamados *pressupostos processuais de existência*; mas, apesar de existir no mundo dos fatos, pode ser que não seja válido, pelo que, ao lado desses pressupostos, a doutrina alinha os chamados *pressupostos de validade da relação processual*.[34]

10.2 Pressupostos de validade da relação processual

Entre os pressupostos de validade, alinham-se igualmente duas categorias: a) pressupostos *subjetivos*; e b) pressuposto *objetivo*.

Igualmente, aqui, os pressupostos subjetivos dizem respeito aos sujeitos do processo; e o pressuposto objetivo, ao seu objeto.

10.2.1 Pressupostos de validade subjetivos do processo

Os pressupostos *de validade* subjetivos também dizem respeito aos sujeitos processuais: partes (autor e réu) e juiz.

No que concerne às partes, destas se exige a capacidade jurídica; pelo que as partes devem ser juridicamente capazes.

10.2.1.1 Pressupostos de validade em relação às partes

A capacidade jurídica das partes no campo processual é vista sob três aspectos: a) capacidade de ser parte; b) capacidade para estar em juízo; e c) capacidade postulatória.

A *capacidade de ser parte* corresponde, no direito civil, à capacidade de ser titular de direito; sendo que todas as pessoas, físicas ou jurídicas, e até certos entes formais, como o espólio, a massa falida etc., são sujeitos de direito e, consequentemente, possuem capacidade de ser parte em juízo. Assim, podem ser sujeitos de direito os relativamente capazes, os absolutamente incapazes, e até o nascituro, cujos direitos são preservados desde a concepção (Cód. Civil, art. 2º),[35] com a condição de nascerem com vida.

A *capacidade para estar em juízo* corresponde, no direito civil, à capacidade de exercício; de exercer, por si mesmo, os seus direitos, sem intermediários; de modo que a possui quem tenha capacidade civil plena, como o maior de 18 anos (Cód. Civil, art. 5º), podendo exercer, ele próprio, o seu próprio direito.

Outras pessoas, apesar de terem a capacidade de ser parte, de serem sujeitos de direito, não podem exercer, elas mesmas, esses direitos; não podendo praticar atos processuais válidos, sem o preenchimento de certas condições, que, no processo, é estarem representadas (os absolutamente incapazes) ou assistidas (os relativamente incapazes) por seus representantes legais (pais, tutores, curadores).

---

[34] Para Bülow, toda relação processual depende de requisitos de admissibilidade, que determinam entre que *pessoas* ela se forma, sobre que *matéria*, por meio de que *atos* e em que *momento* pode existir um processo. Nestes princípios estão contidos elementos constitutivos da relação jurídica processual. Propõe Bülow chamá-los de pressupostos processuais, substituindo por este conceito o de "exceções processuais". Arrola no elenco dos pressupostos processuais: *a)* competência, capacidade, insuspeição do tribunal, capacidade processual das partes (legitimação) e legitimação de seu representante; *b)* as qualidades próprias e imprescindíveis de uma matéria litigiosa; *c)* redação e comunicação (ou notificação) da demanda, e a obrigação do autor pelas despesas processuais; *d)* a ordem entre os vários processos.

[35] Art. 2º A personalidade civil da pessoa começa do nascimento com vida; mas a lei põe a salvo, desde a concepção, os direitos do nascituro.

Os relativamente capazes podem praticar atos processuais válidos, desde que assistidos por seus representantes legais, exigindo a lei uma complementação da sua capacidade, o que se dá através do instituto da *assistência*; enquanto os absolutamente incapazes não possuem capacidade para estar em juízo, somente podendo fazê-lo por intermédio dos seus representantes legais, através da *representação*. Exemplificando: o maior de 16 e menor de 18 anos pode praticar atos processuais, desde que o faça com a assistência do seu representante legal; já o menor de 16 anos deverá ser representado por seu representante legal (pai, mãe, tutor etc.).[36]

À capacidade para estar em juízo dá-se o nome de *capacidade processual*, ou seja, de praticar atos processuais válidos; sendo que apenas os *absolutamente capazes* possuem a capacidade processual plena; os relativamente capazes possuem capacidade processual limitada e os absolutamente incapazes são totalmente destituídos de capacidade processual.[37]

A identificação das partes no processo tem grande importância sob vários aspectos, como, por exemplo, para fins de condenação nas custas, de coisa julgada, de litispendência etc.

A *capacidade postulatória* é a capacidade para requerer em juízo, necessitando as partes ser representadas no processo por advogado, regularmente inscrito na Ordem dos Advogados do Brasil.[38]

10.2.1.2 Pressupostos de validade em relação ao juiz

No que concerne ao juiz, a validade da relação processual depende de estar ele investido de jurisdição;[39] e, além de ter jurisdição, que seja *competente*.

Nem todo juiz, pelo fato de ser juiz, tem jurisdição para processar e julgar uma causa; pelo que um juiz de vara cível não pode julgar ação penal, nem o juiz de vara criminal julgar ação cível; salvo, evidentemente, se estiver cumulando as funções de juiz cível e criminal.

Sendo a competência *a medida da jurisdição*, sempre que um juiz for competente para processar e julgar uma causa terá também jurisdição sobre ela.

Exige-se ainda, para validade do processo, que *o juiz seja imparcial*, desinteressado daquilo que constitua objeto de disputa entre os litigantes, resultando a imparcialidade do órgão jurisdicional numa garantia da ordem pública: garantia das partes, que terão a lide solucionada com justiça; do Estado, que quer que a lei seja aplicada corretamente; e do próprio juiz, que ficará a coberto de qualquer suspeita de arbítrio ou parcialidade. O interesse do órgão jurisdicional é um interesse *de ordem secundária*, em oposição aos interesses das partes, que são de *ordem primária*, ou seja, que a lide seja resolvida de acordo com a vontade do Estado expressa na lei.

---

[36] O *relativamente* incapaz pode outorgar procuração *ad judicia* por instrumento particular, assinado também pelo seu representante legal, não necessitando de reconhecimento de firma. No caso do absolutamente incapaz, a procuração é outorgada apenas pelo seu representante legal, nas mesmas condições e não necessariamente por instrumento público.

[37] Numa ação de alimentos, por exemplo, o menor possui capacidade de ser parte, pelo que será o autor; mas, por não ter capacidade processual, será representado por sua genitora ou quem legalmente o represente. Assim, tecnicamente, deve a petição inicial dizer: "Fulano de tal, brasileiro, menor, legalmente representado por sua genitora etc."

[38] Isto quando não disponham, elas próprias, do *ius postulandi* para agir em juízo, como sucede na reclamação trabalhista, nos juizados especiais e no *habeas corpus*.

[39] O juiz perde a jurisdição na vara quando é aposentado, licenciado, afastado etc.

A *imparcialidade* do juiz resulta de circunstâncias negativas, pois deverão estar ausentes, não podendo ser ele *nem impedido* (CPC, art. 144)[40] e *nem suspeito* (CPC, art. 145).[41] Assim, são pressupostos de validade da relação processual que o juiz seja *desimpedido* e *insuspeito*.

10.2.2 Pressupostos de validade objetivos do processo

No que concerne à lide, exige-se, para a validade da relação processual, que ela seja *original*, o que significa que não esteja em curso no mesmo ou em outro juízo, o que caracteriza a litispendência, e nem tenha sobre ela nenhum juiz proferido sentença, o que configura a coisa julgada. Assim, são pressupostos de validade da relação processual duas condições negativas, quais sejam, a *ausência de litispendência* e a *ausência de coisa julgada*.

Se o autor move uma demanda contra o réu, e, achando que a solução está demorando, ajuíza outra com o mesmo objeto (pedido), a segunda demanda não terá condições de prosperar, porque haverá uma lide pendente de julgamento, devendo o processo relativo a essa última ser extinto sem resolução de mérito.

Por outro lado, se uma lide já foi definitivamente julgada pelo órgão jurisdicional, não poderá ser objeto de novo processo, em virtude de um fenômeno denominado coisa julgada.[42]

---

[40] Art. 144. Há impedimento do juiz, sendo-lhe vedado exercer suas funções no processo: I – em que interveio como mandatário da parte, oficiou como perito, funcionou como membro do Ministério Público ou prestou depoimento como testemunha; II – de que conheceu em outro grau de jurisdição, tendo proferido decisão; III – quando nele estiver postulando, como defensor público, advogado ou membro do Ministério Público, seu cônjuge ou companheiro, ou qualquer parente, consanguíneo ou afim, em linha reta ou colateral, até o terceiro grau, inclusive; IV – quando for parte no processo ele próprio, seu cônjuge ou companheiro, ou parente, consanguíneo ou afim, em linha reta ou colateral, até o terceiro grau, inclusive; V – quando for sócio ou membro de direção ou de administração de pessoa jurídica parte no processo; VI – quando for herdeiro presuntivo, donatário ou empregador de qualquer das partes; VII – em que figure como parte instituição de ensino com a qual tenha relação de emprego ou decorrente de contrato de prestação de serviços; VIII – em que figure como parte cliente do escritório de advocacia de seu cônjuge, companheiro ou parente, consanguíneo ou afim, em linha reta ou colateral, até o terceiro grau, inclusive, mesmo que patrocinado por advogado de outro escritório; IX – quando promover ação contra a parte ou seu advogado. (...)

[41] Art. 145. Há suspeição do juiz: I – amigo íntimo ou inimigo de qualquer das partes ou de seus advogados; II – que receber presentes de pessoas que tiverem interesse na causa antes ou depois de iniciado o processo, que aconselhar alguma das partes acerca do objeto da causa ou que subministrar meios para atender às despesas do litígio; III – quando qualquer das partes for sua credora ou devedora, de seu cônjuge ou companheiro ou de parentes destes, em linha reta até o terceiro grau, inclusive; IV – interessado no julgamento do processo em favor de qualquer das partes. § 1º Poderá o juiz declarar-se suspeito por motivo de foro íntimo, sem necessidade de declarar suas razões. (...)

[42] Salvo o exercício de eventual ação rescisória (no cível) ou revisão criminal (no penal), perante o Tribunal.

Graficamente:

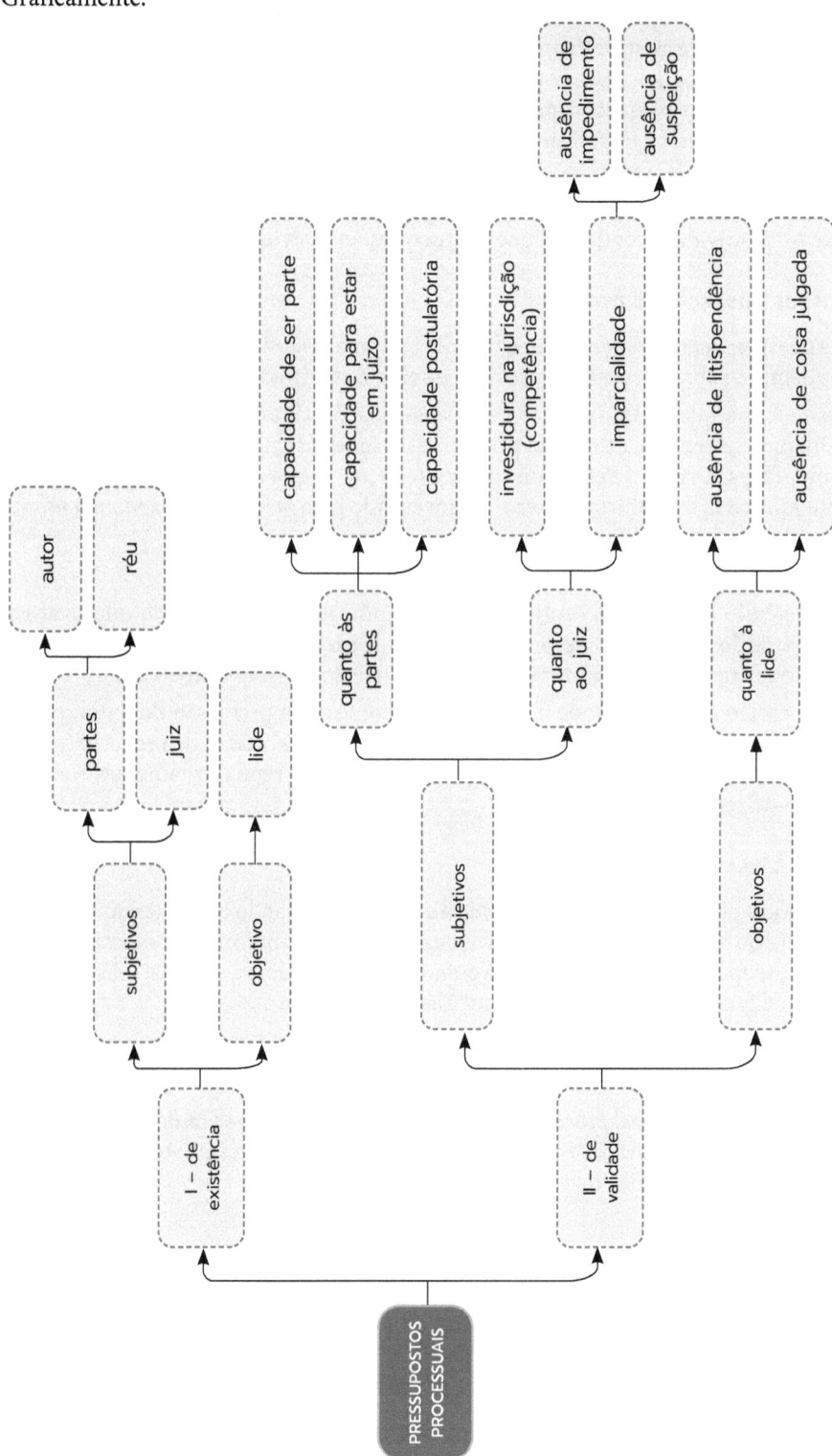

Cap. 7 • PROBLEMÁTICA DO PROCESSO

PRESSUPOSTOS PROCESSUAIS

- **I – de existência**
  - subjetivos
    - partes
      - autor
      - réu
    - juiz
  - objetivo
    - lide

- **II – de validade**
  - subjetivos
    - quanto às partes
      - capacidade de ser parte
      - capacidade para estar em juízo
      - capacidade postulatória
    - quanto ao juiz
      - investidura na jurisdição (competência)
      - imparcialidade
        - ausência de impedimento
        - ausência de suspeição
  - objetivos
    - quanto à lide
      - ausência de litispendência
      - ausência de coisa julgada

11 DEFESA CONTRA O PROCESSO

O processo, para existir e desenvolver-se validamente, está sujeito à observância de determinados pressupostos, batizados originalmente por Bülow como "pressupostos processuais"; sendo requisitos sem os quais o processo não alcança aquele grau de maturidade capaz de proporcionar uma *justa composição da lide* (Carnelutti).

Qualquer alegação das partes sobre a ausência de pressupostos processuais, ou mesmo qualquer dúvida posta pelo juiz sobre a sua existência, configura uma *questão sobre o processo*, que deve ser resolvida antes de qualquer outra questão, e, evidentemente, do próprio mérito.

11.1 Questões sobre o processo

As questões *sobre o processo* são chamadas de *preliminares* ou *prévias*, porque antecedem todas as demais, sobre as condições da ação e sobre o mérito da causa.

Os defeitos que possam ocorrer por ausência de algum pressuposto processual não determinam de imediato a extinção do processo, sendo, sempre, proporcionada às partes a oportunidade para sanar o defeito ou suprir a falta; dado que o processo, qualquer que seja o seu conteúdo (civil, trabalhista ou penal), é governado pelo *princípio da economia processual*.[43]

11.2 Conceito de exceção como sinônimo de defesa

O vocábulo *exceção*, em sentido amplo, é sinônimo de defesa; pelo que se afirma que ao direito de ação do autor corresponde o direito de exceção do réu, sendo uma exceção *lato sensu* qualquer resistência oposta pelo réu, no processo, à pretensão do autor.[44]

Por ocasião da defesa, pode o réu, além de contestar a pretensão do autor, produzindo uma defesa *de mérito*, levantar questões (ou pontos duvidosos) acerca do processo (ou da ação), obrigando o juiz a desenvolver a atividade jurisdicional no terreno estritamente processual com o propósito de resolvê-las.[45]

11.2.1 Alegações contra o processo

Quando a defesa do réu é dirigida *contra o processo*, versando uma *questão sobre ele*, acerca da existência ou validade da relação processual, recebia a denominação específica de *exceção processual*, independentemente do modo ou momento em que era alegada; mas o atual Código de Processo Civil transformou-a em mera "alegação" (defesa).

11.2.2 Modalidades de defesa no processo civil

As *exceções (alegações) processuais* são, *quanto aos efeitos que produzem*, de duas modalidades: *exceções (alegações) dilatórias* e *exceções (alegações) peremptórias*. As exceções (alegações) *dilatórias*[46] são aquelas que constituem defesa indireta contra o processo e que distendem o

---

[43] O *princípio da economia processual* zela para que o processo seja, tanto quanto possível, barato.
[44] A expressão *"exceptio"* vem do direito romano; chegou até os nossos dias e manteve-se nos modernos ordenamentos jurídicos com o mesmo significado.
[45] Para Hélio Tornaghi, o termo "exceção" designa tanto a alegação de ausência de pressupostos processuais quanto das condições da ação.
[46] Esta palavra provém do latim *defferre*, que significa diferir, prolongar, sendo usada nesse sentido para traduzir determinada modalidade de exceção (alegação).

seu curso, sem, no entanto, pôr fim à relação processual, como, por exemplo, as alegações de incompetência relativa (de foro), de suspeição e de impedimento do juiz.

Já as exceções (alegações) *peremptórias*[47] são aquelas que constituem defesa direta contra o processo e que têm força suficiente para extingui-lo, pondo fim à relação processual, que se finaliza prematuramente, como, por exemplo, no processo civil, as alegações de litispendência e de coisa julgada.[48]

11.2.3 Modalidades de defesa no processo penal

O Código de Processo Penal, por sua vez, trata como exceções a suspeição do juiz, a incompetência, a litispendência, a coisa julgada e a ilegitimidade de parte (CPP, art. 95), e também o impedimento e a incompatibilidade (CPP, art. 112).

11.2.4 Tratamento das questões no Código de Processo Civil

O Código de Processo Civil dá o tratamento de "questões" (alegações) às exceções, como a incompetência, o impedimento e a suspeição (dilatórias), e a litispendência e a coisa julgada (peremptórias), devendo todas elas ser arguidas como matéria de defesa na contestação não se sujeitando mais a rito próprio, como sucedia no sistema revogado.

Subsistem, no entanto, algumas importantes distinções.

Algumas dessas questões podem ser objeto de conhecimento do juiz, independentemente de provocação das partes, como a suspeição e o impedimento, enquanto outras, para serem conhecidas, dependem de provocação da parte, como a incompetência relativa. Além disso, algumas dessas questões, como o impedimento e a suspeição do juiz, demandam petição específica (CPC, art. 146, *caput*),[49] enquanto outras, como a incompetência relativa (de foro), a litispendência e a coisa julgada devem ser alegadas como matéria de defesa na contestação (CPC, art. 337).

Por obedecerem a forma *processual* predeterminada, algumas dessas exceções eram chamadas, no sistema processual civil revogado, de "exceções *instrumentais*".

11.2.5 Questão processual e objeção processual

Quando uma questão permite que o juiz dela conheça de ofício, recebe a denominação específica de *objeção processual*,[50] ficando a expressão *questão processual* reservada para traduzir apenas aquela que, para ser conhecida, depende de provocação da parte interessada.[51]

---

[47] Este vocábulo provém do latim *perimere*, que significa perimir, matar, sendo usada nesse sentido para traduzir determinada modalidade de exceção.

[48] O Código de Processo Penal enumera como exceções: a suspeição, a incompetência, a litispendência, a coisa julgada e a ilegitimidade de parte (art. 95), referindo-se também o art. 112 ao impedimento e à incompatibilidade. No CPC, todas as exceções foram extintas, passando o impedimento e a suspeição à categoria de meras "alegações", que exigem petição específica, devendo as demais ser alegadas como matéria de defesa na contestação.

[49] Art. 146. No prazo de 15 (quinze) dias, a contar do conhecimento do fato, a parte alegará o impedimento ou a suspeição, em petição específica dirigida ao juiz do processo, na qual indicará o fundamento da recusa, podendo instruí-la com documentos em que se fundar a alegação e com rol de testemunhas. (...)

[50] Essa expressão "objeção processual" se deve a Renzo Bolaffi.

[51] Ennecerus, que estudou o problema através do direito material, distinguia a "objeção" da "exceção", vendo a objeção como a negativa do direito que pode aniquilá-lo, ou a alegação de fatos que tornam ineficaz o (direito) invocado na demanda.

Sob o aspecto doutrinário, na verdade, a única questão (*exceção*) *processual*, nesse sentido, no processo civil, é a incompetência relativa, pelo fato de depender de provocação do réu, entrando as demais no rol das *objeções processuais*, por poderem ser conhecidas de ofício pelo juiz. Já, no processo penal, todas as *exceções processuais* (continuam assim denominadas) podem ser alegadas pelo réu ou conhecidas de ofício pelo juiz,[52] pelo que seriam autênticas *objeções processuais*.

11.2.6 Modos de alegação das questões processuais

As *questões processuais* devem ser arguidas de conformidade com o estabelecido pela lei processual; de modo que, no processo civil, as questões (alegações)[53] de impedimento e de suspeição devem ser alegadas no prazo de quinze dias, contado do fato que as tenha ocasionado (CPC, art. 146).[54] Para outras alegações, como a incompetência absoluta, a relativa, a litispendência e a coisa julgada, o Código não prevê procedimento próprio, mandando que sejam alegadas como matéria de defesa, na contestação (CPC, art. 337).[55]

É preciso distinguir, também, a incompetência *absoluta* da incompetência *relativa*; porque esta é *prorrogável*, podendo ser modificada pela vontade das partes; o que não acontece com a segunda, que é *improrrogável*, cabendo ao juiz, quando se deparar com ela, declarar a sua incompetência de ofício.

11.2.7 Exceção e objeção no direito positivo civil e penal

Os Códigos de Processo Civil e Penal não se preocuparam com a distinção doutrinária entre *exceção (ou alegação)* e *objeção*, cuidando o atual CPC de dar tratamento *processual* a determinadas espécies de alegações (de impedimento e de suspeição), relegando as demais para o momento da contestação.

11.2.8 Exceções na Consolidação das Leis do Trabalho

A Consolidação das Leis do Trabalho, por seu turno, tratou como exceções processuais somente a suspeição e a incompetência (art. 799, § 1º), imprimindo-lhes rito próprio, devendo as demais exceções ser alegadas como matéria de defesa, sem se ater, também, com a distinção doutrinária entre exceção e objeção processual.

No processo penal e na Consolidação das Leis do Trabalho, as *exceções* processuais continuam, ainda, a ser denominadas "*exceções* processuais".

BIBLIOGRAFIA

ALMEIDA JÚNIOR, João Mendes de. **Direito judiciário brasileiro**. 5. ed. Rio de Janeiro-São Paulo: Freitas Bastos, 1960.

---

[52] Inclusive a incompetência relativa, que no processo civil constitui ônus da parte. No entanto, o Supremo Tribunal Federal decidiu, em sede penal, que a incompetência *ratione loci* constitui nulidade relativa, que deve ser alegada no momento processual adequado, sob pena de preclusão (HC n. 73.637-8).

[53] Somente a incompetência *relativa* deve ser arguida dentro do prazo; podendo a incompetência absoluta ser arguida a qualquer tempo e até declarada de ofício pelo juiz (Tourinho Filho).

[54] Art. 146. No prazo de 15 (quinze) dias, a contar do conhecimento do fato, a parte alegará o impedimento ou a suspeição, em petição específica dirigida ao juiz do processo, na qual indicará o fundamento da recusa, podendo instruí-la com documentos em que se fundar a alegação e com rol de testemunhas. (...)

[55] Art. 337. Incumbe ao réu, antes de discutir o mérito, alegar: (...) II – incompetência absoluta e relativa; (...) VI – litispendência; VII – coisa julgada; (...)

ALSINA, Ugo. **Tratado teórico y práctico de derecho procesal civil y comercial**. 2. ed. Buenos Aires: EDIAR, 1963. v. I.

BÜLOW, Oskar von. **La teoría de las excepciones procesales y los presupuestos procesales**. Buenos Aires: EJEA, 1964.

CALAMANDREI, Piero. El proceso como situación jurídica. In: **Estudios sobre el proceso civil**. Buenos Aires: 1945.

CARLOS, Eduardo B. **Introducción al estudio del derecho procesal**. Buenos Aires: EJEA, 1959.

CHIOVENDA, Giuseppe. **Instituições de processo civil**. 2. ed. São Paulo: Saraiva, 1969.

CHIOVENDA, Giuseppe. **Instituições de direito processual civil**. São Paulo: Saraiva, 1969. v. II.

GOLDSCHMIDT, James. **Derecho procesal civil**. Barcelona: Labor, 1936.

GOLDSCHMIDT, James. **Principios generales del proceso**. Buenos Aires: EJEA, 1961. v. I.

LOPES DA COSTA, Alfredo de Araújo. **Direito processual civil brasileiro**. 2. ed. Rio de Janeiro: Forense, 1959. v. 1.

MARINONI, Luiz Guilherme; MITIDIERO, Daniel. **O Projeto do CPC, crítica e propostas**. São Paulo: RT, 2010.

MARQUES, José Frederico. **Instituições de direito processual civil**. Rio de Janeiro: Forense, 1958. v. II.

MARQUES, José Frederico. **Instituições de direito processual civil**. Campinas: Millenium, 2000. v. 3.

MENENDEZ-PIDAL. **Derecho procesal penal**. 2. ed. Madrid: 1950. v. II.

NERY JUNIOR, Nelson. **Princípios do direito processual na Constituição Federal**. 2. ed. São Paulo: RT, 1995.

PIERSON, Donald. **Teoria e pesquisa em sociologia**. São Paulo: Melhoramentos, 1981.

PODETTI, Ramiro. **Teoria e técnica do processo civil**. Buenos Aires: EDIAR, 1963.

ROCCO, Ugo. **L'autoritá della cosa giudicata i suoi limiti soggettivi**. Roma: Athenaeum, 1917.

SANTOS, Moacyr Amaral. **Primeiras linhas de direito processual civil**. São Paulo: Saraiva, 1995. v. 1.

TORNAGHI, Hélio. **Instituições de processo penal**. 2. ed. São Paulo: Saraiva, 1977. v. 1.

TORNAGHI, Hélio. **Compêndio de processo penal**. Rio de Janeiro: José Konfino, 1967. v. I.

TOURINHO FILHO, Fernando da Costa. **Processo penal**. 23. ed. São Paulo: Saraiva, 2001. v. II.

Capítulo 8
CONTEÚDO OBJETIVO DO PROCESSO

Sumário: 1 Problemática do mérito. 2 Mérito e lide. 3 Mérito em matéria penal. 4 Defesa contra o mérito. 5 Pontos prejudiciais e questões prejudiciais. 6 Questões preliminares e questões prejudiciais.

1 PROBLEMÁTICA DO MÉRITO

O conceito de *mérito* da causa é de fundamental importância no processo, sobretudo pela sua repercussão em diversos setores do direito processual, como na extinção do processo, com ou sem resolução de mérito, ou, não sendo de mérito, que impeça nova propositura da demanda ou admissibilidade do recurso correspondente (CPC, art. 966, § 2º, I e II); na ação rescisória, pois só se rescindem sentenças de mérito; na apresentação de defesas relativas ao processo e à ação, pois devem ser arguidas antes de se discutir o mérito etc.

1.1 Mérito na doutrina tradicional

A doutrina *tradicional* fazia coincidir o *mérito* da causa com a relação jurídica material deduzida em juízo; pelo que, numa ação de despejo, o mérito seria a relação *de locação*; numa ação de cobrança, a relação de débito e crédito; e assim por diante. Toda vez que o juiz se pronunciasse sobre o contrato de locação ou sobre a relação creditícia, estaria se manifestando sobre o mérito da causa.

Este conceito tradicional de *mérito* é por demais estreito para satisfazer às exigências técnicas do processo, mesmo porque há processos em que nenhuma *relação jurídica material* é nele deduzida, como sucede, por exemplo, na ação rescisória, na qual o que se pretende no *iudicium rescindens* é uma nova decisão, meramente desconstitutiva da anterior, transitada em julgado. Se a ação rescisória for julgada improcedente, por exemplo, o julgamento do mérito (*iudicium rescissorium*) ficará prejudicado.

Daí ter a moderna doutrina se aprofundado na pesquisa de um conceito mais adequado à realidade do processo e mais bem ajustado à dogmática processual, aplicável a todos os casos, no âmbito civil, trabalhista e penal.

2 MÉRITO E LIDE

2.1 Mérito na doutrina de Carnelutti

Para Carnelutti, o mérito é a *lide*, ou seja, "o conflito de interesses qualificado pela pretensão de um dos interessados e pela resistência do outro"; ou seja, para ele o mérito[1] está na lide.

---
[1] Para Cândido Dinamarco, a pretensão é que consubstancia o mérito.

Quando a lide não logra solução pela vontade dos litigantes, deve ela, a pedido de uma das partes, ser resolvida pelo juiz mediante o processo. Por isso, observou Carnelutti, existir entre o processo e lide a mesma relação ocorrente entre continente e conteúdo; de modo que sempre que o juiz decidir a lide estará decidindo o mérito da causa.

Na verdade, o Código de Processo Civil não foi fiel a essa doutrina, porque usa também o termo *lide* com o significado de "processo", ao tratar, por exemplo, da denunciação da lide (CPC, art. 125).[2]

É importante a conceituação do mérito, não só para distingui-lo das *questões processuais*, mas, sobretudo, para separar umas das outras, e saber, com precisão, o momento de decidi-las; tendo essa distinção relevância também para o estudo de outros institutos, como, por exemplo, as questões *prejudiciais*, com reflexos na teoria da litispendência e da coisa julgada.

2.2 Mérito na doutrina de Liebman

Para Liebman,[3] o mérito é o pedido, ou seja, a concreta providência que se requer do juiz, adequada à satisfação de um interesse; pelo que considerava o conceito carneluttiano de lide mais sociológico do que jurídico, e, assim, imprestável para satisfazer às exigências técnicas do processo; além de divergir dele também quanto à distinção entre *lide total* e *lide parcial*.

2.3 Lide total e lide parcial

Segundo Carnelutti, uma lide pode ser deduzida por inteiro num processo ou, então, por partes; de modo que o processo serve para compor *toda a lide* ou somente *uma parte dela*. Suponha-se que alguém sofra um acidente de veículo, que lhe provoque lesões corporais, além de outros prejuízos, como despesas hospitalares, a perda de uma carteira, a perda de um relógio etc. Essa pessoa pode propor uma ação de indenização, objetivando o ressarcimento de *todo o prejuízo* sofrido com o acidente, ou de apenas *parte desse prejuízo*; podendo deduzir a lide na sua *inteireza* ou somente uma *fração* dela.

Essa é a consequência que Carnelutti extrai do seu conceito de mérito, que pode ser identificado com uma lide total ou parcial,[4] conforme o fato jurídico e a pretensão do demandante.

2.4 Configuração do pedido na doutrina de Liebman

Mas, nessa hipótese, qual seria o *pedido*, na formulação liebmaniana?

Liebman distingue na demanda dois pedidos, ou um pedido duplamente direcionado:[5] um *pedido imediato*, que é a providência jurisdicional que se requer do juiz, consistente numa

---

[2] Art. 125. É admissível a denunciação da lide, promovida por qualquer das partes: I – ao alienante imediato, no processo relativo à coisa cujo domínio foi transferido ao denunciante, a fim de que possa exercer os direitos que da evicção lhe resultam; II – àquele que estiver obrigado, por lei ou pelo contrato, a indenizar, em ação regressiva, o prejuízo de quem for vencido no processo. (...)

[3] Para Liebman, o conflito de interesses não entra para o processo tal como se manifestou na vida real, mas só indiretamente, na feição que lhe deu o autor em seu *pedido*. Para ele, a lide é o conflito, depois de moldado pelas partes e vazado nos pedidos formulados ao juiz.

[4] Carnelutti formula um exemplo acerca da herança por dupla vocação: legítima e testamentária.

[5] Duplamente direcionado, porque o autor *pede* ao juiz uma providência jurisdicional em face ou contra o réu; formula um pedido ao juiz, com efeito jurídico na esfera jurídica do réu.

sentença condenatória, constitutiva ou declaratória; e um *pedido mediato*, consistente no bem da vida pretendido pelo demandante, cuja tutela pretende obter do juiz.

No exemplo *retro*, do acidente de veículo, a parte autora ajuíza uma ação contra o réu, com o propósito de obter o ressarcimento das despesas hospitalares (eis o *pedido mediato*); depois, verificando que perdeu a carteira, propõe outra ação, pedindo a reparação por essa perda (eis novo *pedido mediato*); depois, verifica ter pedido também um relógio valiosíssimo, ajuizando outra ação, para haver o valor do relógio (eis novo *pedido mediato*).

Observa-se neste exemplo que a *causa de pedir* é sempre a mesma, não muda, sendo em todas essas ações o *acidente de veículo* provocado pelo réu, mas os *pedidos* são diferentes, consistindo, numa ação, no ressarcimento de despesas hospitalares; noutra, no valor da carteira; noutra, no valor do relógio; pelo que, sob o prisma dos seus elementos identificadores (partes, causa de pedir e pedido), não se trata de ações idênticas, mas de ações análogas, em função da causa de pedir (o acidente), conferindo a um só juiz o poder de julgar todas elas.

Para Liebman, o que importa não é a *lide*, como delineada por Carnelutti, nem se ela é *total* ou *parcial*, mas o *pedido* formulado pela parte; pelo que toda vez que o juiz examinar se ocorreu ou não o acidente, as suas consequências, a extensão dos danos, a culpabilidade dos litigantes etc., estará decidindo sobre o pedido e, portanto, sobre o mérito da causa.[6]

Imagine-se, por fim, a hipótese de o juiz julgar *improcedente* a ação indenizatória, resultante do acidente de veículo, em que se postulou ressarcimento de despesas hospitalares, por não haver o autor comprovado ter feito tais despesas, dado que foi atendido num hospital público. Este era o pedido ou objeto da demanda ressarcitória. Se o autor, porém, possuir prova de outros prejuízos (perda da carteira, do relógio), poderá propor outra ação contra o mesmo réu, objetivando a reparação do dano, pois inocorre, na espécie, a identidade de objeto das ações.

Em sede doutrinária, não existe diferença essencial entre os conceitos de lide civil e de lide trabalhista, a não ser quanto ao conteúdo do bem da vida a que se referem.

2.5 Julgamento parcial do mérito

O atual Código de Processo Civil, diferentemente do seu antecessor (1973), consagra no seu art. 356 o julgamento antecipado parcial do mérito (*rectius*, lide), determinando ao juiz que assim proceda quando um ou mais dos pedidos formulados ou parcelas deles: I – mostrar-se incontroverso; II – estiver em condições de imediato julgamento, nos termos do art. 355.[7]

3 MÉRITO EM MATÉRIA PENAL

Especial atenção merece o conceito de mérito em matéria penal, já que, no processo penal, o autor não formula pedido em sentido estrito, como no processo civil, no seu próprio interesse.

O conceito de *lide* formulado por Carnelutti tem sido transposto, sem maiores resistências doutrinárias, para o campo do processo penal, caracterizando-se a lide como "conflito de interesses entre o poder punitivo do Estado e o direito de liberdade do acusado".

---

[6] Para Calamandrei, providência de mérito é aquela mediante a qual o juiz provê sobre a ação, com efeitos jurisdicionais sobre o direito substancial.

[7] Art. 355. O juiz julgará antecipadamente o pedido, proferindo sentença com resolução de mérito, quando: I – não houver necessidade de produção de outras provas; II – o réu for revel, ocorrer o efeito previsto no art. 344 e não houver requerimento de prova, na forma do art. 349.

Para quem aceita esta transposição, não há dificuldade em identificar o mérito em matéria penal, conforme os postulados da doutrina carneluttiana.

No processo penal, o titular do direito de punir é o Estado, que o exerce de regra através do Ministério Público, encarregado de tornar efetivo esse direito.[8] Por outro lado, o juiz criminal depende apenas da *exposição de um fato criminoso* e de quem seja o seu causador, para, a partir daí, atuar a lei penal, para o que prescinde de pedido; se bem que, na prática, a denúncia ou a queixa contém sempre um pedido condenatório, consistente na imposição de uma pena ao condenado.

O juiz criminal não está, como o cível e o trabalhista, adstrito à classificação do crime feita pela denúncia, podendo dar aos fatos definição jurídica diversa, ainda que tenha de aplicar pena mais grave (CPP, art. 383, *caput*);[9] donde se conclui que o pedido não poderia constituir o mérito da causa, por não constituir requisito essencial da denúncia.[10]

3.1 Conceito de mérito em matéria penal

Para Xavier de Albuquerque, o objeto do processo penal é "a realidade jurídica noticiada na demanda", tal como resulta da sentença, pelo que julgar o mérito seria converter em *realidade jurídica* concreta a *realidade jurídica* hipotética veiculada pela demanda, na medida em que o permitisse a cognição do julgador.

Para quem pensa assim, o mérito, no processo penal, é "o trecho da realidade social, exposto na acusação, tal como resulta juridicamente qualificado na sentença".

4 DEFESA CONTRA O MÉRITO

4.1 Defesa direta contra o mérito

Ao se defender em juízo,[11] o réu, em vez de suscitar questões processuais, sobre o exercício da ação ou sobre pressupostos processuais, pode preferir apresentar defesa *direta* contra o *mérito*, contra-atacando a pretensão material do autor ou o fundamento em que se alicerça, objetivando que o juiz negue aquilo que o autor pediu; é a defesa contra a causa de pedir ou contra o pedido. Suponha-se que, numa *ação de cobrança*, o réu negue a dívida para com o autor; ou que, numa ação de despejo, negue a relação de locação; casos em que estará produzindo uma defesa *direta* de mérito, legalmente chamada de *contestação*. Suponha-se, na esfera penal, que o réu negue o próprio fato a ele imputado pela denúncia, ou negue a tipicidade do fato – existiu, mas não é delituoso –, ou a antijuricidade do fato – existiu, mas era lícito – etc.

Em todos esses casos, a defesa do réu tem por objetivo ferir de morte a pretensão material mesma, ou seja, o mérito da causa.

---

[8] O ordenamento jurídico brasileiro consagra casos de *jurisdição sem ação*, em que a iniciativa da tutela é do juiz, como, por exemplo, na execução de sentença trabalhista e no *habeas corpus*.

[9] Art. 383. O juiz, sem modificar a descrição do fato contida na denúncia ou queixa, poderá atribuir-lhe definição jurídica diversa, ainda que, em consequência, tenha de aplicar pena mais grave. (...)

[10] Particularidade apresenta a ação penal privada, pois, nos termos do art. 60, III, do Código de Processo Penal, considera-se perempta a ação quando o querelante deixar de formular o *pedido* de condenação nas alegações finais.

[11] O *direito de defesa*, tanto quanto o direito de ação, é um direito subjetivo à prestação jurisdicional do Estado, direito este reconhecido ao réu, sendo também um direito processual, público, autônomo e abstrato, existindo ainda quando a resistência não tenha fundamento. Estabelece o art. 30, 2ª parte, do CPC francês que: "Para o adversário [do autor], a ação é o direito de discutir o mérito dessa pretensão."

4.2 Defesa indireta contra o mérito

Pode ocorrer, também, de o réu se defender através de uma defesa *indireta* de mérito, em que, sendo ele titular de um direito subjetivo material oponível ao autor, procure livrar-se da pretensão deste, mediante a invocação desse direito material seu, que, se acolhido pelo juiz, tornará ineficaz a pretensão autoral.

Essa defesa não é direta, mas está ligada ao mérito, e, se for reconhecido o fundamento da alegação, obstaculizará os efeitos jurídicos da pretensão formulada pelo autor. É o caso, por exemplo, do réu que, na sua defesa, alega a *compensação* de dívidas (matéria de direito substancial), em que ele não nega a dívida para com autor, mas alega ser também credor dele, alegação que, se comprovada, irá influir na decisão da causa, pois o autor receberá menos do que pretendia ou nada receberá. Pode também arguir o réu a novação, a exceção de contrato não cumprido ou não inteiramente cumprido,[12] a prescrição da dívida, a retenção do imóvel por benfeitorias necessárias etc.

4.3 Conceito substancial de exceção

Em alguns casos, o réu não nega o *fato constitutivo* do direito do autor, limitando-se a alegar outros fatos, *impeditivos*, *modificativos* ou *extintivos* daquele direito, e que, se colhido pelo juiz, resultará para ele num benefício, em detrimento do direito do autor.[13]

A esses tipos de defesa, a doutrina chama de exceções (alegações) *substanciais*,[14] porque são matéria de direito *substancial* ou material, sendo também conhecidas como *preliminares de mérito*, pois, além de relacionadas intimamente com o mérito, devem ser decididas antes deles, influindo no seu julgamento.

As *exceções substanciais*[15] consistem em alegações de fatos que, por si mesmos, não excluem a ação, mas conferem ao réu o poder jurídico de tolher os seus efeitos.

A decisão sobre a exceção substancial é *condicionada* à da questão principal, porque somente se for reconhecido o direito do autor (de credor do réu), será possível reconhecer o direito do réu (de credor do autor), permitindo a compensação; pois, do contrário, nada haverá a ser compensado.

O atual CPC não alude, expressamente, a essa modalidade de defesa, que vem sendo objeto de consideração apenas da doutrina.

5 PONTOS PREJUDICIAIS E QUESTÕES PREJUDICIAIS

Antes de decidir o mérito da causa, encontra-se o juiz a braços com uma série mais ou menos longa de *pontos prejudiciais*, que representam o antecedente lógico da questão final, e que, se se tornarem *controvertidos* no processo, darão azo ao surgimento de *questões prejudiciais*.

---

[12] *Exceptio non adimpleti contractus*, ou *Exceptio non rite adimpleti contractus*.

[13] Não confundir essas questões, deduzidas na *defesa*, objetivando atingir de alguma forma a pretensão deduzida na inicial, com a *reconvenção*, que é a ação exercitada pelo réu, contra o autor, no mesmo processo em que é demandado.

[14] Cintra, Grinover e Dinamarco, não fazem esta distinção, considerando *exceção substancial* tanto a defesa *direta* de mérito, atacando a própria pretensão do autor, o fundamento de seu pedido, quanto a defesa *indireta* de mérito, opondo fatos impeditivos, modificativos ou extintivos do pedido do autor, sem elidir propriamente a pretensão por este deduzida, como a prescrição, a compensação, a novação.

[15] As exceções *substanciais* se distinguem das exceções *instrumentais*, porque são relativas a um direito material, enquanto estas últimas são relativas a questões processuais. No atual Código de Processo Civil as exceções instrumentais (processuais) não dependem mais de "rito próprio".

A palavra *prejudicial* vem do latim, derivada de *prae iudicare*, significando aquilo que se decide antes, ou que, sendo julgado antes, poderá prejudicar.

Por ser a questão principal julgada *depois* da prejudicial, a doutrina se refere àquela como questão *prejudicada*.

5.1 Conceito de questão prejudicial

A *questão prejudicial* é toda questão de direito material (civil, penal, trabalhista), surgida no processo, e cuja solução condiciona necessariamente a decisão do mérito da causa; ou "a questão de direito, cuja solução se apresenta como antecedente lógico e jurídico da questão principal, objeto do processo, versando uma relação jurídica material particular e controvertida".

O juiz de determinada causa se depara, às vezes, com essas questões, que deverão ser decididas antes do julgamento de mérito, e, conforme seja a decisão proferida a seu respeito, poderá o afetar.

5.2 Visão pragmática das questões prejudiciais

Vamos trabalhar com dois exemplos, para dar uma visão pragmática das *questões prejudiciais*.

Suponha-se que, na esfera penal, o Ministério Público ofereça uma denúncia contra o acusado pelo delito de bigamia (CP, art. 235); o acusado alega, na sua defesa, nulidade do seu primeiro casamento; o juiz, antes de decidir o *mérito penal*, terá de conhecer, antes, sobre a validez do primeiro casamento, porque, se ele for realmente nulo, não terá havido crime de bigamia. Se o juiz acolher essa *questão prejudicial*, dando pela nulidade do primeiro casamento do réu, ficará *prejudicada* a questão principal sobre a bigamia, objeto da denúncia.

O mesmo se diga, na esfera cível, se o réu, na ação de alimentos, alegar não ser pai do autor, devendo o juiz, antes de julgar o mérito da causa, apreciar e valorar a questão da paternidade, porque, se entender, segundo a prova, não ser o réu o pai do autor, esse entendimento prejudicará o pedido principal, que será julgado improcedente.

No sistema anterior, a *questão prejudicial* não era alcançada pela autoridade de coisa julgada, tendo o atual Código adotado diversa orientação, dispondo no art. 503 que a decisão que julgar total ou parcialmente o mérito tem força de lei nos limites da questão principal expressamente decidida, aplicando-se essa disposição, conforme § 1º desse artigo, à *resolução de questão prejudicial*, decidida expressa e incidentemente no processo se: I – dessa resolução depender o julgamento do mérito; II – a seu respeito tiver havido contraditório prévio e efetivo, não se aplicando no caso de revelia; III – o juízo tiver competência em razão da matéria e da pessoa para resolvê-la como questão principal. No entanto, dispõe o § 2º do art. 503 que a hipótese do § 1º não se aplica se no processo houver restrições probatórias ou limitações à cognição que impeçam o aprofundamento da análise da *questão prejudicial*.

A doutrina chama a essas questões, que são questões de *direito substantivo* civil ou penal, que condicionam necessariamente a decisão da questão principal, de questões *prejudiciais*.[16]

---

[16] Para Florian, a prejudicial é sempre uma questão cuja resolução se apresenta como antecedente lógico e jurídico da questão de direito penal, objeto do processo, e versa sobre uma relação jurídica de natureza particular e controvertida.

5.3 Características das questões prejudiciais

As questões prejudiciais apresentam, para Hélio Tornaghi, as seguintes características: *a) antecedência lógica; b) superordinação; c) autonomia.*

a) Antecedência lógica – O julgamento da questão *prejudicial* precede sempre o julgamento da questão principal, ou seja, o juiz terá primeiro que apreciar (formar juízo de valor) as prejudiciais, para depois decidir a questão principal (de mérito). As prejudiciais se constituem, portanto, num *antecedente lógico* da questão principal.

Às vezes, pode acontecer de o juiz apreciar a questão prejudicial, no mesmo momento em que decide a questão principal, mas, por ser uma um antecedente lógico da outra, o juiz terá que transitar primeiro pela prejudicial para depois decidir a principal. Se, por exemplo, o juiz decidir pela existência do delito bigamia foi porque passou pelo exame da questão prejudicial levantada pelo réu (a invalidez do primeiro casamento) e essa questão restou superada.

Trata-se de um antecedente *lógico* e *não cronológico*, pois pode acontecer de ela surgir depois da questão principal, mas o julgamento da prejudicial é *anterior*, mesmo que implícito; pois se o juiz decidir a questão principal, *ipso facto* terá apreciado a questão prejudicial.

b) Superordinação – A questão prejudicial é sempre uma valoração jurídica que vai influir no julgamento da questão principal (de mérito). A questão principal tem sua valoração jurídica condicionada, *subordinada* à valoração, também jurídica, da questão prejudicial, pelo que se diz que a prejudicial está superordinada[17] à questão principal ou prejudicada; quer dizer, a principal está *subordinada* à questão prejudicial.

Apesar de a questão principal ou *prejudicada* ser de suma importância, no processo, porque sobre ela versa o mérito da causa, e para obter uma decisão sobre ela é que se forma o processo, nada impede que possa, no seu julgamento, estar subordinada à questão prejudicial.

Ninguém deduz uma lide no processo simplesmente para levar ao exame do juiz uma questão *prejudicial*, nem isso seria possível; mas as questões prejudiciais são também *relevantes*, tanto quanto a questão prejudicada, resultando a sua relevância justamente do fato de elas condicionarem a decisão sobre o mérito, que nem por isso deixa de ser a questão principal. A questão que constitui o mérito da causa é a principal e continua sendo principal, havendo um simples condicionamento, porque, embora de menor valor, a prejudicial é relevante para o julgamento da lide (ou do mérito).

c) Autonomia – As questões prejudiciais podem ser objeto de decisão do juiz noutro processo, independentemente da existência da questão principal sobre a qual se controverte. Por isto, se diz que ela é uma questão *autônoma*, no sentido de que não depende, necessariamente, da existência da questão principal ou de mérito.

Pode-se discutir, por exemplo, a validez do casamento, num processo, sem que se cogite de um crime de bigamia; pelo que se houver um motivo legal – por exemplo, erro essencial quanto à pessoa do outro cônjuge – pode o inocente pedir a anulação do casamento. Neste caso, o que estará sendo objeto do processo é a validez mesma do casamento, que constitui a própria questão de mérito, sem qualquer colorido de *prejudicial*.

Observa-se, então, que certas questões podem existir *autonomamente*, pois nem sempre surgem condicionando outra questão, a *prejudicada*, num determinado processo, constituindo *elas próprias* o mérito da demanda. Assim, a questão da paternidade na demanda por alimentos.

---

[17] *Super*ordinada é o oposto de *sub*ordinada.

Nisso reside a *autonomia* da questão prejudicial.

Se as questões *prejudiciais* surgirem no curso de determinado processo, assumem tais características, se outra for a questão principal, pois, afora esta hipótese, constituirá ela o próprio mérito da causa e será, então, a questão *principal*.

5.4   Categorias de questões prejudiciais

As questões *prejudiciais* se dividem em duas categorias: a) homogêneas; e b) heterogêneas.

a) *Homogêneas* são as prejudiciais que pertencem ao *mesmo ramo do direito* a que pertence a questão principal, inserindo-se no mesmo campo do ordenamento jurídico, como o furto em relação ao crime de receptação; ou a paternidade em relação à ação de alimentos.

b) *Heterogêneas* são as prejudiciais que pertencem a *distintos ramos do direito*, inserindo-se em ordenamentos jurídicos distintos, como, por exemplo, a validez do casamento, em relação ao crime de bigamia, pois aquela pertence ao direito civil e esta ao direito penal.

6   QUESTÕES PRELIMINARES E QUESTÕES PREJUDICIAIS

6.1   Ponto comum entre questões preliminares e prejudiciais

O único *ponto comum* entre as questões *preliminares* e as *prejudiciais* é que ambas são apreciadas e valoradas *antes* do julgamento da questão principal, relativa ao mérito da causa.

6.2   Diferenças entre questões preliminares e prejudiciais

As diferenças entre as *questões preliminares* e *prejudiciais* são inúmeras, pelo que registro as mais significativas:

a) As *prejudiciais* estão intimamente ligadas ao mérito da demanda; as *preliminares*, não, por versarem sobre questões de natureza processual.

Assim, a validez do primeiro casamento, enquanto *prejudicial*, está ligada ao mérito do processo por crime de bigamia, porque só haverá crime se o primeiro casamento for válido; as *preliminares* versam sobre pressupostos processuais, como a competência do juízo, ou o impedimento do juiz.

b) As *prejudiciais* podem existir autonomamente; as *preliminares*, nunca, porque só podem ser alegadas num processo em curso.

Assim, enquanto a validez do casamento pode ser apreciada como *prejudicial*, no mesmo processo da questão principal, ou constituir ela própria questão principal de outro processo; as *preliminares*, como o impedimento e a suspeição, só podem ser arguidas no curso de determinado processo.

c) As *prejudiciais* são, necessariamente, de direito *material*, sendo as preliminares de direito *processual*.

Enquanto as questões *prejudiciais* constituem um direito material do réu contra o autor, como a negativa da paternidade na ação de alimentos; as *preliminares* são matéria de direito processual, ligadas aos pressupostos processuais, como a incompetência, ou às condições da ação, como a falta de legitimação da parte.

d) As *prejudiciais* podem ser apreciadas no mesmo processo em que se discute a questão principal ou julgadas, por outro juízo, noutro processo, como questão principal; as *preliminares* são sempre apreciadas no próprio processo onde surgem, não podendo ser resolvidas por outro juízo, noutro processo.

Assim, a validez do casamento pode ser apreciada como *prejudicial* no processo por crime de bigamia ou ser objeto próprio de ação de nulidade de casamento; enquanto a incompetência, por exemplo, como *preliminar*, só pode ser arguida no processo da questão principal, e apreciada pelo juiz nesse processo.

Modelo de contestação alegando questão prejudicial de mérito e Modelo de contestação alegando questão preliminar

Acesse o QR Code e faça o download.
> http://uqr.to/1ztm2

6.3 Questões prejudiciais e coisa julgada

Pelo novo sistema processual civil, a decisão que julgar total ou parcialmente o mérito tem força de lei nos limites da questão *principal* expressamente decidida (CPC, art. 503, *caput*), aplicando-se essa disposição à resolução de questão prejudicial, decidida expressa e incidentemente no processo, se: I – dessa resolução depender o julgamento do mérito; II – a seu respeito tiver havido contraditório prévio e efetivo, não se aplicando no caso de revelia; III – o juízo tiver competência em razão da matéria e da pessoa para resolvê-la como questão principal (art. 503, § 1º, I a III).

A decisão da questão prejudicial só não terá essa extensão e profundidade se, no processo, houver restrições probatórias ou limitações à cognição que impeçam o aprofundamento da análise da questão prejudicial (CPC, art. 503, § 2º). Assim, não se aplica na hipótese de mandado de segurança, por exemplo, em que a prova é exclusivamente a documental (pré-constituída).

BIBLIOGRAFIA

ALBUQUERQUE, Francisco Manoel Xavier de. Conceito de mérito no direito processual penal. In: **Estudos de direito e processo penal em homenagem a Nelson Hungria**. Rio de Janeiro: Forense, 1961.

CALAMANDREI, Piero. **Instituciones de derecho procesal civil**. Trad. Argentina. Buenos Aires: EJEA, 1973. v. I.

CARNELUTTI, Francesco. **Sistema del diritto processuale civile**. Padova: Cedam, 1936. v. I.

CHIOVENDA, Giuseppe. **Instituições de direito processual civil**. São Paulo: Saraiva, 1962. v. I.

CINTRA, Antônio Carlos de Araújo; GRINOVER, Ada Pellegrini; DINAMARCO, Cândido Rangel. **Teoria geral do processo**. 6. ed. 3. tir. São Paulo: RT, 1988.

DINAMARCO, Cândido Rangel. **Fundamentos do processo civil moderno**. São Paulo: Malheiros, 2000.

FLORIAN, Eugenio. **Elementos de derecho procesal**. Barcelona: Bosch, 1933.

LEONE, Giovanni. **Manuale di diritto processuale penale**. Napoli: Casa Editrice Dott, Eugenio Joveni, 1977.

SANTOS, Moacyr Amaral. **Primeiras linhas de direito processual civil**. 18. ed. São Paulo: Saraiva, 1997.

TORNAGHI, Hélio Bastos. **Instituições de processo penal**. 2. ed. São Paulo: Saraiva, 1978.

Capítulo 9
COMPOSIÇÃO SUBJETIVA DO PROCESSO

Sumário: 1 Sujeitos processuais. 2 Partes: generalidades, conceito; princípios informativos. 3 Pluralidade de partes, ativa e passiva. Litisconsórcio. 4 Intervenção de terceiros. 5 Substituição processual e legitimação extraordinária. 6 Diferenças entre representação, substituição e sucessão processual. 7 Limites de incidência da autonomia da vontade: o poder dispositivo.

1 SUJEITOS PROCESSUAIS

Em todo processo, existem pelo menos três pessoas:[1] alguém que pede a tutela jurisdicional, em face de outrem, a um terceiro sujeito investido de jurisdição.[2]

1.1 Sujeitos principais do processo

A estas pessoas entre as quais se forma a relação jurídica processual, a doutrina chama de *sujeitos processuais*, porque sujeitos do processo.

O *juiz* é o sujeito *imparcial* do processo, figura de destaque da relação processual, não só pela função que exerce, como, sobretudo, pela sua condição de *condutor do processo* e *prestador da jurisdição*, pela qual o Estado se obrigou quando impôs aos eventuais titulares de direitos a renúncia à defesa privada.

O interesse do juiz no processo, enquanto órgão jurisdicional do Estado, é de segundo grau ou secundário, ou seja, interesse *na justa composição da lide*, mediante um processo válido e eficaz, em contraposição ao interesse das partes, que é um interesse de primeiro grau ou primário, ou seja, o interesse na satisfação da sua pretensão material.

As *partes* são os sujeitos *parciais* do processo, cujos interesses estão em lide, sendo o autor aquele que pede a prestação jurisdicional ao juiz e o réu aquele em face de quem essa prestação é pedida.

1.2 Sujeitos secundários do processo

Seria impossível que o processo se desenvolvesse apenas com a participação desses três sujeitos, autor, juiz e réu, pelo que outras pessoas participam, também, do processo, e, embora

---

[1] Liebman afirmava que o processo "é um drama de pelo menos três personagens: autor, juiz e réu".
[2] Bulgarus já afirmara que *Iudicium est actus trium personarum: iudicis, actoris et rei*. O juízo (= processo) é o ato de três pessoas: juiz, autor e réu.

não formulem pedido nem profiram decisões, realizam ou concorrem para que se realizem atos processuais, como o oficial de justiça, o partidor, o contador, cujas atribuições são regradas pela lei, sendo chamados de *sujeitos secundários* do processo.

Se os fatos comportarem prova testemunhal, também as testemunhas se constituem em sujeitos *secundários* do processo, na categoria de *terceiros desinteressados*.[3]

1.3 Sujeitos *sui generis* do processo

A parte depende, para postular em juízo, da representação por advogado, que é o seu patrono, titular do *ius postulandi*,[4] não podendo prescindir dele, a não ser quando esteja credenciado pela lei para atuar em causa própria.

O Ministério Público[5] participa do processo, ora na condição de parte, ora na de fiscal da ordem jurídica, sendo que, na condição de parte, se inclui entre os sujeitos *parciais*, sendo esta a condição com que atua normalmente no processo penal.

O advogado e o órgão do Ministério Público[6] não se incluem entre os sujeitos *principais* nem entre os sujeitos *secundários*, postando-se numa posição peculiar, *sui generis*, dentro do processo.

2 PARTES: GENERALIDADES, CONCEITO; PRINCÍPIOS INFORMATIVOS

2.1 Sujeitos parciais do processo

Os sujeitos *parciais* do processo são as *partes*, titulares de direitos, poderes e faculdades, e os correspondentes deveres, sujeições e ônus, *todos processuais*, pelo que a relação jurídica que se forma no processo põe em confronto os sujeitos parciais da lide, sob o comando do juiz, como representante do Estado na composição da lide.

O processo pressupõe pelo menos duas *partes*, denominadas autor, aquele que pede a proteção jurisdicional, e réu, aquele em face de quem essa proteção é pedida; não sendo exagerado dizer que o processo é um *processo de partes*. A configuração da relação jurídica processual, na sua completude, envolve também o juiz, que é sujeito do processo, mas não parte, atuando na condição de prestador da jurisdição em nome do Estado.

2.2 Configuração da relação processual: simples e litisconsorcial

A relação jurídica processual, na sua feição mais simples, envolve a participação de, pelo menos, duas partes, sendo uma no polo ativo (autor) e outra no polo passivo (réu), podendo acontecer que num dos polos da relação processual se coloque mais de um autor ou mais de um réu, surgindo a figura do *litisconsórcio*.

---

[3] Para Lopes da Costa, a testemunha e o perito não são sujeitos, mas objetos processuais, fontes de prova.
[4] "Direito de postular."
[5] O Ministério Público atua ainda como substituto processual, caso em que também ocupa a posição de parte.
[6] A posição do Ministério Público, no processo não penal, tem merecido exame à parte, porque ele desempenha as mais variadas funções, atuando, às vezes, na qualidade de parte, como na ação de anulação de casamento proposta contra ambos os cônjuges; na ação de indenização por acidente do trabalho; na reclamação trabalhista, movida no interesse do empregado, na condição de substituto processual; e outras vezes atua como *fiscal da ordem jurídica*, como nas ações que versam sobre interesse de incapaz, falência, mandado de segurança etc.

Se todo aquele que *é parte* no processo é também *sujeito* processual, a recíproca não é verdadeira, pois nem todo sujeito é parte. Assim, o autor e o réu são partes e, portanto, sujeitos parciais do processo; mas o juiz, embora sujeito indispensável do processo, não atua na condição de parte. O juiz se coloca no processo numa posição de superioridade à das partes, para poder, mediante aplicação do direito objetivo, solucionar a lide.

2.3 Sujeitos da relação processual e da relação material

Frequentemente, os sujeitos parciais do processo são também os titulares do *direito material* controvertido, mas essa relação jurídica material não se identifica com a *relação jurídica processual*.

A relação jurídica *material* interliga duas pessoas, atribuindo a uma o direito de exigir algo da outra (uma indenização, a entrega de uma coisa, o pagamento de um crédito etc.), diversa da *relação jurídica processual*, que, muitas vezes, surge para servir à relação material; podendo acontecer, no entanto, que haja relação jurídica processual sem estar em lide nenhuma relação jurídica material.

A pretensão do autor pode se limitar à declaração de *inexistência* de uma relação jurídica material, mediante uma ação declaratória negativa, caso em que o processo servirá a uma mera pretensão processual, mas não de tutela da relação material, porque o que se pretende é exatamente uma declaração judicial de certeza, de que essa relação não existe.

A relação jurídica processual, diversamente da relação material, interliga três sujeitos, um dos quais o Estado-juiz, no exercício do seu poder soberano de prestar jurisdição.

2.4 Conceito civilista de parte

Sendo o titular do direito *material*, quase sempre, também o sujeito da relação *processual*, a *doutrina tradicional* ou *civilista* identificava os sujeitos do processo com os sujeitos de direitos e obrigações decorrentes da relação material.

Entendia-se, então, que as *partes*, no processo, eram os titulares do interesse subordinante e do interesse subordinado, por força da relação material controvertida, sendo o autor o credor, e o réu, o devedor.

Percebeu-se, depois, que muitas vezes o devedor é o autor no processo, e o credor, o réu, como acontece, por exemplo, no pagamento em consignação ou no depósito de coisa, pelo que a doutrina civilista perdeu fôlego. Desvendado também o fenômeno da *substituição processual*,[7] em que o *substituto processual* defende em juízo, em nome próprio, direito alheio, e, não obstante, não seja titular do direito material, é parte no sentido processual, a concepção tradicional ou civilista acabou por desmoronar.

A partir daí, passou a doutrina a buscar um conceito de parte que satisfizesse às exigências técnicas do processo, independentemente da sua posição na relação de direito material.

2.5 Concepção moderna de parte

Várias concepções foram preconizadas com esse objetivo, mas a que mereceu o aplauso da doutrina foi a formulada por Chiovenda, que ficou conhecida como a *concepção moderna de parte*.

---

[7] Quem desvendou o fenômeno da substituição processual foi o alemão Köhler, que foi posteriormente desenvolvido por Chiovenda, dando-lhe o nome que ostenta hoje.

Para Chiovenda, *parte* é aquele que pede em seu próprio nome, ou em cujo nome é pedida, a atuação de uma vontade de lei, e aquele em face de quem essa atuação é pedida.

Quem pede no seu próprio nome, ou em cujo nome é pedida a atuação da lei, é o autor, e aquele em face de quem essa atuação é pedida é o réu. Tanto o autor quanto o réu pedem, sendo que o autor pede em primeiro lugar, e o réu pede depois do autor, mas apenas a rejeição do pedido do autor.

Enquanto o autor pede a tutela jurisdicional para o seu direito, lesado ou ameaçado de lesão, o réu pede ao juiz que denegue a tutela pretendida.[8] O autor pede uma sentença condenatória, declaratória, constitutiva, atos de execução ou providências cautelares; mas parte é, também, aquele *em cujo nome* se pede a tutela jurisdicional.

Certas pessoas, como o incapaz, embora possuam capacidade de ser parte, não possuem capacidade para estar em juízo, ou seja, de capacidade processual (*legitimatio ad processum*).[9] O incapaz, por exemplo, possui a primeira (pode ser parte), mas não a segunda (não pode estar em juízo sozinho); pelo que estará em juízo por intermédio do seu representante legal (pai, mãe, tutor ou curador). Se pretender ajuizar uma ação de investigação de paternidade, ou de alimentos, terá de fazê-lo por intermédio da sua genitora, que irá formular o pedido, não no seu próprio nome, mas no do representado. O autor da ação será o menor, mas representado pela mãe.

Ao se referir ao réu, alude Chiovenda àquele "*em face* de quem essa atuação é pedida", por ser essa expressão mais ampla do que "*contra* quem essa atuação é pedida"; observando ele que, nas ações declaratórias negativas, não há pedido do autor *contra o réu*, mas para valer *em face* do réu.

É importante determinar o alcance do conceito de "parte" no processo, em face das consequências de ordem prática que daí resultam, como, por exemplo, para verificar se ocorre litispendência ou coisa julgada; e, ainda, para se constatar se ocorre, em determinadas circunstâncias, o impedimento ou a suspeição do juiz.

2.6 Denominação das partes no processo

Conforme a natureza da ação, as partes recebem uma denominação específica: na ação de demarcação de terras, promovente (autor) e promovido (réu); na ação reivindicatória, reivindicante e reivindicado; na ação penal privada, querelante e querelado; na execução, exequente e executado; nas reclamações trabalhistas, reclamante e reclamado.[10]

2.7 Princípios informativos das partes

As partes são regidas, no processo, pelos seguintes *princípios informativos*: *a*) da dualidade das partes; *b*) da igualdade das partes; e *c*) do contraditório.

---

[8] O réu pode, também, pedir a tutela para o seu direito por meio da reconvenção, dos embargos à execução e na defesa, mediante pedido contraposto, como na hipótese do art. 556 do atual CPC ("É lícito ao réu, na contestação, alegando que foi o ofendido em sua posse, demandar a proteção possessória e a indenização pelos prejuízos resultantes da turbação ou do esbulho cometido pelo autor"). Nesses casos, o réu não se limita a defender-se; mas ataca.

[9] Legitimação para o processo.

[10] São impróprias as expressões "suplicante", para designar o autor, e "suplicado", para designar o réu, porque quem ajuíza uma ação nada suplica, exerce um direito; o mesmo ocorrendo com quem se defende, que exerce também um direito (direito de defesa). As expressões "suplicante" e "suplicado" ligam-se às antigas Cortes de Suplicação portuguesas.

a) Princípio da dualidade das partes – Todo processo pressupõe, necessariamente, pelo menos duas partes, autor e réu, do que resulta que ninguém pode ser, a um só tempo, autor e réu.[11]

Quando ocorre a colisão de interesses, entre um menor e seu representante legal, determina a lei que o juiz dê um curador especial ao menor.[12]

Pode acontecer, também, de vários autores e vários réus litigarem, conjuntamente, num mesmo processo, mas pelo menos *um autor e um réu* constituem o elenco mínimo do processo.

b) Princípio da igualdade das partes – As partes devem merecer igualdade de tratamento no processo, porquanto *todos são iguais perante a lei*, sendo esse princípio chamado também de *paridade de tratamento*.

Não desvirtuam esse princípio certas vantagens concedidas ao autor ou ao réu; mas, quando a parte é o Poder Público, o Código de Processo Civil é tão pródigo na concessão de benesses processuais, que chega mesmo a afrontar o *princípio da democratização do processo*.

c) Princípio do contraditório – Segundo esse princípio, ao ataque deve ser assegurada a defesa, não podendo a pessoa ser condenada sem que tenha tido a oportunidade de se defender. Se não se defende, é outra coisa; não terá havido infração ao princípio, porque ninguém pode ser obrigado a se defender no processo civil ou trabalhista, quando não queira.

Sempre que o autor se manifestar no processo, fazendo alegações ou juntando documentos, deve ser o réu ouvido a respeito; o mesmo acontece quando é o réu que faz uma alegação ou junta um documento, devendo ser ouvido o autor. O princípio do contraditório tem assento constitucional.

No *âmbito penal*, ainda que o réu não o queira, o juiz tem por lei o dever de lhe nomear um defensor, sob pena de nulidade do processo.

Com a instituição dos Juizados Especiais Criminais estaduais e federais, foi permitida a aceitação, pelo réu, da proposta de aplicação imediata de pena que não seja privativa de liberdade (Lei nº 9.099/95, art. 72), quando então haverá condenação por aceitação do acusado; sendo a pena nesses casos a prestação de serviços à comunidade ou a concessão de cestas básicas.

3 PLURALIDADE DE PARTES, ATIVA E PASSIVA. LITISCONSÓRCIO

O processo é uma relação jurídica de pelo menos dois *sujeitos parciais*: de um lado, o autor, que pede a atuação da vontade de lei, e, do outro, o réu, aquele em face de quem essa atuação é pedida.

Ocorre que, às vezes, a lide não envolve apenas duas pessoas, figurando na posição de autores ou de réus mais de uma pessoa, fazendo surgir uma pluralidade de partes numa mesma relação processual.

3.1 Conceito de litisconsórcio

Ao fenômeno da pluralidade de partes no processo dá-se o nome de *litisconsórcio*, que Gabriel de Rezende Filho define como "o laço que prende dois ou mais litigantes no processo, na posição de coautores ou de corréus".

Em última análise, o litisconsórcio é uma *cumulação de partes* num mesmo processo.[13]

---

[11] Se houver "confusão" entre o autor e o réu, o processo se extingue, sem resolução de mérito.
[12] A função de curador especial é hoje exercida pela Defensoria Pública.
[13] Além da cumulação subjetiva (de sujeitos), existe também a cumulação objetiva (de pedidos), nada impedindo que, num mesmo processo, ocorram, concomitantemente, uma e outra.

3.2 Classificação do litisconsórcio

O litisconsórcio pode ser classificado sob vários ângulos: *a*) quanto à pluralidade de partes; *b*) quanto ao momento da sua formação; *c*) quanto à natureza do vínculo entre as partes; e *d*) quanto aos efeitos da sentença.

3.2.1 Litisconsórcio ativo, passivo e misto

Quanto à *pluralidade de partes*, o litisconsórcio pode ser: ativo, passivo e misto (ou recíproco).

Quando vários autores demandam contra um mesmo réu, num mesmo processo, o litisconsórcio é *ativo*.

Graficamente:

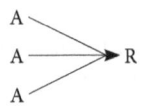

```
A
A ——▶ R
A
```

Quando vários réus são demandados por um mesmo autor, num mesmo processo, o litisconsórcio é *passivo*.

Graficamente:

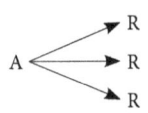

```
      ▶ R
A ——▶ R
      ▶ R
```

Quando vários autores demandam contra vários réus, num mesmo processo, o litisconsórcio é misto (ou recíproco).

Graficamente:

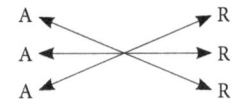

```
A ▶◀ R
A ▶◀ R
A ▶◀ R
```

3.2.2 Litisconsórcio inicial e ulterior

Quanto ao *momento da sua formação*, o litisconsórcio pode ser: inicial ou ulterior.

Se o litisconsórcio surge *no início* do processo, no momento em que se forma a relação jurídica processual, será um litisconsórcio *inicial*. Assim, quando marido e mulher demandam acerca de direitos reais sobre imóveis, ou são demandados, o litisconsórcio será desse tipo.

Se o litisconsórcio surge no curso do processo, será um litisconsórcio *ulterior*. Assim, se, no curso do processo, falece o réu originário, seus herdeiros assumirão a posição de réus, formando um litisconsórcio. Isso se não houver inventário, caso em que a parte será o espólio, representado pelo inventariante.

3.2.3 Litisconsórcio necessário e facultativo

Quanto à *natureza do vínculo entre as partes*,[14] o litisconsórcio pode ser: necessário e facultativo.

---

[14] Celso Barbi prefere classificá-lo "quanto à influência da vontade das partes na sua formação, subdividindo-o também em litisconsórcio necessário e facultativo".

O litisconsórcio se diz *necessário* quando as partes não podem dispensar a sua formação, sendo ele *indispensável*, devendo a ação ser proposta por vários autores contra um mesmo réu; por um autor contra vários réus; ou por vários autores contra vários réus, conforme a hipótese. Nesse caso, as partes têm de demandar ou ser demandadas em conjunto.

Esse tipo de litisconsórcio pode decorrer de *disposição de lei* ou da *natureza da relação jurídica controvertida*, caso em que a eficácia da sentença depende da citação de todos os que devam ser litisconsortes (CPC, art. 114).

Em muitos casos, é a lei que impõe o litisconsórcio *necessário*, como nas ações possessórias em que devem ser citados como réus marido e mulher; na ação de usucapião, em que devem ser citados os interessados certos ou incertos, os confinantes do imóvel e aquele em cujo nome estiver registrado o imóvel; nas ações de divisão e demarcação de terras, em que devem ser citados todos os confinantes etc.

Na maioria dos casos, a formação do litisconsórcio necessário decorre da *natureza da relação jurídica controvertida* entre as partes. Existindo uma comunhão de direitos e obrigações, e, sendo ela una e incindível, o litisconsórcio será necessário, por exemplo, nas ações de partilha, em que todos os quinhoeiros deverão ser citados; na ação de nulidade de casamento, proposta pelo Ministério Público, em que serão citados ambos os cônjuges; na ação de dissolução de sociedade, em que serão citados todos os sócios etc.

O litisconsórcio facultativo decorre da vontade das partes na sua formação, mas essa vontade não é arbitrária, devendo, para ser admitido, ocorrer um dos casos especificados na lei, prevendo essa modalidade de litisconsórcio: I – entre as partes houver comunhão de direitos ou obrigações relativamente à lide; II – entre as causas houver conexão pelo pedido ou pela causa de pedir; III – ocorrer afinidade de questões por ponto comum de fato ou de direito (CPC, art. 113).

Quando entre duas ou mais pessoas houver *comunhão de direitos* ou de *obrigações relativamente à lide* (CPC, art. 113, I), o litisconsórcio será facultativo, mas, se por disposição de lei ou pela natureza da relação de direito material controvertida, um dos comunheiros puder agir sozinho como autor ou réu, não haverá litisconsórcio; e, se os comunheiros quiserem, voluntariamente, litisconsorciar-se para demandar, o litisconsórcio será *facultativo*. Assim, cada condômino pode reivindicar sozinho a propriedade da coisa em comum, ou unir-se a outros condôminos para esse fim (Código Civil, art. 1.314, *caput*).[15] Nessa hipótese, o litisconsórcio será *facultativo* e *ativo*. Porém, existe, também, o litisconsórcio *facultativo* e *passivo*, nos casos em que, havendo comunhão de obrigações (solidariedade passiva), o credor decida exigir de todos os devedores a dívida comum (Código Civil, art. 275).[16]

Será também *facultativo* o litisconsórcio quando "entre as causas houver conexão pelo pedido ou pela causa de pedir" (CPC, art. 113, II).

A conexão pelo *pedido* ocorre quando existe identidade *de pedido* formulado pelas diversas partes, por exemplo, a ação em que dois ou mais acionistas *pedem* a anulação da mesma ata da assembleia-geral da sociedade; enquanto a conexão pela *causa de pedir* ocorre quando se trata

---

[15] Art. 1.314. Cada condômino pode usar da coisa conforme sua destinação, sobre ela exercer todos os direitos compatíveis com a indivisão, reivindicá-la de terceiro, defender a sua posse e alhear a respectiva parte ideal, ou gravá-la.

[16] Art. 275. O credor tem direito a exigir e receber de um ou de alguns dos devedores, parcial ou totalmente, a dívida comum; se o pagamento tiver sido parcial, todos os demais devedores continuam obrigados solidariamente pelo resto.

do mesmo *ato ou fato jurídico* (constitutivo do direito), que o autor coloca como fundamento da sua demanda, equivalente ao *título da ação*, por exemplo, se duas ou mais vítimas de um mesmo acidente (fundamento de fato) ajuízam a ação contra o causador do dano.

Facultativo será ainda o litisconsórcio quando "ocorrer afinidade de questões por ponto comum de fato ou de direito" (CPC, art. 113, III), como na hipótese de mais de um consumidor ajuizar ação de reparação do dano, alegando o mesmo defeito do produto ou serviço (ponto comum de fato); ou quando mais de um contribuinte acionar a Fazenda Pública para haver a restituição de um mesmo tributo, considerado inconstitucional (ponto comum de direito).

O litisconsórcio será *necessário* quando, por disposição de lei ou pela natureza da relação jurídica controvertida, a eficácia da sentença depender da citação de todos que devam ser litisconsortes (CPC, art. 114).

Modelo de petição com litisconsórcio passivo necessário e Modelo de petição para ingresso no processo por litisconsórcio ativo facultativo

Acesse o *QR Code* e faça o *download*.
> http://uqr.to/1ztm3

3.2.4 Litisconsórcio unitário e não unitário

Quanto aos *efeitos da sentença*, o litisconsórcio pode ser: unitário e não unitário.

O litisconsórcio se diz *unitário* quando pela natureza da relação jurídica o juiz tiver de decidir o mérito de modo uniforme para todos os litisconsortes (CPC, art. 116). Assim, se o Ministério Público ajuizar uma ação de anulação de casamento contra ambos os cônjuges, a decisão deverá ser idêntica para ambos os réus, pois, em se tratando de sentença *constitutiva*, não se pode anular o casamento em relação ao marido, conservando-o em relação à mulher.[17]

Pode ocorrer que a decisão não deva ser necessariamente idêntica para todas as partes; quando então o litisconsórcio será *não unitário*, pois o juiz poderá julgar procedente a demanda em relação a uns e improcedente em relação aos demais. Assim, na ação de usucapião, em que devem ser citados todos os confinantes, o juiz poderá acolher a contestação de um dos réus e não acolher a contestação de outro, julgando procedente a ação contra um e improcedente quanto a outro.

O litisconsórcio não precisa ser do tipo *necessário* para que seja necessariamente *unitário*, podendo o *facultativo* determinar uma sentença idêntica para todos os litigantes, como na hipótese de dois sócios proporem, em litisconsórcio, uma ação contra determinada sociedade anônima, pleiteando a anulação de atos de uma assembleia-geral. Nesse caso, o litisconsórcio é *facultativo*, porque cada sócio poderia propor, separadamente, a sua ação; mas, tendo se litisconsorciado para demandar, a sentença terá de ser idêntica para ambos os autores.

À luz do Código de Processo Civil, para saber se o litisconsórcio é do tipo necessário ou facultativo, tem-se que cotejar o art. 113 com o art. 114; de modo que, sempre que houver dispo-

---

[17] Numa ação de reivindicação de imóvel contra marido e mulher, não pode a sentença condenar o marido a restituí-lo, conservando-o em poder da mulher.

sição de lei determinando que todos, conjuntamente, participem da relação jurídica processual (que todos sejam litisconsortes: art. 114), e ocorra alguma das hipóteses previstas no art. 113, estar-se-á diante de litisconsórcio necessário. Quando a lei nada dispuser a esse respeito, mas, pela natureza da relação jurídica material controvertida, a lide dever ser decidida de modo uniforme para todos os litigantes, estar-se-á, igualmente, diante de litisconsórcio necessário.

4   INTERVENÇÃO DE TERCEIROS

Costuma-se dizer que as partes no processo são o autor, que é o "primeiro"; o réu, que é o "segundo", pelo que, quem não sendo parte no processo pede a sua intervenção, só poderia ser realmente o "terceiro"; embora se converta em sujeito do processo, se admitida a sua intervenção.

4.1   Conceito de terceiro

O *terceiro* é aquele que, *não sendo parte* no processo, mas sendo titular de um *interesse jurídico* na intervenção, se mostra legitimado a intervir, seja espontaneamente, seja mediante provocação da parte, desde que demonstre interesse em auxiliar uma das partes.

4.1.1   Intervenção de terceiros no processo

A *intervenção de terceiros* é uma modalidade de ingresso de um terceiro num processo entre duas outras partes, com o propósito de extrair dele uma utilidade adicional; sendo uma modalidade interventiva ligada ao tema da extensão subjetiva da sentença, na medida em que amplia a relação jurídica deduzida no processo, ou produz uma modificação subjetiva das partes.

4.1.2   Espécies de intervenção de terceiros

Apontam-se duas espécies de intervenção de terceiros no processo: *a*) intervenção *voluntária* (ou *espontânea*); e *b*) intervenção *provocada* (ou *coacta*).

A intervenção *voluntária* (ou *espontânea*) ocorre quando o terceiro intervém *voluntariamente* no processo de outrem, sem que seja convocado a intervir, como acontece, por exemplo, na assistência (CPC, art. 119, *caput*)[18] e no caso de *amicus curiae*, a requerimento de quem (pessoa natural ou jurídica, órgão ou entidade especializada com representatividade adequada) pretenda manifestar-se no processo, considerando a relevância da matéria, a especificidade do tema objeto da demanda ou a repercussão social da controvérsia (CPC, art. 138, *caput*).

A intervenção *provocada* (ou *coacta*) ocorre quando o terceiro é *provocado* a participar do processo de outrem; como se dá, por exemplo, na denunciação da lide (CPC, art. 125),[19] no chamamento ao processo (CPC, art. 130),[20] no incidente de desconsideração da personalidade

---

[18] Art. 119. Pendendo causa entre 2 (duas) ou mais pessoas, o terceiro juridicamente interessado em que a sentença seja favorável a uma delas poderá intervir no processo para assisti-la. (...)

[19] Art. 125. É admissível a denunciação da lide, promovida por qualquer das partes: I – ao alienante imediato, no processo relativo à coisa cujo domínio foi transferido ao denunciante, a fim de que possa exercer os direitos que da evicção lhe resultam; II – àquele que estiver obrigado, por lei ou pelo contrato, a indenizar, em ação regressiva, o prejuízo de quem for vencido no processo. (...)

[20] Art. 130. É admissível o chamamento ao processo, requerido pelo réu: I – do afiançado, na ação em que o fiador for réu; II – dos demais fiadores, na ação proposta contra um ou alguns deles; III – dos demais devedores solidários, quando o credor exigir de um ou de alguns o pagamento da dívida comum.

jurídica (CPC, art. 133, *caput*)[21] e no caso de *amicus curiae*, por decisão de ofício ou a requerimento das partes, também na hipótese prevista no art. 138, *caput*, do CPC.[22]

Modalidades de intervenção voluntária de terceiro são apenas a assistência e o *amicus curiae* decorrente de requerimento próprio; sendo as demais provocadas.

4.1.3 Espécies de assistência

Na assistência, se pender uma causa em juízo entre duas ou mais pessoas, o *terceiro juridicamente interessado* em que a sentença seja favorável a uma delas poderá intervir no processo para assisti-la (CPC, art. 119, *caput*); sendo admitida em qualquer procedimento e em todos os graus de jurisdição, recebendo o assistente o processo no estado em que se encontre (CPC, art. 119, parágrafo único).

O atual Código de Processo Civil regula dois tipos de assistência, os mesmos admitidos pela doutrina: assistência *simples* (ou *adesiva*) e assistência *litisconsorcial* (ou *qualificada*).

4.1.3.1 Assistência simples

A assistência se diz *simples* (ou *adesiva*), quando o direito do terceiro não está sendo discutido em juízo, mas pode ser afetado pela sentença, pela relação que mantém com o direito que está sendo objeto de apreciação judicial; como acontece, por exemplo, no *interesse do fiador na vitória do afiançado*, no processo de cobrança da dívida. Nessa modalidade de assistência, o assistente atua como auxiliar da parte principal, exercendo os mesmos poderes e sujeitando-se aos mesmos ônus processuais que o assistido (CPC, art. 121, *caput*).

Modelo de petição para ingresso no processo como assistente simples

Acesse o QR Code e faça o download.
> http://uqr.to/1ztm4

4.1.3.2 Assistência litisconsorcial

A assistência se diz *litisconsorcial* (ou *qualificada*), quando o direito que está sendo objeto de discussão em juízo pertence também ao terceiro, fazendo nascer para ele o interesse em participar da sua discussão; como, por exemplo, a intervenção de um dos condôminos na ação em que outro condômino reivindica a *coisa comum* contra um possuidor injusto (Código Civil, art. 1.314).[23] Como o direito de propriedade pertence ao autor da ação, mas pertence também

---

[21] Art. 133. O incidente de desconsideração da personalidade jurídica será instaurado a pedido da parte ou do Ministério Público, quando lhe couber intervir no processo.
[22] Art. 138. O juiz ou o relator, considerando a relevância da matéria, a especificidade do tema objeto da demanda ou a repercussão social da controvérsia, poderá, por decisão irrecorrível, de ofício ou a requerimento das partes ou de quem pretenda manifestar-se, solicitar ou admitir a participação de pessoa natural ou jurídica, órgão ou entidade especializada, com representatividade adequada, no prazo de 15 (quinze) dias de sua intimação.
[23] Nos termos do art. 1.314 do Código Civil, "cada condômino pode usar da coisa conforme sua destinação, sobre ela exercer todos os direitos compatíveis com a indivisão, reivindicá-la de terceiro, defender

ao outro condômino, pode este requerer a sua participação no processo para ajudar na sua defesa. Por isso, essa modalidade de assistência recebe o nome de *assistência litisconsorcial*, porque o assistente se equipara ao litisconsorte. Nessa modalidade de assistência, o assistente considera-se litisconsorte da parte principal, porquanto a sentença influi na relação jurídica entre ele e o adversário do assistido (CPC, art. 124). A intervenção do terceiro, como assistente no processo de outrem, não depende da sua exclusiva vontade, mas da natureza do interesse que o ampara, devendo demonstrar um *interesse jurídico* na assistência, em razão das consequências que receberá da sentença que vier a ser proferida em face da parte principal.

4.1.4 Conceito de interesse jurídico

Haverá *interesse jurídico* quando a relação ou a situação jurídica do terceiro puder ser afetada pela sentença a ser proferida no processo, como acontece, por exemplo, na ação de cobrança de uma dívida do afiançado (caso de assistência simples) ou na ação de reivindicação do imóvel por um dos condôminos (caso de assistência litisconsorcial), porque, na primeira hipótese, o fiador pode vir a ser responsabilizado pela dívida, em ação própria, se o credor vencer (e o réu não pagar), e, na segunda, poderá o condômino que ficou de fora perder o imóvel, se a demanda for julgada improcedente.

Quando o terceiro for titular de uma relação jurídica material *incompatível* com aquela que constitui objeto do processo, podendo a sentença importar na negação do seu direito, estar-se-á em face de um *interesse jurídico* legitimador do pedido de intervenção como assistente, simples ou qualificado, no processo de outrem.

4.1.5 Interesse de fato ou econômico

Existe outra espécie de interesse chamado *interesse de fato* ou *econômico*, que ocorre quando a relação ou a situação jurídica material, de que é titular o terceiro, mostra-se *compatível* com aquela que constitui objeto do processo; caso em que não tem lugar nenhuma das modalidades de assistência, devendo o terceiro defender os seus interesses em ação autônoma.

No entanto, há hipótese em que a União pode intervir nas causas em que figurem, como autoras ou rés, autarquias, fundações públicas, sociedades de economia mista e empresas públicas federais (Lei nº 9.469/97, art. 5º, *caput*), podendo fazê-lo também as pessoas jurídicas de direito público cuja decisão possa ter reflexos, ainda que indiretos, *de natureza econômica, independentemente da demonstração de prejuízo jurídico*; isso para esclarecer questões de fato e de direito, podendo juntar documentos e memoriais reputados úteis ao exame da matéria e, se for o caso, recorrer, hipótese em que, para fins de deslocamento de competência, serão consideradas partes (Lei nº 9.469/97, art. 5º, parágrafo único).[24]

---

a sua posse e alhear a respectiva parte ideal, ou gravá-la". Qualquer dos condôminos pode reivindicar sozinho a coisa comum. Se, sendo condôminos *A*, *B* e *C*, qualquer deles pode, *sozinho*, ajuizar ação reivindicatória contra o possuidor; mas podem também se unir em litisconsórcio e propor a ação conjuntamente contra o mesmo réu. Se *A* propõe a ação contra o réu, não apenas direito seu está sendo objeto de discussão no processo, mas também direito de *B* e *C*. A sentença que vier a ser proferida afetará os que não participaram do processo, mas *cujo direito está sendo objeto de discussão em juízo* e será normatizado pela sentença. *B* e *C* têm interesse jurídico na vitória de *A*, pois a procedência da demanda beneficiará a todos os condôminos.

[24] Na doutrina, há quem veja nessa intervenção a figura do *amicus curiae*.

4.1.6 Diferença entre assistência simples e litisconsorcial

A assistência *litisconsorcial* distingue-se da assistência *simples*, porque, nesta, o direito material do assistente *não está* em questão (em julgamento), enquanto na qualificada ou litisconsorcial, o direito que *está* sendo questionado (julgado) em juízo é também do assistente.

Em razão da natureza do seu interesse no processo de outrem, o assistente *não é parte*, embora na doutrina haja quem, como Barbosa Moreira, sustente ser ele uma *parte secundária*, na medida em que atua como auxiliar da parte *principal*, exercendo os mesmos poderes desta e sujeitando-se aos mesmos ônus (CPC, art. 121, *caput*).[25]

As consequências dessas duas espécies de assistência são também distintas.

Tratando-se de assistência *simples*, se o assistido desistir da ação, cessa automaticamente a participação do assistente; se o assistido desistir de determinada prova, o assistente não pode produzi-la; se o assistido renunciar ao recurso, o assistente não pode recorrer; e tudo isso por uma razão muito simples, de não ser seu o direito que está sendo discutido no processo, mas somente do assistido. Nessa hipótese, a assistência se diz *ad adjuvandum* (para ajudar).

Na assistência *litisconsorcial* (ou *qualificada*) é diferente, porque, embora o assistente *não seja um autêntico litisconsorte* da parte, ele *é equiparado (considerado)* ao litisconsorte para efeitos processuais, pelo que, se o assistido desistir da ação, o assistente pode prosseguir; se o assistido desistir de determinada prova, o assistente pode produzi-la; se o assistido não recorrer, o assistente pode interpor recurso; e tudo também pela simples razão de ser direito seu que está sendo discutido no processo. Nessa hipótese, a assistência se diz *ad coadjuvandum* (para coadjuvar).

4.1.6.1 Natureza jurídica do assistente litisconsorcial

Na esfera jurisprudencial, o assistente litisconsorcial tem sido considerado parte, mas, no fundo, ele não reveste essa qualidade, aplicando-se-lhe somente o disposto no art. 94 do CPC – em que, se o assistido for vencido, o assistente será condenado ao pagamento das custas em proporção e à atividade que houver exercido no processo –, e não o prescrito no art. 85 do CPC, relativo à condenação do vencido a pagar honorários ao advogado do vencedor.

Existe, ainda, outra diferença entre essas duas espécies de assistência, em consideração à situação jurídica do terceiro para com uma das partes, pois, enquanto na assistência *simples* a relação do assistente é diretamente com a parte assistida, na assistência *litisconsorcial* a relação do assistente é *com a parte contrária à assistida*.

4.1.7 Denunciação da lide

A *denunciação da lide* ocorre quando a parte ou, sucessivamente, o próprio denunciado faz: I – ao alienante imediato, no processo relativo à coisa, cujo domínio foi transferido ao denunciante, a fim de que possa exercer os direitos que da evicção lhe resultam; e II – àquele que estiver obrigado, por lei ou pelo contrato, a indenizar, em ação regressiva, o prejuízo do que for vencido no processo (CPC, art. 125).

O atual CPC dispõe que é "admissível" a denunciação da lide promovida por qualquer das partes etc. (CPC, art. 125, *caput*),[26] tornando facultativa a denunciação.

---

[25] Art. 121. O assistente simples atuará como auxiliar da parte principal, exercerá os mesmos poderes e sujeitar-se-á aos mesmos ônus processuais que o assistido. (...)

[26] Art. 125. É admissível a denunciação da lide, promovida por qualquer das partes: I – ao alienante imediato, no processo relativo à coisa cujo domínio foi transferido ao denunciante, a fim de que possa exercer os

Modelo de contestação com denunciação à lide

> Acesse o *QR Code* e faça o download.
> http://uqr.to/1ztm5

4.1.8 Chamamento ao processo

O *chamamento ao processo* é a chamada feita pelo réu: I – do afiançado, na ação em que o fiador for réu; II – dos demais fiadores, na ação proposta contra um ou alguns deles; III – dos demais devedores solidários, quando o credor exigir de um ou de alguns o pagamento da dívida comum (CPC, art. 130).

Modelo de chamamento ao processo

> Acesse o *QR Code* e faça o download.
> http://uqr.to/1ztm6

4.1.9 Desconsideração da personalidade jurídica

O *incidente de desconsideração da personalidade jurídica* vem disciplinado pelo art. 133 do CPC, dispondo esse artigo que "será instaurado a pedido da parte ou do Ministério Público, quando lhe couber intervir no processo".

A *teoria da desconsideração da personalidade jurídica* é aplicável sempre que, com má-fé, dolo ou atitude temerária, a sociedade comercial, em vez de gerida para o exercício regular de *atos de comércio*, o for para os desvios ou aventuras de seus titulares.

4.1.10 Amicus curiae

No que tange ao *amicus curiae* (ou amigo da corte), reza o art. 138 do CPC que: "O juiz ou o relator, considerando a relevância da matéria, a especificidade do tema objeto da demanda ou a repercussão social da controvérsia, poderá, por decisão irrecorrível, de ofício ou a requerimento das partes ou de quem pretenda manifestar-se, solicitar ou admitir a participação de pessoa natural ou jurídica, órgão ou entidade especializada, com representatividade adequada, no prazo de 15 (quinze) dias da sua intimação." Não existe consenso, na doutrina, sobre a natureza jurídica do *amicus curiae,* entendendo uns que se trata de uma espécie de *intervenção atípica*; outros, que se trata de uma espécie de *assistência*; outros, que deve ser considerada uma modalidade de *intervenção de terceiros*; outros, que não passa de um *auxiliar do juízo*; mas, na

---

direitos que da evicção lhe resultam; II – àquele que estiver obrigado, por lei ou pelo contrato, a indenizar, em ação regressiva, o prejuízo de quem for vencido no processo.

jurisprudência, há precedente do Supremo Tribunal Federal (ADI 748 AgR/RS), afirmando tratar-se de um *simples colaborador informal da Corte*.

O atual Código de Processo Civil incorporou o *amicus curiae* ao sistema como uma modalidade de "intervenção de terceiros".

Modelo de petição para ingresso no processo como *amicus curiae*

Acesse o *QR Code* e faça o download.
> http://uqr.to/1ztm7

5 SUBSTITUIÇÃO PROCESSUAL E LEGITIMAÇÃO EXTRAORDINÁRIA

Uma das condições da ação é a *legitimação das partes*, o que significa legitimidade para ser autor, réu ou interveniente num processo.

Quem tem a *legitimidade ativa* é o autor, enquanto titular da pretensão para o qual se pede a tutela jurídica; a *legitimidade passiva* cabe ao réu, titular de uma pretensão contrária à do autor, correspondente à improcedência do pedido (ou da ação).

A essa modalidade de legitimação se chama de *legitimação ordinária*.

Em princípio, os sujeitos da relação jurídica material são também os *sujeitos parciais da relação processual*; mas nem sempre isso acontece, porque há casos em que a lei permite que alguém esteja em juízo, em nome próprio e no interesse próprio, como autor ou réu, em defesa de um direito material de outrem.

Essa legitimação é extraordinária, tendo Chiovenda a batizado com o nome de *substituição processual*.[27]

Sempre que alguém estiver autorizado pela lei a intervir, em nome próprio e no interesse próprio, na defesa do direito material de outrem, estará *ipso factu* autorizado a defendê-lo em juízo, se houver necessidade de se socorrer das vias judiciais.

Estabelece o art. 18 do Código de Processo Civil que ninguém poderá pleitear direito alheio em nome próprio, salvo quando autorizado pelo ordenamento jurídico; tendo-se aí a base legal da substituição processual no processo civil brasileiro. Assim, prescreve o parágrafo único deste artigo que: "Havendo substituição processual, o substituído poderá intervir como assistente litisconsorcial".

O Código Civil permite que alguém, sem autorização do interessado, intervenha na gestão de negócio alheio, dirigindo-o segundo o interesse e a vontade presumível de seu dono, ficando responsável a este e às pessoas com quem tratar (art. 861).[28] Se o gestor de negócios precisar se valer das vias judiciais para a defesa dos negócios do gerido, poderá fazê-lo na condição de *substituto processual*.

---

[27] Da mesma forma que no direito substancial há casos em que se admite exercer no próprio nome direitos alheios, assim também pode outrem ingressar em juízo *no próprio nome* (isto é, como parte) *por um direito alheio*. Ao introduzir e analisar essa categoria, Chiovenda atribuiu-lhe o nome de *substituição processual*.

[28] Art. 861. Aquele que, sem autorização do interessado, intervém na gestão de negócio alheio, dirigi-lo-á segundo o interesse e a vontade presumível de seu dono, ficando responsável a este e às pessoas com que tratar.

Muitas outras hipóteses existem de substituição processual, como o órgão do Ministério Público na defesa de direitos do incapaz, na esfera cível; e o querelante na queixa privada apresentada contra o querelado, dado que o titular do direito de punir é o Estado e não o particular.

A substituição processual não se confunde com a *representação* processual e, muito menos, com a *sucessão* processual.

6 DIFERENÇAS ENTRE REPRESENTAÇÃO, SUBSTITUIÇÃO E SUCESSÃO PROCESSUAL

Existe substancial diferença entre representação processual, substituição processual e sucessão processual, prestando-se cada uma delas a resolver uma distinta situação no processo.

6.1 Representação processual

Na *representação processual*, o representante atua em juízo *em nome e por conta* do representado, que, por não possuir capacidade plena para estar em juízo, precisa tê-la suprida para esse fim. Nesse caso, o representado será parte, no exato sentido da palavra. Assim, o incapaz, para atuar no processo na qualidade de autor, réu ou interveniente, precisa ter a sua capacidade processual suprida pelo seu representante legal (pais, tutor ou curador).

6.2 Substituição processual

Na *substituição processual*, o substituto comparece em juízo, como autor ou réu, *em seu próprio nome*, mas em defesa de direito do substituído; pelo que o autor ou réu será o *substituto* e não o substituído; embora os efeitos da sentença se façam sentir também em face deste. Assim, na hipótese de sucumbência, o responsável pelas custas processuais e pelos honorários advocatícios será o substituto processual, e não o substituído.

Modelo de petição com substituição processual

Acesse o *QR Code* e faça o download.
> http://uqr.to/1ztm8

6.3 Sucessão processual

Na *sucessão processual*, ocorre uma modificação subjetiva da lide, em que uma das partes é *sucedida* por outra pessoa, no processo, ocupando a mesma posição antes ocupada pelo sucedido. Assim, se no curso do processo falece o autor ou o réu, os seus herdeiros virão sucedê-lo, formando-se, muitas vezes, um litisconsórcio, ativo ou passivo, no qual a parte era singular e passa a ser plural. Isso se o falecido não deixar bens a inventariar pois, se deixar, será sucedido pelo seu espólio, representado pelo inventariante.

A sucessão processual só ocorre se o direito material discutido em juízo não for *personalíssimo*, porque, se o for, o processo se extingue com a morte de uma das partes. Assim, numa ação de divórcio, por exemplo, a morte de uma das partes não admite a sucessão processual, porque o vínculo matrimonial fica extinto.

Modelo de habilitação para sucessão processual

Acesse o *QR Code* e faça o *download*.
> http://uqr.to/1ztm9

7 LIMITES DE INCIDÊNCIA DA AUTONOMIA DA VONTADE: O PODER DISPOSITIVO

O processo não serve às partes, mas estas é que se servem do processo, buscando cada qual por meio dele a satisfação do seu direito material.

Apesar de proclamado que o objetivo que se procura alcançar por meio do processo apresenta feição nitidamente pública, não se pode deixar de reconhecer a *relevância* que tem a vontade das partes no seu desenvolvimento.

Assim, como a parte autora age a partir da ação, assumindo os ônus processuais de praticar os atos que lhe competem, para que o juiz emita um provimento de mérito, a parte ré reage, assumindo, com a apresentação da defesa, os ônus correlatos.

Embora o processo se desenvolva pelo impulso oficial (autodinâmica), recebe importante e necessária contribuição das partes (heterodinâmica), cuja atuação não pode ser suprida pelo juiz, e cuja vontade, expressa ou tácita, produz efeitos, positivos ou negativos, sobre a relação processual.

As partes, enquanto titulares de direito substanciais, possuem o *poder de dispor* da pretensão, desde que a lei não lhes tolha essa faculdade; e nada pode o juiz fazer, em face do *poder dispositivo* que a lei lhes concede. Assim, se o litígio girar em torno de interesses patrimoniais, o poder das partes de transigir ou renunciar é quase absoluto.

7.1 Poder dispositivo da parte no processo civil

Chama-se *poder dispositivo* "a liberdade que as pessoas têm de exercer ou não os seus direitos", configurado, em sede jurisdicional, pela possibilidade de os interessados apresentarem ou não uma lide em juízo, a fim de vê-la solucionada, e de apresentá-la da maneira que lhes aprouver.

Esse *poder de disposição* sofre restrições, quando se trata de *interesses intransigíveis* – comumente chamados de direitos indisponíveis –, em face da sua natureza (interesse público) ou da condição (pessoa incapaz) ou qualidade do seu titular (pessoa de direito público).

Exatamente porque os interesses admitem, em regra, renúncias e transações, cumpre ao juiz buscar a conciliação das partes em audiência, envidando esforços para que se alcance a composição da lide, por meio de consenso dos litigantes. É a *autocomposição*, que Carnelutti insere entre os equivalentes jurisdicionais.

Se as partes são titulares, ou se dizem titulares de direitos materiais controvertidos em juízo, são, também, como sujeitos do processo, titulares de *direitos processuais*, a respeito dos quais, dentro de determinados limites, *podem dispor*. Assim, o autor pode ajuizar a ação e desistir dela, nos limites da permissão legal;[29] o autor pode renunciar ao direito material

---

[29] Oferecida a contestação, a desistência da ação depende do consentimento do réu (CPC, art. 485, § 4º).

sobre o qual se funda a ação, ainda que contestada; as partes podem convencionar a suspensão do processo civil (CPC, art. 313, II);[30] a parte pode desistir da produção de prova que haja requerido; a parte pode renunciar à interposição de recurso ou desistir de recurso interposto; a parte pode abrir mão de prazo estabelecido em seu favor; as partes podem se dar por citadas, intimadas etc.

Em todas essas hipóteses, está presente o *poder dispositivo* das partes, expressão da autonomia da vontade, às vezes ampla, às vezes restrita, com reflexos diretos sobre a relação jurídica processual ou sobre a própria relação de direito material.

7.2   Poder dispositivo no processo trabalhista

No processo trabalhista, esse poder de disposição das partes é também bastante amplo, sofrendo restrições apenas quando se trata de renúncias e transações acerca de direitos do empregado *estável*.

7.3   Poder dispositivo no processo penal

No processo penal, ao contrário, a regra é a *indisponibilidade* do interesse em lide, dado que o crime configura, antes que uma lesão a um interesse privado (*ut singuli*),[31] ofensa a um interesse da própria coletividade (*uti universi*).[32] A pena tem o objetivo de restaurar a ordem jurídica lesada pelo delito.

A *indisponibilidade* do processo penal se liga à indisponibilidade do direito de punir do Estado e do respectivo direito de liberdade do indivíduo; o que não impede a transação em determinadas circunstâncias, como admitida nos Juizados Especiais, tanto federais quanto estaduais.

Ocorrendo um crime de ação pública, a autoridade policial é obrigada a apurá-lo por meio do competente inquérito policial, e o órgão do Ministério Público a ajuizar a ação penal, oferecendo a competente denúncia; salvo se for caso de pedido de arquivamento do inquérito ou peças de informação, ou a devolução dos autos à delegacia de origem para colheita de novos elementos de convicção.[33]

O poder dispositivo das partes é também muito grande na ação penal privada, em que o oferecimento da queixa é conferido ao ofendido ou seu representante legal; e na ação penal pública condicionada à *representação* da vítima ou do seu representante legal, ou de *requisição* do Ministro da Justiça (CPP, art. 24).

Sem que ocorram, na ação penal pública condicionada, a representação ou requisição dos legitimados, verdadeiras "condições de processabilidade", não se instaura validamente o processo penal.

A autonomia da vontade das partes, que está na base do poder dispositivo, não se limita às hipóteses mencionadas, pois, mesmo depois de instaurado o processo em ação penal privada,

---

[30]   Art. 313. Suspende-se o processo: (...) II – pela convenção das partes. (...)
[31]   "*Uti singuli*" significa "singularmente".
[32]   "*Uti universi*" significa "universalidade".
[33]   Quando o órgão do Ministério Público requer o arquivamento do inquérito policial, o juiz, se considerar improcedentes as razões invocadas, deve remeter o inquérito ao Procurador-geral, e este oferecerá a denúncia, designará outro membro do MP para oferecê-la ou insistirá no pedido de arquivamento, ao qual, só então, estará o juiz obrigado a atender (CPP, art. 28).

o ofendido pode perdoar o ofensor (CPP, art. 51);[34] pode renunciar ao direito de queixa (CPP, art. 49),[35] ou deixar que a ação penal se torne perempta (CPP, art. 60).[36] A Lei dos Juizados Especiais Criminais estaduais admite a *aceitação*, pelo réu, da pena que não seja privativa de liberdade (Lei nº 9.099/95, art. 72),[37] bem assim a conciliação das partes (Lei nº 9.099, art. 73);[38] o mesmo fazendo a Lei dos Juizados Especiais Criminais federais.

O defensor do réu, no processo penal, pode deixar de apresentar defesa prévia, de contrariar o libelo acusatório ou de produzir prova que haja requerido, não passando essa liberdade de atuar ou não atuar, conforme o seu próprio interesse, de manifestação do poder dispositivo reconhecido às partes.[39]

O juiz pode conceder o perdão judicial, nos casos previstos em lei (CP, art. 107, IX),[40] o que não deixa de ser também manifestação do poder dispositivo no processo penal.

A maior ou menor incidência da autonomia da vontade das partes sobre a relação jurídica material, ou sobre a própria relação processual, depende do ordenamento jurídico de cada país.

BIBLIOGRAFIA

BARBI, Celso Agrícola. **Comentários ao Código de Processo Civil**. 10. ed. Rio de Janeiro: Forense, 1998. v. I.

BARBOSA MOREIRA, José Carlos. **Comentários ao Código de Processo Civil**. 10. ed. Rio de Janeiro: Forense, 2002.

BORBA, José Edwaldo Tavares. **Direito societário**. 6. ed. Rio de Janeiro: Renovar, 2001.

CARREIRA ALVIM, J. E. **Direito na doutrina**. Curitiba: Juruá, 2006. v. IV.

CHIOVENDA, Giuseppe. **Instituições de direito processual civil**. 3. ed. São Paulo: Saraiva, 1969. v. II.

CHIOVENDA, Giuseppe. **Instituições de direito processual civil**. São Paulo: Saraiva, 1962. v. II.

CINTRA, Antônio Carlos de Araújo; GRINOVER, Ada Pellegrini; DINAMARCO, Cândido Rangel. **Teoria geral do processo**. 6. ed. São Paulo: RT, 1988.

---

[34] Art. 51. O perdão concedido a um dos querelados aproveitará a todos, sem que produza, todavia, efeito em relação ao que o recusar.

[35] Art. 49. A renúncia ao exercício do direito de queixa, em relação a um dos autores do crime, a todos se estenderá.

[36] Art. 60. Nos casos em que somente se procede mediante queixa, considerar-se-á *perempta* a ação penal: I - quando, iniciada esta, o querelante deixar de promover o andamento do processo durante 30 dias seguidos; II - quando, falecendo o querelante, ou sobrevindo sua incapacidade, não comparecer em juízo, para prosseguir no processo, dentro do prazo de 60 (sessenta) dias, qualquer das pessoas a quem couber fazê-lo, ressalvado o disposto no art. 36; III - quando o querelante deixar de comparecer, sem motivo justificado, a qualquer ato do processo a que deva estar presente, ou deixar de formular o pedido de condenação nas alegações finais; IV - quando, sendo o querelante pessoa jurídica, esta se extinguir sem deixar sucessor.

[37] Art. 72. Na audiência preliminar, presente o representante do Ministério Público, o autor do fato e a vítima e, se possível, o responsável civil, acompanhados por seus advogados, o Juiz esclarecerá sobre a possibilidade da composição dos danos e da aceitação da proposta de aplicação imediata de pena não privativa de liberdade.

[38] Art. 73. A conciliação será conduzida pelo Juiz ou por conciliador sob sua orientação.

[39] Evidentemente, a inatividade do defensor do réu não pode ir a ponto de prejudicar o direito de defesa; caso que poderá determinar a nulidade do próprio processo e da sentença que tiver sido proferida.

[40] Art. 107. Extingue-se a punibilidade: (...) IX - pelo perdão judicial, nos casos previstos em lei.

LEONE, Giovanni. **Manuale di diritto processuale penale**. Napoli: Casa Editrice Dott. Eugenio Joveni, 1977.

LOPES DA COSTA, Alfredo de Araújo. **Direito processual civil brasileiro**. Rio de Janeiro: Forense, 1959. v. II.

MARQUES, José Frederico. **Instituições de direito processual civil**. Rio de Janeiro: Forense, 1958. v. II.

REZENDE FILHO, Gabriel José Rodrigues de. **Curso de direito processual civil**. 2. ed. São Paulo: Saraiva, 1959. v. I.

SANTOS, Moacyr Amaral. **Primeiras linhas de direito processual civil**. 18. ed. São Paulo: Saraiva, 1997. v. 2.

Capítulo 10
MORFOLOGIA DO PROCESSO

Sumário: 1 Distinção entre processo e procedimento. 2 Princípios processuais. 3 Princípios informativos do processo. 4 Princípios fundamentais do processo. 5 Princípios procedimentais. 6 Tipologia do processo.

1 DISTINÇÃO ENTRE PROCESSO E PROCEDIMENTO

O vocábulo "morfologia" traduz a "estrutura" do processo ou o conjunto dos princípios que regem o processo, além do estudo desses princípios.

No sentido vulgar, a palavra "processo" tem o significado de *continuação de uma série de operações* vinculadas pela unidade do fim, quando se fala em processo cirúrgico, processo químico, e assim sucessivamente.

Pode haver procedimento sem processo, como acontece, por exemplo, na jurisdição voluntária, mas nunca processo sem procedimento, porque este é a veste exterior daquele.

Os processos e os procedimentos se diferenciam uns dos outros, conforme se trate de resolver uma lide civil, penal ou trabalhista, atendendo ao interesse das partes e do ente que presta justiça a fim que seja resolvida de forma mais rápida e efetiva.

1.1 Conceito de processo na ciência do direito

No campo da ciência do direito, **processo**, grosso modo, é *"a operação mediante a qual se obtém a composição da lide"* (Carnelutti), ou, em vista do seu escopo, *"o conjunto de atos destinados à formação de comandos jurídicos, cujo caráter consiste na colaboração para tal fim de pessoas interessadas com uma ou mais pessoas desinteressadas"*.

Afinal, o processo não é um ato isolado ou vários atos praticados a talante dos sujeitos processuais, mas um *conjunto* harmônico e coordenado de atos, sujeitos a uma disciplina imposta por lei. Sendo o processo o instrumento de aplicação da lei, é ele próprio regulado pela lei.

Para Chiovenda, o processo é *"o complexo de atos coordenados, tendentes à atuação de vontade da lei, acerca de um bem garantido por ela, por parte dos órgãos jurisdicionais"*.

Posta de lado a divergência quanto à função que o processo desempenha na ordem jurídica, basta entender-se como "justa composição da lide", como diz Carnelutti, a *resolução da lide de acordo com a lei*,[1] cuja atuação o processo produz, como afirma Chiovenda, para se concluir que uma teoria não exclui a outra.

---
[1] A lei é a medida do justo.

Seja o processo considerado um *conjunto* ou *complexo* de atos, não se pode desconhecer que toda essa atividade se desenvolve *jurisdicionalmente*, já que o Estado-juiz se serve do *processo* para dizer o direito ou a vontade da lei.

O conceito de jurisdição é inseparável da noção do processo; mesmo porque o processo *é o instrumento da jurisdição*.

Os atos processuais se ligam uns aos outros para garantir a harmonia do conjunto, e, como quem pratica atos no processo são os sujeitos processuais (juiz e partes), a lei lhes reconhece poderes, direitos e faculdades e os correspondentes deveres, sujeições e ônus.

Visto *por fora*, o processo se apresenta aos nossos olhos como conjunto ou complexo de atos que se desenvolvem *preordenadamente*, mas considerado *por dentro* ele constitui uma relação jurídica que interliga os sujeitos processuais, impondo a todos uma atuação que, por fim, resultará na resolução do conflito pela atuação, positiva ou negativa, da vontade da lei, conforme haja ou não direito material a ser tutelado.

O processo é esse *conjunto* ou *complexo* de atos praticados pelos sujeitos processuais, segundo uma disciplina imposta por lei, para assegurar a unidade do conjunto e o fim a que está coordenado, permitindo a solução jurisdicional da lide, mediante a atuação da lei material.

Razão assistia, portanto, a João Mendes Júnior, quando dizia que o processo é "uma *direção* no movimento".

1.2 Conceito de procedimento

O procedimento é o *modus operandi* do processo, traduzindo o aspecto exterior do fenômeno processual.

Aquela sequência de atos processuais, considerados no seu conjunto, não se desenvolve do mesmo modo em todas as hipóteses; pois, dependendo do tipo de tutela pretendida, haverá um conjunto específico de atos tendentes a assegurar *jurisdicionalmente* a pretensão.

Neste sentido, fala-se em processo de conhecimento e de execução, sendo que o processo de conhecimento se desdobra consoante determinado rito, que pode ser um *procedimento comum* ou *especial*, ou formas outras adequadas a garantir o atingimento do escopo do processo, como o procedimento executivo.

Na medida em que se adota determinado tipo de processo – de conhecimento ou de execução –, a ele corresponderá um tipo correlato de procedimento.

Razão assistia, mais uma vez, a João Mendes Júnior, quando dizia que o procedimento é "o modo de mover e a forma em que é movido o ato".

O processo é, na substância, uma relação jurídica entre sujeitos processuais, que se exterioriza consoante determinado procedimento, que é a sua veste exterior; e que o acompanha "*como a sombra acompanha o corpo*".

1.3 Classificação dos procedimentos

Os procedimentos variam conforme os tipos de processo, dependendo do conjunto de atos processuais que se façam necessários para a resolução do mérito da causa (da lide).

O procedimento é traduzido também como "rito", de modo que dizer-se que o procedimento é tal ou qual, significa que este será o rito que deverá ser seguido.

1.3.1 Procedimentos cíveis

O Código de Processo Civil consagra três tipos de procedimento:

a) Procedimento comum, que corresponde ao antigo procedimento ordinário do CPC de 1973, é aquele aplicável a todos os casos para os quais não preveja expressamente outro procedimento (ou rito).

b) Procedimento especial é aquele referente ao processo que deva seguir um rito diferente do comum, em atenção à especificidade da lide, cuidando o atual Código de Processo Civil de disciplinar diversos procedimentos especiais, tanto de jurisdição contenciosa (CPC: arts. 539 a 718) quanto de jurisdição voluntária (CPC: arts. 719 a 770).

c) Procedimento de execução é aquele que tem por objetivo a prática de atos materiais executivos relativamente aos títulos executivos extrajudiciais (CPC: art. 784) e outros previstos em leis extravagantes (Lei de Execução Fiscal: Lei 6.830/80).

A sentença, no processo civil, não é mais objeto de execução, como foi no passado, em que vigia o sistema de execução unificada (de títulos executivos judiciais e extrajudiciais), sendo atualmente objeto de "cumprimento", que não passa de uma fase do processo de conhecimento.

Os procedimentos cíveis são também previstos em legislação extravagante, como no mandado de segurança, na ação civil pública, no *habeas data*, na arbitragem etc.

1.3.2   Procedimentos penais

Na esfera penal, os procedimentos seguem também mais de um rito, conforme a natureza do delito (crime ou contravenção).

a) Procedimento ordinário é seguido quando a pena máxima em abstrato do crime for maior ou igual a quatro anos, iniciando-se com a denúncia (na ação penal pública) ou com a queixa-crime (na ação penal privada).

b) Procedimento sumário é seguido quando a pena em abstrato for superior a dois anos e inferior a quatro anos.

c) Procedimento sumaríssimo é seguido nos juizados especiais criminais, nas infrações penais de menor potencial ofensivo, compreendendo quaisquer contravenções ou crimes cujas penas em abstrato não ultrapassem dois anos.

d) Procedimento diferenciado (ou por fases), como é o procedimento adotado no julgamento dos crimes dolosos contra a vida, a cargo do tribunal do júri.

1.3.3   Procedimentos trabalhistas

Enquanto nos processos civil e penal, o processo (e o procedimento) é inaugurado com o ajuizamento da ação, esse ato processual recebe no âmbito trabalhista a denominação de "reclamação" (trabalhista), que nada tem a ver com a reclamação disciplinada pelo CPC (arts. 988 a 993).

Na esfera trabalhista, os procedimentos (ou ritos) são:

a) Procedimento do dissídio individual ou ordinário, é procedimento padrão nos processos trabalhistas, nas demandas entre empregados e empregadores, seguindo as regras previstas nos arts. 837 a 852 da CLT.

b) Procedimento sumaríssimo, que segue as regras previstas nos arts. 852-A a 852-I da CLT, aplicando-se quando: o valor da causa não ultrapasse quarenta salários mínimos; o empregador não seja a Administração Pública direta, autárquica e fundacional; a reclamação esteja sujeita a um rito especial imposto por lei.

c) Procedimento especial do inquérito para apuração de falta grave, que segue as regras estabelecidas nos arts. 853 a 855 da CLT.

d) Procedimento do dissídio coletivo, que é seguido nas demandas que envolvem representantes dos empregados e empregadores, como sindicatos, federações, confederações etc., estando sujeito à disciplina imposta pelos arts. 856 a 875 da CLT.

e) Procedimento na execução trabalhista, que segue as normas constantes dos arts. 876 a 892 da CLT.

2 PRINCÍPIOS PROCESSUAIS

Os *princípios* são toda a estrutura sobre a qual se constrói alguma coisa, compreendendo os ensinamentos básicos e gerais que determinam de onde se deva partir em busca de objetivos a serem alcançados, e de onde se extraem regras e normas de procedimento; sendo vetores para as soluções interpretativas ou exegéticas.

2.1 Conceito de princípio

Para Celso Antônio Bandeira de Mello:

> *O princípio é, por definição, o mandamento nuclear de um sistema, verdadeiro alicerce dele, disposição fundamental que se irradia sobre diferentes normas, compondo-lhes o espírito e servindo de critério para a sua exata compreensão e inteligência, exatamente por definir a lógica e a racionalidade do sistema normativo, no que lhe confere a tônica e lhe dá sentido harmônico; sendo que o conhecimento dos princípios é que preside a intelecção das diferentes partes componentes do todo unitário que tem por nome sistema jurídico positivo.*

Os *princípios* processuais são de duas categorias. Alguns informam *qualquer sistema processual*, sendo mesmo indispensáveis para que o sistema funcione bem; outros variam conforme a orientação que o legislador imprima ao sistema. Os primeiros são princípios *informativos*, verdadeiros *postulados* que independem de demonstração, enquanto os segundos são princípios fundamentais.

3 PRINCÍPIOS INFORMATIVOS DO PROCESSO

Os princípios *informativos* influenciam *todo e qualquer* sistema processual, sendo diretrizes residentes no mundo das *ideias (ideológicas)*. Estes princípios são: a) lógico; b) jurídico; c) político e d) econômico.

3.1 Princípio lógico

O princípio *lógico* significa que o legislador deve usar formas processuais que propiciem uma melhor apuração da verdade.

3.2 Princípio jurídico

O princípio *jurídico* significa que se deve dar às partes, no processo, iguais oportunidades; não devendo ser construído um processo com o desequilíbrio das partes.

3.3 Princípio político

O princípio *político* significa que, na elaboração do sistema processual, deve haver o menor sacrifício possível da liberdade individual; não devendo ser usadas medidas de constrição à liberdade das pessoas, senão as indispensáveis à consecução das finalidades do processo.

3.4 Princípio econômico

O princípio *econômico* significa que o processo deve ser constituído com o menor dispêndio possível de tempo e dinheiro; tanto quanto possível deve ser barato.

4 PRINCÍPIOS FUNDAMENTAIS DO PROCESSO

Os princípios *fundamentais* informam *um ou outro* sistema processual; podendo existir num e não existir noutro, dependendo da orientação que o legislador imprima ao sistema.

Na doutrina tradicional, estes princípios são basicamente: a) da iniciativa da parte: b) do impulso processual; c) do contraditório; d) inquisitório ou inquisitivo; e) dispositivo; f) da lealdade processual; g) da publicidade; e h) da preclusão.

4.1 Princípio da iniciativa da parte

O *princípio da iniciativa da parte*, também chamado *princípio da demanda*, significa que o juiz não pode prestar jurisdição sem que o autor a peça, pois a jurisdição só se movimenta quando provocada.

Este princípio é muito antigo e vem consubstanciado nas máximas "*ne procedat iudex ex officio*"[2] e "*nemo iudex sine actore*";[3] mas não vigora em toda a sua plenitude, porque existem casos de jurisdição de ofício, como na execução de sentença trabalhista, na concessão de *habeas corpus* e na convolação em falência de pedido de recuperação de empresa etc.

Nos termos do art. 2º do CPC: "O processo começa por iniciativa da parte (...)".

Para que o processo realmente *comece por iniciativa da parte*, devem estar presentes os *pressupostos de constituição e de desenvolvimento válido e regular do processo* (CPC, art. 485, IV), bem assim as condições da ação, consistentes na *legitimidade e no interesse processual* (CPC, art. 485, VI), sem os quais o juiz não resolverá o mérito da causa, extinguindo-se o processo por sentença (CPC, art. 316).

Portanto, o ponto de partida para o *começo* do processo é a *propositura da ação*, o que se dá com a protocolização da petição inicial, e que venha a ser deferida pelo juiz.

A regra do art. 2º do CPC consagra o princípio da *iniciativa das partes*, ou princípio *dispositivo* (*Iudex secundum allegata partium iudicare debet*),[4] ou princípio *da demanda* (*Ne procedat iudex ex officio*),[5] dispondo que o processo civil *começa por iniciativa das partes*, nos casos e nas formas legais, o que significa que o juiz, de regra, não dispõe de poderes para dar início ao processo civil, salvo *exceções previstas em lei*.

4.2 Princípio do impulso oficial

O *princípio do impulso oficial* significa que o processo depende do impulso dos órgãos judiciais, encarregados do exercício da jurisdição, cumprindo assim ao juiz, ao escrivão, ao oficial de justiça etc. impulsioná-lo independentemente de pedido das partes, exigindo-se apenas o exercício da ação.

---

[2] O juiz não procede de ofício.
[3] Não há juiz sem autor.
[4] O juiz deve julgar segundo as alegações das partes.
[5] O juiz não procede de ofício.

Nos termos do art. 2º do CPC: "O processo (...) se desenvolve por impulso oficial, salvo as exceções previstas em lei".

Denomina-se *impulso processual* a atividade que visa obter o movimento progressivo da relação processual para um fim, ou o fenômeno em virtude do qual se assegura a continuidade dos atos processuais e o seu encaminhamento à decisão definitiva.

O impulso processual está a cargo do órgão jurisdicional (juízo ou tribunal) e das partes, corporificando-se através de duas forças, denominadas reciprocamente de *autodinâmica*, no primeiro caso, e *heterodinâmica*, no segundo.

Como se vê, o art. 2º do CPC é orientado por dois princípios processuais, *aparentemente* opostos, mas que se conjugam, na garantia da prestação jurisdicional devida pelo Estado-juiz.

Ao lado do *princípio do impulso oficial* (autodinâmica) atua o *princípio da iniciativa das partes* (heterodinâmica), possibilitando a estas interferir na prática de atos processuais, abreviando ou prorrogando prazos não peremptórios, convencionando a suspensão do processo por certo tempo, tudo consoante as permissões legais.

O Código de Processo Civil consagra expressamente esse princípio, dispondo que o processo começa por iniciativa das partes e desenvolve-se por impulso oficial (art. 2º); cumprindo ao juiz dirigir e velar pela duração razoável do processo (art. 139, II), mas sem prejuízo da defesa dos interessados.[6]

4.3 Princípio do contraditório

O *princípio do contraditório*, também chamado de *contraditório substancial* ou *da audiência bilateral*, significa que o juiz não pode decidir sobre uma pretensão, sem ouvir a outra parte, contra a qual é deduzida. No processo relativo à tutela provisória de urgência (cautelar ou antecipada: CPC, art. 294, parágrafo único) requerida em caráter antecedente, a liminar é, muitas vezes, concedida *inaudita altera parte* (sem ouvir a outra parte), mesmo porque nem sempre há tempo para essa providência, sob pena de perecimento do próprio direito material. Suponha-se um pedido de internação numa UTI,[7] que, se não for deferido liminarmente, a pretensão perderá o seu objeto com a morte do paciente.

O disposto no *caput* do art. 9º do CPC, garantidor do contraditório *substancial*, não se aplica, por determinação do seu parágrafo único: I – à tutela provisória de urgência; II – às hipóteses de tutela da evidência previstas no art. 311, incisos II e III; III – à decisão prevista no art. 701 (tutela de evidência na ação monitória). Nesses casos, não há propriamente infringência ao contraditório porque, uma vez concedida a medida de urgência, a parte contrária tem a oportunidade de contraditá-la, podendo, inclusive, insurgir-se contra ela mediante agravo de instrumento direto no tribunal (CPC, art. 1.015, I). Nessa hipótese, o contraditório é apenas *postergado* para depois da decisão liminar provisória de urgência.

O *princípio do contraditório* vem agasalhado também pelo art. 239, *caput*, do CPC, ao tornar indispensável a citação do réu ou do executado, como condição de validade do processo, bem assim pelo art. 721 do mesmo Código, ao determinar que sejam citados todos os interessados nos procedimentos de jurisdição voluntária.

Nos termos do art. 10 do CPC, o juiz não pode decidir em grau algum de jurisdição, com base em fundamento a respeito do qual não se tenha dado às partes oportunidade de se manifestar, ainda que se trate de matéria sobre a qual deva decidir de ofício.

---

[6] O mesmo ocorre com os processos penal e trabalhista.
[7] Unidade de Terapia Intensiva (UTI).

4.3.1 Contraditório substancial

O *contraditório substancial* põe em realce que a contrariedade nos autos do processo não é apenas entre as partes, mas também entre as partes e o juiz, passando este a ser considerado como sujeito do contraditório. Este preceito não tem outro propósito que o de realçar o princípio do *contraditório*, com assento constitucional (CF: art. 5º, LV) e já referido no art. 7º do CPC, pois toda decisão (interlocutória e sentença) é, de regra, proferida com a audiência recíproca das partes, salvo quando possa comprometer o direito daquela carente de tutela jurídica de urgência.

4.4 Princípio inquisitório ou inquisitivo

O *princípio inquisitório* ou *inquisitivo* significa que, em certas causas, prevalece o interesse geral ou social, em que seja realmente apurada a verdade dos fatos, como realmente aconteceram, e não como querem as partes que tenham acontecido.

Este princípio não exclui por completo a atividade das partes, mas apenas confere poderes mais amplos ao juiz na investigação da verdade, em virtude do elevado interesse público envolvido na lide, como nas ações de estado (*v.g.* nulidade ou anulação de casamento) e nas causas relativas à capacidade das pessoas (*v.g.* interdição).

O princípio *inquisitório* ou *inquisitivo* foi concebido para os processos onde haja um interesse *social* maior, quando se reconhece ao juiz poderes mais amplos na investigação da verdade, temperando assim o poder dispositivo das partes.

No âmbito penal, o princípio inquisitório se opõe, também, ao princípio *acusatório*, não podendo o juiz proceder senão em decorrência de uma acusação apresentada pelo Ministério Público, na ação penal pública, ou pelo querelante, na ação penal privada.

Sempre que o juiz possuir poderes para, *de ofício*, iniciar o processo, instruí-lo e produzir a prova, estar-se-á em face do princípio inquisitório ou inquisitivo.

4.5 Princípio dispositivo

O *princípio dispositivo* é de uma época em que ainda se tinha uma ideia privatista do processo, concebido como campo para se tratar de interesses privados, pelo que as partes podiam dispor dos seus direitos, não só fora do processo como também *dentro* do processo.

O princípio foi *originalmente* formulado com base na máxima segundo a qual "o juiz deve julgar segundo o *alegado* e *provado* pelas partes", sendo mais tarde desdobrado em outros, persistindo até hoje; porque as partes delimitam a matéria do julgamento do juiz; sabem o que querem alegar e o que podem alegar; e o juiz não pode extrapolar das alegações das partes.

Segundo a formulação *originária* do princípio dispositivo, a prova competia privativamente às partes, não cabendo ao juiz qualquer poder ou faculdade em matéria de prova, por depender exclusivamente das partes a sua produção.

Mais recentemente, houve uma metamorfose deste princípio, cuja formulação passou a ser: "O juiz julga segundo o *alegado* pelas partes"; com o que, suprimindo-se o vocábulo "provado", dilatou-se o campo de atuação do juiz no campo probatório.

O Código de Processo Civil seguiu esta evolução, dando ao juiz maiores poderes de iniciativa em matéria probatória (CPC, art. 370, parágrafo único);[8] pois o processo penal sempre

---

[8] Art. 370. Caberá ao juiz, de ofício ou a requerimento da parte, determinar as provas necessárias ao julgamento do mérito. Parágrafo único. O juiz indeferirá, em decisão fundamentada, as diligências inúteis ou meramente protelatórias.

perseguiu a verdade real; e o processo trabalhista sempre se orientou no sentido da proteção da parte mais fraca na relação de trabalho.

A restrição à atividade de cognição do juiz é *absoluta* no tocante às *alegações* das partes, e relativa no tocante à prova, podendo ele determinar *de ofício* as diligências necessárias ao esclarecimento da verdade em qualquer momento do processo. No âmbito trabalhista, o juiz pode julgar *extra petita*, sendo-lhe permitido converter o pedido de reintegração do empregado estável em indenização dobrada (CLT, art. 496).[9]

No processo penal, o juiz está vinculado às alegações do órgão do Ministério Público, na denúncia, ou pelo querelante, na queixa privada, mas apenas no que concerne à "descrição do fato", pois pode atribuir-lhe definição jurídica diversa, ainda que em consequência tenha de aplicar pena mais grave (CPP, art. 383, *caput*).[10]

A doutrina aponta, como consequências do princípio em foco, as máximas "*quod non est in actis non est in mundo*"[11] e "*da mihi factum, dabo tibi ius*".[12]

4.6 Princípio da lealdade processual

O *princípio da lealdade processual* significa que as partes devem proceder com lealdade e boa-fé nas suas relações recíprocas e com o órgão jurisdicional, cumprindo-lhes dizer a verdade e agir com moralidade e probidade no decorrer do processo.

Este princípio é extensivo aos advogados, e sua infração constitui *ilícito processual*, sujeitando o infrator a sanções processuais.

4.7 Princípio da publicidade

O *princípio da publicidade* domina todo processo, qualquer que seja o conteúdo da lide (penal, civil ou trabalhista), assegurando que os atos processuais sejam públicos, franqueados a quem os queira assistir.[13]

A aplicação deste princípio se revela com mais intensidade naquela fase em que o ato processual se exterioriza através da palavra oral, como nas audiências.

O *princípio da publicidade* tem fundo constitucional, dispondo o inc. IX do art. 93 da Constituição que "todos os julgamentos dos órgãos do Poder Judiciário serão públicos, e fundamentadas todas as decisões, sob pena de nulidade, podendo a lei limitar a presença, em determinados atos, às próprias partes e a seus advogados, ou somente a estes, em casos nos quais a preservação do direito à intimidade do interessado no sigilo não prejudique o interesse público à informação".

---

[9] Art. 496. Quando a reintegração do empregado estável for desaconselhável, dado o grau de incompatibilidade resultante do dissídio, especialmente quando for o empregador pessoa física, o tribunal do trabalho poderá converter aquela obrigação em indenização devida nos termos do artigo seguinte.

[10] Art. 383. O juiz, sem modificar a descrição do fato contida na denúncia ou queixa, poderá atribuir-lhe definição jurídica diversa, ainda que, em consequência, tenha de aplicar pena mais grave.

[11] "O que não existe nos autos não existe no mundo".

[12] "Dá-me o fato e te darei o direito."

[13] Essa regra comporta exceções, no interesse público e no privado, quando a lei assegura a realização do processo em segredo da justiça (CPC, arts. 189 e 368).

O processo como instrumento da jurisdição é *público*, devendo por isso ser acessível a todos, operadores do direito ou não, que queiram se inteirar do seu conteúdo, o que deveria valer tanto para o processo físico (de papel) quanto para o processo eletrônico (*on-line*).

No atual CPC, a publicidade vem expressa em diversos preceitos, a exemplo dos arts. 11, *caput*, 26, III, 189 e 930, *caput*.

4.8 Princípio da preclusão

O *princípio da preclusão* garante o andamento do processo sem recuo a fases já superadas do procedimento, o que significa que o descumprimento de prazos na prática de atos processuais tem, como consequência, a impossibilidade de praticá-los; salvo se tiver ocorrido justo impedimento.

4.9 Princípio da eventualidade

O *princípio da eventualidade* exige que o réu formule na defesa todas as alegações que tiver, mesmo que contraditórias, pois, do contrário, não poderá alegá-las noutro momento. Assim, na ação de cobrança, deve o réu alegar que nunca deveu; se admitir que devia, já pagou; e se admitir que não pagou, ocorreu a prescrição. Este princípio é de grande importância na teoria dos prazos.

4.10 Outros princípios processuais

O atual Código de Processo Civil incorporou outros *princípios processuais constitucionais*, muitos dos quais *expressos* na Constituição, como: 1) a inafastabilidade da jurisdição; 2) a duração razoável do processo; 3) a boa-fé objetiva; 4) a cooperação; 5) a paridade de tratamento; 6) os fins sociais e as exigências do bem comum; 7) a proibição de decisão-surpresa; e 8) a fundamentação das decisões.

4.10.1 Princípio da inafastabilidade

O princípio da *inafastabilidade da jurisdição*, expresso no art. 3º, *caput*, do CPC, é a expressão de um princípio que compreende também a inafastabilidade do direito de ação ou do acesso à justiça, consagrado pela Constituição (art. 5º, XXXV), dispondo que "não se excluirá da apreciação jurisdicional ameaça ou lesão a direito".

O preceito inscrito no inc. XXXV do art. 5º da Constituição é norma de *direito processual constitucional*, parte da denominada justiça constitucional, que se consubstancia na forma e instrumentos de garantia para a atuação da Constituição.

Nos termos da Constituição, e, agora, do atual Código de Processo Civil, qualquer pessoa, física ou jurídica, ou mesmo *entes formais* despidos de personalidade jurídica (espólio, massa falida, condomínio etc.), podem invocar a atividade jurisdicional do Estado-juiz, sempre que se tenha como lesado ou simplesmente ameaçado de lesão um direito individual ou coletivo.

Ao consagrar o *caput* do art. 3º do CPC o direito de invocar a atividade jurisdicional, como *direito público subjetivo*, assegura não apenas o *direito de ação*, ao autor, mas, também, o *direito de defesa*, ao réu, contra quem a ação é proposta, garantia complementada pelo inciso LIV do art. 5º da Constituição, garantidor do contraditório e da ampla defesa no processo judicial.[14]

---

[14] No dizer de Liebman: "O poder de agir em juízo e o de defender-se de qualquer pretensão de outrem representam a garantia fundamental da pessoa para a defesa de seus direitos e competem a todos indis-

4.10.2 Princípio da duração razoável do processo

O princípio da *duração razoável do processo* está consagrado no art. 4º do CPC: "As partes têm o direito de obter em prazo razoável a solução integral do mérito, incluída a atividade satisfativa."

A regra inscrita na Constituição brasileira é o *reflexo* da norma agasalhada pela *Convenção Europeia para a Proteção dos Direitos do Homem e das Liberdades Fundamentais*, elaborada em Roma, em 4 de novembro de 1950, que, pela primeira vez, ao dispor sobre o "Direito a um processo equitativo", estabeleceu no seu artigo 6º que:

> 1. *Qualquer pessoa tem direito a que a sua causa seja examinada, equitativa e publicamente,* num prazo razoável *por um tribunal independente e imparcial, estabelecido pela lei, o qual decidirá, quer sobre a determinação dos seus direitos e obrigações de caráter civil, quer sobre o fundamento de qualquer acusação em matéria penal dirigida contra ela. O julgamento deve ser público, mas o acesso à sala de audiências pode ser proibido à imprensa ou ao público durante a totalidade ou parte do processo, quando a bem da moralidade, da ordem pública ou da segurança nacional numa sociedade democrática, quando os interesses de menores ou a proteção da vida privada das partes no processo o exigirem, ou, na medida julgada estritamente necessária pelo tribunal, quando, em circunstâncias especiais, a publicidade pudesse ser prejudicial para os interesses da justiça.*

Dezenove anos depois, regra semelhante veio a ser consagrada pela Convenção Americana sobre Direitos Humanos, de 22 de novembro de 1969, conhecida como *Pacto de São José da Costa Rica*, que, ao dispor sobre as "Garantias judiciais", estabeleceu no seu art. 8º que:

> 1. *Toda pessoa terá o direito de ser ouvida, com as devidas garantias e dentro de um prazo razoável, por um juiz ou Tribunal competente, independente e imparcial, estabelecido anteriormente por lei, na apuração de qualquer acusação penal formulada contra ela, ou na determinação de seus direitos e obrigações de caráter civil, trabalhista, fiscal ou de qualquer outra natureza.*

Para um sistema processual informado pelo *devido processo legal* (CF: art. 5º, LIV), que contempla como princípio constitucional implícito a *razoabilidade*, soa excessiva a previsão de que o mérito deva ser resolvido num prazo *razoável*. O devido processo legal, no plano substancial, é a exigência de *razoabilidade* das decisões judiciais; sendo razoável aquilo que não é disparate, fora do bom senso comum, que é racional; enquanto, no plano processual, é o conjunto das garantias processuais a assegurar um processo justo, em conformidade com o direito.

A solução do mérito há de ser sempre *integral*, porque, do contrário, a sentença será *citra petita* (aquém do pedido), e num prazo razoável, porque não há que se supor que o processo não consiga dominar o tempo, vindo a proporcionar às partes uma sentença extemporânea, despida de utilidade prática.

A expressão "incluída a atividade satisfativa", constante do art. 4º do CPC, se refere ao cumprimento (execução) da sentença, fazendo supor, equivocadamente, que, sem esse enunciado *principialista*, apenas a solução integral da lide devesse ocorrer num prazo razoável, excluída a fase relativa à satisfação do próprio direito reconhecido pelo julgado.

---

tintamente, pessoa física e jurídica, nacionais e estrangeiros, como atributo imediato da personalidade e pertencem por isso à categoria dos denominados direitos cívicos."

Apesar de o art. 4º do CPC não aludir, expressamente, à *celeridade* processual, não há dúvida de que ela se contém no princípio da *razoável duração do processo*, porque este não consegue a sua concretização sem os meios que garantam também a celeridade; além do que o princípio da celeridade vem igualmente expresso no art. 5º, LXXVIII, da Constituição, imperando sobre o processo e também sobre o procedimento.

4.10.3   Princípio da boa-fé objetiva

O princípio da *boa-fé objetiva* vem expresso no art. 5º do CPC, dispondo que: "Aquele que de qualquer forma participa do processo deve comportar-se *de acordo com a boa-fé*".

A boa-fé em qualquer esfera do ordenamento jurídico – civil, penal, trabalhista etc. –, constitui um princípio cuja observância é necessária para que o processo não funcione na *contramão* da justiça, permitindo chegar-se a resultados que não estejam de conformidade com a verdadeira situação de fato que empresta embasamento às pretensões das partes.

O Código Civil foi *substancialmente* regado pelo princípio da boa-fé, dispondo, por exemplo, no seu art. 113 que "os negócios jurídicos devem ser interpretados conforme a boa-fé (...)" e o art. 422 que "os contratantes são obrigados a guardar, assim na conclusão do contrato, como em sua execução, os princípios de probidade e boa-fé".

Trata-se da *boa-fé objetiva*, enquanto padrão de conduta que deve ser observado por uma parte, em certa circunstância, baseado na confiança e no respeito, imprimindo no espírito da outra o mesmo comportamento, sem que o interesse de ambas constitua obstáculo a que o econômico se sobreponha à ética. Nada mais é a boa-fé objetiva do que um *standard* de comportamento, alicerçado na confiança e na lealdade, em que os agentes defendam os seus interesses sem olvidar que estão em jogo interesses recíprocos, ambos amparados pelo ordenamento jurídico.

Diferentemente da boa-fé objetiva, a *boa-fé subjetiva* corresponde a uma atitude psicológica do agente, enquanto produto da sua vontade e convencimento individual de agir conscientemente de determinada forma, sendo o que acontece em matéria de direitos reais e casamento putativo.

O transplante do *princípio da boa-fé objetiva* para o ordenamento processual é produto da jurisprudência que se formou sobre o tema no Superior Tribunal de Justiça,[15] assentando que: "O princípio da boa-fé objetiva proíbe que a parte *assuma comportamentos contraditórios* no desenvolvimento da relação processual, o que resulta na vedação do *venire contra factum proprium* (vedação de comportamento contraditório), aplicável também ao direito processual."

O *princípio da boa-fé objetiva* deve ser interpretado *modus in rebus* (com temperamento), sob pena de infirmar outro princípio, que lhe parece antagônico, consagrado pelo art. 508, que é o princípio da *eventualidade*, pois: "Transitada em julgado a decisão de mérito, considerar-se-ão deduzidas e repelidas todas as alegações e as defesas que a parte poderia opor assim ao acolhimento como à rejeição do pedido".

4.10.4   Princípio da cooperação

O princípio *da cooperação* está no art. 6º do CPC, dispondo que: "Todos os sujeitos do processo devem cooperar entre si para que se obtenha, em tempo razoável, decisão de mérito justa e efetiva".

---

[15]   STJ: AgRg no REsp. 1.280.482/SC.

Este princípio é também chamado de princípio *da colaboração*, que nada mais é do que a conjugação do princípio da boa-fé objetiva (CPC: art. 5º) e do princípio do contraditório, este de fundo constitucional (CF: art. 5º, LV).

Sem essa regra, o processo não deixaria de ser o que realmente é, ou seja, na linguagem de João Mendes Júnior, uma *direção* no movimento, produto que é do *impulso processual*, enquanto atividade destinada a obter o movimento progressivo da relação processual para um fim; impulso este a cargo dos próprios órgãos jurisdicionais, por força da *autodinâmica* processual, e também das partes, por força da *heterodinâmica* processual.

O processo, enquanto *relação jurídica processual*, não atribui apenas direito às partes, como sugere o art. 6º do CPC, mas também faculdades, deveres, poderes, sujeições e ônus processuais, dos quais devem se desincumbir, se pretender obter uma solução favorável aos seus interesses.

Os *sujeitos do processo* são todos os que, de alguma forma, participam da relação processual, para tornar possível a prestação jurisdicional, sendo o juiz, como sujeito imparcial (não neutro), e as partes (autor e réu) como sujeitos *parciais*, além de outros sujeitos, denominados auxiliares da justiça, como o escrivão, o oficial de justiça etc. (CPC, art. 149); e também as testemunhas, que são sujeitos *desinteressados*, os advogados, que são sujeitos *sui generis*, como representantes judiciais das partes, e os membros do Ministério Público, na qualidade de fiscais da ordem jurídica.

O *princípio da cooperação* manifesta-se, igualmente, na posição recíproca de qualquer dos sujeitos processuais perante os demais, devendo todos os intervenientes no processo agir de conformidade com um dever de correção e urbanidade, e a marcação do dia e hora de qualquer diligência deve resultar de um acordo entre o juiz e os advogados das partes.

Esse princípio, dentre outros objetivos, tem o propósito de transformar o processo civil numa "comunidade de trabalho", e a responsabilizar as partes e o tribunal pelos seus resultados; mas, no atual CPC brasileiro, não vem concentrado em preceitos específicos, estando, ao contrário, previsto em diversas disposições esparsas.

A infração ao *princípio da cooperação* produz evidentemente consequências para os sujeitos processuais, de modo que se o dever de cooperar for imposto ao juiz por uma previsão "fechada", isto é, se a situação em que o dever tem de ser observado não deixar ao juiz qualquer margem de apreciação (discricionariedade), a sua omissão importará em nulidade processual, se essa irregularidade puder influir na decisão da causa; não, porém, se o dever imposto ao juiz resultar de uma previsão "aberta", deve-se entender que a determinação da situação que o impõe cai no âmbito da discricionariedade do juiz, pelo que a sua omissão não produz qualquer nulidade processual.

Na prática, não será fácil intuir o alcance do art. 6º do CPC, ao determinar que todos os sujeitos do processo devam cooperar *entre si*, para viabilizar a decisão de mérito, porque, sendo antagônicos os interesses materiais que movem as partes (autor e réu), no processo, evidentemente que o autor não vai cooperar com o réu, da mesma forma que o réu não vai cooperar com o autor, e muito menos com o juiz, ao qual levam apenas fatos que suponham possam influir positivamente na sua convicção para acolher as suas teses.

A real e efetiva colaboração do juiz com a parte existe, por exemplo, em favor dos entes e entidades da Administração Pública, direta (União, Estados, Distrito Federal, Municípios) ou indireta (autarquias, fundações públicas), impondo a remessa necessária (CPC, art. 496, I e II), que sujeita a sentença ao duplo grau obrigatório de jurisdição, exceto nas hipóteses previstas em lei (CPC, art. 496, §§ 3º e 4º).

O que se tem na verdade é a cooperação *das partes com o juiz*, na medida em que tenham elas interesse em que as suas alegações sejam consideradas verdadeiras, influindo positivamente na convicção do julgador.

4.10.5 Princípio da paridade de tratamento

O princípio da *paridade de tratamento* – irmão gêmeo do princípio do *contraditório* –, vem consagrado pelo art. 7º do CPC, dispondo que: "É assegurada às partes paridade de tratamento em relação ao exercício de direitos e faculdades processuais, aos meios de defesa, aos ônus, aos deveres e à aplicação de sanções processuais, competindo ao juiz zelar pelo efetivo contraditório."

O atual Código de Processo Civil, depois de assegurar, no seu art. 7º, a *paridade de tratamento* às partes, abre um leque de privilégios ao Poder Público, como Fazenda Pública, a exemplo do pagamento de despesas processuais a final, com exceção das despesas periciais (art. 91, *caput*); prazo em dobro para se manifestar nos autos (art. 229, *caput*), salvo em autos eletrônicos (art. 229, § 2º); remessa necessária na execução da dívida ativa (art. 496, II); e na sentença proferida contra a União, Estados, Distrito Federal, Municípios e suas respectivas autarquias e fundações de direito público (art. 496, I), a exemplo da dispensa de preparo de recursos (art. 1.007, § 1º); dispensa de depósito da importância de cinco por cento sobre o valor da causa, na ação rescisória (art. 968, II e § 1º) etc.

Houve, sem dúvida, *algum progresso* no novo diploma processual, ao consagrar, por exemplo, que as perícias requeridas pela Fazenda Pública e pelo Ministério Público serão custeadas por esses entes, se houver previsão orçamentária (CPC, art. 91, § 1º), ou no exercício financeiro seguinte, se não houver tal previsão (CPC, art. 91, § 2º); e que o prazo para falar nos autos, que era quadruplicado, passou a ser apenas dobrado (CPC, art. 229, *caput*).

Ao assegurar o atual CPC às partes paridade de tratamento no curso do processo, busca suas origens no conceito de "igualdade", com precedente em Aristóteles, que, ao tratar da isonomia, afirmou que o tratamento isonômico consiste em "tratar igualmente os iguais e desigualmente os desiguais na medida em que se desigualam".

A paridade de tratamento, na prática, não deve ser apenas formal, de modo que, concedido determinado prazo a uma das partes, para a prática de certo ato processual, deva-se conceder idêntico prazo à outra para a prática do ato processual contraposto. Tudo depende da complexidade do ato a ser praticado, cabendo à lei estipulá-lo ou deixar que seja fixado pelo juiz em cada processo.

O atual CPC prestigiou o princípio da *paridade de tratamento* ao conceder ao réu o prazo de 15 dias para contestar a demanda (art. 335), conferindo ao autor idêntico prazo para a réplica, se o réu alegar fato impeditivo, modificativo ou extintivo do seu direito (art. 350).

Na doutrina, procura-se identificar a "isonomia" ou "igualdade de tratamento", com a "paridade de armas", aproximando-se assim da chamada igualdade *substancial,* mas não se assegura tal igualdade, proporcionando aos litigantes as mesmas armas, senão *"dando uma espada mais longa para o litigante de braço mais curto".*

4.10.6 Fins sociais da lei e exigências do bem comum

Ao dispor o art. 8º do CPC que: "Ao aplicar o ordenamento jurídico, o juiz atenderá *aos fins sociais e às exigências do bem comum,* resguardando e promovendo a dignidade da pessoa humana e observando a proporcionalidade, a razoabilidade, a legalidade, a publicidade e a eficiência", transporta para a esfera processual o preceito do art. 5º da Lei de Introdução às

Normas do Direito Brasileiro (LINDB), segundo o qual "Na aplicação da lei, o juiz atenderá aos fins sociais a que ela se dirige e às exigências do bem comum".

Sendo o *ordenamento jurídico* o conjunto hierarquizado de normas jurídicas (regras e princípios), que disciplinam coercitivamente as condutas humanas, para manter a harmonia e a paz no meio social, o juiz não aplica propriamente o *ordenamento jurídico*, mas as normas que o integram, sendo *a lei* a sua expressão mais característica.

A expressão *fins sociais da lei* significa que, ao aplicar o ordenamento jurídico, deve o juiz fazê-lo não com o fim exclusivo de servi-lo, por si mesmo, mas buscar, sob a inspiração dele, um resultado que, além de resolver o litígio, proporcione a tranquilidade ou a paz social. O ordenamento jurídico se destina à disciplina da sociedade como um todo e não de cada um de seus membros ou parcela de seus componentes.

Atender às *exigências do bem comum* significa que, na aplicação do ordenamento jurídico, não deve o juiz limitar o seu horizonte aos interesses em conflito, mas ter em consideração que eles são a expressão de um fenômeno social, e devem ser resolvidos de forma que atenda ao interesse geral, que é a mais típica expressão do bem comum. O ordenamento jurídico, antes de atender aos interesses das partes, busca satisfazer o interesse da sociedade, na medida em que preserva igualmente a paz social.

No que tange aos *fins sociais da lei*, registam Espínola e Espínola Filho que a *interpretação lógica* determina o fim prático, que a norma é destinada a alcançar, *na vida da sociedade*, no seu intercâmbio de interesses e pretensões; oportunidade em que invoca o pensamento de Luigi Ferrara, para quem:

> *Evidentemente, aqui, tudo se concentra na pesquisa do fim animador da norma, em relação com as suas duas famosas e perenes causas determinantes: as necessidades e as utilidades da vida. Uma indicação guiada por esses critérios corresponde à própria essência do fenômeno normativo, que é a de proporcionar a conduta humana à consecução dos harmônicos escopos individuais e sociais.*

No que tange às *exigências do bem comum*, doutrinam Espínola e Espínola Filho que:

> *O intérprete nunca pode ficar indiferente aos resultados, que a aplicação do preceito produza efetivamente, muito bem se compreendendo que, orientada a interpretação no sentido de desvendar o fim prático da norma, é indispensável apurar como, na aplicação concreta, possa ela realizar o seu fim; e, tanto mais relevante é essa consideração, quando se sabe que, de um modo permanente e mais geral, tende a ordem jurídica a alcançar um escopo supremo de justiça e de utilidade social, que representa o bem comum.*

Ao mandar o art. 8º do CPC que, no atendimento dos fins sociais e às exigências do bem comum seja resguardada também a dignidade da pessoa humana, determina que sejam observadas a *proporcionalidade, a razoabilidade, a legalidade, a publicidade e a eficiência*, incidindo em alguns desacertos, porquanto a dignidade, hoje, é considerada um atributo não apenas da pessoa humana, mas também da pessoa jurídica, e até da Justiça.

A *dignidade da pessoa humana* é um valor moral e espiritual inerente ao ser humano, enquanto expressão de um Estado democrático de direito, constituindo um dos princípios fundamentais da Constituição de 1988.

A *proporcionalidade* é identificada também como *critério* da proporcionalidade e como *máxima* da proporcionalidade, pelos quais se pode "avaliar a adequação e a necessidade de certa medida, bem como, se outras menos gravosas aos interesses sociais não poderiam ser praticadas em substituição àquela empreendida pelo Poder Público"; *inclusive, evidentemente, o Poder Judiciário.*

Por esse princípio, pode-se avaliar se a concessão de uma tutela liminar causaria maior benefício ao autor do que prejuízo ao réu, ou, ao contrário, maior prejuízo ao réu do que benefício ao autor; devendo o juiz, com base nessa avaliação, conceder ou não a tutela provisória (de mérito ou cautelar) *inaudita altera parte* (sem ouvir a outra parte).

A *razoabilidade* aconselha o juiz a agir com discrição, segundo critérios aceitáveis do ponto de vista racional, em sintonia com o senso normal de pessoas; sendo este princípio identificado também como princípio da proibição de excesso ou princípio da razão suficiente.

Este critério, sem se afastar dos parâmetros legais, indica a solução *mais razoável* para o problema jurídico concreto, dentro das circunstâncias sociais, econômicas, culturais e políticas que o envolvem, além de permitir que a interpretação do direito, em vez de ser feita *ao pé da letra*, "possa captar a riqueza das circunstâncias fáticas dos diferentes conflitos sociais".

A *legalidade* significa que todos devem obediência à lei, pelo que ninguém é obrigado a fazer ou deixar de fazer alguma coisa senão em virtude de lei (CF: art. 5º, II).

Esse critério deve informar não só a elaboração do processo, que tem o seu procedimento estruturado pela lei processual, como também o julgamento de mérito (res in iudicium deducta),[16] que deve obedecer ao disposto na legislação material (civil, comercial, administrativa etc.); o que o posiciona mais próximo de uma garantia constitucional do que de um direito individual, pois "não tutela, especificamente, um bem da vida, mas assegura, ao particular, a prerrogativa de repelir as injunções que lhe sejam impostas por outra via que não seja a da lei".

A *eficiência* tem residência na Constituição (art. 37, *caput*), significando que toda atividade do Poder Público, inclusive o Poder Jurisdicional, deve ser orientada para concretizar material e efetivamente a finalidade prevista pela lei, impondo-se a seus agentes, inclusive os juízes, na consecução do bem comum, e fazendo dos juízos que presidem órgãos *eficientes* na prestação da tutela jurisdicional.

Nascido, originariamente, para tornar mais operativa a atividade estatal, na esfera do Poder Executivo, o critério da *eficiência* transplantou-se para outras esferas de poder, inclusive o Poder Judiciário, que vem se notabilizando pela sua lerdeza e *ineficiência*; apesar de todos os esforços tendentes a torná-lo eficiente.

4.10.7 Princípio da proibição de decisão-surpresa

Para Lebre de Freitas, a proibição de decisão-surpresa tem, sobretudo, interesse para as questões de direito material ou de direito processual de que o tribunal pode conhecer oficiosamente: se nenhuma das partes as tiver suscitado, com concessão à parte contrária do direito de resposta, o juiz – ou o relator do tribunal de recurso – que nelas entenda dever basear a decisão, seja mediante o conhecimento do mérito, seja no plano meramente processual, deve previamente convidar ambas as partes a sobre elas tomarem posição, só estando dispensado de o fazer em casos de manifesta desnecessidade.

A proibição de decisão-surpresa resulta do disposto nos arts. 9º e 10 do CPC, proibindo o primeiro que se profira decisão contra uma das partes sem que ela seja previamente ouvida, e o segundo, vedando ao juiz decidir, em grau algum de jurisdição, com base em *fundamento* a respeito do qual não se tenha dado às partes oportunidade de se manifestar, ainda que se trate de matéria sobre a qual deva decidir de ofício.

---

[16] Coisa (pedido) deduzida em juízo.

O que teria sido necessário dizer o art. 10 do CPC não diz, que seria identificar de que fundamento se trata, sobre se fundamento *jurídico* ou apenas *de fato*, ou de *ambos*, devendo a resposta ser buscada na fonte onde se inspirou o novel estatuto processual civil, chegando-se à conclusão, na linha da moderna tendência do direito europeu, que alcança tanto os fundamentos de fato quanto de direito.

No que tange aos fundamentos de fato, o art. 10 do CPC parece complementar o art. 493, segundo o qual, se, depois da propositura da ação, algum fato constitutivo, modificativo ou extintivo – e também *impeditivo* – do direito influir no julgamento do mérito, caberá ao juiz tomá-lo em consideração, de ofício ou a requerimento da parte, no momento de proferir a decisão; prevendo o seu parágrafo único que, se constatar de ofício o fato novo, o juiz ouvirá as partes sobre ele antes de decidir.

Nos tribunais, se o relator constatar a ocorrência de fato superveniente à decisão recorrida, ou a existência de questão apreciável de ofício ainda não examinada, que devam ser considerados no julgamento do recurso, intimará as partes para que se manifestem no prazo de cinco dias (CPC, art. 933, *caput*); e, se essa constatação ocorrer durante a sessão de julgamento, este será imediatamente suspenso a fim de que as partes se manifestem especificamente (CPC, art. 933, § 1º).

Em se tratando de fundamento *de fato*, devem as partes ser realmente, ouvidas, cumprindo ao juiz colher a sua manifestação, antes de decidir, porque, sendo o contraditório observado nas alegações recíprocas das partes, deve ser também observado pelo juiz quando pretenda adotar como fundamento da sua decisão fatos que, embora existentes nos autos, não foram questionados pelas partes.

A norma do art. 10 do CPC impõe ao juiz ouvir os litigantes não somente sobre fundamentos *fáticos*, consistentes em fatos constitutivos, impeditivos, modificativos ou extintivos do direito das partes, mas também sobre teses jurídicas, bem assim fatos *simples* ou *circunstanciais* que possam influir no seu julgamento.

4.10.8 Princípio da fundamentação

O princípio da fundamentação das decisões judiciais vem consagrado pelo art. 11 do CPC, dispondo que: "Todos os julgamentos dos órgãos do Poder Judiciário serão públicos, e fundamentadas todas as decisões, sob pena de nulidade", sendo este preceito um transplante quase literal do inc. IX do art. 93 da Constituição. No entanto, abre o art. 11, no seu parágrafo único, exceção para os casos de segredo de justiça, em que pode ser autorizada a presença somente das partes, de seus advogados, de defensores públicos ou do Ministério Público.

O vocábulo "julgamentos", no *caput* do art. 11 do CPC, compreende tanto as decisões interlocutórias quanto as sentenças, porque, em ambos os casos, o juiz *decide*, havendo, portanto, um julgamento no exato sentido do termo.

No sistema do processo civil, os julgamentos não são, geralmente, feitos em audiência, quando se trata de decisões interlocutórias, ou, mesmo quando se trate de sentença, dependendo de como venha o juiz a se comportar no caso concreto, após o encerramento da instrução do feito.

4.10.9 Princípio da publicidade

A "publicidade", por seu turno, significa que os atos processuais serão normalmente públicos, pelo que a Constituição, num primeiro momento, condiciona as exceções à publicidade à determinação legal, impondo o segredo de justiça, para não afrontar o interesse público, o direito à intimidade e o direito à privacidade (art. 5º, X), todos igualmente de fundo constitucional. Neste sentido, estabelece o art. 5º, LX, da Constituição que *"a lei só poderá restringir a publicidade dos atos processuais quando a defesa da intimidade ou o interesse social o exigirem*"; e, dentre os atos processuais, se encontra o principal deles, que é o julgamento da causa.

No atual CPC, a *publicidade* vem expressa no seu art. 189, I a IV, dispondo que os atos processuais são públicos, todavia tramitam em segredo de justiça os processos: I – em que o exija o interesse público ou social; II – que versem sobre casamento, separação de corpos, divórcio, separação, união estável, filiação, alimentos e guarda de crianças e adolescentes; III – em que constem dados protegidos pelo direito constitucional à intimidade; IV – que versem sobre arbitragem, inclusive sobre cumprimento de carta arbitral, desde que a confidencialidade estipulada na arbitragem seja comprovada perante o juízo.

5 PRINCÍPIOS PROCEDIMENTAIS

Os *princípios procedimentais* presidem a forma dos atos processuais, conforme seja o sistema processual *oral, escrito* ou misto.

Atualmente não existe *procedimento* oral na sua forma pura, adotando-se um procedimento *misto*, uma combinação do oral e escrito.

5.1 Procedimento oral

No procedimento *oral*, existe uma predominância *quantitativa* de atos escritos, em combinação com a palavra falada, como expressão dos atos relevantes e decisivos na formação da convicção do juiz, sendo *qualitativamente* relevantes os atos praticados através palavra oral.

Neste sentido, são também os ensinamentos de Chiovenda,[17] registrando que, nos momentos capitais do procedimento, predomina a palavra oral.

5.2 Princípios informativos do procedimento oral

No direito brasileiro, os princípios informativos do procedimento oral são: a) da imediação; b) da identidade física do juiz; c) da concentração; e d) da irrecorribilidade das (decisões) interlocutórias.

5.2.1 Princípio da imediação

O *princípio da imediação* significa que o juiz que vai proferir a sentença deve estar em contato com as partes e com as provas, sem intermediários; traduzindo um contato direto do juiz com as partes e com as provas.

Este princípio adquire relevância em se tratando de prova testemunhal, porque o juiz colhe importantes elementos de convicção deste contato imediato com a fonte da prova, para valorar a credibilidade de um testemunho, certificando-se, pelas reações do depoente, se está dizendo a verdade ou mentindo; dependendo da resposta dada a uma pergunta, se com presteza ou com vacilação, o juiz formará com mais segurança sua convicção.

O princípio da imediação não tem significado algum quando se trata de prova documental.

---

[17] Para Chiovenda, "oralidade" significa que as deduções das partes devem normalmente fazer-se de viva voz na *audiência*, isto é, no momento e no lugar em que o juiz se senta para ouvir as partes e dirigir a marcha da causa. Enfim, aquele (processo) informado pelos princípios da imediação, da identidade física do juiz, da concentração e da irrecorribilidade dos despachos interlocutórios.

5.2.2 Princípio da identidade física do juiz

O *princípio da identidade física do juiz* traduz a exigência de que o juiz seja, normalmente, o mesmo do começo ao fim da causa, de modo que aquele que conduzir o processo e colher a prova deve sentenciar a causa.

Tenho preferido falar em *princípio* da *personalidade do juiz*, por me parecer mais adequado do que *identidade física do juiz*.

Este princípio é temperado, ainda, quando se trata de colheita de prova fora da jurisdição da causa, através de carta precatória, podendo acontecer que toda a prova testemunhal seja colhida em juízos de diferentes comarcas: uma testemunha é ouvida em São Paulo; duas em Mato Grosso; três em Minas Gerais etc. O mesmo acontece na prática de atos por carta rogatória ou carta de ordem.

Nesse ponto, cedeu-se ao imperativo de ordem prática, ante a impossibilidade de se poder conduzir as testemunhas até a sede da comarca para depor.

O princípio da identidade física do juiz ou da *personalidade* não vem agasalhado pelo atual Código de Processo Civil, e já vinha sendo *ignorado* também pelas diversas justiças estaduais, em que o juiz cível, depois de concluir a colheita da prova em audiência, encaminha os autos do processo a um órgão (Grupo de Sentença, de Auxílio ou de Trabalho), para que profira a sentença; caso em que o juízo *instrutor* é separado do juízo *julgador*, malferindo o sistema da oralidade, adotado pelo Código de Processo Civil.

O princípio da identidade física do juiz ou da *personalidade* informa o procedimento penal (CPP, art. 399, § 2º), mas não o procedimento trabalhista, que não o agasalha, podendo um juiz concluir a instrução em audiência e outro vir a proferir a sentença.

Este princípio vem sendo relativizado pelas diversas justiças estaduais, cujos Tribunais de Justiça, para cumprir as metas estabelecidas pelo Conselho Nacional de Justiça, têm criado por meio de resolução interna (o que é inconstitucional), órgãos denominados Grupos de Sentença (ou de Auxílio, ou de Trabalho), com a única função de proferir sentença nos processos com instrução encerrada, em que o juiz que sentencia não é o mesmo que colheu a prova em audiência.

5.2.3 Princípio da concentração

O *princípio da concentração* significa praticar o juiz, sempre que possível, todos os atos processuais orais numa única audiência, ou, então, em poucas audiências, a curtos intervalos, de modo que aquele que colher a prova e ouvir as alegações finais das partes profira o julgamento da causa com as impressões ainda presentes na sua memória.

Se o juiz não se sentir em condições de proferir a sentença na própria audiência, faculta-lhe a lei fazê-lo dentro de certo prazo,[18] que, na prática, quase nunca é observado.

Nos julgamentos da competência do tribunal do júri, a concentração é a mais absoluta possível, mais do que no processo civil e no trabalhista.

5.2.4 Princípio da irrecorribilidade das interlocutórias

O *princípio da irrecorribilidade das (decisões) interlocutórias* imprime andamento rápido ao processo, tornando irrecorríveis as decisões interlocutórias, sem prejuízo da sua posterior apreciação pelos tribunais no julgamento de eventual recurso da sentença (apelação).

---

[18] O prazo não é o mesmo para todos os casos, estando a depender do tipo do procedimento.

Esta é uma característica importante do procedimento *oral*, mas sofre tantas restrições, que faz com que, no processo civil, exista uma *relativa*[19] irrecorribilidade das interlocutórias. São recorríveis as interlocutórias elencadas no art. 1.015 do atual CPC.[20]

As restrições impostas à *irrecorribilidade* das interlocutórias são tantas que o STJ se viu na contingência de "relativizar" o agravo de instrumento, entendendo não se tratar de uma relação taxativa, mas simplesmente exemplificativa, no que, definitivamente, não tem razão; mas, do ponto de vista prática, fez isso para evitar o oferecimento de correição parcial ou mandado de segurança como sucedâneo recursal, em face da inexistência de recurso específico para certas decisões.

Assim, no julgamento do REsp 1.679.909/RS, entendeu que, apesar de não prevista expressamente no rol do art. 1.015 do CPC, a decisão interlocutória relacionada à *definição de competência* continua desafiando recurso de agravo de instrumento.

No âmbito penal, também a irrecorribilidade das interlocutórias é relativa (CPP, art. 581).[21]

No processo trabalhista, o princípio da irrecorribilidade das interlocutórias vigora de forma quase absoluta, só admitindo a apreciação do merecimento das decisões interlocutórias *processuais* em recurso da decisão definitiva (CLT, art. 893, § 1º);[22] mas relativamente às interlocutórias de *mérito*, concessivas de tutela provisória de urgência (antecipada ou cautelar), são recorríveis através de *mandado de segurança contra ato judicial*;[23] o mesmo ocorrendo nos Juizados Especiais Estaduais (Lei nº 9.099/95).

6 TIPOLOGIA DO PROCESSO

6.1 Classificação do processo

A doutrina costuma classificar o processo sob prismas distintos: I – quanto aos fins da prestação jurisdicional invocada; II – quanto à índole do interesse a que serve; III – quanto à função da jurisdição exercida; IV – quanto aos princípios informativos do processo (penal).

No que concerne aos *fins da prestação jurisdicional invocada*, é a natureza da prestação jurisdicional que determina o *tipo* do processo, podendo ser: 1) de conhecimento; e 2) de execução.

---

[19] "Relativa" porque em alguns processos, como, *v.g.*, no processo civil, são *recorríveis*; no processo trabalhista são *irrecorríveis*.

[20] Art. 1.015. Cabe agravo de instrumento contra as decisões interlocutórias que versarem sobre: I – tutelas provisórias; II – mérito do processo; III – rejeição da alegação de convenção de arbitragem; IV – incidente de desconsideração da personalidade jurídica; V – rejeição do pedido de gratuidade da justiça ou acolhimento do pedido de sua revogação; VI – exibição ou posse de documento ou coisa; VII – exclusão de litisconsorte; VIII – rejeição do pedido de limitação do litisconsórcio; IX – admissão ou inadmissão de intervenção de terceiros; X – concessão, modificação ou revogação do efeito suspensivo aos embargos à execução; XI – redistribuição do ônus da prova nos termos do art. 373, § 1º; XII – (VETADO); XIII – outros casos expressamente referidos em lei. Parágrafo único. Também caberá agravo de instrumento contra decisões interlocutórias proferidas na fase de liquidação de sentença ou de cumprimento de sentença, no processo de execução e no processo de inventário.

[21] Art. 581. Caberá recurso, no sentido estrito, da *decisão*, despacho ou sentença: (...)

[22] Art. 893 (...) § 1º Os incidentes do processo são resolvidos pelo próprio Juízo ou Tribunal, admitindo-se a apreciação do merecimento das decisões interlocutórias somente em recursos da decisão definitiva. (...)

[23] Na Justiça do Trabalho, existe a Súmula 414 do TST, dispondo que: "(...) II – No caso de a tutela provisória haver sido concedida ou indeferida antes da sentença, cabe mandado de segurança, em face da inexistência de recurso próprio."

6.1.1 Processo de conhecimento

O processo de conhecimento tem por objeto uma lide a ser resolvida pela sentença, exigindo do juiz uma atividade de cognição sobre os fatos que servem de fundamento à pretensão e sobre o direito a eles aplicáveis.

O juiz é provocado a decidir uma lide entre dois litigantes, e dizer qual deles tem razão, culminando com uma sentença de mérito, que põe fim ao litígio.

O processo de conhecimento pode ser classificado em: a) declaratório; b) constitutivo; e c) condenatório.

6.1.1.1 Processo de conhecimento declaratório

O *processo de conhecimento declaratório* resulta do ajuizamento de uma ação declaratória, cujo objetivo é obter a declaração de existência ou inexistência de uma relação (ou situação) jurídica, ou a autenticidade ou a falsidade de um documento.

6.1.1.2 Processo de conhecimento constitutivo

O *processo de conhecimento constitutivo* resulta do ajuizamento de uma ação constitutiva, cujo objetivo é obter a criação, modificação ou extinção de uma relação (ou situação) jurídica.

O processo de conhecimento constitutivo pode ser do tipo *necessário* ou *não necessário*.

O processo será do tipo *necessário* quando não for possível às partes obter a criação, conservação, modificação ou extinção de uma relação (ou situação) jurídica a não ser através do processo, caso em que se tem uma lide de pretensão insatisfeita, porque só pode ser satisfeita judicialmente. Caso dessa espécie é a anulação de casamento.

O processo será do tipo *não necessário* quando houver possibilidade de as partes operarem a criação, conservação, modificação ou extinção de uma relação ou situação jurídica, extrajudicialmente, mas não chegam a um acordo, desaguando então a pretensão no processo. Caso dessa espécie é a rescisão de qualquer contrato (de compra e venda, de locação etc.)

6.1.1.3 Processo de conhecimento condenatório

O *processo de conhecimento condenatório* resulta do ajuizamento de uma ação condenatória, em que uma das partes pretende obter a condenação da outra ao cumprimento de uma obrigação, que pode ser pagar uma quantia, entregar uma coisa ou fazer ou não fazer algo.

6.1.2 Processo de execução

O processo de execução tem por objeto atividades jurisdicionais tendentes a tornar efetiva obrigação constante de um título executivo extrajudicial (CPC, art. 784).[24]

---

[24] Art. 784. São títulos executivos extrajudiciais: I – a letra de câmbio, a nota promissória, a duplicata, a debênture e o cheque; II – a escritura pública ou outro documento público assinado pelo devedor; III – o documento particular assinado pelo devedor e por 2 (duas) testemunhas; IV – o instrumento de transação referendado pelo Ministério Público, pela Defensoria Pública, pela Advocacia Pública, pelos advogados dos transatores ou por conciliador ou mediador credenciado por tribunal; V – o

O processo de execução é *processo* originário de uma *ação de execução*, fazendo nascer entre os diversos sujeitos processuais (exequente, juiz e executado) uma relação jurídica processual tendente a materializar atos materiais executivos.

Os diversos ordenamentos jurídicos consagram distintos sistemas para a execução da sentença, admitindo alguns que essa execução se faça de forma *sincretizada*, nos próprios autos do processo de conhecimento, como fase desse processo, mediante simples *cumprimento*; enquanto outros exigem o exercício de nova ação de execução para esse fim.

O atual CPC optou pelo primeiro sistema, permitindo o cumprimento da sentença ao largo de nova ação e processo, só mantidos para as hipóteses de sentenças penal condenatória, arbitral e estrangeira (CPC, art. 515, VI, VII e VIII).[25]

O atual Código de Processo Civil não consagra o processo cautelar como um *tertius genus de processo*, distinto dos processos de conhecimento e de execução, sendo a tutela provisória cautelar pleiteada no bojo do processo de conhecimento ou de execução, quando houver urgência; podendo ter caráter antecedente ou incidente.

No que tange à *índole do interesse a que serve*, é a natureza do interesse em juízo que determina o tipo do processo, podendo ser: a) individual; b) coletivo; e c) social.

6.2 Processo individual

O *processo individual* resulta de uma ação envolvendo interesse *concreto* de pessoa determinada. Se esse interesse for pertinente a uma pessoa singularmente considerada, diz-se individual *singular*; e, quando o interesse pertence a diversas pessoas consideradas isoladamente, diz-se individual *plúrimo*.

Quando o interesse for *plúrimo*, podem as diversas pessoas se unir para demandar em conjunto, formando um litisconsórcio ativo.

6.3 Processo coletivo

O processo coletivo resulta de uma ação envolvendo interesses *concretos* ou *abstratos* de um grupo, categoria ou classe de pessoas.

Dessa modalidade de processo tratam o Código de Defesa do Consumidor (Lei nº 8.078/90), nas modalidades de direitos ou interesses difusos, coletivos ou individuais ho-

---

contrato garantido por hipoteca, penhor, anticrese ou outro direito real de garantia e aquele garantido por caução; VI – o contrato de seguro de vida em caso de morte; VII – o crédito decorrente de foro e laudêmio; VIII – o crédito, documentalmente comprovado, decorrente de aluguel de imóvel, bem como de encargos acessórios, tais como taxas e despesas de condomínio; IX – a certidão de dívida ativa da Fazenda Pública da União, dos Estados, do Distrito Federal e dos Municípios, correspondente aos créditos inscritos na forma da lei; X – o crédito referente às contribuições ordinárias ou extraordinárias de condomínio edilício, previstas na respectiva convenção ou aprovadas em assembleia-geral, desde que documentalmente comprovadas; XI – a certidão expedida por serventia notarial ou de registro relativa a valores de emolumentos e demais despesas devidas pelos atos por ela praticados, fixados nas tabelas estabelecidas em lei; XII – todos os demais títulos aos quais, por disposição expressa, a lei atribuir força executiva. (...)

[25] Art. 515. São títulos executivos judiciais, cujo cumprimento dar-se-á de acordo com os artigos previstos neste Título: VI – a sentença penal condenatória transitada em julgado; VII– a sentença arbitral; VIII – a sentença estrangeira homologada pelo Superior Tribunal de Justiça. (...)

mogêneos (art. 81),[26] e a Constituição, na modalidade de mandado de segurança coletivo (art. 5º, LXX, CF).[27]

Quando o processo coletivo versa sobre interesses cujos beneficiários não são identificáveis, nem há possibilidade de sê-lo (direitos ou interesses difusos, por exemplo), diz-se processo *essencialmente* coletivo; e, quando esse processo versa sobre interesses cujos beneficiários são identificáveis, diz-se processo *acidentalmente* coletivo.

6.3.1 Direito subjetivo e interesse legítimo

Os fundamentos do processo *individual*, singular ou plúrimo, e do processo *coletivo*, são também distintos, pois, enquanto o daquele é o *direito subjetivo*, o deste é o *interesse legítimo*.

Para Zanobini, a diferença entre o *direito subjetivo* e o *interesse legítimo* pode ser encontrada tomando-se como referencial a norma de direito objetivo, de modo que o *direito subjetivo* é "um interesse reconhecido pela ordem jurídica como próprio e exclusivo do seu titular, e, como tal, por ela protegido de forma direta e imediata". Já o *interesse legítimo* configura-se como "um interesse individual intimamente ligado a um interesse público e protegido pelo ordenamento somente através da tutela jurídica deste último", de modo que "os particulares participam de tais interesses coletivos não *ut singuli*,[28] mas *uti universi*,[29] e não têm nenhum meio para pedir (singularmente) a sua proteção e tutela".

O direito subjetivo e o interesse legítimo são como *irmãos siameses*, tendo como elemento (tronco) comum *o interesse*, mas cada um com sua individualidade (existência) própria.

Portanto, o *direito subjetivo* é protegido diretamente pela norma jurídica, reconhecendo-o a um titular determinado, enquanto, no interesse legítimo, o objeto da tutela é uma situação jurídica traduzida num interesse público, de forma que, tutelando esse interesse, a norma jurídica protege, reflexamente, eventuais direitos subjetivos.[30]

---

[26] Art. 81. A defesa dos interesses e direitos dos consumidores e das vítimas poderá ser exercida em juízo individualmente, ou a título coletivo. Parágrafo único. A defesa coletiva será exercida quando se tratar de: I – interesses ou direitos difusos, assim entendidos, para efeitos deste código, os transindividuais, de natureza indivisível, de que sejam titulares pessoas indeterminadas e ligadas por circunstâncias de fato; II – interesses ou direitos coletivos, assim entendidos, para feitos deste código, os transindividuais, de natureza indivisível de que seja titular grupo, categoria ou classe de pessoas ligadas entre si ou com a parte contrária por uma relação jurídica base; III – interesses ou direitos individuais homogêneos, assim entendidos os decorrentes de origem comum.

[27] Art. 5º (...) LXX – o mandado de segurança coletivo pode ser impetrado por: a) partido político com representação no Congresso Nacional; b) organização sindical, entidade de classe ou associação legalmente constituída e em funcionamento há pelo menos um ano, em defesa dos interesses de seus membros ou associados; LXXI – conceder-se-á mandado de injunção sempre que a falta de norma regulamentadora torne inviável o exercício dos direitos e liberdades constitucionais e das prerrogativas inerentes à nacionalidade, à soberania e à cidadania. (...)

[28] Singularmente (individualmente).

[29] Universalmente (conjuntamente).

[30] Um exemplo esclarecerá melhor as duas situações: a) uma empresa impugna o resultado de uma licitação, porque vencera o certame, mas fora preterida por outra concorrente, e, por isso, pede lhe seja adjudicado o objeto licitado; b) outra empresa impugna o resultado de uma licitação, porque as normas do edital não

Na prática, reina um generalizado equívoco entre os conceitos de direito subjetivo e interesse legítimo, por conta da imprópria linguagem usada pelo Código de Defesa do Consumidor, que fala em direito ou interesse difuso, tratando o direito e o interesse como se fossem sinônimos, quando, na realidade, não são.

No processo trabalhista, os dissídios podem ser *individuais* ou *coletivos*, pelo que o processo se enquadra numa ou noutra modalidade conforme o seu objeto.

6.4   Processo social

O processo social versa sobre interesses sociais, da própria sociedade, para a defesa de valores que lhe pertencem, como é o processo popular, resultante da ação popular, e o processo penal, resultante da persecução penal.

Alguns processos sociais possuem a capacidade para abrigar tanto um interesse singularmente considerado como um interesse considerado na sua coletividade, como o decorrente da ação civil pública, que pode originar um processo social, se o seu objeto for o interesse público; ou um processo coletivo, se tiver por objeto interesse de grupo, categoria ou classe.

No tocante à função *da jurisdição nele exercida (matéria)*, o processo pode ser: a) processo penal; b) processo civil; e c) trabalhista.

6.5   Processos penal, trabalhista e civil

O processo penal versa sobre lide penal, resultante do poder de punir do Estado; o processo trabalhista resulta de conflitos sobre relações de trabalho; e o processo civil versa sobre litígios não penais (cíveis *stricto sensu*; tributário; administrativo; constitucional etc.).

No que se refere *aos princípios que informam o processo*, classifica-se o processo penal em: acusatório, inquisitório (ou inquisitivo) ou misto, correspondente aos três sistemas penais.

6.6   Processo penal acusatório, inquisitório e misto

O *processo acusatório* é aquele em que as partes atuam em condições de igualdade, com as garantias asseguradas pelos princípios processuais, dentre os quais o da imparcialidade do juiz, do contraditório e da publicidade; o *processo inquisitório* (ou *inquisitivo*) não se compadece com as garantias processuais, não incidindo os princípios do contraditório e da publicidade, sendo o acusado considerado verdadeiro "objeto" do processo; o *processo misto* é em parte inquisitório e em parte acusatório, segundo as regras e princípios que informam um ou outro.

---

foram respeitadas, e, por isso, pede anulação do certame. Na primeira hipótese, o fundamento da ação é o direito subjetivo, e, na segunda, o interesse legítimo.

Graficamente:

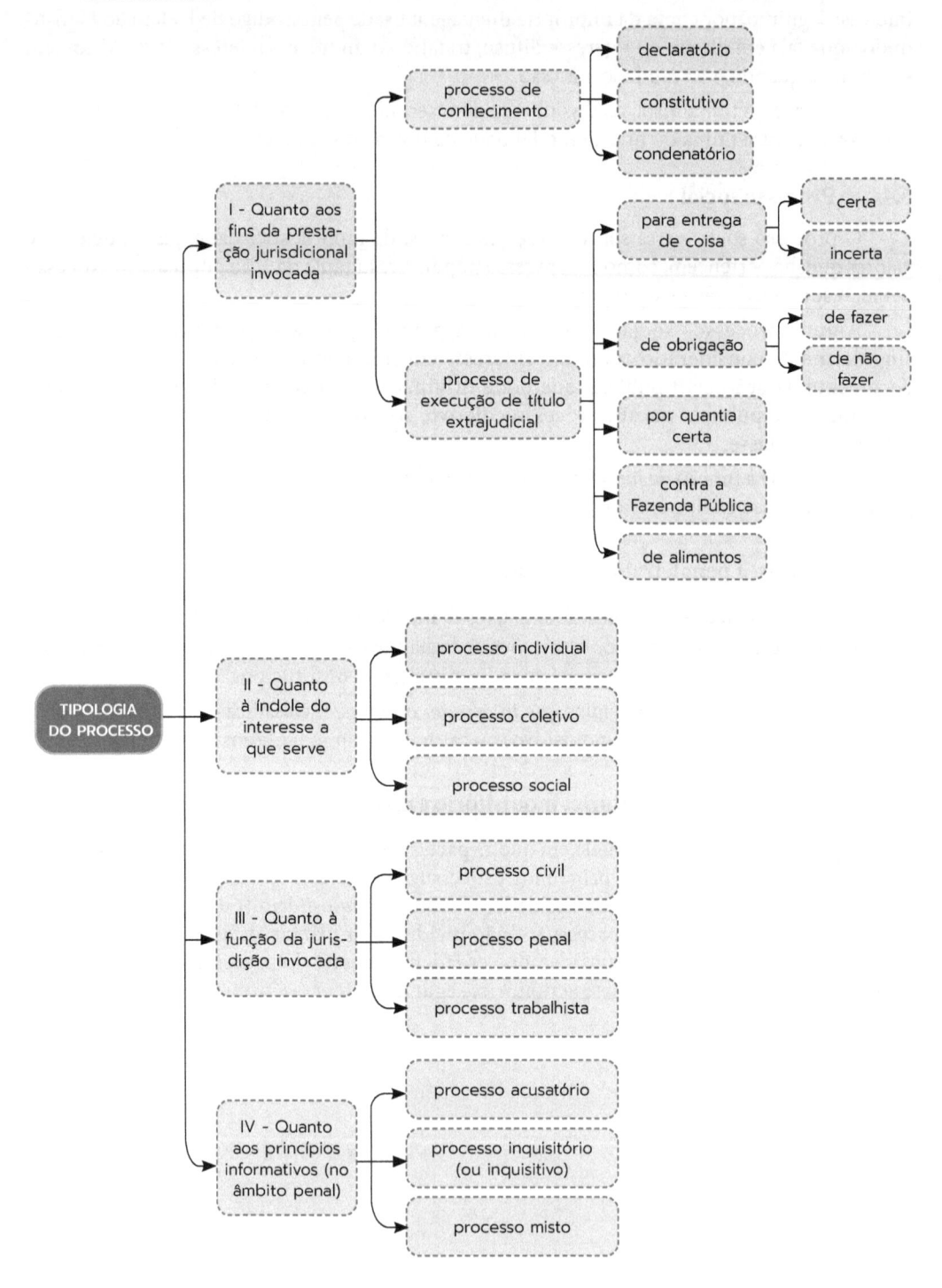

```
TIPOLOGIA DO PROCESSO
├── I - Quanto aos fins da prestação jurisdicional invocada
│   ├── processo de conhecimento
│   │   ├── declaratório
│   │   ├── constitutivo
│   │   └── condenatório
│   └── processo de execução de título extrajudicial
│       ├── para entrega de coisa
│       │   ├── certa
│       │   └── incerta
│       ├── de obrigação
│       │   ├── de fazer
│       │   └── de não fazer
│       ├── por quantia certa
│       ├── contra a Fazenda Pública
│       └── de alimentos
├── II - Quanto à índole do interesse a que serve
│   ├── processo individual
│   ├── processo coletivo
│   └── processo social
├── III - Quanto à função da jurisdição invocada
│   ├── processo civil
│   ├── processo penal
│   └── processo trabalhista
└── IV - Quanto aos princípios informativos (no âmbito penal)
    ├── processo acusatório
    ├── processo inquisitório (ou inquisitivo)
    └── processo misto
```

6.7 Juiz das garantias e processo acusatório

O *juiz das garantias* (ou *juiz de garantias*) foi criado pela Lei nº 13.964/19, que introduziu no CPP os arts. 3º-A a 3º-F, e, originalmente, pretendeu instituir um processo acusatório *puro*, sob a inspiração da corrente garantista do direito penal, atribuindo a esse juiz a função de atuar como garantidor da eficácia do sistema de direitos e garantias do investigado no âmbito do inquérito policial, especialmente sobre a prisão provisória, o pedido de liberdade provisória e as medidas cautelares postuladas na fase pré-processual. Contudo, o STF, quando do julgamento das ADIs 6298/DF, 6299/DF, 6300/DF e 6305/DF, ajuizadas contra essa Lei por Associações de Juízes, de Membros do Ministério Público e de partidos políticos, terminou por alterá-la na sua substância, fazendo do processo acusatório *puro* um processo acusatório do tipo *mitigado*, pela interferência do juiz do processo penal.

A base ideológica dessa inclusão no CPP foi a "teoria da Dissonância Cognitiva", evitando que o juiz que vai julgar o acusado construa a sua própria imagem mental dos fatos a partir da apresentação dos autos do inquérito, criando um pré-julgamento capaz de interferir na sua imparcialidade durante a instrução do processo, uma vez que, conforme a dissonância cognitiva, "pode-se inferir que ele se apegará à sua construção mental prévia dos fatos e tentará confirma-la, desprezando quaisquer informações dissonantes, mesmo que de forma inconsciente".

Embora tenha o STF se valido da *interpretação conforme a Constituição*, quando do julgamento das referidas ADIs, o que fez foi alterar, substancialmente, a Lei nº 13.964/19, aprovada pelo Congresso Nacional e sancionada pelo Presidente da República, com a estrita observância do devido processo legislativo. Infelizmente, porém, o que vai prevalecer será a construção jurisprudencial feita pela Corte Suprema.

BIBLIOGRAFIA

CALAMANDREI, Piero. **Instituciones del derecho procesal civil**. Buenos Aires, EJEA, 1973. v. I.

CARNELUTTI, Francesco. **Sistema del diritto processuale civile**. Padova: Cedam, 1936. v. I.

CARNELUTTI, Francesco. **Instituciones del proceso civil**. Buenos Aires: EJEA, 1950. v. I.

CHIOVENDA, Giuseppe. **Instituições de direito processual civil**. São Paulo: Saraiva, 1969. v. 1 e 2.

ESPÍNOLA, Eduardo; ESPÍNOLA FILHO, Eduardo. **A Lei de Introdução ao Código Civil Brasileiro**. Rio de Janeiro: Renovar, 1995. v. 1º.

FERRARA, Luigi. **Istituzioni di diritto privato**. 1939, v. 1º.

FLORIAN, Eugenio. **Elementos de derecho procesal penal**. Barcelona: Bosch, 1931.

FREITAS, José Lebre de. **Introdução ao processo civil: conceito e princípios gerais à luz do código revisto**. Coimbra: Coimbra, 1996.

LEONE, Giovanni. **Manuale di diritto processuale penale**. Napoli: Jovene, 1977.

LIEBMAN, Enrico Tullio. **Manuale di diritto processuale civile**. Milano: Giuffrè, 1973. v. 1.

MELLO, Celso Antônio Bandeira de. **Curso de direito administrativo**. 8. ed. São Paulo: Malheiros, 1996.

MENDES JÚNIOR, João. **Direito judiciário brasileiro**. 6. ed. Rio de Janeiro-São Paulo: Freitas Bastos, 1960.

MORATO, Francisco. A Oralidade. **Revista Forense**, v. 74.

NERY JUNIOR, Nelson. **Princípios do processo civil na Constituição Federal**. 2. ed. São Paulo: RT, 1995.

PALLARES, Eduardo. **Derecho procesal civil**. México: Porrua, 1965.

SANTOS, Moacyr Amaral Santos. **Primeiras linhas de direito processual civil.** 18. ed. São Paulo: Saraiva, 1997. v. 2.

ZANOBINI, Guido. **Corso di diritto amministrativo.** Milano: Giuffrè, 1936/1959.

Capítulo 11
DISCIPLINA NORMATIVA DO PROCESSO

Sumário: 1 Norma jurídica. 2 Fontes do direito processual. 3 Interpretação e integração da norma processual. 4 Limitações espaciais e temporais na aplicação da norma processual. 5 Aplicação das normas processuais.

1 NORMA JURÍDICA

1.1 Leis substantivas e leis adjetivas

A clássica distinção das leis em leis substantivas e leis adjetivas se deve a Jeremias Bentham, que dizia que o objetivo das leis, quando elas são o que devem ser, é produzir, no mais alto grau possível, a felicidade do maior número de pessoas; mas tais leis, sejam boas ou más, só podem agir criando direitos e obrigações. Essas leis não teriam nenhum efeito se o legislador não criasse ao mesmo tempo outras leis, cujo objeto é fazer cumprir as primeiras, que são as leis de procedimento.

Para assinalar a diferença entre umas e outras, Bentham chamou às primeiras leis substantivas e, às segundas, leis adjetivas.

Essa classificação ganhou prestígio no Ocidente, adotada pelos antigos praxistas, tendo como substantivas as leis que atribuem direitos (subjetivos) e criam obrigações, e como adjetivas, as que instituem meios de defesa dos direitos.

A partir do momento em que a ciência processual adquiriu autonomia, esses ensinamentos perderam atualidade, pois davam um tratamento de subalternidade às leis processuais, em relação às leis substanciais. Além do mais, o direito processual não se limita a regular o procedimento, tendo conteúdo mais amplo do que o assinalado pelo jusfilósofo inglês.

1.2 Normas materiais e normas processuais

A moderna doutrina tem dado impulso a uma classificação das leis mais próxima do estágio de desenvolvimento da ciência do direito, distinguindo as normas jurídicas em duas grandes categorias: normas materiais ou substanciais e normas processuais ou instrumentais.

1.2.1 *Normas materiais*

Normas materiais ou substanciais são aquelas que disciplinam diretamente as relações de vida, procurando compor conflitos de interesses entre os membros da comunidade social, bem como regular e organizar funções socialmente úteis, ao mesmo tempo em que asseguram o seu cumprimento através de sanções, às vezes específicas, e, outras vezes, imanentes à ordem jurídica no seu conjunto.

1.2.2 Normas processuais

Normas processuais ou instrumentais são aquelas que disciplinam a aplicação das normas substanciais, seja regulando a competência para fazê-las atuar, seja regulando os meios de torná-las efetivas e ainda as vias adequadas para provocar o seu cumprimento e efetivação.

Para se qualificar uma norma de material ou de processual é indiferente que ela esteja no Código Civil ou Penal ou nos Códigos de Processo, pois o que tem relevância é a sua natureza jurídica e não o local onde se encontre; mesmo porque o ordenamento jurídico é rico em normas "heterotópicas", que são regras materiais inseridas nos Códigos de Processo Civil e Penal, e normas processuais nos Códigos Civil e Penal.

Tendo o processo por escopo garantir a atuação do direito objetivo, questiona-se se seria possível uma hierarquização das normas jurídicas. Assim, o Código Civil regula a obrigação de indenizar e o Código de Processo Civil disciplina a ação de indenização, sendo a garantia da satisfação da primeira uma decorrência da segunda.

A tendência de subalternizar as normas processuais tem-se revelado muito frequente no campo doutrinário, mas a denominação "norma adjetiva" só pode ser aceita enquanto expressa um contraste frente ao direito material ou substancial, mas, de forma alguma, para significar que o direito processual seja de categoria jurídica inferior.

1.2.2.1 Divisão das normas processuais

Em sentido amplo, as normas processuais são todas aquelas que disciplinam a atividade do Estado-juiz e das partes litigantes, bem assim o modo como essa atividade se desenvolve no processo.

As normas processuais se dividem em três grandes grupos:

a) Normas processuais em sentido estrito são as que regulam o processo como tal, atribuindo poderes e deveres processuais às partes e aos órgãos jurisdicionais.[1]

b) Normas de organização judiciária são as que regulam a criação e estrutura dos órgãos judiciários e seus auxiliares.[2]

c) Normas estritamente procedimentais são as que regulam o modo como se devem conduzir o juiz e as partes, no processo, e, inclusive, a coordenação dos atos que compõem o procedimento.[3]

Sob o prisma da coercibilidade, as normas processuais são de direito público e, em princípio, cogentes, obrigatórias para todos os sujeitos processuais; o que não impede que, em certas circunstâncias, a sua incidência fique na dependência da vontade das partes, quando, então, se dizem dispositivas.

2 FONTES DO DIREITO PROCESSUAL

O vocábulo "fontes" designa o lugar de onde dimana alguma coisa, pelo que fonte do direito é o lugar de onde provém a norma jurídica que ainda não existia na sociedade. Não

---

[1] Essas normas são da competência da União (CFR, art. 22, I).
[2] Essas normas são da competência da União, em relação à sua Justiça e à do Distrito Federal, e dos Estados-membros, em relação à Justiça estadual.
[3] Essas normas são da competência concorrente da União e dos Estados (art. 24, XI, CF).

existe uniformidade na doutrina sobre as fontes do direito processual, sendo classificada por Miguel Fenech, dada a diversidade de origem, em:

I – fonte direta: a lei (em sentido amplo);

II – fontes supletivas indiretas: o costume, a jurisprudência e os princípios gerais de direito; e

III – fontes supletivas secundárias: o direito histórico, o direito estrangeiro e a doutrina.[4]

Graficamente:

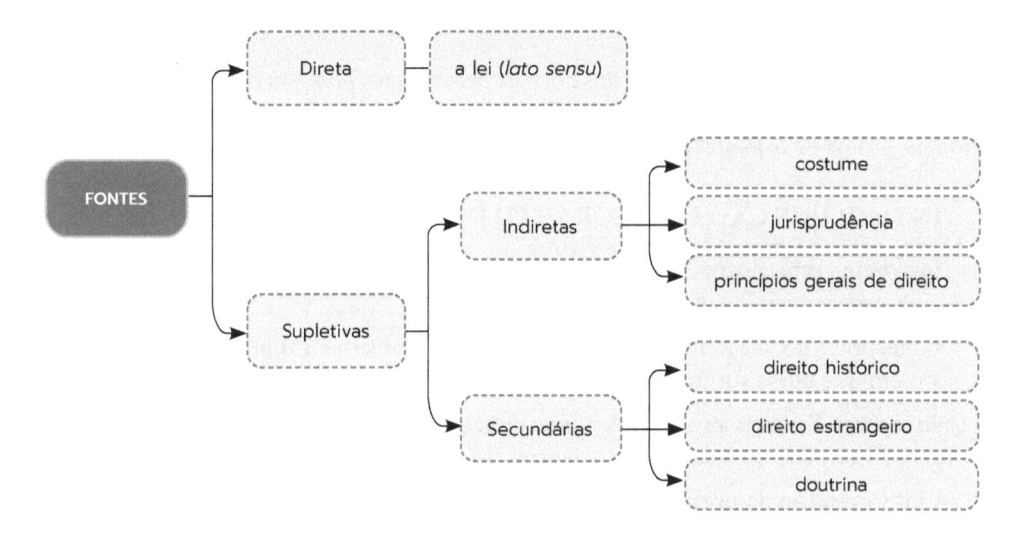

```
                  ┌─ Direta ──── a lei (lato sensu)
                  │
                  │                    ┌─ costume
                  │                    │
FONTES ───────────┤         ┌─ Indiretas ─┼─ jurisprudência
                  │         │          │
                  │         │          └─ princípios gerais de direito
                  └─ Supletivas ─┤
                            │          ┌─ direito histórico
                            │          │
                            └─ Secundárias ─┼─ direito estrangeiro
                                       │
                                       └─ doutrina
```

A lei é uma norma de conduta elaborada pelos órgãos competentes da União, na esfera federal, e dos Estados e Municípios, nas esferas estadual e municipal, podendo provir do Poder Legislativo, como as leis ordinárias, ou do Poder Executivo como os decretos regulamentares.

Os costumes são regras sociais não escritas, decorrentes de prática reiterada, generalizada e prolongada, do que resulta a convicção de sua obrigatoriedade como norma de conduta.

A jurisprudência é a aplicação das leis aos casos concretos submetidos à apreciação do Poder Judiciário, tendo sua consistência mais característica nas súmulas, que são extratos da jurisprudência predominante nos tribunais.

Os princípios gerais de direito são enunciados normativos de valor genérico, geralmente em latim, que condicionam e orientam a compreensão do ordenamento jurídico na sua aplicação, como, por exemplo, "Da mihi factum, dabo tibi ius";[5] "Ad impossibilia nemo tenetur";[6] "Neminem laedere"[7] etc.

O direito histórico é o produto da história do direito na sua evolução, desde as suas origens até o momento em que é aplicado pelos juízos e tribunais.

---

[4] Sobretudo quanto à jurisprudência e às fontes secundárias (direito histórico, estrangeiro e doutrina), a classificação deve ser considerada em termos, pois, nem abstratamente são, no Brasil, fontes da norma processual. Sempre que o juiz nacional aplica lei estrangeira, aplica-a, na verdade, enquanto "direito nacionalizado". O costume e os princípios gerais de direito, juntamente com a analogia (a que a classificação não faz referência), são fontes do direito interno.

[5] "Dá-me o fato e te darei o direito."

[6] "Ninguém está obrigado ao impossível."

[7] "Não prejudicar ninguém."

O direito estrangeiro é o direito não produzido em território brasileiro, que sofre restrição no tocante às normas processuais, por serem estas reguladoras da atividade jurisdicional do Estado, só sendo admitida norma estrangeira na forma prevista em tratados, convenções ou acordos internacionais de que o Brasil faça parte (CPC, art. 13, parte final).

A doutrina, também chamada direito científico, consiste nos estudos desenvolvidos pelos juristas, que objetivam entender e explicar todos os temas relativos ao direito, buscando a correta interpretação dos institutos e normas, de forma a obter uma real compreensão de todo o universo jurídico.

Essas são as fontes em abstrato das normas processuais, pois, em concreto, são tais fontes a Constituição Federal, as Constituições Estaduais, os códigos de processo, as leis federais e nacionais, as leis de organização judiciária, os regimentos dos tribunais etc.

3 INTERPRETAÇÃO E INTEGRAÇÃO DA NORMA PROCESSUAL

Interpretar uma norma é determinar a exata significação do enunciado legal, com o objetivo de determinar-lhe o conteúdo.

A interpretação, diz Manzini, é o meio de acertar e precisar a vontade da norma jurídica, nos casos em que possa surgir dúvida sobre a própria vontade.

No tocante à norma processual, a interpretação está subordinada aos mesmos cânones que regem a hermenêutica das demais ciências do direito.

A interpretação da norma processual pode ser classificada: I – do ponto de vista objetivo: a) gramatical; b) lógica; c) sistemática; e d) histórica. II – do ponto de vista subjetivo: a) autêntica; b) doutrinária; e c) judicial. III – do ponto de vista dos resultados: a) extensiva; e b) restritiva.

3.1 Interpretação do ponto de vista objetivo

A classificação da interpretação do ponto de vista objetivo tem em consideração os meios ou expedientes intelectuais empregados na interpretação da lei:

3.1.1 Interpretação gramatical ou literal

A interpretação gramatical, também chamada literal, é aquela que se inspira no próprio significado das palavras, sendo a pior de todas as interpretações.

3.1.2 Interpretação lógica ou teleológica

A interpretação lógica, também chamada teleológica, é aquela que visa a compreender o espírito da lei e a intenção do legislador ao editá-la; procura descobrir a finalidade da lei ou a vontade nela manifestada.

3.1.3 Interpretação sistemática

A interpretação sistemática é aquela que leva em consideração não apenas o sentido das expressões da lei, mas, sobretudo, a regulamentação do fato ou da relação sobre que se deve julgar, considerando o sistema como um todo. Nessa interpretação, o exegeta deve colocar a norma dentro do contexto de todo o direito vigente e com as regras particulares de direito que têm pertinência com ela.

3.1.4 Interpretação histórica

A interpretação histórica é aquela que se assenta sobre a história da lei ou dos seus precedentes, como projetos de lei, discussões no plenário, exposições de motivos etc., procurando identificar a *mens legislatoris* ou a intenção do legislador.

3.2 Interpretação do ponto de vista subjetivo

A classificação da interpretação do ponto de vista subjetivo toma em consideração o sujeito que interpreta a lei:

3.2.1 Interpretação autêntica

A interpretação autêntica é aquela que provém do próprio legislador, que é quem faz a lei, geralmente por meio de decreto (executivo) regulamentador.

3.2.2 Interpretação doutrinária

A interpretação doutrinária é aquela proveniente dos doutrinadores ou comentadores da lei, tendo grande autoridade moral, dependendo de quem interpreta.

3.2.3 Interpretação judicial

A interpretação judicial é aquela levada a efeito pelos juízos e tribunais, ao aplicarem a lei ao caso concreto; ou mesmo em abstrato na ação declaratória de constitucionalidade ou na ação direta de inconstitucionalidade.

3.3 Interpretação do ponto de vista dos resultados

A classificação da interpretação do ponto de vista dos resultados leva em consideração o fato de haver na lei algo a mais ou a menos do que deveria dela constar:

3.3.1 Interpretação extensiva

A interpretação extensiva é aquela que impõe uma ampliação do enunciado legal, por ter a lei sido demasiado restrita, dizendo menos do que queria (*minus dixit quam voluit*), excluindo aparentemente situações visadas pela lei.[8] Nesse caso, cumpre ao intérprete ampliar o sentido e o alcance das palavras da lei.

3.3.2 Interpretação restritiva

A interpretação restritiva é aquela que impõe uma restrição do denunciado legal, por ter a lei sido demasiado ampla, dizendo mais do que queria (*plus dixit quam voluit*), compreendendo aparentemente situações que, na sua intenção, deveriam ter sido excluídas. Nesse caso, cumpre ao intérprete restringir o sentido e o alcance das palavras da lei.

3.4 Outras formas de interpretação

Na doutrina, fala-se também em:

---

[8] Nesses casos, o enunciado da disposição legal aparece como uma simples exemplificação, em relação à vontade manifestada na própria norma.

a) Interpretação axiológica é aquela que tem no seu núcleo um conceito de valor (ou valores) predominante num determinado momento, numa determinada esfera social.

b) Interpretação declarativa é aquela que busca descobrir a forma como o legislador utilizou as palavras contidas na norma, ou na busca da exata equivalência entre o sentido e a vontade da lei.

c) Interpretação sociológica é aquela em que a regra pode ser compreendida no contexto das relações sociais, de modo que o jurista terá um elemento necessário a mais para considerar quando da apreciação dos casos concretos ante a norma.

d) Interpretação holística é aquela que abarca o texto legal à luz de um mundo transdisciplinar (filosofia, história, sociologia etc.), interligado e abrangente, autorizando desconsiderar certo texto em proveito da justiça do caso concreto e não representada na norma, entendida exclusivamente e desligada de outros elementos da realidade.

e) Interpretação ab-rogante é aquela em que o texto legal não pode ser aplicado em virtude da sua inconstitucionalidade ou revogação tácita por lei posterior com ela incompatível.

3.5 Integração da norma processual

A integração da norma processual é a atividade pela qual se preenchem as lacunas verificadas na lei, mediante pesquisa e formulação da regra jurídica aplicável à situação de conflito não expressamente prevista[9] pela ordem jurídica.

O preenchimento da lacuna na lei processual se faz pela: a) analogia; b) pelos costumes; c) pelos princípios gerais de direito (LINDB,[10] art. 4º; CPP,[11] art. 3º); além da equidade.

3.5.1 Analogia

A analogia permite resolver o conflito não previsto em lei, mediante a utilização de regra jurídica relativa a um caso semelhante, segundo o aforismo: "Ubi eadem legis ratio, ibi eadem legis dispositivo."[12]

Não se confunde a analogia com a interpretação extensiva,[13] pois esta é extensiva "de um significado textual da norma"; aquela é analogia "da intenção do legislador".

A analogia socorre o aplicador da lei não só no âmbito civil, como também no trabalhista e no penal; só não podendo, na esfera penal, ter aplicação a analogia *in malam partem*, consistente na aplicação de uma regra semelhante para prejudicar o réu.

---

[9] O texto da norma, racionalmente, admite a sua extensão a fatos ou relações equivalentes ou similares àqueles que ela previu expressamente.

[10] O Decreto-Lei nº 4.657/42, que contém a Lei de Introdução ao Código Civil, teve alterada a sua ementa, pela Lei nº 12.376/10, passando a denominar-se "Lei de Introdução às Normas do Direito Brasileiro". Dispõe o art. 4º desse Decreto-Lei que: "Quando a lei for omissa, o juiz decidirá o caso de acordo com a analogia, os costumes e os princípios gerais de direito."

[11] Art. 3º A lei processual penal admitirá interpretação extensiva e aplicação analógica, bem como o suplemento dos princípios gerais de direito.

[12] "Onde existe a mesma razão legal, deve haver aí a mesma disposição legal."

[13] Vincenzo Manzini distingue a analogia (que coloca como regra de interpretação) da interpretação extensiva, pois esta se atém à precisa vontade manifestada pela norma; enquanto a analógica, ao contrário, tem em consideração essa vontade, mas junto a ela e em consequência dela, *supõe* uma outra (vontade) análoga.

3.5.2 Costumes

Os costumes são regras não escritas, produto de uma repetição reiterada, observadas por todos, impondo-se como meios de resolução dos conflitos; sendo muito prestigiadas nas relações entre os comerciantes ou empresários.

3.5.3 Princípios gerais de direito

Os princípios gerais de direito são enunciados gerais e universais, geralmente expressos em latim, que ajudam na resolução dos conflitos, quando não seja possível resolvê-los pela analogia ou pelos costumes, como, por exemplo, "Da mihi factum, dabo tibi ius";[14] "Ad impossibilia nemo tenetur";[15] "Neminem laedere".[16]

Esses princípios decorrem do próprio fundamento da legislação positiva, e, apesar de não expressos no ordenamento jurídico, constituem pressupostos lógicos das normas legais.

3.5.4 Equidade

Existem três acepções de equidade:

a) no sentido amplíssimo, é princípio universal de ordem normativa, relacionado a toda conduta humana, do ponto de vista religioso, moral, social e jurídico, a que todo homem deve obedecer porque se constitui em suprema regra de justiça;

b) no sentido amplo, confunde-se com os conceitos de justiça absoluta ou ideal, com os princípios de direito e com a ideia de direito natural;

c) no sentido estrito, é a justiça do caso concreto.

4 LIMITAÇÕES ESPACIAIS E TEMPORAIS NA APLICAÇÃO DA NORMA PROCESSUAL

As normas processuais, na sua aplicação, sofrem limitações no tempo e no espaço, da mesma forma que toda norma jurídica.

4.1 Princípio da territorialidade

A eficácia espacial das normas processuais é regulada pelo princípio da territorialidade,[17] também conhecido como lei do foro; e nem poderia ser de outra forma, considerando que se trata da disciplina de uma atividade jurisdicional do Estado que, em princípio, não admite atividade estatal regulada por lei estrangeira, salvo se a norma vier prevista em tratados, convenções ou acordos internacionais de que o Brasil faça parte (CPC, art. 13, parte final).

O princípio da territorialidade vem agasalhado pelos arts. 16 do Código de Processo Civil[18] e 1º do Código de Processo Penal.[19]

---

[14] "Dá-me o fato; dar-te-ei o direito."
[15] "Ninguém está obrigado ao impossível."
[16] "Não prejudicar ninguém."
[17] Trata-se de aplicação da *lex fori* ou lei do foro.
[18] Art. 16. A jurisdição civil é exercida pelos juízes e pelos tribunais em todo o território nacional, conforme as disposições deste Código.
[19] Art. 1º O processo penal reger-se-á, em todo o território brasileiro, por este Código, ressalvados: I – os tratados, as convenções e regras de direito internacional; (...)

As leis processuais civis e penais estão sujeitas às normas relativas à eficácia temporal das leis civis, constantes da Lei de Introdução às Normas do Direito Brasileiro,[20] e da Lei de Introdução ao Código de Processo Penal, respectivamente.

4.2 Conflito temporal de leis processuais

Sendo o processo uma série de atos que se desenvolvem no tempo, torna-se delicada a solução do conflito temporal de leis processuais.

A lei nova não incide sobre processos findos, por razões óbvias; da mesma forma que os processos a serem iniciados serão regulados pela lei nova.

A questão que se coloca é em relação aos processos em curso, quando advenha lei nova, a exemplo do que ocorreu no Brasil com o atual Código de Processo Civil (Lei nº 13.105/15), com a sua entrada em vigor no dia 18 de março de 2016 (art. 1.045).[21]

4.2.1 Disposições finais e transitórias do Código de Processo Civil

As disposições finais e transitórias do atual Código de Processo Civil são substanciosas, estando algumas dispostas nesses termos: "Art. 1.046. Ao entrar em vigor este Código, suas disposições se aplicarão desde logo aos processos pendentes, ficando revogada a Lei nº 5.869, de 11 de janeiro de 1973. § 1º As disposições da Lei nº 5.869, de 11 de janeiro de 1973, relativas ao procedimento sumário e aos procedimentos especiais que forem revogadas aplicar-se-ão às ações propostas e não sentenciadas até o início da vigência deste Código. § 2º Permanecem em vigor as disposições especiais dos procedimentos regulados em outras leis, aos quais se aplicará supletivamente este Código. § 3º Os processos mencionados no art. 1.218 da Lei nº 5.869, de 11 de janeiro de 1973, cujo procedimento ainda não tenha sido incorporado por lei submetem-se ao procedimento comum previsto neste Código. § 4º As remissões a disposições do Código de Processo Civil revogado, existentes em outras leis, passam a referir-se às que lhes são correspondentes neste Código. § 5º A primeira lista de processos para julgamento em ordem cronológica observará a antiguidade da distribuição entre os já conclusos na data da entrada em vigor deste Código. Art. 1.047. As disposições de direito probatório adotadas neste Código aplicam-se apenas às provas requeridas ou determinadas de ofício a partir da data de início de sua vigência (...). Art. 1.049. Sempre que a lei remeter a procedimento previsto na lei processual sem especificá-lo, será observado o procedimento comum previsto neste Código. Parágrafo único. Na hipótese de a lei remeter ao procedimento sumário, será observado o procedimento comum previsto neste Código, com as modificações previstas na própria lei especial, se houver".

4.3 Sistemas de solução dos conflitos de normas processuais

A doutrina aponta três sistemas para a solução do conflito temporal das leis: a) sistema da unidade processual; b) sistema das fases processuais; e c) sistema do isolamento dos atos processuais.

4.3.1 Sistema da unidade processual

O sistema da unidade processual considera o processo como uma unidade jurídica, que só poder ser regulado por uma única lei, a antiga ou a nova, de modo que a antiga teria de

---

[20] Essa Lei é a vetusta Lei de Introdução ao Código Civil Brasileiro (Decreto-Lei nº 4.657/42), que se mantém com a ementa modificada para Lei de Introdução às Normas do Direito Brasileiro (Lei nº 12.376/10).
[21] Art. 1.045. Este Código entra em vigor após decorrido 1 (um) ano da data de sua publicação oficial.

se impor, para não ocorrer a retroação da nova, com prejuízo dos atos já praticados até a sua entrada em vigor.

4.3.2 Sistema das fases processuais

O sistema das fases processuais distingue fases processuais autônomas, como a postulatória, probatória, decisória, recursal e de execução, cada uma suscetível de ser disciplinada por uma lei diferente.

4.3.3 Sistema do isolamento dos atos processuais

O sistema de isolamento dos atos processuais afasta a aplicação da lei nova em relação aos atos já encerrados, aplicando-se apenas aos atos processuais a ser ainda praticados.

Este sistema foi consagrado pelos Códigos de Processo Civil e Penal, que asseguram que a norma processual não tenha efeito retroativo, provendo somente para o futuro, para atos processuais ainda não realizados quando da sua entrada em vigor.

4.4 Ultratividade das leis processuais

Não fica afastada, porém, a ultratividade das leis processuais, fenômeno segundo o qual a norma revogada continua produzindo sua eficácia até que se conclua o ato por ela regulado, como, por exemplo, uma perícia em curso.

5 APLICAÇÃO DAS NORMAS PROCESSUAIS

Sendo a jurisdição emanação da soberania estatal, nem sempre se admitiu que fosse regida por normas que não as processuais brasileiras, à exceção da arbitragem, regida pela Lei nº 9.307/96 (alterada pela Lei nº 13.129/15), que, apesar de ser também jurisdicional, podia adotar normas processuais estrangeiras, desde que o convencionassem as partes; porque o juízo arbitral sempre foi o reino da autonomia da vontade.

5.1 Leis processuais nacionais e estrangeiras

Com a vigência do atual Código de Processo Civil, dispõe o seu art. 13 que: "A jurisdição civil será regida pelas normas processuais brasileiras, ressalvadas as disposições específicas previstas em tratados, convenções ou acordos internacionais de que o Brasil seja parte".

A ressalva legal permite que, agora, além das normas processuais brasileiras, seja a jurisdição civil regida também por disposições específicas de natureza processual, previstas em tratados, convenções ou acordos internacionais.

5.2 Projeto de normas transnacionais

A consagração desse preceito pelo atual CPC é o reflexo da tendência revelada, na doutrina, da adoção de um "Projeto de Normas Transnacionais de Processo Civil", com o propósito de uniformizar ou harmonizar as normas processuais atualmente existentes nos diversos países, no que se refere às controvérsias transnacionais; caso em que se tem um fenômeno de internalização de regras processuais. Na prática, é como se esses diplomas legais transnacionais fossem nacionalizados.

5.3 Ausência de normas nos demais processos

A promulgação do atual Código de Processo Civil provoca uma verdadeira revolução nesse sistema processual, com reflexos nos demais (penal, trabalhista, eleitoral etc.), pelo que cuidou o seu art. 15 de determinar que: "Na ausência de normas que regulem processos eleitorais, trabalhistas ou administrativos, as disposições deste Código lhes serão aplicáveis supletiva e subsidiariamente."

BIBLIOGRAFIA

BENTHAM, Jeremias. **Tratado de las pruebas judiciales**. Buenos Aires: EJEA, 1971.

CALMON DE PASSOS, J. J. **Comentários ao Código de Processo Civil**. Rio de Janeiro: Forense, 1998. v. III.

CASTILLO, Niceto Alcalá-Zamora y. **Derecho procesal penal**. Buenos Aires: Guillermo Kraft, 1945. v. I.

CINTRA, Antônio Carlos de Araújo; GRINOVER, Ada Pellegrini; DINAMARCO, Cândido Rangel. **Teoria geral do processo**. 6. ed. São Paulo: RT, 1988.

FENECH, Miguel. **O processo penal**. Barcelona: Labor, 1972.

MANZINI, Vincenzo. **Istituzioni di diritto processuale penale**. Padova: Cedam, 1967.

MARQUES, José Frederico. **Instituições de direito processual civil**. Rio de Janeiro: Forense, 1985. v. I.

TORNAGHI, Hélio. **Compêndio de processo penal**. Rio de Janeiro: José Konfino, 1967. t. I.

TOURINHO FILHO, Fernando da Costa. **Processo penal**. São Paulo: Saraiva, 2001. v. I.

Capítulo 12
DINÂMICA DO PROCESSO

Sumário: 1 Dinamicidade do processo. 2 Fatos, atos e negócios jurídicos processuais. 3 Princípios informativos dos atos processuais. 4 Tempo dos atos processuais. Prazos e caducidades. 5 Revelia e preclusão. 6 Perfeição e eficácia do ato processual: teoria das nulidades. 7 Ordem cronológica na prática de atos processuais. 8 Calendário para a prática de atos processuais.

1 DINAMICIDADE DO PROCESSO

Uma das características mais marcantes da relação processual é a sua dinamicidade, visto que tem vida e desenvolvimento próprios.

1.1 Fases ou momentos do processo

Na sua trajetória, o processo atravessa *fases lógicas* que culminam com a prestação jurisdicional a cargo do Estado-juiz: fase postulatória, fase probatória e fase decisória.

A fase *postulatória* compreende a atividade das partes destinada à formulação da pretensão, tanto do autor quanto do réu, e eventuais intervenientes, abrangendo, no processo de conhecimento, a petição inicial, a contestação e a réplica.

A fase *probatória*, também chamada *instrutória*, permite às partes fornecer ao juiz os elementos necessários ao esclarecimento dos fatos em que se funda a pretensão ou a defesa, pois o juiz julga com base em fatos *provados*.

A fase *decisória* corresponde àquela em que o juiz atua a vontade concreta de lei, resolvendo a lide, cumprindo a obrigação jurisdicional devida pelo Estado.

1.2 Impulso processual

O que assegura movimento ao processo, através dos atos do procedimento, é o *impulso processual*, pois dele depende a continuidade dos atos processuais até a sentença.

Chama-se *impulso processual* a atividade que visa somente a obter o movimento progressivo da relação processual para um fim ou o "fenômeno em virtude do qual se assegura a continuidade dos atos processuais e o seu encaminhamento à decisão definitiva".

1.2.1 Autodinâmica e heterodinâmica

Este impulso está a cargo dos órgãos jurisdicionais, quando se fala em *autodinâmica*, e das partes, quando se fala em *heterodinâmica*. Assim, quando o juiz designa audiência age por *autodinâmica*, e quando as partes arrolam testemunhas agem por *heterodinâmica*.

Esses princípios se comportam diferentemente, conforme a variada tipologia processual.

Nos processos civil e trabalhista,[1] o impulso inicial está condicionado à atividade das partes, e, portanto, à *heterodinâmica*, por meio do exercício da ação; mas na execução de sentença, no processo trabalhista, desenvolve-se pelo impulso oficial, e, portanto, pela *autodinâmica*.

No processo penal, há casos de impulso inicial por autodinâmica, como acontece, por exemplo, na concessão de *habeas corpus* de ofício.

No processo social *de cognição*, a sua instauração se dá por heterodinâmica, mas o seu desenvolvimento é predominantemente autodinâmico; enquanto, no processo social *de execução*, tanto a instauração quanto o desenvolvimento são por heterodinâmica, se o interesse público for de índole não penal e, por autodinâmica, se o interesse for de ordem penal.

Atendendo ao resultado da prestação jurisdicional, estes princípios prendem-se, ainda, aos recursos e, portanto, ao duplo grau de jurisdição.

Determinadas lides estão sujeitas, obrigatoriamente, ao duplo grau de jurisdição, e a sentença não transita em julgado, enquanto não for objeto de reexame pelo órgão superior, por força de remessa *ex officio*, cujo impulso obedece ao princípio da *autodinâmica*.

Na grande maioria dos casos, porém, os recursos são governados pela heterodinâmica.

2 FATOS, ATOS E NEGÓCIOS JURÍDICOS PROCESSUAIS

2.1 Fato e fatos jurídicos

O *"fato"* é todo acontecimento natural ou histórico que provoca uma modificação no mundo exterior, mas nem todos os fatos interessam ao direito, senão aqueles que tenham eficácia para produzir efeitos jurídicos. São denominados *fatos jurídicos lato sensu* aqueles que, resultantes de acontecimento natural ou de atividade humana, se mostram em condições para criar, conservar, modificar ou extinguir direitos.

Os fatos que nenhuma consequência produza no mundo do direito são *fatos juridicamente irrelevantes*.

Os fatos resultantes de acontecimento natural, com aptidão para produzir efeitos jurídicos, denominam-se *fatos jurídicos stricto sensu*; e os resultantes da atuação humana, com aptidão para produzir efeitos jurídicos, denominam-se *atos jurídicos*.

Qualquer fato tomado em consideração pelo direito objetivo, para a ele ligar uma consequência jurídica, chama-se *fato jurídico*; e, se esses efeitos forem de natureza processual, denomina-se *fato jurídico processual* ou, simplesmente, *fato processual*.

2.1.1 Fato jurídico processual e sua classificação

O *fato jurídico processual* é aquele que tem relevância para o processo.

Os *fatos* se classificam em:

I – fatos irrelevantes; e

---

[1] Nesses casos, a heterodinâmica condiciona a autodinâmica. Nenhum processo se desenvolve impulsionado apenas pela heterodinâmica ou autodinâmica; de regra, é regido pelos dois princípios.

II – fatos jurídicos *lato sensu*; que se subclassificam em: 1) fatos jurídicos *stricto sensu*; e 2) atos jurídicos *lato sensu*; que se subclassificam em: a) atos jurídicos *stricto sensu*; e b) *negócios jurídicos*.

Graficamente:

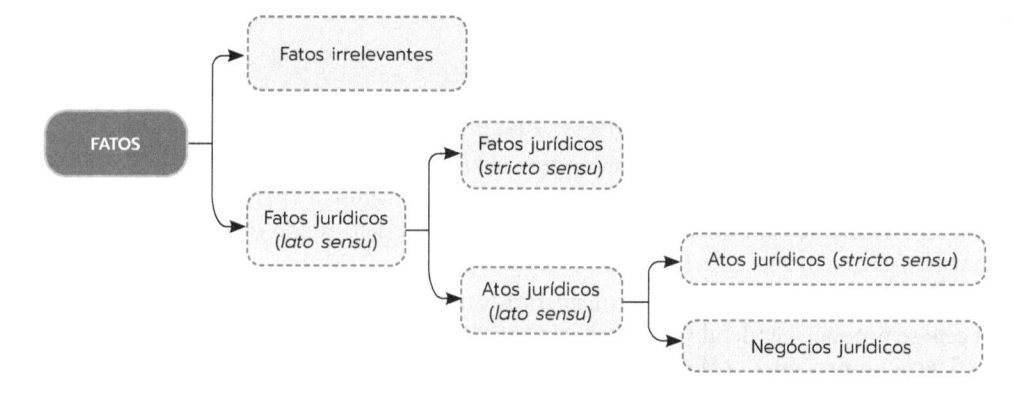

```
                    ┌─► Fatos irrelevantes
                    │
    FATOS ──────────┤                        ┌─► Fatos jurídicos
                    │                        │   (stricto sensu)
                    └─► Fatos jurídicos ─────┤
                        (lato sensu)         │                        ┌─► Atos jurídicos (stricto sensu)
                                             └─► Atos jurídicos ──────┤
                                                 (lato sensu)         └─► Negócios jurídicos
```

2.1.1.1 Fato juridicamente irrelevante

O *fato juridicamente irrelevante* é aquele que nenhuma importância tem para o direito, pela simples razão de não produzir nenhuma consequência jurídica.

Este fato não tem nenhuma consequência para o processo, como, por exemplo, a chegada do advogado com atraso à audiência, assim que iniciada a tomada dos depoimentos.

2.1.1.2 Fato jurídico *lato sensu* e ato jurídico

O *fato jurídico lato sensu* é todo acontecimento (natural ou humano) capaz de produzir consequências jurídicas.

1) Quando essas consequências jurídicas resultam de um fato natural, denomina-se *fato jurídico stricto sensu*, como o nascimento, a maioridade, a morte da parte etc.

2) Quando essas consequências resultam de uma atividade humana consciente, denomina-se *ato jurídico lato sensu*.

2.1.1.3 Ato jurídico *stricto sensu*

Quando o ato humano é praticado sem a intenção direta de produzir efeitos jurídicos, chama-se *ato jurídico stricto sensu*, como o reconhecimento do direito do autor pelo réu etc.

2.1.1.4 Negócio jurídico processual

Quando o ato humano é praticado com a intenção dirigida à produção de determinado efeito, chama-se *negócio jurídico*,[2] como a convenção de suspensão do processo etc.

O que distingue o ato jurídico *stricto sensu* do negócio jurídico é que, no ato jurídico, os efeitos são previamente estabelecidos pela lei, não podendo ser modificados pela

---

[2] Parte da doutrina sustenta não haver diferença entre ato jurídico e negócio jurídico (unitarismo), e outra parte sustenta haver diferença entre eles.

vontade das partes; enquanto no negócio jurídico esses efeitos são exatamente os *queridos pelas partes*.[3]

Essa classificação pode ser aplicada no campo processual, observados, evidentemente, os requisitos de forma.

2.2 Caracterização do ato processual

Discute-se na doutrina se *ato processual* seria apenas aquele praticado *no processo*, ou, também, aquele praticado *fora* do processo, mas para ter efeito dentro do processo.

Para uma corrente doutrinária, ato processual é apenas aquele praticado no processo pelos sujeitos processuais, sendo esta a posição sustentada por Liebman;[4] para outra, é todo ato que possa ter eficácia no processo, mesmo que praticado fora dele, sendo este o entendimento de Leone.[5]

Esta segunda corrente leva em consideração, na caracterização do ato processual, o fim a que este se propõe, atendendo a um critério substancial,[6] de modo que, se for praticado para ter eficácia no processo, será ato processual, como, por exemplo, a procuração *ad judicia*, a eleição de foro da eventual demanda etc.

Muitas vezes, o ato processual é praticado antes da instauração do processo, como a produção antecipada de provas, que demanda mero procedimento, e, outras vezes, são praticados por juiz de outra jurisdição, mediante carta precatória, ou no estrangeiro, mediante carta rogatória, como as citações, as intimações etc.

A caracterização do *negócio jurídico processual* está em ser ele produto de uma atuação voluntária e intencional dos agentes (ativo e passivo), direcionada à produção de determinado efeito jurídico na órbita do seu interesse, como a suspensão do processo.

3 PRINCÍPIOS INFORMATIVOS DOS ATOS PROCESSUAIS

Ao contrário do que acontece com os atos jurídicos em geral, cuja validade *não* depende de forma especial, senão quando a lei expressamente a exigir, os *atos processuais* estão, em princípio, sujeitos a uma forma preestabelecida.

Embora o Código de Processo Civil (art. 188) disponha que "os atos e os termos processuais *independem de forma determinada*, salvo quando a lei expressamente a exigir (...)", os principais atos processuais (petição inicial, contestação, réplica etc.) dependem todos de exigência legal.

---

[3] Para Lopes da Costa, alguns negócios jurídicos são *unilaterais*, como a desistência de inquirir uma testemunha, e, outros, *bilaterais*, como a suspensão do processo por convenção das partes.

[4] Para Liebman, não são processuais os atos praticados pelas partes fora do processo, ainda que coordenados ao processo e possam nele produzir efeitos. Assim, a eleição de domicílio da parte, a transação extraprocessual etc.

[5] Muitas vezes, os atos são praticados *antes* da instauração do processo, como, por exemplo, a produção antecipada de provas ou a outorga de uma procuração para o foro em geral.

[6] Leone define o ato processual como atividade humana voluntária de um sujeito processual ou de um sujeito estranho ao processo e que a lei utiliza para fins de constituição, desenvolvimento, modificação ou extinção da relação processual. A incidência do ato sobre o nascimento e desenvolvimento da relação processual constitui o mais seguro elemento para o reconhecimento (a qualificação) do ato processual. A sede processual e a referência aos sujeitos não são satisfatórias.

Os atos processuais são informados por alguns princípios, dentre os quais: a) princípio da legalidade; b) princípio da publicidade; c) princípio da instrumentalidade; d) princípio da sanabilidade.

3.1 Princípio da legalidade

O *princípio da legalidade* (ou *predeterminação da forma*) significa que os atos processuais devem ser praticados pela forma predeterminada em lei, quando esta a exigir; e, quando não exigir, com a observância dos requisitos mínimos para alcançar a sua finalidade.

3.2 Princípio da publicidade

O *princípio da publicidade* significa que os atos processuais são públicos, devendo ser acessíveis a todos, quando praticados oralmente, em audiência, e, quando praticados por escrito, a publicidade se dá com a sua juntada aos autos do processo; que, por ser público, torna também públicos os atos nele praticados.

3.3 Princípio da instrumentalidade

O *princípio da instrumentalidade* significa que o ato processual não é fim em si mesmo, mas destinado a uma finalidade, pelo que, se esta for alcançada, a inobservância da forma não terá qualquer importância.[7]

3.4 Princípio da sanabilidade

O *princípio da sanabilidade* significa que nenhum ato processual deve ser anulado, pela inobservância de forma, se puder ser sanada a irregularidade ou suprida a falta, possibilitando o aproveitamento do ato processual.

4 TEMPO DOS ATOS PROCESSUAIS. PRAZOS E CADUCIDADES

4.1 Conceito de prazo

O *prazo* é uma *fração do tempo* dentro do qual deve ser praticado o ato processual, assegurando que o processo se desenvolva através do *iter* procedimental.

4.2 Prazo e termo

Não se confunde o *prazo* com o *termo*, pois este é apenas *uma fração de tempo*, sendo que o prazo ocorre justamente entre dois termos, começando com o termo inicial (*a quo*), e expirando com o termo final (*ad quem*).

Uma das características dos prazos é a sua vinculação ao tempo para a sua prática, de modo que, se não for praticado no prazo, ocorre a sua *caducidade*, ou, se praticado fora do prazo, é considerado *caduco*.

---

[7] As formas processuais respondem a uma necessidade de ordem, de certeza, de eficiência, e a sua escrupulosa observância representa uma garantia de regular e legal desenvolvimento do processo e de respeito ao direito das partes. O formalismo é necessário no processo, muito mais do que nas outras atividades jurídicas.

4.3 Classificação dos prazos

O prazo pode ser classificado sob mais de um aspecto:

I – quanto ao efeito do tempo: a) dilatório; e b) peremptório;

II – quanto à sua origem: a) legal; b) judicial; e c) convencional;

III – quanto ao seu alcance em relação às partes: a) comum; b) especial; e c) individual (ou singular);

IV – quanto aos seus destinatários: a) prazo próprio; e b) prazo impróprio.

4.3.1 Prazo dilatório e prazo peremptório

Os atos processuais estão sujeitos aos efeitos do tempo, razão por que devem ser praticados no prazo, sob pena de ter comprometida a sua eficácia.

a) O prazo *dilatório* é aquele dentro do qual não é permitida a prática de ato processual, só podendo ser realizado depois de ultimado o termo final; caso em que a lei determina uma distância mínima, evitando que o ato se realize antes do prazo.

Para Leone, o prazo dilatório se apresenta no processo sob uma feição negativa, pois, durante o seu decurso, o ato processual não pode ser praticado.

O atual Código de Processo Civil estabelece que, quando a lei ou o juiz não determinarem prazo, as intimações *somente obrigarão a comparecimento depois de decorridas* quarenta e oito horas (art. 218, § 2º).

Outra novidade introduzida pelo atual estatuto processual civil vem contemplada pelo art. 219, *caput*, determinando que, na contagem de prazo em dias, estabelecido por lei ou pelo juiz, computar-se-ão somente *os dias úteis*; disposição que, segundo o parágrafo único desse mesmo artigo, aplica-se somente aos prazos processuais.

A partir da vigência do atual CPC, o curso do prazo processual passou a ser suspenso nos dias compreendidos entre 20 de dezembro e 20 de janeiro, inclusive, consoante o disposto no art. 220, *caput*; o que soa como *férias brancas* na Justiça.

Os prazos dilatórios podem ser reduzidos ou prorrogados por convenção das partes.

b) O prazo *peremptório* é aquele dentro do qual o ato processual deve ser praticado, sob pena de não poder sê-lo mais; sendo esses prazos em regra decorrentes da lei.

Os prazos peremptórios não admitem modificação, não podendo ser reduzidos nem prorrogados por vontade das partes; só se admitindo a devolução de prazo, se ocorrer justo impedimento.

O atual CPC permite, porém, que o juiz reduza prazos peremptórios desde que tenha a anuência das partes (art. 222, § 1º).

Tanto quanto os peremptórios, os prazos dilatórios podem ser fixados pela lei; mas, enquanto estes resultam de uma norma processual *dispositiva*, aqueles são impostos por norma *cogente*. Assim, a preclusão é consequência de prazo peremptório não cumprido; a nulidade, a consequência do descumprimento de prazo dilatório.

Para Frederico Marques, a peremptoriedade do prazo não é incompatível com a prorrogabilidade.

4.3.2 Prazo legal, judicial e convencional

Os atos processuais podem ser identificados em função da sua origem ou procedência, podendo provir da lei, do juiz ou da vontade das partes.

a) O prazo *legal* é aquele que provém da lei, não podendo ser aumentado nem reduzido pelo juiz, como é o prazo para responder à demanda, para recorrer etc.; salvo justo impedimento.

b) O prazo *judicial* é aquele fixado pelo juiz, que o determina por despacho ou decisão no processo; possibilitando a sua prorrogação, quando se revelar insuficiente para a prática do ato.

c) O prazo *convencional* é aquele ajustado pelas partes, verdadeiro negócio jurídico processual, como é o prazo ajustado entre elas para suspender o processo, mas, apesar de convencional, deve ser submetido ao juiz, para homologação.

4.3.3 Prazo comum, especial e individual

O prazo nem sempre corre igualmente para ambas as partes, podendo em relação a elas ter um alcance distinto.

a) O prazo *comum* é aquele que transcorre, concomitantemente, *para ambas as partes*; correndo geralmente em cartório ou na secretaria da vara, como, por exemplo, o prazo para especificação de provas no processo.

b) O *prazo especial* é aquele que beneficia apenas uma das partes no processo, sendo prazo mais dilatado do que o comum, por exemplo, o prazo em dobro para o Ministério Público manifestar-se nos autos (CPC, art. 180, *caput*).

c) O prazo *individual*, também chamado *singular*, é aquele que transcorre apenas para uma das partes.

4.3.4 Prazo próprio e prazo impróprio

O prazo para a prática de atos processuais existe para todos os sujeitos processuais, independentemente de serem sujeitos parciais, como as partes, ou imparcial, como o juiz.

a) O *prazo próprio* é aquele assinalado *às partes*, com as consequências que defluem do seu cumprimento ou descumprimento.

b) O *prazo impróprio* é aquele assinalado ao juiz e aos servidores da justiça, cujo descumprimento pode gerar apenas medidas de ordem disciplinar, não interferindo na validade do ato, mesmo que praticado fora do prazo, como, por exemplo, o prazo para o juiz proferir a sentença, ou para o escrivão fazer os autos conclusos ao juiz.

Tenho preferido chamá-lo de *prazo recomendatório*, sendo também denominado *prazo programático* pela doutrina.

5 REVELIA E PRECLUSÃO

Ligados à teoria dos prazos estão a *revelia* e a *preclusão*, sendo esta última ligada ao princípio do impulso processual.

5.1 Revelia no processo

A *revelia*[8] é a situação em que se encontra qualquer das partes que, devendo fazer-se presente, no processo, se faz ausente; devendo praticar um ato processual, como responder à de-

---

[8] Os efeitos da revelia são diversos, conforme se trate de interesse material (disponível ou indisponível), bem assim se se trata de controvérsia sobre situação de fato ou apenas questão de direito. Isto porque a revelia é pertinente a questões *fáticas*, e não a questões jurídicas.

manda, se omite. Assim, tanto o autor quanto o réu podem incidir em revelia; embora a doutrina nacional e o direito codificado só empreguem essa expressão para qualificar a ausência do réu.

5.1.1 Efeitos da revelia no processo

Os efeitos da revelia, no processo civil, são também diversos, conforme o tipo de procedimento. Assim, no procedimento comum, é a falta de contestação (CPC, art. 344);[9] no procedimento monitório é a falta de oposição de embargos monitórios (CPC, art. 701, § 2º).[10]

5.2 Preclusão de prazos

A *preclusão* consiste, *objetivamente*, num fato impeditivo,[11] destinado a garantir o avanço gradual do processo, evitando recuo a fases já superadas do procedimento; e, *subjetivamente*, representa a perda de um direito ou faculdade, por não ter sido exercido dentro do prazo, ou por se haver esgotado pelo seu exercício.[12]

A preclusão não é sanção processual, nem penalidade.

5.2.1 Espécies de preclusão

A doutrina aponta três espécies de preclusão, a saber: a) temporal; b) lógica; e c) consumativa.

5.2.1.1 Preclusão temporal

A *preclusão temporal* resulta do não exercício do direito ou da faculdade dentro do prazo assinalado pela lei, como, por exemplo, o réu não contesta ou não recorre.

5.2.1.2 Preclusão lógica

A *preclusão lógica* resulta da incompatibilidade de um ato processual já praticado com outro que se pretende praticar, como, por exemplo, quem pediu prazo para purgar a mora, na ação de despejo por falta de pagamento, não pode contestar.

5.2.1.3 Preclusão consumativa

A *preclusão consumativa* resulta da circunstância de já ter sido validamente praticado o ato processual, como, por exemplo, se o réu contestou a ação, não pode contestar mais.

Essa modalidade de preclusão alcança também o juiz, como sujeito do processo, pois, se ele já sentenciou, não pode sentenciar mais, exceto nas hipóteses em que lhe seja permitido o juízo de retratação no recurso de apelação (CPC, arts. 331, *caput*, e 332, § 3º).

---

[9] Art. 344. Se o réu não contestar a ação, será considerado revel e presumir-se-ão verdadeiras as alegações de fato formuladas pelo autor.
[10] Art. 701. (...) § 2º Constituir-se-á de pleno direito o título executivo judicial, independentemente de qualquer formalidade, se não realizado o pagamento e não apresentados os embargos monitórios previstos no art. 702, observando-se, no que couber, o Título II do Livro I da Parte Especial.
[11] Para Frederico Marques, apenas as preclusões temporal e lógica são fatos impeditivos; a preclusão consumativa é um fato extintivo.
[12] Para Chiovenda, a preclusão consiste na perda, extinção ou consumação de uma faculdade processual, pelo só fato de se haver atingido os limites prescritos ao seu exercício.

Na doutrina, há quem, como Frederico Marques, distinga entre *preclusão consumativa* e preclusão *pro iudicato*; mas não existe substancial diferença entre ambas, sendo a preclusão *pro iudicato* nada mais do que a preclusão consumativa em relação ao juiz.

Registra Lopes da Costa que a preclusão não afeta a capacidade da parte para a prática do ato, mas apenas lhe restringe o exercício.

6 PERFEIÇÃO E EFICÁCIA DO ATO PROCESSUAL: TEORIA DAS NULIDADES

O ato processual está muitas vezes sujeito a requisitos de forma, pelo que a sua inobservância pode privá-lo dos efeitos que normalmente deveria ter.

Com a perfeição, visa-se à eficácia do ato processual; ou, em princípio, a eficácia do ato deriva da perfeição.

6.1 Irregularidade do ato processual

A irregularidade na prática do ato processual pode produzir consequências diversas.

Existem irregularidades sem nenhuma consequência, como, no processo penal, a denúncia oferecida além do prazo legal (CPP, art. 46, 1ª parte);[13] e, no processo civil, irregularidades que podem acarretar sanções extraprocessuais, como o retardamento do ato pelo juiz (CPC, art. 143, II);[14] irregularidades que acarretam nulidade (CPC, art. 280);[15] e irregularidades que determinam a própria *inexistência* do ato, como a sentença proferida por juiz aposentado na véspera da prolação ou pelo escrivão da vara a rogo do juiz.

Em algumas hipóteses, a sanção pela inobservância da forma é a *nulidade*, que, em última análise, é imposta como garantia das partes no processo.

Mesmo quando o ato é eivado de vício que o torne nulo, a nulidade depende de declaração do juiz, pois, até então, considera-se válido e eficaz. Assim, a sentença, mesmo contaminada dos mais graves vícios, passa em julgado se não houver recurso, sendo eficaz até vir a ser rescindida ou anulada (*Querela nullitatis*).

6.2 Nulidade processual e sistemas de nulidades

A *nulidade processual* é uma sanção que resulta da prática do ato em desconformidade com a forma legal.

A sanção de *nulidade* pode ser imposta de acordo com três sistemas: a) todo e qualquer defeito do ato processual conduz à sua nulidade; b) o ato só será nulo se a lei expressamente o declarar; c) a nulidade do ato depende da gravidade do vício que o contamina.[16]

---

[13] Art. 46. O prazo para oferecimento da denúncia, estando o réu preso, será de 5 dias, contado da data em que o órgão do Ministério Público receber os autos do inquérito policial, e de 15 dias, se o réu estiver solto ou afiançado. (...)

[14] Art. 143. O juiz responderá, civil e regressivamente, por perdas e danos quando: II – recusar, omitir ou retardar, sem justo motivo, providência que deva ordenar de ofício, ou a requerimento da parte. (...)

[15] Art. 280. As citações e as intimações serão nulas quando feitas sem observância das prescrições legais.

[16] Liebman aponta três regras a respeito: *a)* não pode ser declarada a nulidade do ato processual, pela inobservância de forma, se a nulidade não é cominada em lei; *b)* a nulidade pode ser declarada quando faltam ao ato requisitos formais, indispensáveis ao atingimento do seu objetivo; *c)* a nulidade não pode ser declarada, se o ato atingiu o objetivo a que se destinava.

6.2.1 Qualquer defeito acarreta nulidade

Consoante o primeiro sistema, qualquer defeito do ato processual, por menor que seja, acarretará a sua nulidade, que deverá ser declarada pelo juiz.

6.2.2 Nulidade resulta de declaração da lei

Conforme o segundo sistema, cabe à lei estabelecer os requisitos do ato processual, declarando os casos de nulidade pela sua inobservância.

6.2.3 Nulidade varia conforme a gravidade do vício

Consoante o terceiro sistema, é a gravidade do vício que determina a nulidade do ato processual, de modo que nenhuma nulidade será declarada, seja cominada ou não cominada, se o ato tiver alcançado a sua finalidade. Assim, se a citação do réu não tiver observado as prescrições legais, mas ele oferecer resposta à demanda, nenhuma nulidade será declarada.

6.3 Princípios informativos das nulidades

A *anulação* do ato processual obedece aos seguintes princípios: a) da causalidade; b) da instrumentalidade; c) do interesse; e d) da economia processual.

6.3.1 Princípio da causalidade

O *princípio da causalidade* determina que a nulidade de um ato processual contamine todos os atos posteriores que dele sejam dependentes (CPC, art. 281);[17] mas a nulidade de uma parte do ato não prejudica as outras, que dele sejam independentes.

6.3.2 Princípio da instrumentalidade das formas

O *princípio da instrumentalidade das formas* determina que só se anula o ato irregular se o objetivo por ele colimado não tiver sido atingido (*Pas de nullité sans grief*).[18]

6.3.3 Princípio do interesse

O *princípio do interesse* faz com que a parte que tiver dado causa à nulidade do ato não possa pleitear a sua anulação; mas apenas quando se tratar de nulidade relativa, imposta no interesse da parte, porque em se tratando de nulidade absoluta, imposta no interesse público, a nulidade pode ser declarada a qualquer tempo.

No caso de inobservância do procedimento relativo à "suspensão da execução", a alegação de nulidade somente será conhecida caso demonstrada a ocorrência de efetivo prejuízo, que será presumido em caso de inexistência da intimação de que trata o § 4º deste artigo (CPC, art. 921, § 6º).

O § 6º do art. 921 foi acrescentado pela Lei 14.195/2021, que alterou o seu § 4º e acrescentou-lhe o § 4º-A, mas, ao fazê-lo, equivocou-se ao se reportar ao § 4º,[19] porquanto este parágrafo não alude a intimação, que vem referida pelo seu § 4º-A.[20]

---

[17] Art. 281. Anulado o ato, consideram-se de nenhum efeito todos os subsequentes, que dele dependam, todavia, a nulidade de uma parte do ato não prejudicará as outras, que dela sejam independentes.

[18] "Não há nulidade sem prejuízo."

[19] Art. 921. Suspende-se a execução: (...) § 4º O termo inicial da prescrição no curso do processo será a ciência da primeira tentativa infrutífera de localização do devedor ou de bens penhoráveis, e será suspensa, por uma única vez, pelo prazo máximo previsto no § 1º deste artigo. (...)

[20] Art. 921. Suspende-se a execução: (...) § 4º-A. A efetiva citação, intimação do devedor ou constrição de bens penhoráveis interrompe o prazo de prescrição, que não corre pelo tempo necessário à citação e à intimação

O disposto no art. 921 do CPC, e, assim, também o seu § 6º, aplica-se, igualmente, ao cumprimento de sentença de que trata o art. 523 do Código (CPC, art. 921, § 7º, acrescentado pela precitada Lei).

6.3.4 Princípio da economia processual

O *princípio da economia processual* manda que se releve a nulidade, desde que possível ao juiz resolver o mérito favorável à parte a quem aproveitaria eventual pronunciamento dela, nos termos do art. 485[21] (CPC, art. 488). Na prática, no entanto, será difícil que o juiz tenha essa convicção antes de concluída a instrução (produção de provas) do processo.

6.4 Ato processual inexistente

Ao lado dos atos anuláveis e nulos, fala-se também em *ato processual inexistente*, que seria aquele ao qual faltassem elementos essenciais à sua constituição, como, por exemplo, a sentença *sem fundamentação* (CPC, art. 489, II),[22] ou proferida por juiz aposentado na véspera da prolação ou pelo escrivão da vara a rogo do juiz.

Parte da doutrina nega essa modalidade de ato processual, incluindo-o na categoria dos atos nulos.[23]

7 ORDEM CRONOLÓGICA NA PRÁTICA DE ATOS PROCESSUAIS

O atual Código de Processo Civil pretende acabar com os chamados "pedidos de preferência", para que os processos sigam a sua tramitação, como que numa fila indiana, para fins de prolação de sentença ou de acórdão, pelo que dispõe o art. 12, *caput* que: "Os juízes e os tribunais atenderão, preferencialmente, à ordem cronológica de conclusão para proferir sentença ou acórdão".

---

do devedor, bem como para as formalidades da constrição patrimonial, se necessária, desde que o credor cumpra os prazos previstos na lei processual ou fixados pelo juiz. (...)

[21] Art. 485. O juiz não resolverá o mérito quando: I – indeferir a petição inicial; II – o processo ficar parado durante mais de 1 (um) ano por negligência das partes; III – por não promover os atos e as diligências que lhe incumbir, o autor abandonar a causa por mais de 30 (trinta) dias; IV – verificar a ausência de pressupostos de constituição e de desenvolvimento válido e regular do processo; V – reconhecer a existência de peremção, de litispendência ou de coisa julgada; VI – verificar ausência de legitimidade ou de interesse processual; VII – acolher a alegação de existência de convenção de arbitragem ou quando o juízo arbitral reconhecer sua competência; VIII – homologar a desistência da ação; IX – em caso de morte da parte, a ação for considerada intransmissível por disposição legal; e X – nos demais casos prescritos neste Código. § 1º Nas hipóteses descritas nos incisos II e III, a parte será intimada pessoalmente para suprir a falta no prazo de 5 (cinco) dias. § 2º No caso do § 1º, quanto ao inciso II, as partes pagarão proporcionalmente as custas, e, quanto ao inciso III, o autor será condenado ao pagamento das despesas e dos honorários de advogado. § 3º O juiz conhecerá de ofício da matéria constante dos incisos IV, V, VI e IX, em qualquer tempo e grau de jurisdição, enquanto não ocorrer o trânsito em julgado. § 4º Oferecida a contestação, o autor não poderá, sem o consentimento do réu, desistir da ação. § 5º A desistência da ação pode ser apresentada até a sentença. § 6º Oferecida a contestação, a extinção do processo por abandono da causa pelo autor depende de requerimento do réu. § 7º Interposta a apelação em qualquer dos casos de que tratam os incisos deste artigo, o juiz terá 5 (cinco) dias para retratar-se.

[22] Art. 489. São elementos essenciais da sentença: (...) II – os fundamentos, em que o juiz analisará as questões de fato e de direito. (...)

[23] O ato inexistente deveria indicar uma realidade *de fato* que não chega a penetrar no mundo do direito (Liebman).

Esta regra tem pouco ou nenhum sabor de norma processual, pelo que teria melhor assento nas Leis de Organização Judiciária (ou Códigos Judiciários) e nos Regimentos Internos dos Tribunais, por ser uma regra mais direcionada ao modo como os juízos devem lidar com os processos, evitando que os mais recentes *atropelem* os mais antigos.

O § 2º do art. 12 do CPC exclui da regra do *caput*: I – as sentenças proferidas em audiência, homologatórias de acordo ou de improcedência liminar do pedido; II – o julgamento de processos em bloco para aplicação de tese jurídica firmada em julgamento de casos repetitivos; III – o julgamento de recursos repetitivos ou de incidente de resolução de demandas repetitivas; IV – as decisões proferidas com base nos arts. 485 e 932; V – o julgamento de embargos de declaração; VI – o julgamento de agravo interno; VII – as preferências legais e as metas estabelecidas pelo Conselho Nacional de Justiça; VIII – os processos criminais, nos órgãos jurisdicionais que tenham competência penal; IX – a causa que exija urgência no julgamento, assim reconhecida por decisão fundamentada.

Essas exceções se justificam por si, constituindo a grande maioria dos processos que *"furam a fila"*, porque, uma vez cumpridas as determinações legais, poucos processos restarão para que o juiz dê cumprimento ao que manda a regra contida no *caput* do art. 12 do CPC.

8 CALENDÁRIO PARA A PRÁTICA DE ATOS PROCESSUAIS

O calendário para a prática de atos processuais é outra novidade trazida pelo atual CPC, a exemplo do que já acontece com o processo arbitral e com a prática de atos processuais arbitrais.

Estabelece o art. 190, *caput*, do CPC que: "Versando o processo sobre direitos que admitam autocomposição, é lícito às partes plenamente capazes estipular mudanças no procedimento para ajustá-lo às especificidades da causa e convencionar sobre os seus ônus, poderes, faculdades e deveres processuais, antes ou durante o processo."

Assim como se admite, na arbitragem, que as partes convencionem o procedimento a ser observado no processo arbitral, o art. 190, *caput*, do CPC permite que as partes, desde que plenamente capazes e se se tratar de direitos que admitam *autocomposição*, estipulem mudanças no procedimento, afetando o roteiro na prática de atos processuais dos sujeitos processuais.

A "autocomposição" é uma modalidade *alternativa* de resolução dos conflitos, compreendendo a desistência (ou renúncia), a submissão (ou reconhecimento), que são modalidades autocompositivas unilaterais, e a transação (concessões recíprocas), que é modalidade bilateral, dependendo da vontade de ambas as partes.

A permissão para que as partes possam também convencionar sobre poderes, faculdades e deveres processuais constitui outro avanço do atual Código, porque nem sempre a previsão legal a esse respeito se ajusta à modalidade de conflito travada em juízo, tendo colorido muito diferente a transação numa demanda, envolvendo interesses *transigíveis*, como alimentos e guarda de menores, por exemplo, e aquela que tem lugar numa demanda envolvendo direitos simplesmente patrimoniais.

No CPC português, há regra permitindo a *adequação formal* do procedimento ao caso concreto, dispondo, no seu artigo 547º que: "O juiz deve adotar a tramitação processual adequada às especificidades da causa e adaptar o conteúdo e a forma dos atos processuais ao fim que visam atingir, assegurando um processo equitativo".

Fala-se também, nesse caso, em *relativização* do procedimento, em que este é adaptado às situações concretas postas em juízo, ou a serem ainda postas em juízo, e mais bem equacionadas pelas regras ajustadas de comum acordo pelas partes do que pelas normas do atual Código de Processo Civil.

BIBLIOGRAFIA

CHIOVENDA, Giuseppe. **Instituições de direito processual civil.** São Paulo: Saraiva, 1969. v. II.

COUTURE, Eduardo. **Fundamentos del derecho procesal civil.** Buenos Aires: Depalma, 1988.

LEONE, Giovanni. **Manuale di diritto processuale civile.** Napoli: Joveni, 1977.

LIEBMAN, Enrico Tullio. **Manuale di diritto processuale civile.** Milano: Giuffrè, 1973. v. 1.

LOPES DA COSTA, Alfredo de Araújo. **Direito processual civil brasileiro.** Rio de Janeiro: Forense, 1959. v. II.

MANZINI, Vicenzo. **Instituições di diritto processuale penale.** Padova: CEDAM, 1917.

MARQUES, José Frederico. **Instituições de direito processual civil.** Rio de Janeiro: Forense, 1958. v. 1.

Capítulo 13
PROVA

Sumário: 1 Prova. 2 Objeto, função e destinatário da prova. 3 Classificação das provas. 4 Meios probatórios: pressupostos e limitações. 5 Natureza do direito probatório. 6 Distribuição do ônus probatório: significado. 7 Critérios formais de distribuição do ônus probatório. 8 Critério material de distribuição do ônus probatório. 9 Dinamização e inversão do ônus da prova. 10 Fatos como objeto da prova. 11 Prova de fatos negativos. 12 Prova do direito. 13 Motivos de prova, meios de prova e procedimento probatório. 14 Alcance do procedimento probatório. Princípios probatórios. 15 Produção antecipada da prova. 16 Sistemas de valoração das provas. 17 Verdade no processo: verdade formal e verdade material.

1 PROVA

1.1 Origem e significado vulgar de prova

O vocábulo "prova" vem do latim *"probatio"*, que significa aprovar, persuadir alguém de alguma coisa.

No sentido *vulgar*, a prova tem o sentido de experiência ou confrontação, quando se fala em prova química, matemática etc.

1.2 Conceito lógico e jurídico de prova

Tem-se distinguido, também, o conceito *lógico* do conceito *jurídico* de prova, chamando-se de prova *em geral* tudo aquilo que persuade de uma verdade o espírito; e de prova *judicial* o meio regulado por lei para descobrir a verdade ou estabelecer a certeza de um fato controvertido no processo.

1.3 Conceito de prova na doutrina

Para Amaral Santos, provar é convencer o espírito da verdade a respeito de alguma coisa.

No mesmo sentido, Chiovenda, para quem provar *é formar a convicção do juiz sobre a existência ou inexistência de fatos relevantes no processo*.

1.4 Sentidos objetivo e subjetivo da prova

Na técnica jurídica, o vocábulo pode ser tomado em dois sentidos: objetivo e subjetivo.

No sentido *objetivo*, prova é o meio de demonstrar a existência de um fato jurídico, ou o meio destinado a fornecer ao juiz o conhecimento da verdade dos fatos deduzidos no processo; quando se fala então em prova testemunhal, documental e pericial.

No sentido *subjetivo*, a prova é a convicção que se forma no espírito do juiz quanto à verdade dos fatos.

1.5 Conceito de prova judiciária

A prova judiciária reúne esses dois caracteres, sendo apreciada *como fato* e como *indução lógica*, pelo que Amaral Santos a definiu como "a soma dos fatos produtores da convicção apurados no processo".

A importância da prova está em que o juiz ou tribunal não pode julgar com base em meras conjecturas ou alegações, mas de conformidade com o alegado e provado pelas partes.[1]

2 OBJETO, FUNÇÃO E DESTINATÁRIO DA PROVA

A *prova judiciária* tem um *objeto*, uma *função* e um destinatário.

2.1 Objeto da prova judiciária

O *objeto da prova judiciária* são os fatos da causa, o fundamento da pretensão deduzida no processo, ou o *tema probando*.

Em matéria processual, *fato* tem um sentido bastante amplo, como todo acontecimento do mundo exterior, alcançando coisas, lugares, pessoas e documentos. Em outros termos, o *fato* exprime tudo o que não é o *direito*.

2.2 Função da prova judiciária

A *função da prova judiciária* é formar a convicção do juiz sobre a veracidade dos fatos alegados pelas partes. Primeiro, ela cria a certeza quanto à existência dos fatos, e, depois, esta certeza, tornada inabalável pela exclusão de todos os motivos contrários, torna-se convicção (Amaral Santos). Diz-se, então, que um fato está provado, por se ter formado no espírito do juiz a certeza quanto à sua existência.

2.3 Destinatários da prova judiciária

O *destinatário da prova judiciária* é o juiz, porquanto ela objetiva formar a sua convicção; mas o juiz é apenas o seu *destinatário direto*, porque os destinatários *indiretos* são as próprias partes, que precisam ser convencidas, para acolher como justa a decisão.

3 CLASSIFICAÇÃO DAS PROVAS

Malatesta classifica as provas segundo três critérios: I – quanto ao sujeito; II – quanto ao objeto; e III – quanto à forma.

Quanto ao *sujeito*,[2] a prova pode ser: a) *pessoal*; e b) *real*.

3.1 Prova pessoal

A *prova pessoal* é aquela que resulta da afirmação feita por uma pessoa, como o testemunho de quem presenciou um fato, o reconhecimento da assinatura num documento, a confissão do devedor etc.

---

[1] "*Idem est et non esse et non probari*": "Não ser e não provar é a mesma coisa."
[2] *Sujeito da prova* é a pessoa ou coisa que atesta o fato probando. Quando os fatos deixam vestígios, a coisa será sujeito da prova. Quando deixam meras lembranças, a sua reconstituição será possível através de testemunha, quando, então, a pessoa será o sujeito da prova.

3.2 Prova real

A *prova real* é a atestação emanada de uma coisa das modalidades que o fato probando lhe imprimiu, como a verificação dos instrumentos que serviram à prática de um delito, a averiguação de um dano produzido por incêndio, uma cerca divisória entre dois imóveis etc.

Quanto ao *objeto*, a prova pode ser: a) *direta;* e b) *indireta.*

3.3 Prova direta

A *prova direta* é aquela que tem por objeto imediato o próprio fato probando ou que consiste neste mesmo fato, como a prova escrita do contrato, a confissão do devedor da dívida, a narração da testemunha sobre o que presenciou etc.

3.4 Prova indireta

A *prova indireta*, chamada também *circunstancial*, é aquela que resulta de um fato relacionado com o fato principal, que, da sua existência, se chega à certeza do fato que se quer provar, como os indícios, as presunções etc.

Quanto à *forma*, a prova pode ser: a) *testemunhal;* b) *documental;* e c) *material.*

3.5 Prova testemunhal

A *prova testemunhal* é toda afirmação feita por pessoa capaz, que, direta ou indiretamente, teve conhecimento do fato que se quer provar, como o depoimento da testemunha, o interrogatório da parte etc.

3.6 Prova documental

A *prova documental* é toda representação corpórea de um fato, do qual se origina uma relação de direito, compreendendo os escritos, plantas, projetos, desenhos, gravações, fotografias, e-mails, mensagens *on-line,* CD, DVD etc.

3.7 Prova material

A *prova material* é toda materialidade que sirva para produzir no espírito do juiz a certeza do fato probando, como o corpo de delito, os exames periciais, os instrumentos do crime etc.

A prova foi também classificada por Bentham, considerando-a quanto ao momento da sua formação, em duas categorias: a) *casual;* e b) *preconstituída.*[3]

3.8 Prova casual

A *prova casual* é aquela que não foi feita com a intenção direta de ser empregada como prova numa causa, como, por exemplo, as cartas, as notas, um livro privado de contas etc.

3.9 Prova preconstituída

A *prova preconstituída* é aquela consistente num escrito autêntico, feito de acordo com as formalidades legais, para ser empregado como prova numa causa, como uma escritura pública de compra e venda, um recibo de quitação etc.

---

[3] Bentham registra ter sido o inventor da locução "preconstituída" e que hesitou entre duas denominações – "prova preestabelecida" ou "prova preconstituída" – preferindo esta última, porque melhor traduz que são obra do legislador, que as ordena por previdência.

Para Amaral Santos, as *provas casuais* são as preparadas no curso da demanda, como as testemunhas que assistiram, eventualmente, ao fato, e os documentos que não tenham sido formados para servir de representação do fato probando. São provas *preconstituídas*, no sentido amplo, as preparadas preventivamente, em vista de sua possível utilização numa futura demanda.

Posteriormente, a classificação de Bentham, de prova preconstituída, foi estendida a provas não escritas, como, por exemplo, os sinais que se colocam nos muros divisórios, para atestar a sua propriedade.

Esses critérios de classificação das provas têm a vantagem de ser aplicados tanto ao processo civil quanto aos processos penal e trabalhista.

Graficamente:

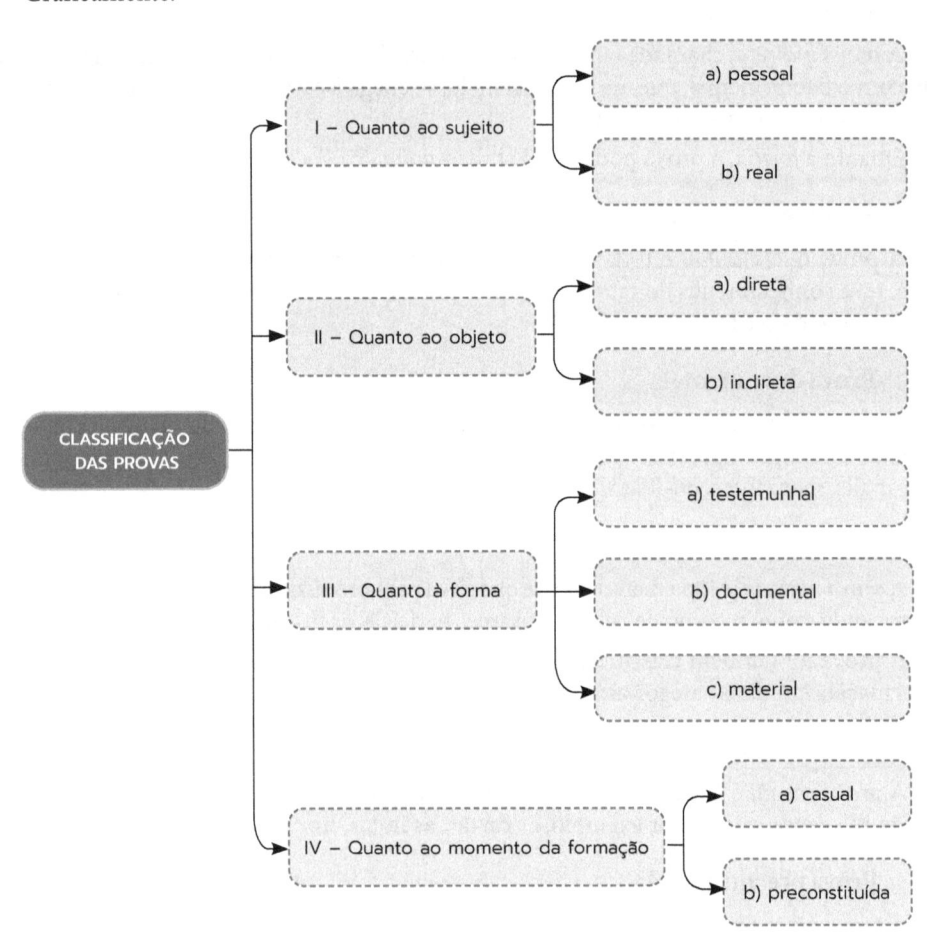

CLASSIFICAÇÃO DAS PROVAS

- I – Quanto ao sujeito
  - a) pessoal
  - b) real
- II – Quanto ao objeto
  - a) direta
  - b) indireta
- III – Quanto à forma
  - a) testemunhal
  - b) documental
  - c) material
- IV – Quanto ao momento da formação
  - a) casual
  - b) preconstituída

4 MEIOS PROBATÓRIOS: PRESSUPOSTOS E LIMITAÇÕES

Os fatos ocorrem *antes* do processo e devem ser transportados para dentro do processo de conformidade com as normas processuais; devendo a prova ser colhida pelos meios admitidos em direito e pela forma estabelecida em lei.

4.1 Fixação dos fatos no processo

A fixação dos fatos no processo pode ocorrer através da sua *reprodução objetiva*, como o exame da coisa pelo perito ou pelo juiz; da sua *representação*, como a declaração de atos constantes de documentos; ou da sua *reconstrução histórica*, como os depoimentos de testemunhas.

A lei estabelece os meios de prova juridicamente admissíveis, e, por esses meios, deverão os fatos ser provados;[4] mas, além desses meios, podem ser aceitos outros, desde que não sejam imorais ou ilícitos.

4.1.1 Prova no processo penal

No processo penal, sempre imperou o princípio da liberdade da prova,[5] exceto quanto ao estado civil das pessoas (CPP, art. 155, parágrafo único).[6] Assim, se o Ministério Público oferecer denúncia contra alguém, pelo crime de estupro (CP, art. 213),[7] e pedir majoração da pena pelo fato de o agente ser ascendente, padrasto, irmão etc. (CP, art. 226, II),[8] não poderá o juiz, na hipótese de condenação, exasperar a pena, se não for feita a prova a esse respeito.

Muitas vezes, o tempo é que exerce influência na produção da prova, pois, se o órgão do Ministério Público ou o querelante não arrolar as testemunhas na peça inicial da ação penal (CPP, art. 41),[9] não mais poderá fazê-lo. Esse preceito bate de frente com o *princípio da verdade real*, que se afirma informar o processo penal.

4.1.2 Juiz das garantias no campo probatório penal

O objetivo da Lei nº 13.964/19, vulgarmente conhecida como Pacote Anticrime, foi instituir um processo penal *acusatório* **puro**, em que as atividades do juiz das garantias são restritas à fase pré-processual, ou seja, durante o inquérito policial, dispondo, originalmente, o seu art. 3º-A do CPP, incluído por essa lei: "*O processo penal terá estrutura acusatória, vedadas a iniciativa do juiz na fase de investigação e a substituição da atuação probatória do órgão de acusação.*"

No entanto, quando do julgamento das ADIs 6298/DF, 6299/DF, 6300/DF e 6305/DF, ajuizadas contra essa Lei por Associações de Juízes, de Membros do Ministério Público e de partidos políticos, o sistema acusatório puro acabou sendo desvirtuado pelo STF, que, dando interpretação conforme a Constituição ao art. 3º-A do CPP, assentou:

---

[4] Exemplos: depoimento pessoal, confissão, documentos, testemunhas, perícia, inspeção judicial.

[5] Vigorando, no processo penal, o *princípio da verdade real*, não pode haver limitações à prova, sob pena de ser desvirtuado aquele interesse do Estado na justa atuação da lei.

[6] Art. 155. (...) Parágrafo único. Somente quanto ao estado das pessoas serão observadas as restrições estabelecidas na lei civil.

[7] Art. 213. Constranger alguém, mediante violência ou grave ameaça, a ter conjunção carnal ou a praticar ou permitir que com ele se pratique outro ato libidinoso: (...).

[8] Art. 226. A pena é aumentada: (...) II – de metade, se o agente é ascendente, padrasto ou madrasta, tio, irmão, cônjuge, companheiro, tutor, curador, preceptor ou empregador da vítima ou por qualquer outro título tiver autoridade sobre ela.

[9] Art. 41. A denúncia ou queixa conterá a exposição do fato criminoso, com todas as suas circunstâncias, a qualificação do acusado ou esclarecimentos pelos quais se possa identificá-lo, a classificação do crime e, quando necessário, *o rol das testemunhas*.

"Art. 3º-A. O processo penal terá estrutura acusatória, vedadas a iniciativa do juiz na fase de investigação e a substituição da atuação probatória do órgão de acusação; mas o **juiz pontualmente, nos limites legalmente autorizados, pode determinar a realização de diligências suplementares, para o fim de dirimir dúvida sobre questão relevante para o julgamento do mérito**." (grifo nosso)

Embora tenha o STF invocado a "interpretação conforme" [a Constituição] para alterar praticamente todos os preceitos relativos ao juiz das garantias, vê-se que a opção da Suprema Corte não foi das melhores, porquanto:

"O *princípio da interpretação conforme* a Constituição é aplicado no caso de normas legais que admitem **mais de uma interpretação**, devendo ser preferida aquela que mais se compatibilize com o conteúdo constitucional e não seja contrária a ele; pelo que, se bem observado o que ocorreu com a Lei 13.964/2019, não foi essa hipótese que levou a Suprema Corte a decidir da forma como decidiu, mas o *propósito de alterar a própria Lei*, por entender que aquela aprovada pelo Congresso não seria exequível; embora não tenha deixado isso expresso." (grifo nosso)

Depois dessa decisão, o sistema acusatório, que o Pacote Anticrime pretendeu instituir, passou de acusatório "puro" para acusatório "mitigado".

4.1.3 Prova no processo civil

No processo civil, todos os meios legais, bem como os moralmente legítimos, ainda que não especificados pelo Código, são hábeis para provar a verdade dos fatos, em que se funda o pedido ou a defesa, e influir eficazmente na convicção do juiz (CPC, art. 369), imperando, pois, em princípio, a liberdade da prova, com as restrições impostas pela lei. Seriam exemplos de *provas proibidas*, por não serem moralmente legítimas, a narcoanálise, o soro da verdade etc.

Restrições são agasalhadas, ainda, pelo processo civil, não se admitindo a prova exclusivamente testemunhal, devendo haver começo de prova por escrito, emanado da parte contra a qual se pretende produzir a prova (CPC, art. 444),[10] nem quando a lei exigir, como prova do ato instrumento público (CPC, art. 406).[11]

Afora as limitações expressamente consagradas na lei, considera-se meramente exemplificativa a enumeração legal, podendo ser admitidos outros meios de prova, como radiografia, impressão digital, fita magnética, fotografia etc.

5 NATUREZA DO DIREITO PROBATÓRIO

5.1 Natureza jurídica da prova

Discute-se na doutrina se a *prova* deve ser tratada pelo direito *material* ou pelo direito *processual*.[12]

Os antigos processualistas, por considerarem o processo como uma dependência do direito material, entendiam que a matéria de prova deveria ser toda ela *discriminada* pelas leis materiais, ficando para o direito processual apenas *o modo de sua produção em juízo*.

---

[10] Art. 444. Nos casos em que a lei exigir prova escrita da obrigação, é admissível a prova testemunhal quando houver começo de prova por escrito, emanado da parte contra a qual se pretende produzir a prova.

[11] Art. 406. Quando a lei exigir instrumento público, como da substância do ato, nenhuma outra prova, por mais especial que seja, pode suprir-lhe a falta.

[12] Não é o fato de a norma sobre prova estar no Código Civil que determina a sua natureza de norma substancial.

Alguns doutrinadores sustentam que as leis processuais não podem definir as provas, mas apenas o meio de serem produzidas em juízo; enquanto outros entendem que as provas devem ser tratadas em toda a sua extensão pelas leis processuais; sendo esta a posição de Chiovenda, para quem toda a matéria de prova pertence ao direito processual.[13]

A tendência dos modernos processualistas é também no sentido de que toda matéria de prova deve ser tratada pelo direito processual.

Uma corrente conciliadora considera a matéria de prova de natureza *mista*, pertencente tanto ao direito material como ao direito processual; cabendo, por exemplo, ao direito civil, a determinação da prova, a indicação do seu valor jurídico e das condições de sua admissibilidade; reservados ao direito processual civil os modos de constituir a prova e de produzi-la em juízo.[14]

6 DISTRIBUIÇÃO DO ÔNUS PROBATÓRIO: SIGNIFICADO

O *ônus probatório* corresponde ao *encargo* que pesa sobre as partes, de ministrar provas sobre os fatos que constituem fundamento das pretensões deduzidas no processo.

6.1 Conceito de ônus probatório

Ônus não é o mesmo que *obrigação*, mas apenas um *encargo* que pesa sobre a parte. A obrigação é sempre em relação a alguém, havendo uma relação jurídica entre dois sujeitos, em que a satisfação da obrigação pelo obrigado é do interesse do titular do direito. O ônus, por seu turno, é em relação a si próprio, em que satisfazer o ônus é do interesse do próprio onerado. Assim, o devedor tem uma obrigação para com o credor; enquanto o réu tem o ônus da contestação da demanda.

6.2 Distribuição estática da prova

A distribuição *estática* da prova entre as partes é o reflexo do *ônus probatório* que pesa sobre elas, fenômeno processual esclarecido por Goldschmidt,[15] que demonstrou não ser o ônus uma obrigação, mas um encargo das partes, do qual devem se desincumbir para lograr uma situação mais favorável no processo.

6.3 Ônus da prova na doutrina

Para Amaral Santos, ônus da prova é o dever de provar, mas no sentido de *necessidade de provar*, ou de fornecer prova destinada à formação da convicção do juiz, quanto aos fatos alegados pelas partes.

---

[13] Chiovenda admite a existência de um *direito processual substancial* e um *direito processual formal*, nestes termos: "Se bem que habitualmente se contraponha a lei substancial à lei processual, seria um erro acreditar que a lei processual tenha sempre caráter formal. A norma que concede a ação não é formal, porque garante um bem da vida, o qual não poderia, de outro modo, ser conseguido, senão no processo, mas é processual, porque se funda sobre a existência do processo e deste deriva."

[14] A prova não interessa só ao direito processual, mas, também, ao direito material. Muitas vezes, são produzidas provas sem que haja qualquer litígio atual, ou mesmo, sem que se saiba se haverá litígio futuro. É imposta forma especial, como sendo da substância do ato, em muitos casos.

[15] Para Goldschmidt, dentre as situações ocorrentes no processo, existe uma que traduz uma *situação de encargo*, correspondente à *situação de ônus* em que se encontra a parte, tendo que praticar um ato processual para prevenir um prejuízo no processo, e uma eventual sentença desfavorável, como, por exemplo, o ônus de produzir provas.

A distribuição do ônus probatório entre os litigantes objetiva determinar a quem compete provar um fato, no processo, e permitir ao julgador sair de um impasse quando a prova se mostrar inexistente ou insuficiente na hora de proferir a sentença.

Essa distribuição da prova entre as partes sofre limitações quando a lide versa sobre *interesses intransigíveis*, geralmente identificados como *direitos indisponíveis*.

7 CRITÉRIOS FORMAIS DE DISTRIBUIÇÃO DO ÔNUS PROBATÓRIO

Várias teorias foram construídas para resolver o tormentoso problema da distribuição do ônus da prova, apoiando-se umas em critério formal e outras em critério material.

Dentre as teorias formais de distribuição do ônus probatório, destacam-se, na Itália, Carnelutti, Chiovenda e Betti.

7.1   Critério de Carnelutti

Para Carnelutti, o critério para terminar a qual das partes incumbe o ônus da prova é o do *interesse na própria afirmação*.

Para essa teoria, incumbe provar quem tenha interesse em afirmar; pelo que quem apresenta uma pretensão cumpre provar-lhe os *fatos constitutivos*, e quem se defende cumpre provar os *fatos extintivos* e as *condições impeditivas* ou *modificativas*.

7.2   Critério de Chiovenda

Para Chiovenda, o ônus de afirmar e provar se distribui entre as partes no sentido de que é deixado à iniciativa de cada uma delas fazer valer os fatos que pretenda sejam considerados pelo juiz; ou, noutros termos, que tenha interesse em que sejam por ele considerados verdadeiros.

7.3   Critério de Betti

Para Betti, o problema do ônus da prova pressupõe que o acertamento probatório seja governado pelo princípio da iniciativa das partes ou do dispositivo, pois, onde a instrução for governada pelo princípio inquisitivo, a distribuição do ônus da prova não tem razão de ser.

Num primeiro plano, pareceria óbvio resolver o problema no sentido de que deve suportar o risco (*rectius*, o ônus) da prova a parte que tenha *interesse* nela; mas essa solução se baseariam critério equívoco e imprestável; pois, se, por um lado, o "interesse da afirmação" é *unilateral*, no sentido de que cada parte tem interesse em afirmar os fatos *positivos* que servem de fundamento à ação ou à defesa, por outro lado, o "interesse na prova" tem caráter *bilateral*, no sentido de que, afirmado um fato, cada uma das partes tem interesse em fornecer prova a seu respeito: uma tem o interesse em demonstrar a sua existência; a outra, a sua inexistência. Assim, não teria sentido colocar a prova a cargo da parte que tenha *interesse em provar*, porque esse interesse, embora em direção oposta, têm ambas as partes.[16]

---

[16]   Para Betti, o que se deve considerar, pois, não é tanto o *interesse*, mas o *ônus da afirmação e da prova*. Para o réu, isso acontece somente quando o "não afirmar" e "não provar" lhe traria prejuízo; mas isso só acontece quando o autor haja provado os fatos idôneos para constituir o direito que reclama, de forma que o juiz deveria acolher a sua demanda, se o adversário não afirmar e provar fatos que obstruam o acolhimento. Enquanto tal não aconteça, o réu pode limitar-se a negar pura e simples-

7.4 Problemática do ônus probatório

Para se chegar a um critério satisfatório, é preciso deslocar a questão do ponto de vista do *interesse* para o do *ônus da afirmação*. A repartição do ônus da prova corre paralela com a repartição do ônus da afirmação ou contestação e do pedido, e se inspira num critério de igualdade entre as partes; entendida essa igualdade, no que é compatível com a diferente posição processual das duas partes. Como ao ônus do pedido – ônus da ação e da defesa – se coordena o *ônus da afirmação*, ao *ônus da afirmação* se coordena *o ônus da prova*. Quem *faz valer a pretensão* (o autor) tem o ônus de afirmar os fatos que lhe servem de fundamento: por esta afirmação, tem o ônus da prova da ação, em sentido amplo, compreendendo a pretensão e a ação *stricto sensu*. Igualmente, se quem *contesta a pretensão* (réu) não se limita a negar a existência dos fatos deduzidos como fundamento dela, negativa pela qual não tem um ônus acessório e consequencial da contraprova, tem o ônus de afirmar outros fatos, que, sem excluir a existência deles, elidam a eficácia jurídica originária ou atual dos mesmos: por esta afirmativa tem um ônus próprio e autônomo de *prova da defesa* em sentido amplo, ônus sempre subordinado e eventual, em relação ao ônus do autor, porquanto não entra em jogo senão depois que este foi cumprido.[17]

8 CRITÉRIO MATERIAL DE DISTRIBUIÇÃO DO ÔNUS PROBATÓRIO

O critério material pode deduzir-se do alcance jurídico que o direito substancial atribui aos fatos e às circunstâncias que servem de fundamento à ação e à defesa, tendo sido adotado pelo art. 373[18] do Código de Processo Civil.

A natureza de tais fatos pode hoje considerar-se pacífica na doutrina, compreendendo-se, nesta classificação, os fatos e circunstâncias relevantes para o nascimento, a modificação e a extinção da relação, situação ou estado jurídicos deduzidos em juízo.

8.1 Repartição do ônus da prova

Os fatos *probandos* se distinguem em: a) fato constitutivo do direito do autor; e b) fato impeditivo, modificativo ou extintivo do direito do autor.

8.1.1 Fato constitutivo do direito

O *fato constitutivo* é aquele que tem a eficácia jurídica de constituir a relação litigiosa, ou seja, que dá origem ao direito pretendido. É o fato cuja afirmação e prova incumbem ao autor, como, por exemplo, na ação de despejo, a relação de locação; na ação reivindicatória, o domínio do imóvel; na reclamação trabalhista, a relação de emprego.

---

mente, mesmo no caso de negação indireta, ou seja, de afirmação de um fato incompatível com aquele afirmado pelo autor; ele não tem, por enquanto, a necessidade de provar o fato que afirma, porque a sua afirmação é feita só para negar a existência do fato deduzido pelo autor como fundamento da sua demanda.

[17] Entre o ônus da afirmação e o ônus da prova existe, no geral, uma coordenação rigorosa. Somente em tema de fatos notórios – onde, de resto, o ônus da afirmação se atenua pela possibilidade que tem o juiz de considerá-los, ainda que não venham provados – a coordenação diminui, e, quanto ao ônus da prova, cessa de todo.

[18] Art. 373. O ônus da prova incumbe: I – ao autor, quanto ao fato constitutivo de seu direito; II – ao réu, quanto à existência de fato impeditivo, modificativo ou extintivo do direito do autor. (...)

O ônus da prova do fato constitutivo incumbe ao autor, ou ao réu, apenas na hipótese de vir este a formular *pedido contraposto*, na própria contestação, como permitido, por exemplo, pelo art. 556 do CPC.[19]

8.1.2 Fato impeditivo do direito

O *fato impeditivo* é aquele que impede que o fato constitutivo produza os seus efeitos normais ou que lhe são próprios, ocasionando *um impedimento*, como, por exemplo, a qualidade de menor ou interdito por quem excepciona a própria incapacidade, no momento de contratar; a falta de capacidade civil do vendedor, no contrato de compra e venda.

8.1.3 Fato modificativo do direito

O *fato modificativo*[20] é aquele que opera uma modificação no fato constitutivo invocado no processo; ou que tenha a eficácia de modificar o direito do autor, como, por exemplo, a cobrança de cem reais pelo credor, alegando o devedor que lhe foram emprestados apenas cinquenta.

8.1.4 Fato extintivo do direito

O *fato extintivo* é aquele que extingue a relação jurídica material ou o direito invocado pelo autor, como, por exemplo, o pagamento, a prescrição, o perdão da dívida etc.

O ônus da prova do fato impeditivo, modificativo ou extintivo do direito do autor incumbe ao réu, ou ao autor, na hipótese de vir o réu a formular pedido contraposto, na contestação, como permitido pelo art. 556 do CPC.

9 DINAMIZAÇÃO E INVERSÃO DO ÔNUS DA PROVA

A dinamização do ônus da prova vem consagrada pelo § 1º do art. 373 do CPC, com o propósito de temperar a distribuição *estática* da prova entre as partes, consagrada pelo art. 373, I e II, que atribui ao autor a prova do fato *constitutivo* do seu direito, e, ao réu, a prova do fato *impeditivo*, *modificativo* ou *extintivo* do direito do autor.

9.1 Distribuição dinâmica da prova

A distribuição *dinâmica* da prova, ao contrário da distribuição *estática*, parte do pressuposto de que o ônus da prova deve ser desempenhado por aquela das partes que, à vista do caso concreto, tem melhores condições de provar, cumprindo ao juiz, diante do litígio posto em juízo, decidir sobre quem deva ser onerado com a produção da prova.

9.1.1 Dinamização do ônus da prova

A propósito, registra Daniel Mitidiero, que a dinamização do ônus da prova só pode ocorrer mediante o atendimento de suas condicionantes materiais e processuais: do ponto de

---

[19] Art. 556. É lícito ao réu, na contestação, alegando que foi o ofendido em sua posse, demandar a proteção possessória e a indenização pelos prejuízos resultantes da turbação ou do esbulho cometido pelo autor.

[20] São modificações referentes ao sujeito do direito ou objeto do direito. *Subjetivas* – o autor cobra os dividendos de cotas (ações) e o réu alega que parte dessas cotas foi alienado para outra pessoa. *Objetivas* – o devedor alega que o credor por aluguéis recebeu um título cambial *pro soluto* (como quitação), e, assim, modifica-se a natureza do direito creditório.

vista material, requer-se a demonstração de que o caso concreto não pode ser solucionado, sem grave ofensa à paridade de armas, à luz da regra que distribui de maneira fixa o ônus da prova, e que a parte contrária àquela que teria o encargo de provar pode desempenhá-lo com maior facilidade; enquanto, do ponto de vista processual, requer-se fundamentação específica e atribuição do encargo probatório com a correlata oportunidade de provar, tudo, obviamente, precedido de amplo diálogo pelas pessoas do juízo.[21]

Cumpre registrar, por oportuno, que, doutrinariamente, a *dinamização do ônus probatório* não é o mesmo que *inversão do ônus da prova*, pois dinamizar a prova é atribuí-la a uma das partes, em atenção às circunstâncias da causa, em concreto, de modo que a distribuição se faz de acordo com um critério *formal – da maior facilidade na produção da prova* –, e não conforme o *critério material*, repartindo, aprioristicamente, ao autor a prova do fato constitutivo do seu direito e ao réu a prova do fato impeditivo, modificativo ou extintivo do direito do autor. Assim, no sistema da dinamização da prova, em princípio, cabe ao autor a prova do fato constitutivo do seu direito, como, por exemplo, exibir os extratos da sua conta de FGTS, mas, em face da dificuldade em obtê-la, porque a CEF se recusa a fornecer esses extratos, deve o juiz determinar que a instituição bancária, na qualidade de demandada, apresente a prova do fato constitutivo do direito do demandante.

Na prática, contudo, essa dinamização da prova importa em inverter o ônus da prova, que, estando, em princípio, sob o encargo de uma das partes, deverá, na verdade, ser produzida pela outra, geralmente àquela a quem o fato a ser provado possa prejudicar.

A prova pode ser invertida por decisão judicial, por estar o juiz convicto de ter uma das partes maior facilidade na produção da prova do seu direito, do que a parte que, segundo as regras normais do art. 373, I e II, do CPC, deveria desincumbir-se do encargo de comprovar o fato.

9.1.2 Momento de inversão do ônus da prova

A inversão do ônus da prova deverá ser determinada pelo juiz, sendo o momento mais adequado aquele em que o juiz decidir sobre as provas a serem produzidas, que é o do *saneamento* do processo, quando deverá dizer, expressamente, "quem deverá provar o quê", ou seja, se a prova deverá ser produzida pelo autor ou pelo réu (ou por terceiro interveniente) e quais os fatos que serão objeto de prova.

O princípio da *dinamicidade da prova* sempre governou a atividade probatória no processo civil, pois, sempre que o demandante alegava e demonstrava não lhe ter sido possível a obtenção da prova, por incúria do demandado, o juiz dinamizava a prova, mandando que fosse por este produzida.

10 FATOS COMO OBJETO DA PROVA

O objeto da prova judiciária são os fatos[22] que servem de fundamento à ação e à defesa, e sobre os quais versa a lide.

---

[21] Na doutrina, não é pacífica essa teoria da distribuição dinâmica do ônus probatório entre as partes, sustentando Emilio Betti que o problema do ônus da prova pressupõe que o acertamento probatório seja governado pelo princípio da iniciativa das partes (dispositivo), pois onde a instrução fosse governada pelo princípio inquisitivo (ou inquisitório) – em que a determinação da prova cabe ao juiz, de ofício –, a distribuição do ônus da prova não teria razão de ser.

[22] Os fatos, doutrina Amaral Santos, são entes, figuras, objetos, com limites, qualidades, características, que os separam, os diferenciam, os distinguem de outros fatos, indivíduos ou coisas.

Alguns desses fatos carecem e outros não carecem de prova.

Como a atividade probatória é dispendiosa, deve o juiz dirigir o processo de modo a evitar que as partes procrastinem o seu curso, com requerimentos de provas dispensáveis ou protelatórias.

10.1   Fatos que carecem de prova

Carecem de prova os fatos: *a*) controvertidos; *b*) relevantes; e *c*) determinados.

10.1.1   *Prova de fatos controvertidos*

Fatos controvertidos são aqueles sobre os quais se instaurou uma controvérsia; que, afirmados por uma das partes, foram negados pela parte contrária; enfim, os fatos contestados,[23] ou seja, não admitidos no processo como verdadeiros.

10.1.2   *Prova de fatos relevantes*

Fatos relevantes, também ditos *influentes*, são aqueles capazes de influir na decisão da causa, ou seja, que tenham alguma relação com a causa ajuizada.

10.1.3   *Prova de fatos determinados*

Fatos determinados são aqueles que se apresentam com características próprias, suficientes para distingui-los de outros semelhantes.

10.2   Fatos que não carecem de prova

Não carecem de prova os fatos: a) incontroversos; b) evidentes; c) impertinentes; d) irrelevantes; e) impossíveis; f) indeterminados; g) notórios; e h) possíveis com prova impossível.

10.2.1   *Fatos incontroversos*

Fatos incontroversos são aqueles a respeito dos quais não houve controvérsia, ou porque, alegados por uma das partes, foram confessados[24] pela outra, ou porque, alegados por uma das partes, não foram contestados pela parte contrária.

Não se aplica ao processo penal essa regra, em vista da natureza da lide penal, em que os interesses são, geralmente, indisponíveis, predominando o interesse público.[25]

---

[23] Embora não contestados, pode acontecer que deva ser dada prova dos fatos em determinadas circunstâncias, o que se verifica: *a*) quando reclamada pelo juiz para o fim de formar com mais segurança o seu convencimento; *b*) quando a lide versa sobre direitos indisponíveis (*rectius*, interesses intransigíveis), como nas ações de anulação de casamento; *c*) quando a lei exige que a prova do ato jurídico se revista de forma especial (prova da propriedade imobiliária, do direito real de garantia, do casamento, da separação judicial etc.).

[24] Confessar é admitir como verdadeiro um fato contrário ao próprio interesse.

[25] No processo penal, o fato admitido ou aceito como verdadeiro é objeto de prova. Miguel Fenech, depois de dizer que, no processo civil, a admissão expressa de um fato isenta de prova, acrescenta que "no processo penal, ao contrário, em virtude da vigência dos princípios da investigação oficial e da verdade material, o julgador deve chegar à verdade dos fatos tal como ocorreram historicamente e não como querem as partes que apareçam realizados".

10.2.2 Fatos evidentes

Fatos evidentes são aqueles que se impõem ao raciocínio, como decorrência natural de outros; sendo, por isso, denominados de *fatos intuitivos*; pelo que, se um homem fala e se move, não há necessidade de provar que está vivo.

10.2.3 Fatos impertinentes

Fatos impertinentes são aqueles que não pertencem à causa, estranhos a ela, como, por exemplo, o réu querer provar, numa ação de reivindicação, que é credor do autor.

10.2.4 Fatos irrelevantes ou inconcludentes

Fatos irrelevantes ou *inconcludentes* são aqueles que, embora se refiram à causa, não têm nenhuma relevância ou influência na decisão do juiz; ou que não levam a conclusão alguma, como, por exemplo, se, numa ação indenizatória contra ele proposta, alega o réu que derrubou a mata do autor porque a sua indústria estava prestes a paralisar-se por falta de combustível.

10.2.5 Fatos impossíveis

Fatos impossíveis[26] são aqueles cuja aceitação repugna ao elementar bom-senso, em função dos fatores de espaço e tempo, como, por exemplo, alguém querer provar ter sido *teletransportado* para o local do crime.

Nessa categoria se incluem os fatos *inverossímeis* ou *inacreditáveis* e os que contrariam verdades incontestáveis ou universalmente consagradas: a parte é menor do que o todo; uma coisa não pode ser e não ser ao mesmo tempo; dois corpos não podem ocupar, ao mesmo tempo, o mesmo lugar no espaço.

Como a impossibilidade é relativa, porquanto o que foi impossível ontem não é hoje, recomenda a doutrina que, se aparentemente impossível ou inverossímil o fato, o melhor é deixar ao juiz a decisão sobre a admissão da prova.

Antigamente, a alegação de que um prédio foi derrubado em questão de segundos era impossível, porque a derrubada levava meses; mas depois que surgiu a "implosão" o prédio vem abaixo realmente em questão de segundos.

10.2.6 Fatos indeterminados

Fatos indeterminados são aqueles cuja indeterminação não permite a produção da prova; como, por exemplo, provar o autor que um semovente seu passou para o pasto do réu, se não puder descrever o animal; provar uma invasão do imóvel sem descrever os seus respectivos limites etc.

10.2.7 Fatos notórios

Fatos notórios são aqueles cujo conhecimento faz parte da cultura própria de determinada esfera social, no tempo em que ocorre a decisão, não sendo a mesma coisa que fama pública ou opinião pública.

---

[26] Gabriel de Rezende Filho considera, na categoria dos fatos impossíveis, os fatos possíveis cuja prova é impossível.

Um fato pode ser notório em todo o mundo, como, por exemplo, o dia 25 de dezembro é o dia de Natal; ser notório somente numa região, como, por exemplo, data da festa da uva, no Rio Grande do Sul; ou apenas numa cidade, como a realização da Expozebu de Uberaba, em Minas Gerais.

Para ser notório, não é preciso que o fato seja efetivamente conhecido, bastando que possa sê-lo por meio da ciência pública ou comum, como, por exemplo, a consulta de um calendário especializado para saber a época da colheita de café nos Estados produtores.[27]

Também não é preciso que o juiz tenha contato direto com o fato, para considerá-lo notório. Assim, não pode desconhecer que Santos é uma cidade portuária, apesar de nunca ter ido lá.

10.2.8 *Fatos possíveis com prova impossível*

Fatos possíveis com prova impossível são aqueles que são, em si mesmos, possíveis, mas a prova a seu respeito é que é impossível, como, por exemplo, provar com *testemunha ocular* um fato ocorrido há duzentos anos.

10.2.8.1 Natureza da impossibilidade da prova

A impossibilidade da prova pode decorrer: I – de disposição de lei; ou II – da natureza do fato.

I) Por *disposição de lei*, são considerados impossíveis:

a) os fatos alegados ao encontro de uma presunção *iuris et de iure* de veracidade,[28] porque a presunção subsistiria, mesmo que se provasse o contrário; como, por exemplo, pretender um terceiro provar que não teve conhecimento do registro da penhora no ofício de imóveis (CPC, art. 844).[29]

b) os fatos que não possam produzir consequências jurídicas em razão do seu caráter, como, por exemplo, o cônjuge pretender provar a própria infidelidade conjugal para nele fundar o pedido de divórcio.

II – Pela *natureza do fato*, são considerados impossíveis:

a) os fatos cuja prova é vedada por lei, como, por exemplo, pretender alguém provar com testemunhas um contrato sem começo de prova por escrito (CPC, art. 444);[30]

b) os fatos cujas condições peculiares impedem a prova por determinado meio, como uma perícia quando a verificação for impraticável, em virtude do caráter transitório do fato (CPC, art. 464, § 1º, III).[31]

---

[27] Bentham era contra a inexigibilidade de prova do fato notório, afirmando ser a notoriedade uma palavra suspeita, que não passa de um pretexto para quem não possui prova.

[28] "De direito e por direito"; é a presunção legal absoluta.

[29] Art. 844. Para presunção absoluta de conhecimento por terceiros, cabe ao exequente providenciar a averbação do arresto ou da penhora no registro competente, mediante apresentação de cópia do auto ou do termo, independentemente de mandado judicial.

[30] Art. 444. Nos casos em que a lei exigir prova escrita da obrigação, é admissível a prova testemunhal quando houver começo de prova por escrito, emanado da parte contra a qual se pretende produzir a prova.

[31] Art. 464. A prova pericial consiste em exame, vistoria ou avaliação. § 1º O juiz indeferirá a perícia quando: (...) III – a verificação for impraticável.

11 PROVA DE FATOS NEGATIVOS

Muito se discutiu sobre a exatidão da fórmula herdada do direito medieval, *negativa non sunt probanda*, mas a moderna doutrina da prova tem repudiado esse princípio, afirmando que a negativa pode, sim, ser provada.

Muitas vezes, o autor funda o seu pedido num *fato negativo*, como, por exemplo, na ação de acertamento negativo; na de repetição de indébito; na de ressarcimento de dano por omissão culposa; na de extinção de servidão pelo não uso etc.

11.1 Problemática da prova de fato negativo

Sobre a máxima *negativa non sunt probanda*, dizia Chiovenda, em muitos casos não se saberia como aplicá-la, pois toda afirmação é ao mesmo tempo uma negação, e, quando se atribui a uma coisa um predicado, negam-se-lhe todos os predicados *contrários* ou *diversos*. Em caso de predicados *contrários*, isso é evidente, pois quem diz móvel diz não imóvel; quem diz escravo diz não livre; quem diz maior de idade diz não menor. Em nenhum desses casos haveria como saber quem afirma e quem nega, quem deve e quem não deve provar.

Mesmo em caso de predicados *diversos*, embora incerto o predicado que o negador implicitamente afirma, estaria ele em condições de determiná-lo; pelo que não seria possível considerá-lo como negador de modo absoluto, e, por isso, isento de prova. Assim, quem diz que um tecido *não é vermelho* não deve ser considerado, só por isso, um negador, porque, na realidade, afirma que o tecido tem outra cor, que ele poderia determinar; quem diz que uma casa *não está voltada para o Norte* diz que a casa tem outra posição, que ele poderia também determinar.

A impossibilidade da prova resulta apenas da *negativa indefinida* ou *indeterminada*, mas, aí, a impossibilidade decorre do caráter indefinido do próprio fato e não propriamente da prova; sendo impossível alguém provar que nunca viu determinada pessoa na vida.

12 PROVA DO DIREITO

Em princípio, o direito não carece de prova, pois o juiz conhece o direito,[32] mas o direito que não precisa ser provado é apenas o direito nacional, que vige em todo o território brasileiro, pois seria impossível exigir-se do juiz o conhecimento do direito estadual e municipal de todos os Estados federados e municípios, à exceção daqueles onde é juiz; do direito consuetudinário, fruto dos costumes, que varia de lugar para lugar; e do direito estrangeiro de todos os países do mundo.

Para Chiovenda, as normas jurídicas devem ser conhecidas do juiz, não constituindo objeto de prova, no sentido de que a sua falta possa prejudicar qualquer das partes; exceção feita, todavia, quanto às normas que ao juiz cumpra aplicar, no caso de serem provadas, mas que não é obrigado a conhecer, como o direito consuetudinário e o direito estrangeiro.

Nestes casos, o juiz pode exigir prova do direito, cumprindo o encargo a quem o invoca como fundamento de uma pretensão em juízo, neutralizando a máxima: "*Da mihi factum, dabo tibi ius.*"[33]

13 MOTIVOS DE PROVA, MEIOS DE PROVA E PROCEDIMENTO PROBATÓRIO

Chiovenda distingue entre *motivos* de prova, *meios* de prova e *procedimento* probatório.

---

[32] *Iura novit curia.*

[33] "Dá-me os fatos, dar-te-ei o direito."

13.1 Motivos de prova

Os *motivos de prova* são as alegações ou as observações que determinam, imediatamente ou não, a convicção do juiz, como, por exemplo, a *afirmação* de um fato influente na causa, feita por uma testemunha presencial, ou *a observação* de um dano, pelo juiz, no local do evento (inspeção judicial).

13.2 Meios de prova

Os *meios de prova* são as fontes de onde o juiz extrai os motivos de prova, como, por exemplo, a pessoa da testemunha e o local inspecionado.

13.3 Procedimento probatório

O *procedimento probatório* é a atividade necessária que põe o juiz em comunicação com os meios de prova ou lhe permite verificar a atendibilidade de uma prova.

13.4 Eficácia objetiva e atendibilidade da prova

Em qualquer motivo ou meio de prova é possível distinguir a sua *eficácia objetiva* e a sua *atendibilidade*. Assim, a afirmação de um fato influente na causa, por uma testemunha ocular, é um *motivo de prova* com grande *eficácia objetiva*, mas a sua *atendibilidade* pode ser escassa, se a testemunha for suspeita; o documento particular em que se funda um contrato tem minguada *eficácia objetiva*, mas, se se vem a reconhecer este documento, será grande a sua *atendibilidade*; o instrumento público de que resulta um contrato possui grande eficácia *objetiva*, mas, se inquinado de falsidade, a sua *atendibilidade* pode desaparecer.

14 ALCANCE DO PROCEDIMENTO PROBATÓRIO. PRINCÍPIOS PROBATÓRIOS

O procedimento probatório compreende *a instrução da causa*, que é o conjunto dos atos destinados a *instruir*, a informar o juiz, de modo a pô-lo em condições de resolver a controvérsia.

14.1 Fases ou momentos do procedimento probatório

São três as fases ou momentos do procedimento probatório: I – proposição da prova; II – admissão da prova; e III – produção da prova.

14.1.1 Proposição da prova

A *proposição da prova* corresponde ao momento em que as provas são requeridas pelas partes, não só por terem elas interesse em que as suas alegações sejam tidas pelo juiz como verdadeiras, como, sobretudo, porque elas estão em melhores condições de fornecer ao juiz os elementos de convicção.

A proposição da prova *é ato das partes*; devendo, em princípio, o autor propor a sua prova com a petição inicial e o réu com a contestação.

14.1.2 Admissão da prova

A *admissão da prova* corresponde ao momento em que o juiz vai admiti-la ou não, porquanto a lei lhe faculta indeferir a prova, quando se revele manifestamente inútil ou protelatória.

Assim, se o fato só puder ser provado por documento (CPC, art. 406),[34] o juiz não admitirá a prova por outro meio.

A admissão da prova é *ato exclusivo do juiz*.

14.1.3 Produção da prova

A *produção da prova* é o momento em que a prova será efetivamente produzida ou exteriorizada no processo.

As provas de natureza oral, como depoimentos pessoais, de testemunhas, esclarecimentos de peritos etc., são produzidas em audiência; a prova pericial será produzida antes da audiência; as provas documentais consideram-se produzidas no momento em que são admitidas.

A produção da prova é *ato das partes e do juiz*.

14.2 Princípios informativos da oralidade

No procedimento probatório, com prova produzida em audiência, predominam os seguintes *princípios informativos da oralidade*:[35] a) identidade física do juiz (*rectius*, personalidade do juiz); b) concentração; e c) imediação (ou imediatidade).

14.2.1 Princípio da identidade física do juiz

A *identidade física do juiz* (ou da *personalidade do juiz*) significa que o juiz deve ser o mesmo do princípio ao fim da causa; pelo que aquele que tiver *concluído a audiência* julgará a lide.

Tenho preferido falar em *princípio da personalidade do juiz*, em vez de identidade física, por me parecer que traduz melhor o fenômeno processual que exprime. A *personalidade* traduz a qualidade ou condição de ser uma pessoa ou de existir como tal.

Esse princípio vigora no processo penal (art. 399, § 2º), mas não no processo trabalhista, podendo, neste último, um juiz comandar a fase petitória, outro colher a prova, e um terceiro proferir a sentença.

O atual Código de Processo Civil não consagrou esse princípio, que já vinha sendo *ignorado* pelas justiças estaduais no sistema revogado, em que o juiz, depois de concluir a colheita da prova em audiência, em vez de julgar a causa, encaminha os autos do processo a um órgão, denominado Grupo de Sentença (ou de Auxílio, ou de Trabalho), para que profira a sentença; caso em que o juízo *instrutor* é separado do juízo *julgador*, malferindo o sistema da oralidade.

14.2.2 Princípio da concentração da prova

A *concentração* significa que a prova oral deve ser produzida numa única audiência, ou em poucas audiências, a curtos intervalos, para que não se percam na memória do juiz as impressões deixadas pelas provas colhidas em audiência anterior.

---

[34] Art. 406. Quando a lei exigir instrumento público como da substância do ato, nenhuma outra prova, por mais especial que seja, pode suprir-lhe a falta.

[35] O processo se diz oral quando informado pelos princípios: da imediação; da identidade física do juiz; da concentração e da irrecorribilidade dos interlocutórios.

14.2.3 Princípio da imediação

A *imediação* (ou imediatidade) exige o contato imediato do juiz com as partes e com provas, traduzindo uma proximidade temporal entre a produção da prova e a sentença.

O juiz deve colher diretamente a prova em audiência, com a presença das partes, testemunhas, peritos, assistentes etc., sem intermediários.

Esse princípio vinha sendo igualmente *relativizado* pelas justiças estaduais, no sistema anterior, com sentenças proferidas por órgãos denominados Grupos de Sentença (de Auxílio ou de Trabalho), em que o juiz que sentencia não é o mesmo que colheu a prova em audiência. Aqui o objetivo é cumprir metas estabelecidas pelo Conselho Nacional de Justiça.

14.2.4 Outros princípios probatórios

Outros princípios interferem no procedimento probatório, como o *princípio dispositivo ou da disponibilidade*, que deixa às partes a iniciativa na produção da prova, e o *princípio do contraditório* (ou da ampla defesa), que assegura às partes a recíproca participação na produção das provas.

Além desses, podem ser citados também os seguintes princípios: a) da unidade da prova; b) da vedação de prova ilícita; c) da comunhão da prova (ou da aquisição processual); d) do *in dubio pro reo (somente no processo penal)*; f) da persuasão racional.

14.2.4.1 Princípio da unidade da prova

O *princípio da unidade* da prova significa que os elementos probatórios devem ser considerados no seu conjunto, em vista da sua finalidade, que é formar a convicção do juiz.

14.2.4.2 Princípio da vedação da prova ilícita

O *princípio da vedação da prova ilícita* é produto da previsão constitucional de que "são inadmissíveis, no processo, as provas obtidas por meios ilícitos" (CF, art. 5º, LVI).

14.2.4.3 Princípio da comunhão da prova

O *princípio da comunhão da prova* significa que, uma vez provado um fato, não se pesquisa a qual das partes cumpria prová-lo; mesmo porque a prova não é *da parte*, mas *do juízo*.

14.2.4.4 Princípio do *in dubio pro reo*

O *princípio do "in dubio pro reo"* é específico do processo penal, em que, na dúvida sobre fatos e provas, deve a incerteza beneficiar o acusado.

14.2.4.5 Princípio da persuasão racional

O *princípio* da persuasão racional permite ao juiz a apreciação das provas, indicando os motivos que lhe formaram o convencimento, salvo quando a lei impuser restrições probatórias, como, por exemplo, quando a lei exige como da substância do ato instrumento público (CPC, art. 406). Assim, a prova da propriedade imóvel só se faz por escrito e por escritura pública devidamente registrada no cartório de registro de imóveis.

15 PRODUÇÃO ANTECIPADA DA PROVA

Prescreve o art. 381 do CPC que: "A produção antecipada da prova será admitida nos casos em que: I – haja fundado receio de que venha a tornar-se impossível ou muito difícil a verificação de certos fatos na pendência da ação; II – a prova a ser produzida seja suscetível de viabilizar a autocomposição ou outro meio adequado de solução de conflito; III – o prévio conhecimento dos fatos possa justificar ou evitar o ajuizamento de ação. (...)".

A produção antecipada de prova consiste numa simples medida *preventiva*, conservatória ou assecuratória de um direito, sem objetivar diretamente qualquer litígio, apenas prevenindo-se o interessado contra consequências futuras; ou como *preparatória* de ação, para que esta possa ser proposta já com prova possivelmente improduzível no curso do processo; ou como medida *cautelar incidente*, quando, já havendo ação em juízo, militem razões que justifiquem a prova do fato, nela alegado, antes do momento próprio (Amaral Santos).

Em qualquer dessas hipóteses, o interessado, que ainda não é parte num processo (mas, poderá vir a sê-lo), pode promover a *produção antecipada da prova*, com o propósito imediato de *conservá-la, para uso futuro*, sendo as provas assim produzidas denominadas provas antecipadas ou provas *ad perpetuam rei memoriam (para a perpétua memoria da coisa)*.

A produção *antecipada* de prova, quando requerida em caráter *preparatório*, para garantir a prova de um fato numa demanda futura, não importa no exercício de uma verdadeira ação, consistindo num mero *pedido* ou *requerimento*, em que não existe também *processo*, mas simples *procedimento* (CPC, art. 382, § 3º), nem *defesa ou recurso* (art. 382, § 4º), limitando-se a participação do promovido a acompanhar a prova produzida pelo promovente.

Humberto Theodoro Júnior, com espeque em Pontes de Miranda, fala em *ações* de antecipação de prova, qualquer que fosse a natureza da futura demanda – que poderia ser de jurisdição contenciosa ou voluntária – e tanto poderiam ser manejadas por quem pretendesse *agir* como por quem quisesse defender-se.

15.1   Ata notarial

A ata notarial não deixa de ser uma forma de se produzir antecipadamente a prova, estando prevista no art. 384, *caput*, do CPC, dispondo que: "A existência e o modo de existir de algum fato podem ser atestados ou documentados, a requerimento do interessado, mediante ata lavrada por tabelião"; podendo, nos termos do parágrafo único desse artigo constar da ata dados representados por imagem ou som grados em arquivos eletrônicos.

16   SISTEMAS DE VALORAÇÃO DAS PROVAS

Encerrada a instrução probatória, o juiz terá colhido os elementos necessários para certificar-se da veracidade dos fatos alegados pelas partes, com base nos quais chegará à certeza necessária para proferir a sentença.

Após a colheita das provas, o juiz procederá, então, a uma *valoração* da prova, trabalho este de raciocínio ou inteligência, que deve obedecer a um determinado critério.

Atualmente, com a *relativização* dos princípios da *imediação* e da *identidade física do juiz*, levada a efeito pelas justiças estaduais com a criação de Grupos de Sentença (ou de Auxílio ou de Trabalho), o juiz que colheu toda a prova em audiência nem sempre será aquele que irá proferir a sentença da causa, podendo sê-lo por um dos integrantes desses grupos aos quais os autos forem encaminhados; com o que um órgão judiciário (juízo) instrui o processo e outro distinto profere o julgamento.

16.1   Sistemas de avaliação das provas

Tem-se notícia de pelo menos três sistemas de avaliação das provas: a) sistema positivo; b) sistema de íntima convicção; e c) sistema da persuasão racional.

16.1.1 Sistema positivo ou legal

O *sistema positivo*, também dito *sistema legal*, vigorava quando as provas tinham um valor prefixado pela lei, em que ao juiz cabia apreciá-las de acordo com a eficácia que a lei lhes atribuía, podendo ser pleníssimas, plenas e semiplenas.

Nessa época, havia uma *tarifação das provas*, competindo ao juiz, simplesmente, verificar se o fato, segundo a lei, estava ou não provado, pouco importando que a sua consciência lhe ditasse o contrário.

Esse critério transformava o juiz num mero verificador de provas e foi adotado pelo processo medieval; sendo a máxima deste sistema o *Testis unus, testis nullus* (Uma testemunha, nenhuma testemunha).

Apesar de não adotado, na sua pureza, o Código de Processo Civil dispõe que, quando a lei exigir instrumento público, como da substância do ato, nenhuma outra prova, por mais especial que seja, pode suprir-lhe a falta (art. 406). Esse preceito é resquício das provas legais.

16.1.2 Sistema da íntima convicção

O *sistema da íntima convicção* permitia que a verdade buscada pelo juiz decorresse não só das provas produzidas pelas partes, mas do conhecimento pessoal que ele tinha dos fatos e as suas impressões pessoais da causa; não sendo obrigado a dar os motivos do seu convencimento, podendo julgar de acordo com a prova dos autos, fora da prova dos autos e até contra a prova dos autos.

Este sistema preside, ainda hoje, o julgamento pelo tribunal do júri, em que os jurados proferem o seu veredicto de acordo com as suas consciências (*Ex informata conscientia*),[36] não podendo dar os motivos da sua decisão.

16.1.3 Sistema da persuasão racional

O *sistema da persuasão racional* procura conciliar as virtudes dos dois anteriores, sendo um sistema misto, sem a rigidez do sistema positivo ou legal e sem o arbítrio e a incerteza do sistema da íntima convicção.

Por este sistema, o juiz forma a sua convicção *pela apreciação e pela valoração das provas*, mas a sua convicção deve ser fundamentada.

O convencimento do juiz fica condicionado aos fatos nos quais se funda a controvérsias, às regras legais e às máximas da experiência; convicção fundamentada, consoante a prova produzida no processo.

O juiz pode julgar procedente a demanda com base no depoimento de uma única testemunha, contra o depoimento de várias outras, devendo dizer por que aceitou e por que recusou a versão dos fatos por elas narrados em juízo.

Este sistema resulta em garantia das partes, porque elas terão, na fundamentação, os melhores motivos para verificar o acerto ou desacerto da sentença; garantia do juiz, porque fundamentando a sentença, estará acobertado contra qualquer arguição de arbítrio ou parcialidade; e garantia do Estado, que quer que a lei, expressão da sua vontade, seja aplicada corretamente.

---

[36] Pelos ditames da sua consciência.

17   VERDADE NO PROCESSO: VERDADE FORMAL E VERDADE MATERIAL

A atividade jurisdicional se destina à aplicação da lei, como expressão da vontade do Estado, resolvendo o conflito de interesses, e compondo a lide.

Como o juiz não julga com base em meras alegações, mas com base em fatos provados, o instrumento que se coloca à disposição das partes para a demonstração da veracidade de suas alegações é a *prova*, no sentido objetivo, cuja função é criar no espírito do juiz, subjetivamente, a certeza da existência ou inexistência dos fatos alegados no processo.

Os fatos em que se baseiam as pretensões das partes constituem o objeto da prova ou o *tema probando*; só excepcionalmente se prova o direito.

Tendo o juiz por ofício aplicar a lei ao caso concreto, precisa saber da verdade, para decidir com justiça a causa (mediante aplicação da lei).

No processo, a verdade é pesquisada segundo dois sistemas: a) da verdade *formal*; e b) da verdade *material*.

17.1   Princípio da verdade formal

A *verdade formal* é aquela que resulta do processo, embora possa não encontrar exata correspondência com a realidade. Assim, deixando o réu de impugnar determinado fato alegado pelo autor, este se torna incontroverso, e o autor, que deveria prová-lo, fica isento do ônus da prova (CPC, art. 341).[37] Se o autor afirma que o fato ocorreu num *dia chuvoso*, e o réu deixa de impugná-lo, pouco importa que, naquele dia, o sol tenha rachado o asfalto.

Expressão desse sistema é a máxima: *"Quod non est in actis, non est in mundo"*,[38] substancialmente temperada, nos ordenamentos processuais modernos, pela maior soma de poderes conferidos ao juiz na pesquisa da verdade.

17.2   Princípio da verdade material

A *verdade material* é aquela a que chega o juiz, reveladora dos fatos tal como historicamente aconteceram, e não como querem as partes que tenham acontecido.

Segundo a doutrina, os processos civil e trabalhista seriam informados pelo *princípio da verdade formal*; enquanto o processo penal seria informado pelo *princípio da verdade material*.

Ao contrário do que se supõe, a *verdade material* não é privativa do processo penal, sob pena de serem os demais processos tachados de *aspirantes a falsários* (Garcia-Velasco).

Na verdade, o que acontece é que, no processo civil, a disponibilidade dos interesses em litígio faz com que apareça como verdadeiro aquilo que o é apenas em parte, ou não é verdadeiro de modo absoluto; enquanto, no processo penal, ao contrário, chega-se mais facilmente à verdade material, em face das características singulares do processo penal e maior liberdade do juiz na apuração da verdade dos fatos.

BIBLIOGRAFIA

ARRUDA ALVIM, José Manuel de. **Curso de direito processual civil**. São Paulo: RT, 2001. v. II.

BENTHAM, Jeremias. **Tratado de las pruebas judiciales**. Buenos Aires: EJEA, 1971. v. 1.

---

[37]   Art. 341. Incumbe também ao réu manifestar-se precisamente sobre as alegações de fato constantes da petição inicial, presumindo-se verdadeiras as não impugnadas, salvo se: (...)

[38]   O que não existe nos autos não existe no mundo.

BETTI, Emilio. **Diritto processuale civile italiano**. Roma: Foro Italiano, 1936.

CALAMANDREI, Piero. La definizione del fato notorio. **Rivista de Diritto Processuale Civile**, v. I.

CALAMANDREI, Piero. **Estudios sobre el proceso civil**. Buenos Aires: EJEA, 1979. v. III.

CARVALHO, Luiz Antônio da Costa. **Curso theorico-pratico de direito judiciário civil**. 2. ed. Rio de Janeiro: A Coelho B. Filho, 1973. v. II.

CHIOVENDA, Giuseppe. **Instituições de direito processual civil**. São Paulo: Saraiva, 1969. v. III.

CHIOVENDA, Giuseppe. **Princípios de derecho procesal civil**. Buenos Aires: REUS, 1977. v. 1.

FENECH, Miguel. **El proceso penal**. Barcelona: Labor, 1972.

GARCIA-VELASCO, M. I. **Curso de derecho procesal penal**. Madrid: Universidade de Madrid, 1969.

GOLDSCHMIDT, James. **Princípios generales del proceso**. Buenos Aires: EJEA, 1961. v. 1.

GUSMÃO, Manuel Aureliano de. **Processo civil e comercial**. 3. ed. São Paulo: Saraiva, 1934.

LOPES DA COSTA, Alfredo de Araújo. **Direito processual civil brasileiro**. Rio de Janeiro: Forense, 1959. v. III.

MAGALHÃES, Humberto Piragibe. **Prova em processo civil**. Rio de Janeiro: Editora Rio, 1976.

MALATESTA, Nicola Framarino dei. **La lógica de las pruebas en matéria criminal**. Bogotá: Temis, 1975.

MITIDIERO, Daniel. **Colaboração no processo civil – Pressupostos sociais, lógicos e éticos**. São Paulo: RT, 2009.

NORONHA, Edgar Magalhães. **Curso de direito processual penal**. São Paulo: Saraiva, 1978.

PONTES DE MIRANDA. **Comentários ao Código de Processo Civil**. Rio de Janeiro: Forense, 1959. v. VIII.

REZENDE FILHO, Gabriel José Rodrigues de. **Curso de direito processual civil**. São Paulo: Saraiva, 1963. v. II.

SANTOS, Moacyr Amaral. **Primeiras linhas de direito processual civil**. São Paulo: Saraiva, 2009. v. II.

THEODORO JÚNIOR, Humberto. **Comentários ao Código de Processo Civil**. Rio de Janeiro: Forense, 1978. v. V.

TOURINHO FILHO, Fernando da Costa. **Processo penal**. São Paulo: Saraiva, 2001. v. III.

Capítulo 14
SENTENÇA

Sumário: 1 Introdução ao estudo da sentença: atos ordinatórios e atos decisórios. 2 Conceito de sentença. 3 Gênese lógica da sentença. 4 Natureza da atividade judicial na emissão da sentença. 5 Função da sentença. 6 Sentença como ato processual e como fato processual. Efeitos da sentença. 7 Classificação da sentença. 8 Requisitos ou elementos essenciais da sentença. 9 Efeitos da sentença na interferência das jurisdições.

1 INTRODUÇÃO AO ESTUDO DA SENTENÇA: ATOS ORDINATÓRIOS E ATOS DECISÓRIOS

O procedimento se desenvolve, no processo, através de atos das partes e do juiz, ligados pela unidade de escopo a ser alcançado, que é a resolução da lide; sendo que todo processo é informado pelo princípio do *impulso oficial*, pouco importando a natureza do direito controvertido.

Como condutor do processo, o juiz é o sujeito que mais pratica atos processuais no curso do procedimento, sendo coadjuvado pelos auxiliares da justiça (escrivão ou chefe de secretaria, oficial de justiça, perito etc.).

1.1 Atos processuais do juiz

Os atos processuais do *juiz* (estatal) podem ser de dupla natureza: I – ordinatórios; e II – decisórios.

I) Os *atos ordinatórios* são aqueles que dão andamento ao processo, permitindo o seu desenvolvimento.

II) Os *atos decisórios* se constituem de provimentos emanados do juiz, quer sobre questões processuais, quer sobre o mérito.

O mesmo se diga dos atos processuais do árbitro ou tribunal arbitral, que, na arbitragem, podem consistir em decisões e sentenças (Lei n. 9.307/96: arts. 24 e 26).

1.1.1 Classificação dos atos do juiz

Os *atos do juiz* foram classificados por Liebman em: a) despachos ordinatórios; b) despachos interlocutórios; c) decisões terminativas; e d) decisões definitivas.

1.1.1.1 Despachos ordinatórios

Os *despachos ordinatórios*, ditos também *despachos de expediente*, são os que dispõem sobre o andamento do processo; sendo exemplos os despachos de juntada de documento, de vista dos autos, de notificação (*rectius*, intimação) de testemunha, de designação de audiência etc.

1.1.1.2 Despachos interlocutórios

Os *despachos interlocutórios* são os que decidem as *questões* controvertidas relativas à regularidade e à marcha do processo, sem lhe pôr fim; sendo exemplos os despachos de rejeição de ilegitimidade de parte; de rejeição de extinção do processo etc.

O ordenamento processual brasileiro não adota a expressão *despachos interlocutórios*, mas *decisões interlocutórias*.

1.1.1.3 Decisões terminativas

As *decisões terminativas* são aquelas com as quais o juiz põe fim ao processo por um defeito de constituição ou de procedimento, ou por qualquer outro motivo que torne impossível a decisão da lide; sendo exemplos as decisões de ilegitimidade de parte ativa; de acolhimento de perempção, de litispendência, de coisa julgada etc.

O ordenamento processual brasileiro não adota a expressão *decisões* terminativas, mas *sentenças* terminativas.

1.1.1.4 Decisões definitivas

As *decisões definitivas* são as que decidem, no todo ou em parte, o mérito da causa, recebendo o nome de *sentenças* em sentido estrito; sendo exemplos, no direito brasileiro, as sentenças que julgam a ação procedente ou improcedente.

O ordenamento processual brasileiro não adota a expressão *decisões definitivas*, mas *sentenças definitivas*.

1.2 Atos processuais do juiz no processo civil

No âmbito do Código de Processo Civil, os atos processuais do juiz consistem em: I – sentença; II – decisão interlocutória; e III – despacho.

1.2.1 Sentença

Sentença é o pronunciamento por meio do qual o juiz, com fundamento nos arts. 485 e 487, põe fim à fase cognitiva do procedimento comum, bem como extingue a execução (CPC, art. 203, § 1º).

1.2.2 Decisão interlocutória

Decisão interlocutória é todo pronunciamento judicial de natureza decisória que não se enquadre no § 1º (CPC, art. 203, § 2º). Essas decisões podem ter conteúdo meramente processual, quando se tem uma *interlocutória processual*, como as que resolvem sobre os pressupostos processuais, sobre as condições da ação etc.; e também conteúdo substancial ou material, quando se tem uma *interlocutória de mérito*, como as que concedem ou denegam tutelas de urgência.

1.2.3 Despachos

Despachos são todos os demais pronunciamentos do juiz praticados no processo, de ofício ou a requerimento da parte (CPC, art. 203, § 3º).

1.3 Atos do juiz nos processos penal e trabalhista

Nos processos penal e trabalhista, o juiz emite também provimentos consistentes em despachos, decisões interlocutórias e sentenças.

2 CONCEITO DE SENTENÇA

2.1 Sentença no processo romano

No direito romano, a sentença (*sententia*) era apenas a sentença *definitiva*, ou seja, a decisão emanada do juiz que, acolhendo ou rejeitando a demanda, punha fim à contestabilidade de um bem da vida; era o provimento do juiz que resolvia sobre o pedido do autor, definindo a lide com a atuação da vontade da lei. Todos os demais provimentos do juiz no processo recebiam o nome de interlocutórias (*interlocutiones*).[1]

2.2 Sentença no processo medieval

No processo medieval, essa clareza do conceito foi obscurecida pela influência do processo germânico, sendo chamada sentença não somente a *decisão de mérito*, mas também a decisão sobre *questão processual*, no curso do processo, surgindo daí a distinção entre *sentença interlocutória* e *sentença definitiva*.

A ideia de *sentença* é incompatível com a de *interlocução*, pois aquela tem por objetivo final julgar o pedido do autor; enquanto esta visa precisamente a preparar a decisão final (a sentença);[2] logo, apoiam-se em noções que se excluem, pois a interlocução é antecedente, que tem na sentença o consequente.

2.3 Derivação etimológica do vocábulo "sentença"

O vocábulo *sentença* vem do latim "*sententia*", derivada do verbo "*sentire*", traduzindo o que o juiz sente ao decidir a causa.

A sentença é dos mais importantes atos do juiz e o de maior relevância, porque coroa todo o procedimento, constituindo-se no último ato do processo em primeiro grau, com o qual o juiz termina a sua função jurisdicional.

2.4 Sentença na doutrina

Em doutrina, Amaral Santos define a sentença como *o ato pelo qual o juiz decide a lide, encerrando o processo e cumprindo a obrigação jurisdicional devida pelo Estado*. Esse era o conceito romano de sentença.

Recebe também o nome de sentença no atual CPC o provimento do juiz que resolve a lide (o mérito), *sem encerrar o processo*, que prossegue para fins de "cumprimento" da sentença (CPC: art. 487).[3]

3 GÊNESE LÓGICA DA SENTENÇA

Produzidas as provas pelas partes ou determinadas *de ofício* pelo juiz, encerra-se a fase instrutória, após o que o juiz, trabalhando com os elementos de convicção colhidos no processo, proferirá a sentença que porá fim ao litígio, garantindo a paz social e a supremacia da norma de direito.

---

[1] O vocábulo "*interlocutiones*" deriva de *inter* (entre) + *locutio* (fala), que significa "entre uma fala e outra".
[2] As interlocutórias preparam o processo para receber a sentença.
[3] Art. 487. Haverá resolução de mérito quando o juiz: I – acolher ou rejeitar o pedido formulado na ação ou na reconvenção; II – decidir, de ofício ou a requerimento, sobre a ocorrência de decadência ou prescrição; III – homologar: a) o reconhecimento da procedência do pedido formulado na ação ou na reconvenção; b) a transação; c) a renúncia à pretensão formulada na ação ou na reconvenção.

3.1 Construção silogística da sentença

A sentença, do ponto de vista lógico, corresponde a um *silogismo*, em que a *premissa maior* é a norma legal a ser aplicada; a *premissa menor* é o fato ou a situação de fato; e a *conclusão* é a norma concreta que se extrai da submissão do fato à norma.

Destarte, prescreve o art. 186 do Código Civil que: "Aquele que, por ação ou omissão voluntária, negligência ou imprudência, violar direito e causar dano a outrem, ainda que exclusivamente moral, comete ato ilícito." É a *premissa maior*. O juiz verifica que Pedro, por negligência, causou dano a João. É a *premissa menor*. Logo, Pedro deve reparar o dano causado a João. É a *conclusão*.

3.2 Conceito de subsunção

A essa operação, de submeter os fatos ao crivo da lei, chama-se *subsunção*, que André Lalande define como *o enlace lógico de uma situação particular, específica e concreta, com uma previsão abstrata, genérica e hipotética contida na lei*.

3.3 Sentença contém vários silogismos

Para Ugo Rocco, da sentença pode constar, e consta normalmente, uma série de silogismos. Observa igualmente Amaral Santos que, na sentença, não se contém um único silogismo, pois o juiz desenvolve um trabalho lógico e complexo, formulando vários silogismos, servindo-se de uns para formular outros, e assim sucessivamente, até chegar à conclusão final, que será a decisão (a sentença) da causa.

3.4 Conceito de sentença para Couture

Por isso, Couture definiu a sentença como "um fato lógico, resultante da crítica que o juiz faz dos fatos e do direito, para chegar a uma conclusão".

4 NATUREZA DA ATIVIDADE JUDICIAL NA EMISSÃO DA SENTENÇA

Quando se trata da *natureza da atividade judicial na emissão* da sentença, pretende-se resolver a tormentosa questão de determinar se a sentença é um *ato de inteligência* ou apenas um *ato de vontade* do juiz.

4.1 Sentença como ato de inteligência do juiz

Parte da doutrina[4] sustenta que a sentença é um simples *ato de inteligência* do juiz, não havendo nela nenhuma declaração de vontade, sendo o seu trabalho reduzido a um puro juízo lógico, sobre a aplicação da norma legal ao caso concreto; pelo que, na sentença, a vontade declarada é a da lei.

4.2 Sentença como ato de inteligência e vontade

Outra teoria sustenta que a sentença contém não só um juízo lógico, mas, também, um *ato de vontade* do juiz, como órgão do Estado; e, por ser um ato de vontade de um órgão estatal,

---

[4] Alfredo Rocco, Ugo Rocco, João Monteiro etc.

se concretiza num *comando*, que o juízo do juiz se distingue do juízo (*rectius*, parecer) de um simples particular.[5]

4.3 Elemento essencial e característico da sentença

Para Alfredo Rocco, o elemento *essencial e característico* da sentença é o juízo lógico, isto é, a sentença é essencialmente um *ato de inteligência do juiz*, com o que não se exclui que possam existir sentenças nas quais concorra também o outro elemento; e que, por isso, constituam, também, *atos de vontade do juiz*,[6] como são as condenatórias. O que se afirma é tão somente que podem existir sentenças, nas quais o ato de vontade não esteja presente, e que se exaurem numa pura operação lógica; pelo que só o elemento lógico é essencial ao conceito de sentença.

A norma jurídica pressupõe um juízo lógico do órgão do qual emana, sendo essencialmente um ato de vontade, ou, precisamente, um comando dirigido pelo Estado aos particulares. Por ser uma norma abstrata, esse comando deve ser concretizado, ou seja, traduzido de forma concreta pelo juiz na sentença. Mas, nessa operação, o juiz não acrescenta nenhuma vontade própria à vontade já manifestada pelo órgão legislativo; apenas realiza uma pura operação lógica ou um silogismo em que, sendo a premissa maior a norma geral, e a premissa menor, o caso concreto, deduz-se a *norma de conduta* a seguir no caso particular.

Nessa operação, o juiz não exprime nenhuma vontade própria, mas, simplesmente, manifesta o próprio juízo sobre a vontade da lei (do órgão legislativo), no caso concreto; pois o Estado já afirmou a sua vontade, no exercício da função legislativa, não havendo necessidade de afirmá-la, uma segunda vez, no exercício da função jurisdicional. A sentença não contém, portanto, outra vontade senão a da lei, traduzida em forma concreta por obra do juiz; e nisso não se tem um ato de vontade, mas somente ato de inteligência do juiz.

4.4 Resposta de Alfredo Rocco às críticas à sua teoria

Respondendo às críticas de que, se a sentença fosse um simples *ato de inteligência*, não se distinguiria do parecer de um particular, com a única diferença de ser um parecer emitido pelo Estado, observou Alfredo Rocco que a operação do juiz não é substancialmente diversa daquela de qualquer particular que quer deduzir da norma geral a norma particular do caso concreto. O que diferencia a sentença do juiz do parecer de um particular não é a *natureza da atividade* desenvolvida para se alcançar a formulação do juízo, mas o *diverso valor do juízo*, ou seja, a *diversa eficácia jurídica* do produto daquela atividade. Isso porque o direito objetivo reconhece à sentença do juiz uma força obrigatória que não possui o parecer de um particular; sendo a sentença produto da atividade intelectual do juiz, a que a lei acrescenta esse determinado efeito.

4.5 Sentença na concepção de Chiovenda

Para Chiovenda, a lei possui uma vontade, sendo essa vontade, que se contém em abstrato na lei, posta pelo juiz em situação de ser aplicada ao caso concreto, pois, aplicando a lei ao caso concreto, o juiz, como órgão do Estado, *emite* um comando, que qualifica a sentença como ato

---

[5] Bülow, Degenkolb e Goldschmidt, na Alemanha; Chiovenda, Carnelutti e Liebman, na Itália, e, dentre outros, Amaral Santos, no Brasil.

[6] Nas sentenças condenatórias, além do elemento lógico, há o elemento volitivo, ou seja, a ordem imposta ao devedor de pagar, cumprindo a sua obrigação, pois essa é a ordem cujo cumprimento realiza, afinal, o direito da parte.

de vontade do juiz, como órgão estatal, em face daquilo que a lei exprime. Por ser um ato de vontade de um órgão do Estado é que a sentença se diferencia do parecer de um particular.[7] Mas a sentença não é um ato de vontade inteiramente autônomo do juiz, mas *conforme* a vontade expressa na lei.

4.6 Sentença na concepção de Lopes da Costa

Lopes da Costa sustenta que a lei *é a sentença em tese*, enquanto a sentença *é a lei em concreto*; uma e outra se completam. Na sentença, há um *elemento lógico* e um *elemento volitivo*, não podendo haver sentença que não seja, ao mesmo tempo, produto da razão e da vontade. Sem o elemento *volitivo*, a sentença não teria força obrigatória; e, sem o elemento *racional*, seria fruto do puro arbítrio, que é a negação do direito. Portanto, a sentença "é um ato da inteligência, que termina por um ato de vontade".

5 FUNÇÃO DA SENTENÇA

A doutrina se divide quando se trata de determinar se a sentença tem função simplesmente *declaratória* ou, também, *criadora* do direito.

Poderia parecer, à primeira vista, que, resolvida a *natureza da atividade judicial ao emitir a sentença*, estaria resolvido o impasse doutrinário sobre a função que a sentença cumpre na ordem jurídica, mas, infelizmente, não está.

Numa análise superficial, poder-se-ia supor que os que admitem a sentença como um *ato da inteligência* entendam que a sua função seja *declaratória*, e os que veem nela um ato de vontade entendam que sua função seja *criadora* do direito; mas também não é assim, porquanto muitos adeptos da *teoria da vontade* sustentam que a sentença simplesmente declara o direito.

5.1 Sentença como ato de criação do direito objetivo

5.1.1 Teoria de Bülow

Para Bülow, a sentença cria o direito objetivo, na medida em que as abstratas e hipotéticas disposições de lei são por si só impotentes para regular as concretas relações da vida social. Toda questão de direito apresenta um problema jurídico que não está resolvido, de imediato, pela lei, pois somente a sentença dá a *norma individualizada* para o caso particular. A lei fornece somente um esboço para a construção da norma concreta.

5.1.2 Teoria de Carnelutti

Para Carnelutti, também, o direito objetivo não tem condições para disciplinar todos os conflitos de interesses ocorrentes no meio social, sendo necessário, muitas vezes, o processo para a *complementação* dos comandos da lei. O comando contido na lei é incompleto; é como se fosse um arco, que a sentença completa, transformando em círculo.[8] Os direitos subjetivos e as obrigações só nascem efetivamente quando existe uma sentença a respeito.

---

[7] Também para Couture, o processo intelectual da sentença não é uma pura operação lógica, porque há nela muitas outras circunstâncias alheias ao simples silogismo.

[8] Não é que a norma seja incompleta e precise ser completada pelo juiz, mas a *tutela concedida* aos interesses humanos, através da norma, é que é insuficiente, necessitando ser completada, mediante uma forma complementar de tutela: *a tutela judicial dos interesses*, nos limites assinalados pela norma.

5.2 Sentença como ato de criação do direito subjetivo

Para Mortara, a sentença cria o direito subjetivo, porquanto, antes da emissão da sentença, o que existe é uma simples pretensão; mas a sentença não cria do nada um direito subjetivo, apenas conferindo força e efeitos de direito subjetivo a essa pretensão, sob a forma de ação ou de defesa.

5.3 Doutrina sobre a função declaratória da sentença

A maioria da doutrina, porém, sustenta que a função da sentença é simplesmente *declaratória* do direito.

Para Chiovenda, a sentença nada cria, mas apenas *declara a vontade concreta da lei*, na medida em que *atua vontade de lei preexistente*.

O processo não se presta a tornar concreta a vontade da lei, pois essa vontade já se formou como vontade concreta, antes dele – por exemplo, quando o autor celebrou um contrato com o réu –; mas apenas *declarar* essa vontade e efetivá-la na prática, traduzindo-a em ato, na sentença, com o acolhimento da demanda.

Para Alfredo Rocco, também, o elemento essencial e característico da sentença é o juízo lógico; orientando-se no mesmo sentido Ugo Rocco, para quem a função jurisdicional não comete ao juiz a criação da lei, senão a declaração de certeza de relações jurídicas existentes.

Para Amaral Santos, a função da sentença se limita a declarar a vontade da lei; e, mesmo nos casos em que não se encontra nela, com precisão, a regra jurídica a aplicar-se, cumpre ao juiz interpretá-la conforme os princípios de hermenêutica, e, assim, extrair da norma interpretada aquela a fazer valer no caso concreto. Assim, a sentença declara o direito previsto na norma interpretada, tendo também função declaratória.

5.3.1 Lacunas na lei e integração das normas jurídicas

Nas hipóteses de lacunas da lei, o juiz, guiando-se pela analogia, pelos costumes e pelos princípios gerais de direito, formula a norma abstrata a aplicar ao caso concreto; o que não significa dizer que ele cria o direito, mas apenas declara uma norma jurídica existente, embora em estado *potencial* no sistema jurídico.

Para Unger, a função da sentença é declaratória; mas, quando falta a disposição de lei aplicável ao caso concreto, o juiz tem que se socorrer da analogia, dos costumes e dos princípios gerais de direito, hipóteses em que desenvolve uma atividade similar à legislativa, de formação do direito, criando o *direito judicial*. Esta não é a função normal da sentença, mas acidental, anormal.

O direito judicial é diverso do direito legislado, pois só vale para o caso concreto, enquanto a lei vale para todos os casos da mesma espécie.

6 SENTENÇA COMO ATO PROCESSUAL E COMO FATO PROCESSUAL. EFEITOS DA SENTENÇA

A sentença é o ato com o qual o juiz cumpre a função jurisdicional do Estado, solucionando a lide, mediante a atuação da lei; sendo o ato culminante do processo de conhecimento.

6.1 Sentença como ato jurídico processual

A sentença adquire existência como *ato jurídico processual* a partir do momento em que é *publicada*, pois, antes desse momento, não passa de simples ato do juiz, que pode ser desfeito ou modificado.

A *publicação* da sentença converte-a, de simples *ato do juiz*, em *ato jurídico processual*, com relevância jurídica no processo.

6.1.1 Publicação da sentença no processo civil

O vocábulo "publicação" tem, aqui, um sentido técnico, traduzindo o momento em que *é dado a público o conhecimento do teor da sentença*.

O juiz pode proferir a sentença em seguida à conclusão da audiência de instrução, na própria audiência ou noutro momento, no prazo assinalado pela lei, para esse fim, que, na esfera civil é de trinta dias (CPC, art. 366), caso não se sinta em condições de prolatá-la desde logo.

Quando o juiz profere a sentença na própria audiência, ela adquire a consistência de ato decisório, como *ato jurídico processual*, no momento em que é lançada no processo; pelo que a sentença verbalmente proferida se tem por publicada na audiência; caso em que o termo de audiência documenta a publicação.

A sentença proferida fora da audiência adquire consistência de ato processual, quando da sua juntada aos autos, integrando-se ao processo; pelo que o termo de juntada documenta a publicação.

6.1.2 Publicação da sentença no processo trabalhista

No processo trabalhista, o sistema é idêntico, tendo-se por publicada a sentença na própria audiência em que for proferida (CLT, art. 834).

6.1.3 Publicação da sentença no processo penal

No processo penal, a sentença será publicada em mão do escrivão, que lavrará nos autos o respectivo termo, registrando-a em livro especialmente destinado a esse fim (CPP, art. 389).

6.2 Efeitos principais da sentença como ato processual

Como *ato processual*, a sentença produz *efeitos principais*, que se manifestam em razão do pedido da parte e de pronunciamento expresso do juiz.

6.3 Efeitos secundários da sentença como fato processual

Mas, além dos *efeitos principais*, outros decorrem da sentença, efeitos de ordem *secundária*, que dela resultam como *fato processual*, sem que seja necessário pedido da parte ou pronunciamento expresso do juiz a respeito. Assim, a sentença que anula o casamento produz o efeito de dissolver a comunhão de bens; a mulher, condenada na ação de divórcio, perde o direito de usar o nome do marido; a sentença condenatória produz a hipoteca judiciária etc.

7 CLASSIFICAÇÃO DA SENTENÇA

A sentença é classificada em doutrina sob variados aspectos, sendo a mais relevante a que a classifica em vista da *natureza da prestação jurisdicional concedida*, podendo ser: *a*) declaratória; *b*) constitutiva, e *c*) condenatória.[9]

---

[9] Esta classificação oferece a vantagem de poder ser aplicada tanto aos processos civil e trabalhista quanto ao processo penal.

7.1 Sentença declaratória

A *sentença declaratória* simplesmente declara a existência ou inexistência de uma relação jurídica (ou situação jurídica), ou a autenticidade ou falsidade de um documento.

O bem da vida pretendido é a própria *certeza*, que é alcançada com o provimento jurisdicional; pelo que, com essa declaração, fica satisfeita a pretensão do autor ou do réu;[10] como são, *no processo civil*, a sentença que declara a inexistência de uma relação de débito e crédito; *no processo trabalhista*, a sentença que declara a existência ou inexistência de vínculo empregatício; *no processo penal*, a sentença que julga extinta a punibilidade (art. 107, CP).[11]

Tem também natureza declaratória a sentença que julga improcedente a ação ou a reclamação trabalhista, caso em que será declaratória negativa; e, no âmbito penal, a que absolve o réu, porquanto declara implicitamente a inexistência do direito de punir do Estado.

7.2 Sentença constitutiva

A *sentença constitutiva*[12] é aquela que cria, modifica ou extingue uma relação (ou situação jurídica), provocando uma alteração de ordem fática ou jurídica; como são, *no processo civil*, a sentença que anula o casamento; *no processo trabalhista*, a sentença proferida em dissídio coletivo, sempre que se trate de regulamentação jurisdicional coletiva nova; e, *no processo penal*, a sentença de reabilitação penal (CP, art. 93).[13]

7.3 Sentença condenatória

A *sentença condenatória* é aquela que impõe ao réu o cumprimento de uma obrigação (pagar quantia, fazer, não fazer, entregar coisa etc.).

Esta sentença é chamada também de *sentença de prestação*, porque é impositiva de uma sanção ao réu, que, no âmbito civil e trabalhista, é sujeitá-lo ao cumprimento da decisão, no caso de inadimplemento; e, no âmbito penal, sujeitá-lo a uma pena.

7.4 Sentenças sujeitas a cumprimento forçado

As sentenças declaratórias e constitutivas, de regra, não admitem cumprimento, a não ser que se admita a categoria chamada execução *imprópria*, como, por exemplo, a averbação do divór-

---

[10] Sustenta Hélio Tornaghi que, quando se fala em sentença declaratória, o que se quer referir não é apenas à operação lógica de acertar, de tornar certo o que antes era incerto; mas, sim, a operação jurídica que dá força de coisa julgada a esse pronunciamento. O que distingue a sentença declaratória do parecer de um jurista é exatamente isto: que a primeira vincula; o segundo, não. Sob o aspecto meramente lógico, é possível até que o parecer esteja certo e a sentença, errada. Mas aquele não tem força de lei e esta tem" (Carnelutti).

[11] Art. 107. Extingue-se a punibilidade: I – pela morte do agente; II – pela anistia, graça ou indulto; III – pela retroatividade de lei que não mais considera o fato como criminoso; IV – pela prescrição, decadência ou peremção; V – pela renúncia do direito de queixa ou pelo perdão aceito, nos crimes de ação privada; VI – pela retratação do agente, nos casos em que a lei a admite; VII – (revogado); VIII – (revogado); IX – pelo perdão judicial, nos casos previstos em lei.

[12] Ugo Rocco nega que existam sentenças constitutivas, porque entende que a função do juiz ao proferir a sentença se concretiza no encargo de declarar a certeza do direito e não de criá-lo.

[13] Art. 93. A reabilitação alcança quaisquer penas aplicadas em sentença definitiva, assegurando ao condenado o sigilo dos registros sobre o seu processo e condenação.

cio no registro civil. No entanto, a jurisprudência entende que tem eficácia executiva a sentença *declaratória* que traz definição integral da norma jurídica individualizada (REsp n. 588.202/PR).

Toda sentença, independentemente da sua natureza, contém o elemento *declaratório*, pois o juiz "declara" o direito das partes; mas algumas delas contêm também o elemento *constitutivo* ou *condenatório*.

8 REQUISITOS OU ELEMENTOS ESSENCIAIS DA SENTENÇA

Qualquer que seja a sentença proferida no processo civil, trabalhista ou penal, depende, para sua validade, da observância de determinados requisitos ou elementos, chamados *requisitos ou elementos formais*[14] da sentença, porque concernentes à forma como deve ser prolatada.

8.1 Componentes essenciais da sentença

A sentença é composta de três partes: a) relatório; b) fundamentos; e c) dispositivo (CPC, art. 489).[15]

8.1.1 Relatório

O *relatório* constitui a parte da sentença onde são identificados os litigantes, resumidas as pretensões de cada um deles, ressaltando o juiz aí os incidentes surgidos no curso do procedimento, salientando o teor da controvérsia a ser decidida.

8.1.2 Fundamentos da sentença

Os *fundamentos*, também chamados de *motivação*, são a parte da sentença onde o juiz examina a pretensão dos litigantes; resolve as questões de fato e de direito que lhes socorrem; exteriorizando, enfim, as razões que o convenceram do acerto ou desacerto das teses sustentadas por ambos.

Nos *fundamentos*, o juiz explicita os motivos de fato e de direito que lhe formaram a convicção, analisa os fatos, os depoimentos, os documentos, a perícia etc., e forma convencimento sobre a causa em julgamento; e, se se depara com alguma questão preliminar ou prejudicial, deve resolvê-la antes de decidir o mérito da causa.

8.1.2.1 Necessidade de fundamentação

O atual CPC foi bastante exigente com o juiz na fundamentação da sentença, dispondo no art. 489, § 1º, que: *"Não se considera fundamentada qualquer decisão judicial, seja ela interlocutória, sentença ou acórdão, que: I – se limitar à indicação, à reprodução ou à paráfrase de ato normativo, sem explicar sua relação com a causa ou a questão decidida; II – empregar conceitos jurídicos indeterminados, sem explicar o motivo concreto de sua incidência no caso; III – invocar motivos que se prestariam a justificar qualquer outra decisão; IV – não enfrentar todos os argumentos deduzidos no processo capazes de, em tese, infirmar a conclusão adotada pelo julgador; V – se limitar a invocar precedente ou enunciado de súmula, sem identificar seus fundamentos*

---

[14] Esses requisitos são também chamados de *requisitos ou elementos essenciais* (CPC, art. 489), porque não podem faltar em nenhuma sentença.

[15] Art. 489. São elementos essenciais da sentença: I – o relatório, que conterá os nomes das partes, a identificação do caso, com a suma do pedido e da contestação, e o registro das principais ocorrências havidas no andamento do processo; II – os fundamentos, em que o juiz analisará as questões de fato e de direito; III – o dispositivo, em que o juiz resolverá as questões principais que as partes lhe submeterem.

determinantes nem demonstrar que o caso sob julgamento se ajusta àqueles fundamentos; VI – deixar de seguir enunciado de súmula, jurisprudência ou precedente invocado pela parte, sem demonstrar a existência de distinção no caso em julgamento ou a superação do entendimento. § 2º No caso de colisão entre normas, o juiz deve justificar o objeto e os critérios gerais da ponderação efetuada, enunciando as razões que autorizam a interferência na norma afastada e as premissas fáticas que fundamentam a conclusão. § 3º A decisão judicial deve ser interpretada a partir da conjugação de todos os seus elementos e em conformidade com o princípio da boa-fé."

No entanto, não basta a fundamentação, mas, também, que esta guarde coerência com a parte dispositiva da sentença; porque a eventual contradição entre a fundamentação e o dispositivo compromete a validade da sentença.[16]

8.2 Parte dispositiva da sentença

O *dispositivo* é a parte da sentença em que se contém a verdadeira decisão da causa, onde reside o *comando* que a caracteriza como ato de vontade. No dispositivo, o juiz decidirá pela procedência ou improcedência do pedido, com as consequências respectivas, a cargo do autor ou do réu, constituindo *a verdadeira sede do julgado*.

8.2.1 Dispositivo direto e dispositivo indireto

O dispositivo da sentença pode ser *direto*,[17] quando o juiz expressa com as suas próprias palavras a decisão; ou *indireto*, quando se limita a reportar-se ao pedido da parte.[18]

O Código de Processo Penal é mais analítico quantos aos requisitos formais da sentença, exigindo a qualificação das partes e a exposição sucinta da acusação e da defesa (relatório), os motivos de fato e de direito da decisão e os artigos de lei aplicados (fundamentos ou motivação) e o dispositivo, além da data e da assinatura do juiz (CPP, art. 381).

A Consolidação das Leis do Trabalho estabelece que, da decisão (*rectius*, sentença), deverão constar o nome das partes, o resumo do pedido e da defesa (relatório), a apreciação das provas e os fundamentos da decisão (fundamentos ou motivação) e a respectiva conclusão (dispositivo) (CLT, art. 832).

9 EFEITOS DA SENTENÇA NA INTERFERÊNCIA DAS JURISDIÇÕES

O conceito de jurisdição é unitário e não se diversifica porque a lide a ser composta seja de natureza cível, trabalhista ou penal.

Proferida a sentença de mérito sobre determinada lide, indaga-se como deverão os demais órgãos jurisdicionais comportar-se diante dela.

Assim, por exemplo, prescreve o Código Civil que "a responsabilidade civil é independente da criminal" (art. 935, parte inicial), com o que ressalta a independência das duas jurisdições.[19]

---

[16] Na Itália, quando a sentença era elaborada pelo juiz que ficou vencido, este redigia a motivação com argumentos capazes de incompatibilizá-la com a parte dispositiva, produzindo, assim, uma sentença monstruosa, que Gennaro Escobedo denominou "sentença suicida".

[17] Se o juiz julga procedente o pedido, para condenar o réu em "x", o dispositivo é *direto*.

[18] Se o juiz, por exemplo, julga procedente a ação nos termos do pedido, o dispositivo é *indireto*.

[19] Ensina Lopes da Costa que as sentenças proferidas no exercício de uma e outra das jurisdições não se contrariariam, porque, na ação penal, o pedido é a "aplicação de uma pena", enquanto, na ação civil, o pedido é a "reparação de um dano". Não haveria, assim, identidade de pedidos.

Contudo, estabelece ainda o Código Civil que, "(...) não se podendo questionar mais sobre a existência do fato, ou sobre quem seja o seu autor, quando estas questões se acharem decididas no juízo criminal" (art. 935, parte final).

9.1 Prevalência da jurisdição penal sobre a civil

O Código Civil, portanto, dá prevalência à jurisdição penal sobre a civil (não penal), em que *a sentença penal tem eficácia no cível*.

Não apenas a ordem jurídica brasileira, mas a de outros países tem reconhecido esta prevalência, e as justificativas são as mais variadas, havendo até uma de ordem sentimental: "Já imaginaram o juiz cível declarar a inocência de um homem condenado pelo júri e morto no cadafalso?".[20]

Outros assentam essa prevalência no fato de ser o processo penal dominado pelo princípio inquisitivo, onde há maior liberdade do juiz na investigação da verdade material, e, também, maior liberdade no campo probatório, no que tange aos meios de prova.

Esse argumento não convence, pois, no juízo penal, pode haver, sim, *limitação* na apreciação da prova; pois, se o juiz criminal tiver que decidir uma questão sobre a *propriedade* da coisa imóvel, alegada pelo réu, para eximir-se do crime de dano, não será admitida a prova exclusivamente testemunhal.

Para Carnelutti, a única diferença entre o processo civil e o penal é quanto ao método para se alcançar a verdade, estando o juiz, no cível, vinculado à alegação das partes; pelo que *vincular o juiz cível aos fatos fixados pelo juiz criminal não auxilia em nada a investigação da verdade*.

Se o réu for absolvido no juízo criminal, a ação cível poderá ser proposta, quando não tiver sido *categoricamente* reconhecida a *inexistência* material do fato (CPP, art. 66).[21]

Observa Lopes da Costa haver diferença entre a sentença absolutória que reconhece *categoricamente* a inexistência material do fato e a absolutória que reconhece *não estar provada a existência do fato*; pois a primeira tem eficácia no cível, impedindo o ajuizamento da ação, e a segunda, não.

9.2 Quando a sentença penal não se projeta no cível

Também não impedirão a propositura da ação cível: I – o despacho de arquivamento do inquérito ou das peças de informação; II – a decisão que julgar extinta a punibilidade; III – a sentença absolutória que decidir que o fato imputado não constitui crime (CPP, art. 67).

Nesses casos, a eficácia da sentença não extrapola da esfera criminal.

A sentença penal condenatória torna certa a obrigação de indenizar o dano causado pelo crime (CP, art. 91);[22] pelo que, transitada em julgado a sentença condenatória, poderão promover-lhe a execução no cível para efeito de reparação do dano, o ofendido, seu representante legal ou seus sucessores (CPP, art. 63); vendo-se aí claramente a sentença penal produzindo efeitos no cível.

---

[20] Essa justificativa foi imaginada por Lacoste.

[21] Art. 66. Não obstante a sentença absolutória no juízo criminal, a ação civil poderá ser proposta quando não tiver sido, categoricamente, reconhecida a inexistência material do fato.

[22] Art. 91. São efeitos da condenação: I – tornar certa a obrigação de indenizar o dano causado pelo crime. (...)

9.3 Fixação de danos civis pela sentença penal

Nos termos do art. 387, IV, do Código de Processo Penal, o juiz, ao proferir sentença condenatória, "fixará valor mínimo para reparação dos danos causados pela infração, considerando os prejuízos sofridos pelo ofendido".

9.4 Sentença penal e coisa julgada no cível

Se a sentença penal for absolutória e se assentar numa descriminante – estado de necessidade, legítima defesa, estrito cumprimento do dever legal ou exercício regular de direito (CP, art. 23)[23] –, fará coisa julgada no cível (CPP, art. 65).[24]

No entanto, cumpre distinguir cada hipótese, conforme as circunstâncias do caso concreto. Assim, a legítima defesa e o estado de necessidade, por exemplo, vinculam o juiz, no cível, que não poderá apreciá-los; mas, em certas hipóteses, não impede a reparação do dano pelo agente causador, como, por exemplo, se o dono da coisa destruída, no estado de necessidade, não tiver sido o responsável pelo perigo; ou, no caso de legítima defesa, quando ocorrer a hipótese de *aberratio ictus*,[25] de erro de execução, em que o lesado ou seus descendentes têm direito à reparação do dano no cível.

9.5 Decisão no juízo criminal e processo trabalhista

No âmbito trabalhista, tem inteira aplicação o Código Civil (art. 935),[26] sendo o direito comum fonte subsidiária do direito do trabalho naquilo em que não for incompatível com os princípios fundamentais deste (CLT, art. 8º, § 1º).

O art. 935 do Código Civil regula apenas duas hipóteses: existência do fato e sua autoria.

A doutrina trabalhista (Wagner D. Giglio) se socorre dos arts. 65 a 67 do Código de Processo Penal, o que a rigor não seria possível, mas aplica-se por analogia, sem muito rigor científico, porém com reais proveitos de ordem prática.

No que tange à interferência da sentença penal no juízo trabalhista:

I) se o réu for condenado por crime, haverá justa causa pelos mesmos fatos, ainda que tenha havido suspensão da execução da pena; hipótese não enquadrável na alínea *d* do art. 482 da CLT,[27] mas que poderia enquadrar-se em outra alínea, como *a, b, j* ou *k*;[28]

---

[23] Art. 23. Não há crime quando o agente pratica o fato: I – em estado de necessidade; II – em legítima defesa; III – em estrito cumprimento de dever legal ou no exercício regular de direito.

[24] Art. 65. Faz coisa julgada no cível a sentença penal que reconhecer ter sido o ato praticado em estado de necessidade, em legítima defesa, em estrito cumprimento de dever legal ou no exercício regular de direito.

[25] Ocorre esse tipo de erro quando o agente atira numa pessoa e acaba acertando outra. É o chamado erro de golpe ou de alvo.

[26] Art. 935. A responsabilidade civil é independente da criminal, não se podendo questionar mais sobre a existência do fato, ou sobre quem seja o seu autor, quando estas questões se acharem decididas no juízo criminal.

[27] Art. 482. Constituem justa causa para rescisão do contrato de trabalho pelo empregador: (...) d) condenação criminal do empregado, passada em julgado, caso não tenha havido suspensão da execução da pena. (...)

[28] Art. 482. Constituem justa causa para rescisão do contrato de trabalho pelo empregador: a) ato de improbidade; b) incontinência de conduta ou mau procedimento; (...) j) ato lesivo da honra ou da boa fama praticado no serviço contra qualquer pessoa, ou ofensas físicas, nas mesmas condições, salvo em caso de legítima defesa, própria ou de outrem; k) ato lesivo da honra ou da boa fama ou ofensas físicas praticadas contra o empregador e superiores hierárquicos, salvo em caso de legítima defesa, própria ou de outrem. (...)

II) se houver absolvição por ter sido reconhecido que o empregado não foi autor do fato, ou tiver ela se baseado na inexistência dos fatos, não haverá justa causa;

III) não haverá, também, justa causa, se o empregado praticou o ato nas circunstâncias do art. 23[29] do Código Penal, reconhecidas essas circunstâncias no crime (art. 65 do CPP).[30]

BIBLIOGRAFIA

ARAGÃO, Egas Dirceu Moniz de. **Comentários ao Código de Processo Civil**. Rio de Janeiro: Forense, 1998.

ARRUDA ALVIM, José Manuel de. **Manual de direito processual civil**. São Paulo: RT, 2001.

CALAMANDREI, Piero. **Opere giuridiche**. Napoli: Morano, 1972. v. 1.

CARNELUTTI, Francesco. **Sistema di diritto processuale civile**. Padova: Cedam, 1936. v. I.

CARREIRA ALVIM CABRAL, Luciana Gontijo. **Tutela antecipada na sentença no novo CPC**. 3. ed. Curitiba: Juruá, 2017.

CHIOVENDA, Giuseppe. **Instituições de direito processual civil**. São Paulo: Saraiva, 1969. v. 3º.

COUTURE, Eduardo J. **Fundamentos del derecho procesal civil**. Buenos Aires: Depalma, 1988.

ESTELLITA, Guilherme. **Da coisa julgada**. Rio de Janeiro, 1936.

GIGLIO, Wagner D. **Direito processual do trabalho**. São Paulo: LTr, 1997.

LOPES DA COSTA, Alfredo de Araújo. **Direito processual civil brasileiro**. Rio de Janeiro: Forense, 1959. v. III.

NASCIMENTO, Amauri Mascaro. **Curso de direito do trabalho**. São Paulo: Saraiva, 1997.

ROCCO, Alfredo. **La sentenza civile**. Milano: Giuffrè, 1992.

ROCCO, Ugo. **Tratado de derecho procesal civil**. Bogotá-Buenos Aires: Temis-Depalma, 1969. v. II.

ROCCO, Ugo. **Tratado de derecho procesal civil**. Bogotá-Buenos Aires: Temis-Depalma, 1970. v. II.

SANTOS, Moacyr Amaral Santos. **Primeiras linhas de direito processual civil**. São Paulo: Saraiva, 1995. v. 3.

TORNAGHI, Hélio. **Instituições de processo penal**. São Paulo: Saraiva, 1977.

---

[29] Art. 23. Não há crime quando o agente pratica o fato: I – em estado de necessidade; II – em legítima defesa; III – em estrito cumprimento de dever legal ou no exercício regular de direito.

[30] Art. 65. Faz coisa julgada no cível a sentença penal que reconhecer ter sido o ato praticado em estado de necessidade, em legítima defesa, em estrito cumprimento de dever legal ou no exercício regular de direito.

Capítulo 15
RECURSO

Sumário: 1 Recurso. 2 Duplo grau de jurisdição. 3 Natureza jurídica do recurso. 4 Pressupostos recursais. 5 Sucumbência. 6 Fundamento do recurso. 7 Juízo de admissibilidade e juízo de mérito. 8 Efeitos do recurso. 9 Modos de impugnação das decisões. 10 Classificação dos recursos. 11 Tipologia recursal. 12 Incidentes recursais. 13 Proibição de *reformatio in peius*.

1 RECURSO

1.1 Derivação etimológica da palavra "recurso"

A palavra *recurso* provém do latim *recursus*, que traz a ideia de voltar atrás; daí o emprego dessa palavra para traduzir o ato por meio do qual se pede o reexame da questão ou da causa decidida.

Proferida uma decisão, quem tiver interesse na sua reforma ou modificação pode impugná-la por intermédio do *recurso*.

1.2 Sentido técnico-processual do termo "recurso"

O termo "recurso" tem o sentido técnico-processual de *meio de impugnação* das decisões.

1.3 Notas características do recurso

Lopes da Costa aponta as seguintes *notas características* do recurso: a) ser um ato da parte; b) dirigir-se contra um ato do juiz; c) pretender um novo ato judicial; d) que confira situação processual mais favorável.

No direito brasileiro, o recurso não é ato *apenas da parte*, porque mesmo quem não foi parte no processo pode recorrer, como é o caso do terceiro prejudicado (CPC, art. 996, *caput*)[1] e do Ministério Público, quando atua como fiscal da ordem jurídica.

1.4 Conceito de recurso na doutrina

Com base nesses *elementos*, define Lopes da Costa o recurso como *o meio de que se serve a parte, para, modificado ou anulado um ato do juiz, obter uma situação processual mais favorável*.

Para Amaral Santos, recurso é o poder de provocar o reexame de uma decisão, pela mesma autoridade judiciária, ou outra hierarquicamente superior, visando a obter a sua reforma ou modificação.

---

[1] Art. 996. O recurso pode ser interposto pela parte vencida, pelo terceiro prejudicado e pelo Ministério Público, como parte ou como fiscal da ordem jurídica. (...)

2 DUPLO GRAU DE JURISDIÇÃO

O recurso se liga, de ordinário, ao *duplo grau de jurisdição*, em que uma decisão proferida pelo *juízo inferior* recebe novo julgamento por um juízo *superior*.

2.1 Recurso e dualidade de instâncias

Tem-se discutido se o recurso pressupõe necessariamente a dualidade de instâncias, com órgãos distintos para julgar em primeiro e segundo grau de jurisdição.

Carnelutti sustenta que os recursos não exigem um órgão distinto do que proferiu a decisão impugnada, porque o juiz está em condições de corrigir seu próprio erro; podendo ser até conveniente, mas não necessária a diversidade de órgãos.

Para Alcides de Mendonça Lima, não deixa de existir recurso quando interposto para o mesmo órgão que prolatou a decisão recorrida; pois, desde que o vencido possa insistir na sua pretensão, há recurso no sentido jurídico.

Sob este aspecto, o direito objetivo se afina com a doutrina, não repugnando ao sistema jurídico nacional o recurso para o mesmo órgão que prolatou a decisão impugnada, admitindo-se recurso até para o mesmo juiz que prolatou a decisão recorrida,[2] como os embargos de declaração.

3 NATUREZA JURÍDICA DO RECURSO

Parte da doutrina identifica o recurso com *a ação*,[3] e outra o considera *um direito em si mesmo*, distinto do direito de ação.[4]

3.1 Concepção do recurso como ação

Betti entende que o poder de impugnar uma sentença *é uma ação* que das demais se difere pelas especiais características de seus elementos constitutivos e pela natureza da razão à qual é coordenada. Assim, elementos constitutivos de toda ação são *um interesse* e um *correspondente poder*; sendo o seu requisito *a legitimação*.

Leone[5] sustenta que o direito de recorrer é um *verdadeiro e próprio direito subjetivo público* em face do juiz e *potestativo* em face da outra parte, podendo se adaptar a ele todos os atributos do direito de ação.

Santoro entende, igualmente, que quem impugna uma sentença, pedindo ao juiz a sua modificação, *exercita uma ação*. Se o impugnante for o órgão do Ministério Público, a ação já iniciada prossegue; e, se for o acusado, ele, de réu na ação, se torna autor no recurso. Ele, que não podia agir *ab origine* (desde o início), pode agir enquanto impugna a sentença.

Vannini sustenta que o direito de recorrer se coloca como verdadeira e própria ação constitutiva, que objetiva uma sentença modificando um estado jurídico existente; ação esta tendente à remoção do provimento desfavorável do juiz.

Ugo Rocco enquadra, igualmente, o recurso no conceito do *direito de ação*.

---

[2] A Lei de Execução Fiscal admite como único recurso, na inferior instância, os embargos infringentes para o próprio juiz que proferiu a decisão embargada (Lei nº 6.830/80, art. 34).
[3] Betti, Leone, Santoro, Vannini e Ugo Rocco.
[4] Liebman e Sergio Costa.
[5] Leone fala no direito de impugnação (de recorrer) como uma ação constitutiva.

3.2 Concepção do recurso como direito distinto da ação

Em posição oposta, estão Liebman e Sergio Costa, para quem o recurso (poder de impugnar a sentença) é *um direito subjetivo processual*, absolutamente independente da ação, e nasce no processo.

Frederico Marques se põe ao lado dos que enquadram o recurso entre os *direitos subjetivos processuais*, diverso do direito de ação; sendo esses dois direitos, *recurso* e *ação*, distintos tanto no que concerne aos seus caracteres ontológicos quanto no tocante aos seus fins e objetivos. O *direito de recorrer* é um direito que se insere no desdobramento dos atos processuais cuja prática resulta do *direito de ação* ou do *direito de defesa*; com a propositura da ação, instaura-se uma relação processual, que surge com o ingresso do autor em juízo, enquanto, no recurso, a relação processual já existe; interposto o recurso, o processo continua por meio de novos atos procedimentais, não nascendo nova relação processual; a ação tem por *finalidade* o julgamento de um pedido, enquanto o recurso tem por finalidade *um novo julgamento*.

Para Del Pozzo, o *poder de agir* tem por objeto a iniciativa do processo genericamente considerado, enquanto o *poder de recorrer* tem por objeto apenas uma fase do mesmo processo; ou, mais precisamente, o controle da decisão sobre o pedido. Por isso, o recurso é direito que nasce no processo, no instante mesmo em que a decisão judicial declara o direito existente, e põe fim à atividade jurisdicional já realizada; enquanto o direito de ação, embora de natureza processual, preexiste logicamente ao processo.

Essa assertiva, de que *o recurso nasce no processo*, não me parece de todo exata, pois o que surge por ocasião da sentença é o *interesse de recorrer*, que emerge, de regra, da sucumbência; mas esse interesse não é o *recurso*, senão um dos pressupostos para recorrer. Por isso, o recurso, enquanto direito *em abstrato*, preexiste ao processo; e, enquanto direito *em concreto*, depende do resultado do processo.

Realmente, o recurso tem individualidade própria, com pressupostos específicos, mesmo porque, muitas vezes, alguém tem legitimação para interpor recurso, sem que a tivesse para propor a ação, sendo o recurso de terceiro prejudicado um irrefutável exemplo disso (CPC, art. 996).[6]

A ação e o recurso são, na verdade, dois direitos distintos, que se inscrevem no rol dos chamados *direitos subjetivos processuais*.

4 PRESSUPOSTOS RECURSAIS

O recurso, para ser admitido, depende da presença de determinados requisitos, chamados *pressupostos recursais*, e sem os quais o mérito da impugnação não será examinado. Os pressupostos recursais são de dupla natureza: I – objetivos; e II – subjetivos.

I – Os pressupostos *objetivos* dizem respeito ao recurso considerado *em si mesmo*, independentemente da pessoa que recorre.

II – Os pressupostos *subjetivos* dizem respeito à pessoa dos recorrentes, independentemente da modalidade do recurso.

---

[6] Art. 996. O recurso pode ser interposto pela parte vencida, pelo terceiro prejudicado e pelo Ministério Público, como parte ou como fiscal da ordem jurídica. (...)

4.1 Pressupostos recursais objetivos

Os *pressupostos objetivos* do recurso são: a) recorribilidade da decisão; b) tempestividade do recurso; c) singularidade do recurso; d) adequação do recurso; e) observância da forma legal; f) motivação do recurso; e g) preparo do recurso.

4.1.1 Recorribilidade da decisão

A *recorribilidade da decisão* significa que a lei deve prever recurso cabível, pois nem todos os provimentos são recorríveis, cuidando a lei de prever aqueles que, por sua importância, são passíveis de recurso. Assim, as *sentenças* e as *decisões interlocutórias* são recorríveis; não, porém, os *despachos*.

4.1.2 Tempestividade do recurso

A *tempestividade do recurso* significa que o recurso deve ser interposto dentro do prazo assinalado pela lei, que não é o mesmo para todos os recursos. A interposição do recurso fora do prazo determina a sua *intempestividade*.

Se, *objetivamente*, o prazo não é o mesmo para todos os recursos, *subjetivamente* é, em princípio, idêntico para ambas as partes; à exceção da Fazenda Pública federal, estadual, distrital e municipal (CPC, art. 183),[7] do Ministério Público (CPC, art. 180, *caput*)[8] e da Defensoria Pública (CPC, art. 186, *caput*)[9], aos quais é concedido prazo em dobro para recorrer.

4.1.3 Singularidade do recurso

A *singularidade do recurso* significa que, contra cada decisão, só tem cabimento um recurso, não podendo ser interposto, simultaneamente, mais de um recurso contra uma mesma decisão. Daí ser também denominado princípio da unirrecorribilidade.

Excepcionalmente, a lei admite a interposição simultânea (não o julgamento) de dois recursos, como acontece, por exemplo, nos processos civil e penal, com os recursos especial e extraordinário.

4.1.4 Adequação do recurso

A *adequação do recurso* significa que o recurso deve ser adequado (apropriado) à impugnação pretendida; não podendo o recorrente se valer de qualquer recurso. Assim, contra sentença, cabe apelação; contra decisão interlocutória, cabe agravo de instrumento no CPC (art. 1.015) e recurso em sentido estrito no CPP (art. 581).

Goldschmidt preconizava a *teoria do recurso indiferente*, em que o simples inconformismo da parte com a decisão seria suficiente para que o seu recurso fosse conhecido, pouco importando a denominação que se lhe desse. Esta teoria foi agasalhada pelo nosso ordenamento jurídico na esfera penal (CPP, art. 579).[10]

---

[7] Art. 183. A União, os Estados, o Distrito Federal, os Municípios e suas respectivas autarquias e fundações de direito público gozarão de prazo em dobro para todas as suas manifestações processuais, cuja contagem terá início a partir da intimação pessoal. (...)

[8] Art. 180. O Ministério Público gozará de prazo em dobro para manifestar-se nos autos, que terá início a partir de sua intimação pessoal, nos termos do art. 183, § 1º (...).

[9] Art. 186. A Defensoria Pública gozará de prazo em dobro para todas as suas manifestações processuais.

[10] Art. 579. Salvo a hipótese de má-fé, a parte não será prejudicada pela interposição de um recurso por outro. Parágrafo único. Se o juiz, desde logo, reconhecer a impropriedade do recurso interposto pela parte, mandará processá-lo de acordo com o rito do recurso cabível.

4.1.5 Observância da forma legal

A *observância da forma legal* significa que a forma de interposição do recurso deve ser observada pelo recorrente. No processo penal pode ser interposto, indistintamente, por petição ou por termo nos autos (CPP, art. 578);[11] no processo civil, só pode ser interposto por petição (CPC, art. 1.010),[12] o mesmo ocorrendo no processo trabalhista.

4.1.6 Motivação do recurso

A *motivação do recurso* exige que o recorrente indique as razões de fato e de direito que o levaram a discordar da decisão recorrida, justificando a sua pretensão de ver reformada a decisão (CPC, art. 1.010, II).[13] No processo penal, é dispensável a motivação quando o recurso é interposto por termo nos autos, bastando a assinatura do recorrente ou de seu representante legal (CPP, art. 578).

4.1.7 Preparo do recurso

O *preparo do recurso* quer dizer que o recorrente deve efetuar o pagamento das despesas relativas ao processamento do recurso, sob pena de deserção (CPC, art. 1.007).[14]

No processo penal, a regra é a dispensa de preparo do recurso, exigido apenas nos processos instaurados mediante queixa, salvo se o recorrente for pobre; e que, se não forem pagas, ocasiona a sua deserção (CPP, art. 806).[15]

No processo trabalhista, além do preparo, há também necessidade de o recorrente fazer o depósito do valor da condenação, quando for o empregador (CLT, art. 899).

Pode ocorrer a *dispensa de preparo* à luz de critérios *objetivos* ou *subjetivos*. Assim, o os embargos declaratórios *independem* de preparo (critério objetivo); o Ministério Público, a Fazenda Pública, a Defensoria Pública e os que litigam sob o pálio da justiça gratuita são isentos de preparo (critério subjetivo).

4.2 Pressupostos subjetivos do recurso

Os *pressupostos subjetivos* do recurso são: a) a legitimação para recorrer; e b) o interesse jurídico em recorrer.

---

[11] Art. 578. O recurso será interposto por petição ou por termo nos autos, assinado pelo recorrente ou por seu representante. (...)
[12] Art. 1.010. A apelação, interposta por petição dirigida ao juízo de primeiro grau, conterá: (...)
[13] Art. 1.010. A apelação, interposta por petição dirigida ao juízo de primeiro grau, conterá: (...) II – a exposição do fato e do direito. (...)
[14] Art. 1.007. No ato de interposição do recurso, o recorrente comprovará, quando exigido pela legislação pertinente, o respectivo preparo, inclusive porte de remessa e de retorno, sob pena de deserção.
[15] Art. 806. Salvo o caso do art. 32, nas ações intentadas mediante queixa, nenhum ato ou diligência se realizará, sem que seja depositada em cartório a importância das custas. § 1º Igualmente, nenhum ato requerido no interesse da defesa será realizado, sem o prévio pagamento das custas, salvo se o acusado for pobre. § 2º A falta do pagamento das custas, nos prazos fixados em lei, ou marcados pelo juiz, importará renúncia à diligência requerida ou deserção do recurso interposto. § 3º A falta de qualquer prova ou diligência que deixe de realizar-se em virtude do não pagamento de custas não implicará a nulidade do processo, se a prova de pobreza do acusado só posteriormente foi feita.

4.2.1 Legitimação para recorrer

Em princípio, a *legitimação* para recorrer da sentença cabe a quem foi parte no processo, tenha ou não estado presente na causa, inclusive o revel, e tanto se foi parte originária quanto terceiro interveniente.

Além das partes, são legitimados a recorrer o terceiro prejudicado e o Ministério Público, este último, quer funcione como parte ou como fiscal da ordem jurídica (CPC, art. 996, *caput*).

4.2.2 Interesse jurídico em recorrer

Deve também o recorrente ter *interesse jurídico* em recorrer, interesse este existente em favor da parte sucumbente, à qual a sentença trouxe um prejuízo presente, ou possa trazer um prejuízo futuro; a quem a lei reconhece um justificado motivo para pedir a remoção dele.

Tem *interesse jurídico* em recorrer quem tenha *interesse jurídico* na reforma da decisão; e esse interesse possui o sucumbente.

5 SUCUMBÊNCIA

5.1 Conceito de sucumbente

O *sucumbente* é a parte cuja demanda não foi acolhida, ainda que por motivo não atinente ao mérito.

Para se estabelecer, em concreto, se a parte é sucumbente, é preciso considerar o efeito prático da sentença, isto é, as decisões tomadas pelo juiz, que são os concretos provimentos, com os quais pronunciou sobre o objeto do processo.

Para Frederico Marques, a *sucumbência* é a situação criada por uma decisão em antagonismo com o que pediu o litigante; para outros, é a desconformidade entre o que foi pedido e o que foi concedido pelo juiz.

O *sucumbente* é aquele que foi vencido, e vencido é, normalmente, aquele que sofreu um prejuízo em virtude de uma decisão ou sentença proferida no processo.

5.1.1 Sucumbência como gravame para a parte

Para Adolf Schönke, constitui requisito essencial do recurso o "gravame" para a parte; havendo gravame quando ocorre para ela um prejuízo, resultante da diferença entre o que foi por ela pedido e o que foi concedido pela decisão recorrível.

A sucumbência dá a medida do interesse em recorrer, e só se recorre daquilo que se perdeu, e na medida do perdido.

No entanto, a lei reconhece legitimação para recorrer ao réu revel, que nada pediu, e, portanto, nada lhe foi negado; o mesmo ocorrendo com o terceiro prejudicado, o qual, tendo estado fora do processo, também não formulou pedido.

5.1.2 Sucumbência em função do pedido

A sucumbência *concebida em função do pedido* compreende em quase toda a sua extensão a situação jurídica que determina o *interesse em recorrer*; mas não em toda, sob pena de se negar o recurso a quem tenha interesse em impugnar a decisão, como terceiro prejudicado, ou aos que apenas virtualmente integraram o processo, como o revel.

Por sucumbência, deve ser entendida a lesão que possa resultar de uma decisão ou sentença para o interessado em recorrer; ou o prejuízo jurídico, real ou virtual, que a decisão provoca ou possa provocar na esfera jurídica do prejudicado. Assim, amplia-se o conceito de sucumbência, conservando-o, dentro de limites razoáveis; mesmo porque, não apenas a parte vencida, mas também a *vencedora* pode recorrer, bastando que esteja em condições de demonstrar interesse jurídico na reforma da decisão, por conta de um prejuízo atual ou futuro que puder vir a sofrer.

Embora não tenha a parte interesse em recorrer, quando a decisão se fundamenta em disposição legal diversa da invocada, pode suceder que, na prática, possa sofrer um gravame derivado justamente dessa diversidade do *fundamento*. Suponha-se que o réu invoque, na sua defesa, a legítima defesa real, e o juiz o absolva por legítima defesa putativa.[16] Nesse caso, ele poderá ser, eventualmente, acionado no cível pelos herdeiros ou sucessores da vítima, para pagamento de perdas e danos (*rectius*, indenização), o que não seria possível se tivesse sido absolvido com base na legítima defesa real.

Nessa hipótese, o réu tem indiscutível interesse na reforma da decisão, para ver vitoriosa, no tribunal, a tese da legítima defesa real.

Modernamente, tem-se entendido também, na doutrina e na jurisprudência,[17] que a sucumbência resulta da "causalidade", devendo ser imposta a quem tenha dado ensejo à demanda, de modo que o *vencedor* pode também vir a ser condenado nas verbas resultantes da sucumbência, como, por exemplo, o terceiro adquirente, que, não tendo promovido a averbação da sua promessa de compra e venda de imóvel no registro imobiliário, deu causa a embargos de terceiro (CPC, art. 674)[18] (em que saiu vitorioso), em razão da penhora desse imóvel numa execução promovida contra o alienante.

Para que o Ministério Público possa recorrer, como fiscal da ordem jurídica, basta a violação do direito objetivo, não se exigindo a sucumbência, porquanto ele não defende, no processo, interesse próprio, mas interesse público e social, para cuja satisfação pode, se necessário, modificar seu entendimento no processo.

5.2 Classificação da sucumbência

A sucumbência pode ser classificada em: I – única e múltipla; II – direta e reflexa; III – total e parcial.

5.2.1 *Sucumbência única e múltipla*

A sucumbência *única*, também dita *simples*, ocorre quando o gravame atinge apenas uma das partes no processo; como, por exemplo, a sentença que julga procedente a ação (sucumbe o réu). A sucumbência *múltipla* acontece quando há mais de um vencido, ou quando atinge ela interesses vários.

A sucumbência *múltipla* se subdivide em: a) paralela; e b) recíproca.

---

[16] A legítima defesa putativa "É quando alguém erroneamente se julga em face de uma agressão atual e injusta, e, portanto, legalmente autorizado à reação que empreende" (Nelson Hungria). O verbo "putare", em latim, significa "pensar".

[17] "3. Deveras, a imposição dos ônus processuais, no Direito Brasileiro, pauta-se pelo princípio da sucumbência, norteado pelo princípio da causalidade, segundo o qual aquele que deu causa à instauração do processo deve arcar com as despesas dele decorrentes." (REsp. 824.702/RS)

[18] Art. 674. Quem, não sendo parte no processo, sofrer constrição ou ameaça de constrição sobre bens que possua ou sobre os quais tenha direito incompatível com o ato constritivo, poderá requerer seu desfazimento ou sua inibição por meio de embargos de terceiro. (...)

a) A *sucumbência paralela* ocorre quando a decisão prejudica interesses idênticos de várias partes, ou lesa interesses idênticos de mais de uma parte; como, por exemplo, a sentença que julga procedente a ação contra os litisconsortes.

b) A *sucumbência recíproca* acontece quando a decisão causa gravame simultâneo a interesses opostos de duas partes, ou lesa interesses opostos de duas partes, como, por exemplo, a sentença que julga procedente *em parte* a ação (sucumbem parcialmente autor e réu).

5.2.2 Sucumbência direta e reflexa

A *sucumbência direta* existe quando atinge quem foi parte no processo,[19] como, por exemplo, a sentença condenatória do réu.

A sucumbência *reflexa* ocorre quando atinge pessoas que estão fora da relação processual; como, por exemplo, a sentença penal absolutória, em relação à vítima ou seus sucessores.

5.2.3 Sucumbência total e parcial

A *sucumbência total* acontece quando o pedido do litigante é rejeitado na sua totalidade; como, por exemplo, a absolvição do réu, ocasionando a sucumbência do Ministério Público; ou a procedência da denúncia, caso em que o sucumbente será o réu.

A *sucumbência parcial* ocorre quando apenas parte do pedido não foi atendido; como, por exemplo, a sentença condenatória do réu ao pagamento do principal, negando juros compensatórios.

Graficamente:

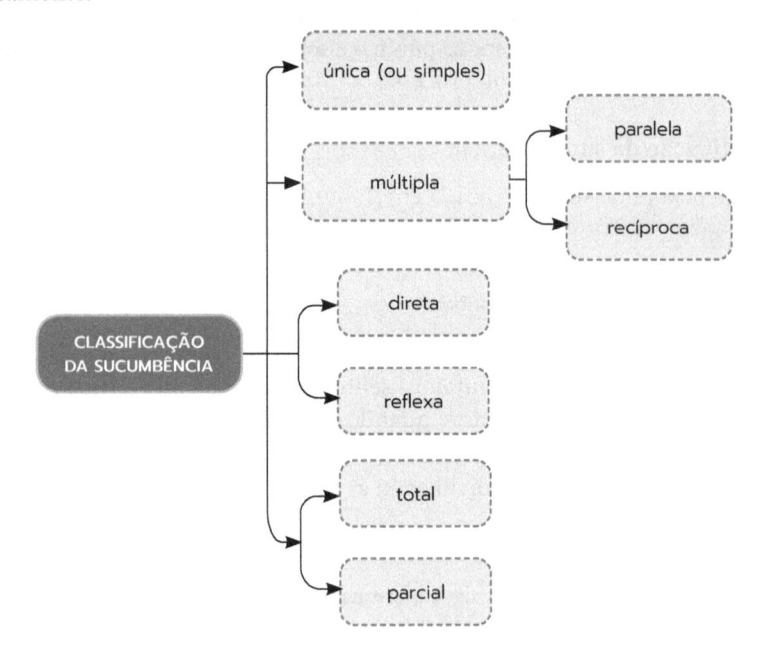

```
                                                    ┌─ única (ou simples)
                                                    │
                                                    │                  ┌─ paralela
                                                    ├─ múltipla ──────┤
                                                    │                  └─ recíproca
CLASSIFICAÇÃO DA SUCUMBÊNCIA ───────────────────────┤
                                                    ├─ direta
                                                    │
                                                    ├─ reflexa
                                                    │
                                                    ├─ total
                                                    │
                                                    └─ parcial
```

---

[19] Esta classificação (direta e reflexa) não se adapta ao conceito de sucumbência adotado por Frederico Marques, pois quem está fora da relação processual nada pediu, e, portanto, nada lhe teria sido negado; logo, não haveria sucumbência reflexa.

Se a sentença contiver distintas decisões, a parte pode sucumbir parcialmente, na medida em que alguns "capítulos" dela lhe sejam favoráveis e outros desfavoráveis; caso em que pode impugnar a sentença só na parte em que restou sucumbente.[20]

Não é sucumbente na sentença e, portanto, não pode recorrer a parte que, sendo totalmente vitoriosa, teve resolvida em sentido contrário uma ou mais questões da causa, de direito ou de fato, porque a decisão da questão em si não constitui um capítulo autônomo da sentença.

6 FUNDAMENTO DO RECURSO

Pelo menos duas espécies de erros podem contaminar uma sentença: a) erro de procedimento; e b) erro de julgamento.

6.1 Erro de procedimento

O erro de procedimento (*error in procedendo*) é aquele que o juiz comete no exercício da sua atividade jurisdicional, no curso do procedimento ou na prolação da sentença, violando a norma processual, na sua mais ampla acepção.

Esse erro é decorrência da violação da norma processual, ou seja, um defeito de construção da sentença, no qual incorre o juiz, quando não observa as normas que regulam sua atividade, como, por exemplo, quando profere sentença desfundamentada, não permitindo a compreensão da parte dispositiva.

A sentença contaminada por um vício dessa natureza se diz *sentença errada*.

6.2 Erro de julgamento

O erro de julgamento (*error in iudicando*) é aquele que decorre da sentença de mérito, quer se trate de *erro de fato*, quando dá como verdadeiro um fato disforme da realidade, ou *erro de direito*, quando o juiz erra ao valorar juridicamente um fato, ou ao aplicar o direito aos fatos; como, por exemplo, quando o juiz considera existir contrato de comodato onde existe contrato de locação.

A sentença contaminada por um vício dessa natureza se diz *sentença injusta*.

Para Calamandrei, se o juiz se equivoca ao aplicar ao mérito o direito substancial, incorre em vício de julgamento (*error in iudicando*), mas não na inobservância do direito substancial, pois este não se dirige a ele. Se o juiz, porém, comete uma irregularidade processual, incorre em vício de procedimento (*error in procedendo*), isto é, na inobservância de um preceito concreto, que, dirigindo-se a ele, impõe-lhe determinado comportamento no processo.

7 JUÍZO DE ADMISSIBILIDADE E JUÍZO DE MÉRITO

O recurso, como todo ato postulatório, deve ser examinado sob dois ângulos distintos: a) primeiro, verifica-se se estão satisfeitas as condições impostas por lei para que possa ser apreciado o seu conteúdo, quer dizer, examinam-se os *pressupostos recursais* para saber se ele deve ou não ser admitido; b) depois, uma vez admitido, examina-se se existe ou não fundamento para o que se postula, para acolher ou rejeitar a impugnação. Na primeira hipótese, fala-se em *juízo de admissibilidade*; e, na segunda, em *juízo de mérito* (Barbosa Moreira).

Neste sentido eram, também, os ensinamentos de Rosenberg, para quem, primeiro, examina-se se o recurso é *admissível*; e, depois, se é *fundado*.

O *juízo de admissibilidade* é sempre preliminar do *juízo de mérito*.

---

[20] Evidentemente, nos capítulos em que saiu vencedor o sucumbente, será a contraparte que poderá impugnar.

7.1 Tribunal conhece ou não conhece do recurso

Quando o tribunal examina os pressupostos recursais, e o *juízo de admissibilidade* resulta negativo, diz-se que *"não conhece"* do recurso; e, quando esse *juízo* resulta positivo, diz-se que *"conhece"* do recurso.

7.2 Tribunal dá ou nega provimento ao recurso

Restando positivo o juízo de admissibilidade, ou seja, *conhecido o recurso*, podem ocorrer duas hipóteses: 1) se o tribunal entende que o recurso é fundado, *"dá-lhe provimento"*; 2) e, se entende que, embora admissível, é infundado, *"nega-lhe provimento"*.

Cumpre observar que o juízo de admissibilidade, relativamente à apelação, passava no sistema revogado, por um duplo crivo,[21] do juízo *a quo*, na inferior instância, perante o qual era o recurso interposto, e do juízo *ad quem*, no tribunal, quando do julgamento propriamente dito do recurso; enquanto o juízo de mérito, exceto nos casos em que se admitia o *juízo de retratação*,[22] era exclusivo do juízo *ad quem*.

O atual Código de Processo Civil alterou esse sistema, dispondo no art. 1.010, § 3º, que a apelação deve ser interposta perante o juízo de primeiro grau, mas, após as formalidades previstas nos §§ 1º e 2º, os autos serão remetidos ao tribunal pelo juiz, independentemente de juízo de admissibilidade.

Como os órgãos colegiados, no tribunal, são compostos de, no mínimo, três julgadores, sendo julgada primeiro a admissibilidade do recurso, e, depois, se ele tem fundamento, pode acontecer que sobrevenha um julgamento *por maioria* ou *por unanimidade*, conforme se posicione cada membro no órgão colegiado.

8 EFEITOS DO RECURSO

O recurso possui dois efeitos principais: I – *suspensivo*; e II – *devolutivo*.

8.1 Efeito suspensivo do recurso

O *efeito suspensivo* impede que a decisão impugnada produza os efeitos que lhe são próprios; e impedindo, em consequência, o cumprimento provisório da sentença.

8.2 Efeito devolutivo do recurso

O *efeito devolutivo* devolve o julgamento da causa ao tribunal, permitindo-lhe o reexame da decisão, nos limites da impugnação.[23]

8.3 Efeito extensivo

A doutrina fala também em efeito *extensivo*, quando o recurso da parte de um dos corréus se estende a todos os outros, porque o motivo da anulação da sentença não se refira apenas à pessoa que recorreu (CPP, art. 580);[24] o mesmo ocorrendo na hipótese de litisconsórcio unitário, em que

---

[21] Salvo quando interposto diretamente no tribunal.
[22] *Juízo de retratação* é a oportunidade que se oferece ao órgão jurisdicional, que já julgou uma vez, para reexaminar a sua decisão e modificá-la se assim o entender, como nos embargos de declaração.
[23] Impede o trânsito em julgado da decisão.
[24] Art. 580. No caso de concurso de agentes (Código Penal, art. 25), a decisão do recurso interposto por um dos réus, se fundado em motivos que não sejam de caráter exclusivamente pessoal, aproveitará aos outros.

a decisão tem que ser igual para todos. Assim, o recurso interposto pelo autor do crime, se provido por falta de tipicidade do fato, beneficia os respectivos coautores.

8.4 Efeito retratativo do recurso

Fala-se, também, em efeito *retratativo*, dito também *regressivo*, quando o reexame da matéria é devolvido ao próprio órgão que prolatou a decisão recorrida; como, por exemplo, nos embargos de declaração, inclusive com efeito modificativo.

Os efeitos dos recursos dependem do ordenamento jurídico de cada país.

9 MODOS DE IMPUGNAÇÃO DAS DECISÕES

A impugnação das decisões pode se dar de dois modos: I) através de recurso; e II) através de ação impugnativa autônoma.

9.1 Impugnação por meio de recurso e por ação autônoma

A impugnação por meio de recurso tem lugar *no mesmo processo* em que foi proferida a decisão recorrida.

A impugnação por meio de *ação impugnativa autônoma* pressupõe a *irrecorribilidade da sentença*, num processo (transitada em julgado), dando origem a uma *nova relação processual*, sendo exercida noutro processo que não aquele em que proferida a decisão impugnada.

Os recursos são meios de impugnação das decisões em geral, tanto as interlocutórias, por meio de agravo de instrumento, quanto as finais, como as sentenças, por meio do recurso próprio (apelação no processo civil e penal; recurso ordinário no processo trabalhista); enquanto a ação autônoma de impugnação é meio de impugnação apenas da sentença transitada em julgado, por meio de ação rescisória ou ação de nulidade (*querela nullitatis*),[25] nas esferas cível e trabalhista, e revisão criminal, na esfera penal.

9.2 Principal reflexo da interposição do recurso

O principal efeito da interposição do recurso sobre a relação processual é que ele impede que ela se extinga e, consequentemente, que a decisão transite em julgado.[26]

9.2.1 *Reiteração e iteração da relação processual*

Quando o recurso tem por objeto a decisão de *todo o litígio*, diz-se que a relação processual fica *reiterada*; e, quando o recurso tem por objeto apenas *algum ato do procedimento ou apenas parte do litígio*, diz-se que a relação processual fica *iterada*.

Sob o *aspecto objetivo*, são reflexos da interposição do recurso a *iteração* e a *reiteração* da relação processual; e, sob o *aspecto subjetivo*, é excluído o juiz que proferiu a sentença (juízo *a quo*) e incluído o tribunal, que vai rejulgar a causa (juízo *ad quem*).[27]

Se se tratar de recurso retratativo, o próprio juiz que proferiu a decisão recorrida pode modificar a sua decisão; como, por exemplo, o recurso em sentido estrito no processo penal e agravos de instrumento e interno no processo civil.

---

[25] A "*querela nullitatis*" é uma ação de rito comum proposta perante o juízo que proferiu a sentença a ser desconstituída em função de defeito de citação.

[26] Para Frederico Marques, *impedir* o trânsito formal em julgado é decorrência do efeito devolutivo.

[27] "*A quo*" é o juiz de cuja decisão se recorre; "*ad quem*" é o tribunal para o qual se recorre.

10 CLASSIFICAÇÃO DOS RECURSOS

Os recursos podem ser classificados: I – quanto à natureza: II – quanto à iniciativa recursal; III – quanto à extensão; IV – quanto à autonomia; V – quanto à retratação; e VI – quanto ao fundamento.

10.1 Classificação quanto à natureza

Quanto à sua natureza, o recurso pode ser: a) ordinário; b) extraordinário; e c) especial.

a) O *recurso ordinário* é aquele previsto pelo direito positivo, nominado e inominado, inclusive o recurso ordinário *constitucional*.

b) O *recurso extraordinário* é aquele previsto pela Constituição, de competência do Supremo Tribunal Federal (CF, art. 102, item III).

O recurso de revista para o Tribunal Superior do Trabalho, apesar de não ter assento constitucional, tem natureza *quase extraordinária*,[28] porquanto não é meio para se corrigir a injustiça de acórdãos trabalhistas, devendo o recorrente, para interpô-lo, além de ter sucumbido, atender aos requisitos previstos em lei.

c) O *recurso especial* é aquele previsto também na Constituição, de competência do Superior Tribunal de Justiça (CF, art. 105, III).[29]

10.2 Classificação quanto à iniciativa recursal

Quanto à iniciativa recursal, o recurso pode ser: a) voluntário; e b) necessário.

a) O *recurso voluntário* é aquele interposto por iniciativa do recorrente, portanto, por vontade da parte.

b) O *recurso necessário*, também dito *obrigatório*, é aquele obrigatoriamente interposto pelo juiz, mediante remessa dos autos ao tribunal.[30]

Na esfera civil e trabalhista é chamado de remessa necessária (CPC, art. 496); e, no âmbito penal, de recurso de ofício (CPP, art. 746).

Esse recurso é uma consequência lógica da adoção do princípio do duplo grau obrigatório de jurisdição.

---

[28] O recurso de revista era originalmente denominado de "recurso extraordinário", porquanto suas funções se aproximam às desse recurso, limitadas, porém, ao âmbito trabalhista.

[29] Segundo se infere dos ensinamentos de Manzini, Florian, Leone e Liebman, os recursos ordinários e extraordinários do direito italiano, e em geral do direito europeu, nada têm que ver com os nossos recursos ordinário e extraordinário. Para o direito italiano, *ordinários* são aqueles que a lei concede normalmente, isto é, sem o pressuposto de qualquer coisa excepcional, e que se podem interpor somente em relação a decisões que não passaram em julgado. Impedem a coisa julgada. São os nossos recursos, tanto os ordinários quanto o extraordinário. *Extraordinários* são aqueles que a lei concede excepcionalmente, isto é, no pressuposto de qualquer coisa de extraordinário, e que se propõem contra decisões que já adquiriram a autoridade de coisa julgada, ou, então, executoriedade. Seriam exemplos as nossas ações rescisórias e revisões criminais. Agridem a coisa julgada.

[30] A doutrina no geral não lhe reconhece a natureza de verdadeiro recurso. O seu fundamento é o interesse público: não é interposto pela parte; não tem prazo para ser interposto; a decisão não transita em julgado, enquanto a causa não for reexaminada pelo tribunal. Não é recurso, porque o juiz tem o dever de recorrer. É apenas uma providência, uma medida legal, para maior cautela na solução de determinados litígios. No âmbito penal, arts. 564, III, *n*, 574 e 746 do CPP; no trabalhista, Decreto-Lei nº 779, de 21.08.69 (decisões total e parcialmente desfavoráveis à União, Estados, Municípios, DF, autarquias ou fundações de direito público que não explorem atividades econômicas); no cível, art. 496 do CPC.

10.3 Classificação quanto à extensão do recurso

Quanto à sua extensão, o recurso pode ser: a) total; e b) parcial.

a) O *recurso total* é aquele mediante o qual se impugna toda a decisão recorrida.

b) O *recurso parcial* é aquele em que se impugna apenas parte da decisão recorrida.[31]

10.4 Classificação quanto à autonomia do recurso

Quanto à sua autonomia, o recurso pode ser: a) recurso principal; e b) recurso adesivo.

a) O *recurso principal* é aquele que cada parte interpõe independentemente da outra.

b) O *recurso adesivo*, dito também *secundário*, é aquele que depende da interposição do recurso principal por uma das partes, para que a outra possa aderir.

A parte que não recorreu, mediante recurso principal, *adere* ao recurso interposto pela outra parte, sendo admitida a adesão, no processo civil, nos seguintes recursos: apelação, no recurso extraordinário e no recurso especial (CPC, art. 997, § 2º, II), bem assim no processo trabalhista, em recurso ordinário, em agravo de petição, em recurso de revista e em embargos (Súmula 283 do TST).

10.5 Classificação quanto ao poder de retratação do juiz

Quanto à retração, o recurso pode ser: a) retratativo; e b) não retratativo.

a) O *recurso retratativo* é aquele permite que o mesmo órgão que proferiu a decisão recorrida reexamine a sua decisão; como, por exemplo, o agravo de instrumento, no processo civil (art. 1.015), e o recurso em sentido estrito, no processo penal (art. 581 do CPP).

b) O *recurso não retratativo* é aquele que não permite que o mesmo órgão prolator da decisão impugnada a reexamine; como, por exemplo, a apelação,[32] nos processos civil e penal, e o recurso ordinário no processo trabalhista. No processo civil, admite-se a retratação nas hipóteses dos arts. 331, *caput*, e 332, § 3º, do CPC, em que tem cabimento a apelação.

10.6 Classificação quanto ao fundamento recursal

Quanto ao seu fundamento, o recurso pode ser: a) comum; e b) excepcional.

a) O *recurso comum* é aquele em que a sucumbência constitui condição suficiente para ser pedido novo julgamento; como, por exemplo, a apelação e os agravos de instrumento e interno.

b) O *recurso excepcional* é aquele em que o direito de recorrer resulta da sucumbência e de um *plus* que a norma processual exige como pressuposto do reexame do julgamento; como, por exemplo, o recurso especial e o recurso extraordinário, que têm fundamento na Constituição, e também os embargos infringentes e de nulidade, no processo penal,[33] que não deixam de ter um aspecto excepcional, consistente em não ser unânime a decisão de segunda instância (CPP, art. 609, parágrafo único).[34]

---

[31] *Tantum devolutum quantum appellatum* significa: "Tanto devolvido quanto apelado."
[32] Salvo o reexame dos pressupostos de admissibilidade do recurso (CPC, art. 1.010, § 3º).
[33] Os embargos infringentes foram suprimidos pelo atual Código de Processo Civil, ou, mais propriamente, substituídos pelos embargos "automáticos" disciplinados pelo art. 942.
[34] Art. 609. (...) Parágrafo único. Quando não for unânime a decisão de segunda instância, desfavorável ao réu, admitem-se embargos infringentes e de nulidade, que poderão ser opostos dentro de 10 (dez) dias,

Na doutrina, costuma-se falar em recursos "especiais", mas prefiro chamá-los de "excepcionais", para distingui-los do recurso especial para o STJ.

Graficamente:

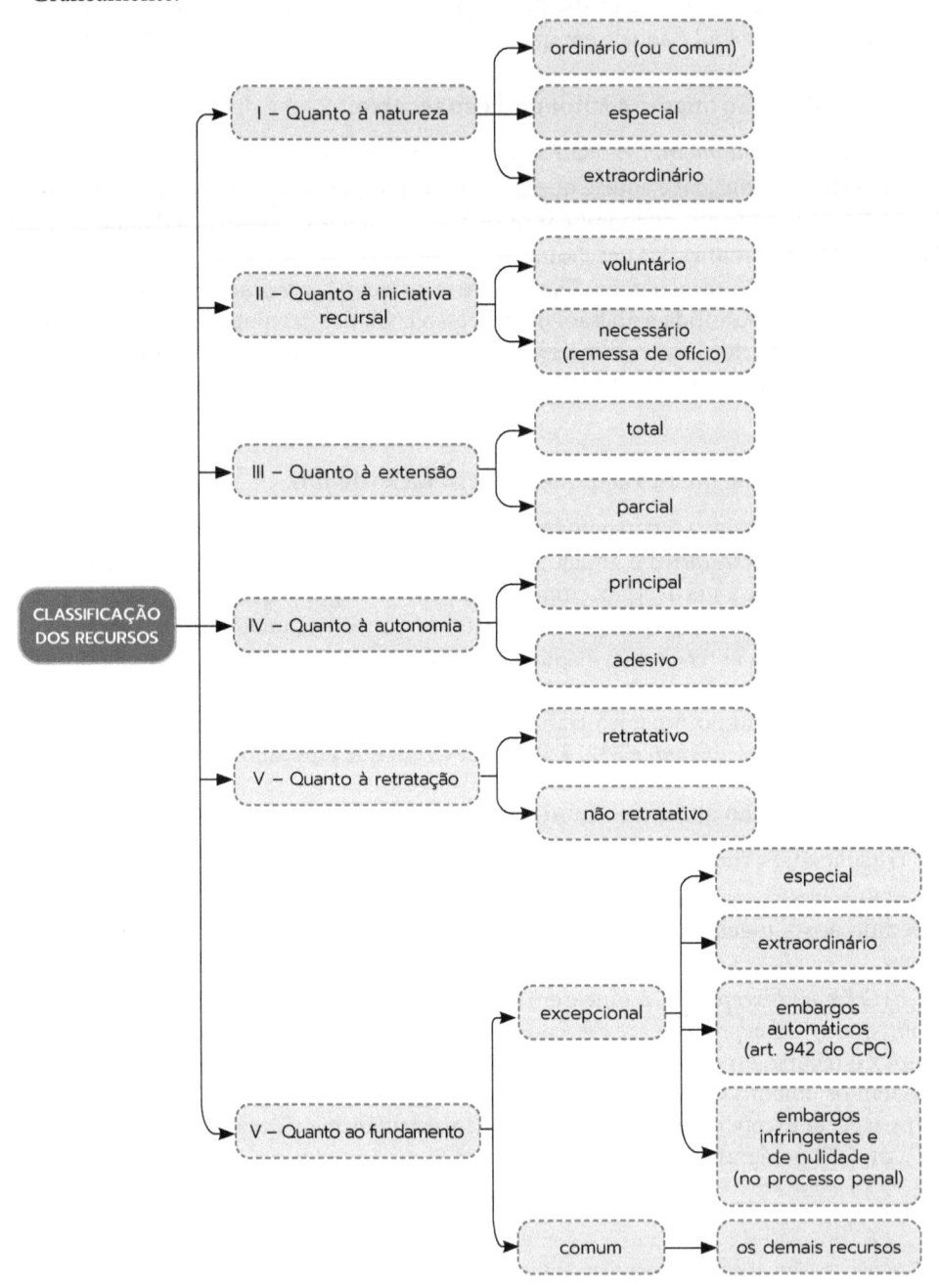

CLASSIFICAÇÃO DOS RECURSOS

- **I – Quanto à natureza**
  - ordinário (ou comum)
  - especial
  - extraordinário

- **II – Quanto à iniciativa recursal**
  - voluntário
  - necessário (remessa de ofício)

- **III – Quanto à extensão**
  - total
  - parcial

- **IV – Quanto à autonomia**
  - principal
  - adesivo

- **V – Quanto à retratação**
  - retratativo
  - não retratativo

- **V – Quanto ao fundamento**
  - excepcional
    - especial
    - extraordinário
    - embargos automáticos (art. 942 do CPC)
    - embargos infringentes e de nulidade (no processo penal)
  - comum
    - os demais recursos

---

a contar da publicação de acórdão, na forma do art. 613. Se o desacordo for parcial, os embargos serão restritos à matéria objeto de divergência.

11 TIPOLOGIA RECURSAL

Os recursos são distintos na sua forma e natureza, conforme se trate de impugnar *decisão* ou *sentença*, razão por que se fala em uma *tipologia recursal*.

11.1 Teoria do recurso indiferente

Embora *Goldschmidt* tenha preconizado a extinção da nomenclatura dos recursos, consagrando a *teoria do recurso indiferente*, em que basta a vontade de recorrer para justificar o pedido de reforma da decisão, os diversos ordenamentos jurídicos, consagram uma *tipologia recursal*, em que cada decisão é impugnável por certo tipo de recurso, sendo distintos os recursos no processo civil, no processo penal e no processo trabalhista; visto que, muitas vezes, um mesmo recurso (agravo de instrumento, por exemplo) cumpre funções diferentes em cada um desses processos.

A *tipologia recursal* se comporta, no ordenamento processual, de forma bastante peculiar, pois, muitas vezes, um mesmo recurso cumpre distintas funções, conforme a modalidade de processo, como acontece, por exemplo, com o agravo de instrumento no processo civil, em que se presta para impugnar decisões interlocutórias, e no processo trabalhista, em que se presta para fazer subir (*rectius*, destrancar) recurso ordinário denegado.

11.2 Modalidades de recurso no processo civil

No *processo civil*, os despachos, por não terem conteúdo decisório, são *irrecorríveis*, sendo recorríveis apenas as decisões e as sentenças, previstos os seguintes recursos: I – apelação; II – agravo de instrumento; III – agravo interno; IV – embargos de declaração; V – recurso ordinário; VI – recurso especial; VII – recurso extraordinário; VIII – agravo em recurso especial ou extraordinário; e IX – embargos de divergência (CPC, art. 994).

Tem cabimento também no processo civil a "reclamação", com perfil recursal, nas hipóteses previstas no art. 988, I a IV,[35] do CPC.

Os despachos, de regra *irrecorríveis*, admitem excepcionalmente os embargos de declaração, que são um recurso, para desfazer obscuridade ou contradição ou suprir ponto omisso; embora na doutrina as opiniões sejam divergentes.

As decisões, de regra *recorríveis*, podem ser *irrecorríveis* por determinação legal (CPC, arts. 138, 1.007, § 6º, 1.031, §§ 2º e 3º, 1.035).

11.2.1 *Mandado de segurança como sucedâneo recursal*

O mandado de segurança é manejado, nas esferas civil e trabalhista, como *sucedâneo recursal*, sempre que a lei não preveja recurso da decisão.

11.2.2 *Medidas de quase recurso*

Cumprem também o papel de quase recurso a correição parcial e a reclamação correicional.

---

[35] Art. 988. Caberá *reclamação* da parte interessada ou do Ministério Público para: I – preservar a competência do tribunal; II – garantir a autoridade das decisões do tribunal; III – garantir a observância de enunciado de súmula vinculante e de decisão do Supremo Tribunal Federal em controle concentrado de constitucionalidade; IV – garantir a observância de acórdão proferido em julgamento de incidente de resolução de demandas repetitivas ou de incidente de assunção de competência.

Além dos recursos "autônomos", são admitidos recursos "adesivos" (em apelação, em recurso especial e em recurso extraordinário), bem assim o "recurso de terceiro prejudicado" (apelação de terceiro prejudicado, agravo de instrumento de terceiro prejudicado etc.).

11.3 Modalidades de recurso no processo penal

No *processo penal*, os despachos que não tenham conteúdo decisório são irrecorríveis, sendo recorríveis apenas as decisões e as sentenças, sendo previstos os seguintes recursos: recurso em sentido estrito, apelação, embargos de declaração, embargos infringentes e de nulidade, carta testemunhável, agravo em execução penal (Lei nº 7.210/84), agravo regimental, recursos especial e extraordinário.

Apesar de não referida pelo CPP, tem sido admitida também uma providência administrativa, com sabor recursal, denominada "correição parcial", cabível quando não houver previsão expressa de recurso para impugnar determinado provimento judicial; entendendo-se que o rito deve ser o mesmo do recurso em sentido estrito.

A *revisão criminal*, embora prevista como recurso pelo CPP (art. 621), não é, na verdade, um recurso, senão uma ação equivalente à ação rescisória no processo civil.

Muitas vezes, o Código de Processo Penal fala em recurso de "despacho", mas que, na essência, é verdadeira decisão (CPP, arts. 67, I, 99 etc.).

Impõe, também, o Código de Processo Penal, o recurso *de ofício* pelo juiz, se a sentença conceder *habeas corpus* ou absolver sumariamente o réu por circunstância que exclua o crime ou isente o réu de pena (art. 574, I e II).

No âmbito penal, embora a decisão e a sentença sejam *recorríveis*, não cabe recurso da decisão que reconhece a falsidade de documento, nem da sentença, na parte em que decreta ou denega a aplicação provisória de interdições de direitos.

O *habeas corpus* e o mandado de segurança, na esfera penal, também são admitidos como *sucedâneos recursais*, sempre que a lei não preveja recurso da decisão.

Segundo remansosa jurisprudência (REsp 1.595.636/RN), o processo penal não se compadece com o recurso "adesivo", embora haja quem o admita com base na analogia (CPP, art. 3º).[36]

No que tange ao recurso de terceiro prejudicado na esfera penal, a jurisprudência tem admitido mandado de segurança de terceiro prejudicado.[37]

Tem cabimento ainda a correição parcial (Justiça Federal: Lei nº 5.010/66), que funciona como um quase recurso.

11.4 Modalidades de recurso no processo trabalhista

No *processo trabalhista*, a regra é a irrecorribilidade das decisões interlocutórias, de forma bastante *acentuada*, admitindo-se a apreciação do merecimento das decisões interlocutórias somente em recurso da decisão definitiva (CLT, art. 893, § 1º).

São os seguintes os recursos na esfera trabalhista: recurso ordinário (da sentença), embargos (declaratórios), embargos inominados de determinadas decisões, recurso de revista (de acórdão), agravos (de petição, de instrumento e interno), recurso extraordinário (CLT) e pedido de revisão (Lei nº 5.584/70); tendo também cabimento o recurso de terceiro prejudicado no processo trabalhista.

---

[36] Art. 3º A lei processual penal admitirá interpretação extensiva e aplicação analógica, bem como o suplemento dos princípios gerais de direito.
[37] Recursos Ordinários em Mandado de Segurança 9.419 e 14.755.

O recurso *ordinário* trabalhista corresponde, nos processos civil e penal, à apelação, e o recurso de revista, ao recurso especial.

Na esfera da tutela provisória de urgência (antecipada e cautelar) trabalhista, não se admite recurso (agravo de instrumento), admitindo-se em seu lugar o mandado de segurança contra ato judicial (como sucedâneo recursal).

Tem cabimento ainda a reclamação ou reclamação correcional, que cumpre o papel de um "quase recurso".

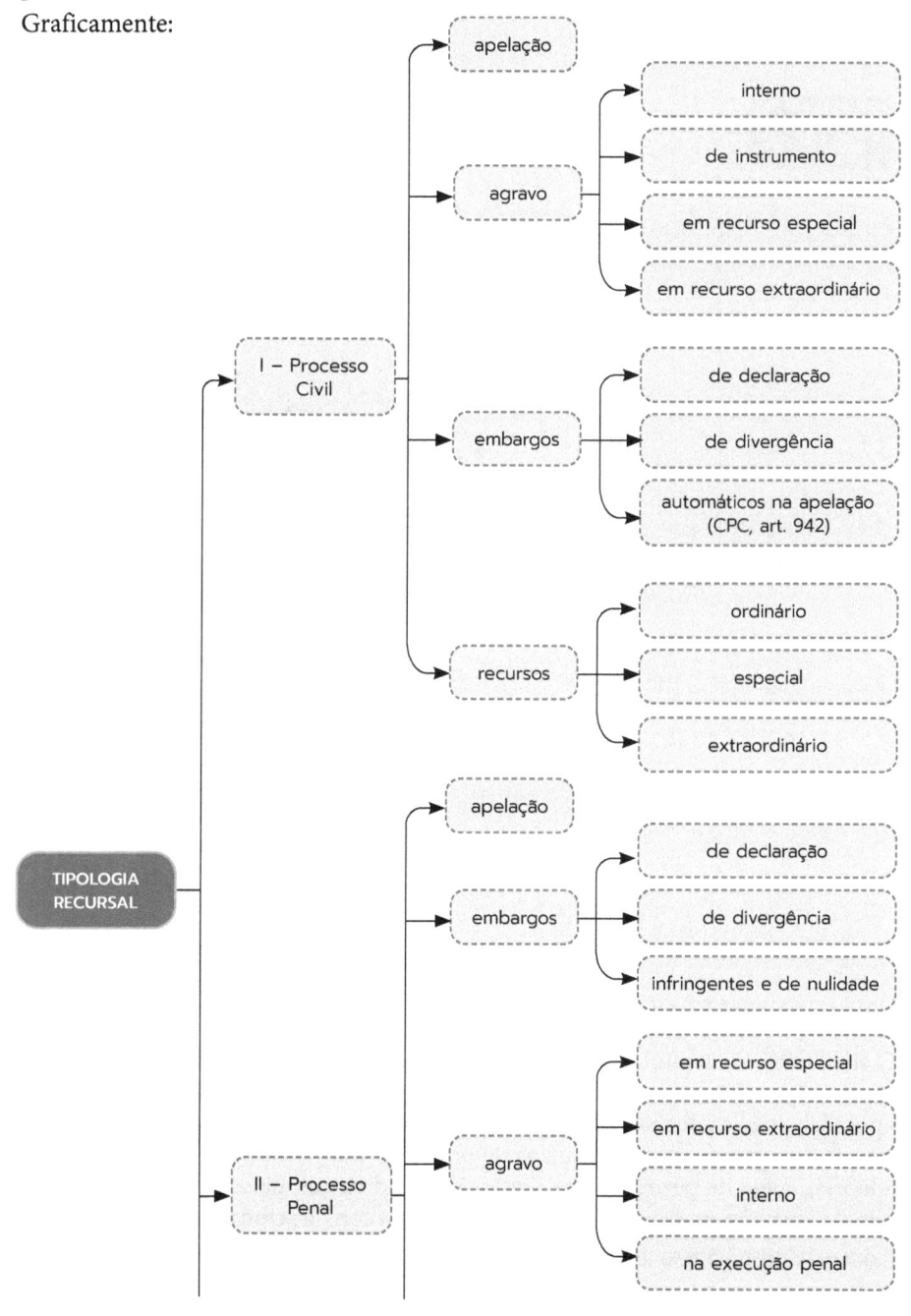

Graficamente:

TIPOLOGIA RECURSAL

- **I – Processo Civil**
  - apelação
  - agravo
    - interno
    - de instrumento
    - em recurso especial
    - em recurso extraordinário
  - embargos
    - de declaração
    - de divergência
    - automáticos na apelação (CPC, art. 942)
  - recursos
    - ordinário
    - especial
    - extraordinário

- **II – Processo Penal**
  - apelação
  - embargos
    - de declaração
    - de divergência
    - infringentes e de nulidade
  - agravo
    - em recurso especial
    - em recurso extraordinário
    - interno
    - na execução penal

TIPOLOGIA RECURSAL

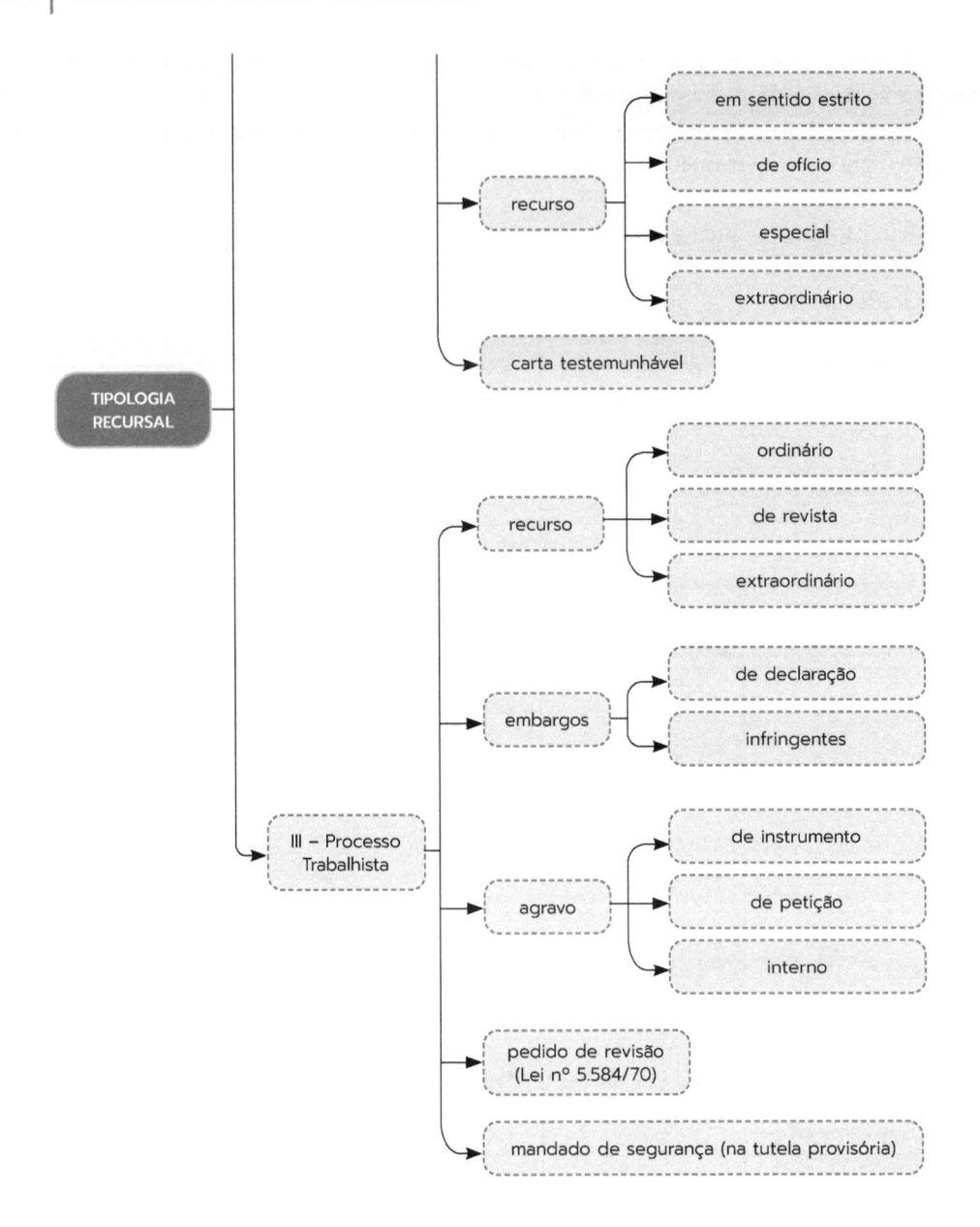

III – Processo Trabalhista:
- recurso
  - em sentido estrito
  - de ofício
  - especial
  - extraordinário
- carta testemunhável
- recurso
  - ordinário
  - de revista
  - extraordinário
- embargos
  - de declaração
  - infringentes
- agravo
  - de instrumento
  - de petição
  - interno
- pedido de revisão (Lei nº 5.584/70)
- mandado de segurança (na tutela provisória)

12   INCIDENTES RECURSAIS

O atual CPC, no capítulo dedicado à "Ordem dos processos no tribunal", e em consequência do sistema de *precedentes* por ele consagrado, cria diversos tipos de *incidentes recursais*, com o propósito não só de manter a jurisprudência uniforme em nível de tribunais superiores, de tribunais de segundo grau e de juízos de primeiro grau, mas, também, de evitar decisões contraditórias, além de permitir uma prestação jurisdicional mais célere, tornando efetivo o princípio da "duração razoável do processo", de fundo constitucional.

Com esse propósito, o atual CPC consagra:

12.1 Assunção de competência

O *incidente de assunção de competência*, quando o julgamento do recurso, de remessa necessária ou de processos de competência originária envolver relevante questão de direito, com grande repercussão social, sem repetição em múltiplos processos (CPC, art. 947, *caput*).

12.2 Arguição de inconstitucionalidade

O *incidente de arguição de inconstitucionalidade*, para, em controle difuso, se obter a declaração de inconstitucionalidade de lei ou de ato normativo do poder público (CPC, art. 948, *caput*).

12.3 Resolução de demandas repetitivas

O incidente de resolução de demandas repetitivas tem cabimento quando houver, simultaneamente: I – efetiva repetição de processos que contenham controvérsia sobre a mesma questão unicamente de direito; e II – risco de ofensa à isonomia e à segurança jurídica (CPC, art. 976).

12.4 Reclamação

A *reclamação* tem o objetivo de preservar a competência do tribunal; garantir a autoridade das decisões do tribunal; garantir a observância de enunciado de súmula vinculante e de decisão do Supremo Tribunal Federal em controle concentrado de constitucionalidade; garantir a observância de acórdão proferido em julgamento de incidente de resolução de demandas repetitivas ou de incidente de assunção de competência (CPC, art. 988, I a IV).

12.5 Recursos extraordinário e especial repetitivos

O *julgamento de recursos extraordinário e especial repetitivos* cabe sempre que houver multiplicidade de recursos extraordinários ou especiais com fundamento em idêntica questão de direito, caso em que haverá *afetação* para julgamento de acordo com a Subseção II (da Seção II do Capítulo VI do Título II do Livro III), observado o disposto no Regimento Interno do Supremo Tribunal Federal e do Superior Tribunal de Justiça (CPC, art. 1.036).

13 PROIBIÇÃO DE *REFORMATIO IN PEIUS*

A proibição de *reformatio in peius* (de reforma para pior), significa que, quando somente uma das partes recorre, o juiz ou tribunal encarregado do reexame da decisão não pode modificá-la em *prejuízo* do recorrente.

Essa *proibição*, elevada à categoria de *princípio processual*, domina tanto o processo civil quanto o trabalhista e o penal.

Se a parte contrária à recorrente desejar a reforma do julgado em seu favor, deve interpor o seu recurso independente ou, então, aderir ao recurso do adversário, mediante recurso adesivo, se cabível.

O órgão julgador só não pode *piorar* a situação jurídica do recorrente quando somente este tenha recorrido.

Quando há recurso de ambas as partes, seja principal ou adesivo, não incide a *proibição de reforma para pior*; mas o recurso adesivo só será conhecido (e decidido) se for conhecido também o recurso principal.

BIBLIOGRAFIA

BARBOSA MOREIRA, José Carlos. **O novo processo civil brasileiro**. 10. ed. Rio de Janeiro: Forense, 1990.

BETTI, Emilio. **Diritto processuale civile italiano**. Roma: Foro Italiano, 1936.

COSTA, Sergio. **Manuale di diritto processuale civile**. Torino: Editrice Torinese, 1973.

GIGLIO, Wagner D. **Direito processual do trabalho**. 10. ed. São Paulo: Saraiva, 1997.

LEONE, Giovanni. **Trattato di diritto processuale**. Napoli: Jovene, 1961. v. III.

LIEBMAN, Enrico Tullio. **Manuale di diritto processuale civile**. Milano: Giuffrè, 1976. v. III.

LOPES DA COSTA, Alfredo de Araújo. **Direito processual civil brasileiro**. 2. ed. Rio de Janeiro: Forense, 1959. v. III.

MANZINI, Vicenzo. **Istituzioni di diritto processuale penale**. Padova: Cedam, 1917.

MARQUES, José Frederico. **Instituições de direito processual civil**. Rio de Janeiro: Forense, 1958. v. IV.

ROCCO, Ugo. **Tratado de derecho procesal civil**. Buenos Aires. Depalma: 1969. v. III.

ROSA, Eliézer. **Dicionário de processo civil**. São Paulo: José Bushatsky, 1973.

ROSENBERG, Leo. **Tratado de derecho procesal civil**. Buenos Aires: EJEA, 1955. v. II.

SANTORO, Arturo. **Manuale di diritto processuale penale**. Roma: Dell'Atheneo, 1954.

SANTOS, Moacyr Amaral. **Primeiras linhas de direito processual civil**. São Paulo: Saraiva, v. III.

SCHÖNKE, Adolf. **Derecho procesal civil**. Barcelona: Bosch, 1950.

TOURINHO FILHO, Fernando da Costa. **Processo penal**. São Paulo: Saraiva, 2001. v. IV.

VANNINI, Ottorino. **Manuale di diritto processuale penale italiano**. Milano: Giuffrè, 1953.

Capítulo 16
COISA JULGADA

Sumário: 1 Natureza jurídica da sentença recorrível. 2 Escorço histórico da coisa julgada. 3 Coisa julgada: coisa julgada *formal* e coisa julgada *material*. 4 Justificação da coisa julgada. 5 Limites objetivos da coisa julgada. 6 Limites subjetivos da coisa julgada. 7 Teoria da eficácia natural da sentença. 8 Projeção da coisa julgada penal na esfera cível e vice-versa.

1 NATUREZA JURÍDICA DA SENTENÇA RECORRÍVEL

Proferida a sentença, o juiz cumpre a sua função jurisdicional, atuando a vontade da lei e compondo a lide.

Mas o Estado-juiz não disse, ainda, a última palavra sobre a lide, porquanto a impugnação da sentença proporcionará um novo julgamento da causa, através de novo exame, podendo a decisão de segundo grau reformar a de primeiro grau; isso porque a primeira sentença ainda "não transitou em julgado". Na doutrina, procura-se determinar o valor jurídico da *sentença sujeita a recurso*, tendo diversas teorias buscado dar resposta a essa indagação, sendo as mais significativas:

1.1 Ato jurídico sujeito a condição suspensiva

Para Calamandrei, a sentença de primeiro grau frente à de segundo grau é um *ato jurídico sujeito a condição suspensiva*, cujos efeitos estão suspensos até a verificação de determinado fato, que é a falta de interposição do recurso.

Observa, porém, Ugo Rocco que a sentença produz efeitos, logo que emitida, frente ao juiz que a prolatou, que, de ordinário, não pode julgar de novo; podendo, também, produzir efeitos em relação às partes independentemente da possibilidade de recurso, como nas hipóteses de cumprimento provisório.

1.2 Ato jurídico sujeito a condição resolutiva

Para Mortara, a sentença sujeita a recurso é um ato sujeito a condição resolutiva, pois, desde a sua prolação, tem todas as condições necessárias para existir estavelmente e tornar-se irrevogável, se a tarefa fiscalizadora e corretora de outro órgão superior não a modifica. Nesta possibilidade, estaria a *condição resolutiva*,[1] à qual se prende a possibilidade de resolução dos

---

[1] A condição resolutiva não nasce com a sentença, mas com a interposição do recurso, permanece pendente, enquanto não haja pronunciamento do juízo de segundo grau, e verifica-se apenas quando o acórdão modifica a sentença recorrida.

efeitos da sentença; mas estando pendente a condição, não se pode duvidar da plena eficácia da sentença.

Observa Ugo Rocco que, se a sentença tivesse, desde o início, sua própria e plena eficácia e autoridade, não se poderia justificar o caráter excepcional da execução (cumprimento) provisória, pois um ato sujeito a condição resolutiva produz efeitos até que se verifique a condição.

1.3 Mera situação jurídica ou simples ato do magistrado

Para Chiovenda, a sentença sujeita a recurso não é ainda uma verdadeira e própria sentença, ou um ato com plena eficácia jurídica, não passando de um simples elemento de um ato, que, com o concurso de outro elemento, que é o termo final do prazo para recorrer ou a renúncia ao recurso, chegará a ser a verdadeira declaração do direito.

A sentença sujeita a recurso não existe como declaração do direito, sendo tão somente o elemento de uma possível declaração, ou um simples *ato do magistrado (rectius, juiz)*; mas, como o juiz não pode ter uma vontade autônoma e, sim, a vontade de formular o que a lei quer, a sua vontade não produz efeito, enquanto for possível que se formule novamente, e, talvez, de modo diverso, a vontade da lei.

Somente com o decurso do prazo, ou a conformação da parte, ou de qualquer modo se houver excluído a possibilidade de nova formulação, a sentença, de *simples ato do magistrado* (*rectius*, juiz), converte-se em ato que a ordem jurídica reconhece como a formulação de sua própria vontade. Portanto, a sentença recorrível é apenas o elemento de um ato que, associado a outro, como o decurso do prazo ou a renúncia ao recurso, poderá vir a ser a declaração do direito.

Enquanto sujeita a recurso, a sentença é uma mera *situação jurídica*, ou seja, um ato que pode vir a ser sentença.

Liebman acha pouco convincente a ideia de que um ato de aplicação da lei por parte do juiz valha somente como um projeto ou proposta de sentença, que, após a *simples aquiescência do sucumbente*, transforma-se em verdadeiro e próprio acertamento do direito; parecendo-lhe melhor a opinião de quem, como Mortara, com uma significativa antecipação de efeitos, sustenta que, desde o primeiro momento, a sentença do juiz inferior é dotada de todos os requisitos necessários para existir estavelmente e se tornar irrevogável.[2]

1.4 Ato jurisdicional por excelência

Para Leone, a sentença sujeita a recurso é um ato *jurisdicional por excelência*, pois somente admitindo ser a sentença recorrível verdadeira e própria sentença, provida de imperatividade, é possível explicar-se a linguagem da lei que fala de "reforma, confirmação ou anulação da sentença impugnada".

---

[2] Para Leone, não é correto pensar que aquilo que a lei define como sentença possa, por um particular fenômeno sucessivo à sua emanação, perder tal natureza e degradar-se em simples projeto ou tentativa de sentença; nem que uma situação jurídica criada pelo órgão jurisdicional possa elevar-se à dignidade de uma sentença por obra da parte, com a sua aquiescência. Essa teoria vê a colaboração da parte como necessária para que haja sentença, o que repugna à natureza mesma da função jurisdicional, que encontra o seu ponto culminante na sentença; e, portanto, insusceptível de qualquer contribuição de outros sujeitos processuais, que não o órgão da jurisdição. Para Ugo Rocco, esta teoria só considera sentença o ato jurisdicional que contenha declaração de certeza de uma relação, desde que não possa ser impugnado; concebe a sentença em função da possibilidade de um novo exame; e coloca como elemento essencial a ela a impugnabilidade; mas a impugnabilidade não é essencial à noção de sentença.

1.5 Ato imperativo do Estado-juiz

Para Liebman, os conceitos civilistas de condição suspensiva e resolutiva não explicam satisfatoriamente a situação da sentença sujeita a recurso, sendo esta um ato imperativo do Estado-juiz mesmo na pendência de recurso.

1.6 Ato jurídico sujeito a revogação

Para Ugo Rocco a sentença sujeita a recurso é um *ato jurídico* que tem em si todos os requisitos para existir com vida própria; e prova disto é que pode ser o *único ato* de declaração de certeza de um direito, quando não seja possível recurso, ou não tenha este sido interposto. É, desde o início, um *ato jurídico* dotado de autoridade própria; e, por ser um ato jurídico eficaz, produz efeitos perante o juiz, que não pode mais examiná-lo, nem de ofício nem a requerimento das partes.

Se pode a sentença ser modificada pelos órgãos superiores, isto se deve ao sistema do duplo grau de jurisdição, em virtude do qual o órgão superior pode reexaminar a decisão do inferior, como forma de controle da atividade deste. Realmente, há um "estado de pendência" da sentença de primeiro grau e de seus efeitos jurídicos, frente aos órgãos de segundo grau e frente às partes, mas não se trata de pendência proveniente de condição suspensiva, que se refere à existência do ato, nem resolutiva, que se refere à não persistência dos seus efeitos; mas simplesmente a possibilidade de sua revogação.[3]

1.7 Ato jurídico sujeito a condição suspensiva ou resolutiva

Para Frederico Marques, a sentença sujeita a recurso é um ato sujeito a condição suspensiva ou resolutiva, conforme a hipótese. Se o recurso cabível tiver *efeito suspensivo*, nenhuma eficácia jurídica terá a sentença, caso em que haverá um *ato jurídico sujeito a condição suspensiva*, que é a confirmação da sentença pelo tribunal; e, se o recurso tiver efeito apenas devolutivo, a sentença produzirá desde logo seus efeitos, caso em que haverá *ato jurídico sujeito a condição resolutiva*, que é a reforma da sentença pelo tribunal.

2 ESCORÇO HISTÓRICO DA COISA JULGADA

2.1 Coisa julgada no processo romano

No direito romano, a coisa julgada era a expressão de exigência de certeza e segurança no gozo dos bens da vida; ou seja, *a res in iudicium deducta* (pretensão deduzida em juízo) depois de *iudicata* (julgada).

Não pensavam os romanos em atribuir àquilo que o juiz afirma, só porque o afirma o juiz, uma presunção de verdade; pois o texto *res iudicata pro veritate accipitur* significa apenas que o pronunciamento do juiz, que concede ou nega a alguém um bem da vida, soa, não efetivamente como verdade, mas *em* lugar da verdade.

Entre os romanos, apenas a *sententia* passava em julgado; não as *interlocutiones*.

Os romanos assentavam a coisa julgada num pressuposto de ordem prática, ou seja, garantir ao vencedor da demanda o bem da vida reconhecido pela sentença.

---

[3] Para Ugo Rocco, a sentença recorrível é um *ato jurídico* com força obrigatória, *sujeito a revogação* pelos órgãos superiores competentes para conhecer da causa em segunda instância.

2.2 Coisa julgada no processo medieval

No direito medieval, a coisa julgada não mais se compreendia como uma exigência prática de certeza e segurança, mas como presunção de verdade daquilo que o juiz, como tal, declarava (*res iudicata pro veritate habetur*),[4] vulgarizando-se a máxima: "*Sententia facit de albo nigrum, de quadrato, rotundum.*"[5]

A doutrina tradicional via na coisa julgada um dos efeitos da sentença, até que Liebman veio provocar uma verdadeira revolução nesse conceito, ao sustentar que os efeitos da sentença eram aqueles tradicionalmente reconhecidos pela moderna doutrina (declaratórios, condenatórios e constitutivos), e que a coisa julgada era somente uma *qualidade* especial desses efeitos.

2.3 Novos contornos dados à coisa julgada por Liebman

Na sua obra, **Efficacia ed autorità della sentenza**,[6] Liebman dá os novos contornos da coisa julgada e os fundamentos em que se alicerça.

3 COISA JULGADA: COISA JULGADA *FORMAL* E COISA JULGADA *MATERIAL*

Os romanos não conheceram a distinção entre coisa julgada *formal* e coisa julgada *material*, mas apenas a *res iudicata* (coisa julgada) provinda da decisão que, acolhendo ou rejeitando a demanda, punha fim à contestabilidade de um bem da vida.

Na Idade Média, sob a égide do processo comum, criou-se a distinção entre sentenças *definitivas*, as que decidem a questão *principal*, e sentenças *interlocutórias*, as que decidem as questões *incidentes*, surgindo daí a necessidade de distinguir entre coisa julgada *formal* e coisa julgada *material*, objetivando justificar a imutabilidade da sentença, no mesmo processo em que foi proferida, e a sua imutabilidade, no mesmo ou em outro processo futuro.

Atualmente, há quem negue valor a essa distinção, aconselhando a proscrição do conceito de *coisa julgada formal*, pois o fenômeno da *preclusão* explicaria a imutabilidade da sentença, como ato processual, no mesmo processo em que foi proferida, devendo manter-se, apenas, o conceito de *coisa julgada*, para traduzir o fenômeno a que se denomina *coisa julgada material*.

Proferida uma sentença *de mérito*, a parte interessada na sua reforma pode impugná-la por meio de recurso.

Enquanto pendente o prazo para recurso, a sentença poderá ser modificada; mas haverá um momento em que não mais serão admissíveis quaisquer recursos, ou porque não foram utilizados nos prazos, ou porque não caibam mais, ou não haja recurso a ser interposto; quando, então, a sentença se torna imutável *como ato processual*, no mesmo processo em que foi proferida; e, como o recurso é o meio de impugnação da sentença, no *mesmo processo* em que foi proferida, a sentença irrecorrível deixa de ser impugnável, tornando impossível a averiguação da justiça ou injustiça da decisão, transitando, então, em julgado.

3.1 Coisa julgada formal

Ao fenômeno que imprime imutabilidade à sentença, como ato processual, em decorrência da preclusão do prazo para recurso, chama-se *coisa julgada formal*, impedindo as partes de discutir e o juiz de decidir de novo as questões já decididas.

---

[4] "Tem-se por verdade a coisa julgada."
[5] "A sentença faz do branco preto, do quadrado, redondo."
[6] Eficácia e autoridade da sentença.

Restando a sentença imutável como ato processual, por força da coisa julgada formal, resta em consequência *imutável o conteúdo do ato*, cujo comando nele inserido se torna definitivo, projetando-se além do processo em que foi praticado, não podendo ser desconhecido fora dele.

3.2 Coisa julgada material

A esse fenômeno que imprime imutabilidade ao conteúdo da sentença denomina-se *coisa julgada material*, pelo qual a imperatividade do comando emergente da sentença adquire força de lei entre as partes; quando se diz que a sentença adquiriu *autoridade de coisa julgada*.

A coisa julgada formal é pressuposto indeclinável da coisa julgada material.[7]

4 JUSTIFICAÇÃO DA COISA JULGADA

Tendo em vista que a sentença definitiva *transita em julgado*, não podendo ser modificada, procura a doutrina a justificar o seu fundamento.

4.1 Fundamento político da coisa julgada

Por meio do processo, as lides são resolvidas mediante aplicação da lei, pelo que o ordenamento jurídico concede às partes o recurso, por meio do qual podem pretender modificar uma sentença errada ou injusta.

Essa procura por justiça, contudo, deve ter um limite, além do qual não mais se permita discutir a sentença, pois, do contrário, não haveria estabilidade dos direitos.

Este é o fundamento *político* da coisa julgada, imposto por motivos de ordem prática e de exigência social, ou seja, que num determinado momento a sentença se torne imutável.

Não há divergência quanto a ser este o fundamento político da coisa julgada.

4.2 Fundamento jurídico da coisa julgada

No entanto, quanto ao *fundamento jurídico* da coisa julgada, não existe uniformidade na doutrina, proliferando um sem-número de teorias em busca de uma solução até hoje ainda não definitivamente encontrada.

4.2.1 Principais teorias sobre o fundamento jurídico da coisa julgada

São as seguintes as principais teorias que buscam explicar o fundamento jurídico da coisa julgada:

4.2.1.1 Teoria da presunção de verdade

Para esta teoria, a sentença irrevogável é considerada verdadeira nos fatos e no direito, e, sendo tal presunção daquelas que não admitem prova em contrário, nessa presunção reside o fundamento jurídico da coisa julgada (*Res iudicata pro veritate habetur*).[8]

Para Ugo Rocco, esta teoria parte da probabilidade de que a sentença não contenha erro e transforma esta hipótese, apenas provável, em presunção absoluta; mas, se a base dessa teo-

---

[7] Na doutrina de Carnelutti, ocorre o inverso: a coisa julgada material é que é o pressuposto da coisa julgada formal.

[8] Tem-se por verdade a coisa julgada.

ria reside num cálculo de probabilidade, não há razão para se ter tal presunção por absoluta e inderrogável, visto ser esse cálculo relativo, passível de exceções.

4.2.1.2 Teoria da ficção da verdade

Esta teoria foi originalmente elaborada por Savigny, para quem a força legal da sentença passada em julgado não é senão *ficção da verdade*, que a protege contra qualquer tentativa de futura impugnação ou reforma.[9]

Contra essa teoria bateu-se Bülow, mostrando que *ficção* e *verdade* são conceitos antagônicos e inconciliáveis, e, também, Ugo Rocco, registrando que ela parte da hipótese de que a sentença possa ser errônea, e cuida de justificar esta possibilidade por meio de uma ficção.

4.2.1.3 Teoria da força legal substancial da sentença

Esta teoria, elaborada por Pagenstecher, parte do pressuposto de que toda sentença é *constitutiva* do direito declarado, inclusive a sentença de mera declaração, e, onde o direito declarado não exista, passa a existir por força dessa declaração; pelo que o conteúdo da sentença é, sempre, uma declaração, que tem por objeto um direito subjetivo. A finalidade da sentença é criar, através da declaração, a certeza jurídica a respeito da existência de um direito subjetivo; e, para atingir essa finalidade, é necessário que a declaração se torne incontestável, pois, só assim, qualquer juiz posterior, ao qual se proponha a questão já decidida, ver-se-á obrigado a considerar o direito nela declarado.

Para essa teoria, a força produtora da certeza jurídica inerente à sentença não decorre dos seus efeitos, mas da sua *natureza constitutiva*, pois esta, de acordo com a sua finalidade, deve sempre produzir alguma consequência.

Contra essa teoria, bateu-se Ugo Rocco, para quem ela foi construída para poder justificar a hipótese de a sentença ser injusta[10] e, ainda assim, constituir direitos, desde que, em toda sentença, é constante o elemento constitutivo de relações jurídicas; mas a sentença injusta não pode ser considerada pela ordem jurídica, além de certos limites.[11]

4.2.1.4 Teoria da eficácia da declaração[12]

Os fundamentos desta teoria, devida a Hellwig, residem na distinção entre sentenças declaratórias, constitutivas e condenatórias, restringindo a autoridade da coisa julgada somente à *declaração constante da sentença em referência ao direito questionado*, supondo que se possa e deva substituir o termo tradicional "coisa julgada" (*Rechtskraft*) por outro, mais preciso,

---

[9] Esta teoria tem hoje mero sabor histórico.
[10] A sentença injusta é aquela contaminada por erro de julgamento, quando o juiz erra no submeter os fatos ao direito, ou no aplicar o direito aos fatos.
[11] Ocorre com a sentença o mesmo que com o título de crédito: tem *normalmente* valor, enquanto representa efetivamente um valor real; depois de depreciado, adquire curso forçado, permanece um meio *legal* de pagamento, não se podendo recusá-lo nem discutir-lhe o valor nominal.
[12] Até que Hellwig construísse essa doutrina, considerava-se a coisa julgada fonte de produção de certeza. Todavia, reconhecido que a sentença já não tinha só aquele efeito, mas outros de natureza vária, surgiu a dificuldade de enfileirar, ao lado destes, o efeito tradicional. Daí a necessidade lógica de encontrar, em cada situação, uma parte suscetível de adquirir autoridade de coisa julgada, e essa parte, sustentou Hellwig, era precisamente aquela existente em toda sentença, na qual se fazia a declaração do direito.

"eficácia da declaração" (*Feststellungswirkung*), que indicaria o efeito declaratório constante de toda sentença; embora podendo apresentar-se simultaneamente o efeito constitutivo ou condenatório, conforme o tipo de sentença.

4.2.1.5 Teoria da vontade do Estado

Esta teoria, partindo da observação de que, na sentença, se contêm um elemento lógico e outro volitivo, reconhece e sustenta que reside no elemento *volitivo* a força obrigatória da decisão, porque o juiz, ao decidir, age como órgão do Estado, de cuja vontade autoritária se faz porta-voz para a solução do litígio entre as partes.

De origem alemã, esta teoria encontrou em Chiovenda seu defensor, sustentando que não se deve ver na sentença mais do que ela é, quer dizer, um ato da vontade do Estado, que se afirma conforme a vontade declarada em abstrato; e porque esta manifestação da vontade exerce, no particular, a função que a lei desempenha no geral, deve-se reconhecer que a autoridade da coisa julgada consiste somente em que nenhum juiz pode acolher pedido tendente a eliminar ou diminuir um bem da vida assegurado a outrem por um ato de tutela jurídica anterior.

Para Ugo Rocco, deve-se repudiar essa teoria, por fazer decorrer a autoridade da coisa julgada, de ser a sentença um ato de vontade do Estado, seja porque a sentença não é, substancialmente, um ato de vontade autônoma dos órgãos jurisdicionais, seja porque, mesmo admitida como ato de vontade, com isso não se explica o fenômeno da coisa julgada, porque o fato de ser um ato soberano, se é que justifica a obrigatoriedade da sentença frente às partes, não justifica a sua força obrigatória frente aos órgãos jurisdicionais.[13]

4.2.1.6 Teoria da extinção da obrigação jurisdicional do Estado

Para esta teoria, que se deve a Ugo Rocco, a coisa julgada assenta seus fundamentos sobre o trinômio: jurisdição, ação e sentença.

A *jurisdição* é uma obrigação do Estado de declarar ou realizar coativamente o direito no caso concreto; obrigação que o Estado cumpre com a *sentença*, mediante a substituição da atividade das partes pela atividade dos órgãos jurisdicionais.

A *ação* é um *direito* subjetivo público contra o Estado, no qual se distinguem um elemento substancial e um elemento formal.

O *elemento substancial* é o interesse *secundário* e *abstrato*, que tem todo cidadão, de que o Estado intervenha para declarar e realizar coativamente os interesses protegidos pelo direito objetivo.[14]

O *elemento formal* consiste na faculdade de pretender que o Estado haja com o fim de declarar ou realizar coativamente esse interesse individual, tutelado pelo direito objetivo.

Da mesma forma que, nas *obrigações em geral*, o pagamento extingue o vínculo, na *obrigação jurisdicional*, uma vez entregue a sentença, que é a prestação do Estado, desaparece

---

[13] Para Guilherme Estellita, a imutabilidade dos termos em que se tenha manifestado a vontade do Estado não se justifica pelo fato de ser a sentença expressão dessa vontade; essa condição a sentença adquire porque o próprio Estado, por uma outra manifestação da sua vontade soberana, assim o determina.

[14] *Secundário*, porque é um interesse de segundo grau, em confronto com os interesses que formam o conteúdo dos vários direitos subjetivos, que são interesses primários; interesse que o Estado intervenha. *Abstrato*, porque, sendo distinto dos interesses primários, e dirigindo-se contra o Estado, abstrai completamente da efetiva existência do interesse primário.

a obrigação; e, como o direito de ação tem por objeto essa mesma prestação, esse pagamento extingue ao mesmo tempo aquela obrigação e o direito de ação.

A sentença final de mérito, tornada irrecorrível, extingue a obrigação jurisdicional do Estado, porque é o ato com o qual este cumpre a sua obrigação de declarar o direito; e, extinguindo esta obrigação, a sentença passada em julgado extingue, também, a pretensão jurídica da pessoa de obter aquela prestação; pelo que é nessa dupla função extintiva da sentença que o instituto da coisa julgada encontra o seu fundamento.

4.2.1.7 Teoria da sentença como lei especial[15]

Esta teoria foi desenvolvida por Carnelutti, para quem a coisa julgada tira sua autoridade da circunstância de constituir expressão da vontade do Estado como uma *lei especial*.

A sentença é *imperativa*, porque provém do Estado, estando na *imperatividade* do comando contido na sentença a *coisa julgada*. Daí a diferença existente entre a sentença do juiz e o parecer de um jurista, toda ela centrada na diversa eficácia de uma e outro, porquanto a sentença é imperativa e por isso obriga, enquanto o parecer, não.

Carnelutti distingue a eficácia da sentença dentro do processo, consistente na proibição de nova demanda, entre as mesmas partes, sobre o mesmo objeto, da que se verifica fora do processo, e decorre da sentença como *lei especial*. A primeira denomina-se *eficácia de coisa julgada*; a segunda denomina-se *imperatividade*.

A sentença, ainda quando recorrível, não perde sua imperatividade, ou a sua eficácia como comando jurídico imposto às partes, sendo essa eficácia a mesma, tanto para a sentença recorrível quanto para a irrecorrível.

Para a doutrina dominante, a coisa julgada formal antecede a coisa julgada material; mas, para Carnelutti, é a coisa julgada *material* que antecede a *formal*. A função de compor a lide é própria das sentenças de mérito, pelo que só estas adquirem *imperatividade*, que toma o nome de "coisa julgada material", e que, pela preclusão dos recursos, transforma-se em "coisa julgada formal".

4.2.1.8 Teoria da qualificação dos efeitos da sentença

A *teoria da qualificação dos efeitos da sentença* revolucionou o instituto da coisa julgada, quando Liebman publica sua obra "Eficácia e autoridade da sentença", sustentando que a coisa julgada não é, como geralmente se pensa, um dos *efeitos da sentença*; mas, ao contrário, uma *qualidade desses efeitos*.

Na tradição do direito romano clássico, o efeito da sentença era precisamente a *res iudicata*, mas isto porque, nesse direito, a *actio* era tudo, e não havia noção de um direito independentemente dela; por isso, a sentença, assegurando-a, antes criava um direito novo do que lhe declarava a preexistência. Desde, porém, que a análise científica isolou, na decisão judicial, o seu *conteúdo* e os seus *efeitos*, e precisou que estes podiam ser de natureza diversa, daí continuar a considerar a coisa julgada um efeito da sentença, já não era da mesma inocuidade anterior.

Para Liebman, todos os efeitos da sentença podem conceber-se, pelo menos hipoteticamente, produzidos independentemente da coisa julgada, sem que, por isso, desapareçam na

---

[15] Esta teoria da sentença como lei especial foi, com enfoques diversos, desenvolvida também na Alemanha por Adolf Merckel e Bachmann, mas só ganhou prestígio no Ocidente devido à autoridade de Carnelutti, que também a desenvolveu, embora de forma inteiramente oposta às teorias em vigor.

essência e na sua natureza específica. A coisa julgada é "algo mais" que se adiciona aos efeitos da sentença, para aumentar-lhe a estabilidade; influi, portanto, e de modo idêntico, sobre todos os possíveis efeitos da sentença.

Os *efeitos* da sentença não se identificam com a sua *incontestabilidade*, pois, antes de ela passar em julgado, confere-lhe a lei diversos efeitos; sendo a sua execução (cumprimento) provisória um irrefutável exemplo disso.

4.2.1.8.1 Eficácia natural da sentença

Distingue Liebman entre a *eficácia natural da sentença* e a *autoridade da coisa julgada*.

A sentença é eficaz desde o momento da sua prolação, embora só em um momento ulterior, com a preclusão dos recursos, e, por isso, com a sua passagem em julgado, a sua eficácia se consolida e adquire um superior grau de energia.

Não obstante a diversidade de funções que cumprem os atos estatais, estes atos (legislativos, administrativos ou jurisdicionais) têm em comum a aptidão de influir sobre direitos, obrigações e sobre a situação jurídica das pessoas. A esta eficácia, típica dos atos estatais, denomina-se *imperatividade*.

Mas a *imperatividade* é independente da *validade* e da *estabilidade* dos atos dotados dela. A invalidade não tolhe ao ato a sua eficácia, até que seja declarada por uma autoridade competente, que, para o ato jurisdicional, é o juiz do recurso. E nem a tolhe a possibilidade de que o ato seja eliminado, isto é, reformado, revogado ou anulado, até que sobrevenha esse evento por ato do órgão competente, que, para a sentença, é, ainda, o juiz do recurso. Diferentemente do que se dá nos atos de outra natureza (legislativo e executivo), no ato jurisdicional cuja função específica é a de julgar, é relevante, ainda, outra qualificação: aquela da justiça-injustiça na aplicação do direito; mas tanto a injustiça quanto a invalidade se tornam inoperantes, e o ato mesmo se torna imutável, e a sua eficácia indiscutível, quando a sentença *passa em julgado*.

Da mesma forma que os atos normativos (legislativos) podem ser ab-rogados, reformados etc., e declarados nulos por ilegitimidade constitucional; os atos administrativos são sujeitos a revogação, reforma ou anulação por novo ato; os atos jurisdicionais estão sujeitos a reforma ou anulação por meio de recursos, quando apresentam vícios de construção (erros de procedimento) ou erros de julgamento. Mas, na sua função de assegurar, com a atuação da lei, certeza e segurança dos direitos, os atos jurisdicionais adquirem num certo momento a imutabilidade, que se estende aos seus efeitos (*autoridade de coisa julgada*), que é a sua nota distintiva específica, e inclui qualquer possibilidade de uma sentença em contrário.

Como ato de autoridade do Estado, a sentença, logo que alcança a sua *perfeição*, com o cumprimento do *iter* prescrito para a sua formação, é *imperativa*; mas isto não exclui que motivos vários de oportunidade possam aconselhar a diferir o momento em que aquela *imperatividade* se tornará efetiva, estabelecendo a sua *suspensão* por um determinado período de tempo – como acontece com a *vacatio legis*[16] –, ou em atenção a que aconteça, ou não aconteça certo fato, como, por exemplo, que não seja interposto apelo contra a sentença de primeiro grau.

Ato jurisdicional, em sentido estrito, é somente a sentença que pronuncia, total ou parcialmente, sobre *o mérito* da demanda para acolhê-la ou rejeitá-la.

A sentença é *imperativa* desde o momento da sua prolação, ainda que sujeita a recurso; mas a sua eficácia pode ser *suspensa* por disposição legal ou por decisão do juiz.

---

[16] "*Vacatio legis*" é uma expressão latina que significa "vacância da lei"; e designa o período que decorre entre o dia da publicação de uma lei e o dia em que ela entra em vigor.

Por motivo de ordem lógica e para clareza dos conceitos, é necessário distinguir essas duas noções: uma coisa é a *imperatividade*, que diz respeito à sentença, como de resto a todos os atos de autoridade do Estado; outra coisa é esta mesma *imperatividade* tornada estável e indiscutível, em consequência da imutabilidade que a sentença adquire com a sua passagem em julgado.

Na concepção de Liebman, um ato jurídico existe, enquanto é eficaz, e, assim, a sentença, quando alcança a perfeição, com o término do procedimento de sua formação, é dotada de eficácia típica, em correspondência com o seu conteúdo. Todavia, a lei pode, por razões de oportunidade, *suspender* a sua eficácia, ou alguns de seus efeitos, com o objetivo de diferir a sua efetiva imperatividade para um momento posterior, quando será menor, ou terá desaparecido, o perigo de que a sentença venha a ser reformada ou anulada pelo juiz do recurso.

4.2.1.8.2 Autoridade de coisa julgada

Com o objetivo de pôr fim à lide e dar certeza aos direitos, o legislador fixou um momento a partir do qual é vedado qualquer julgamento sobre o que já foi julgado. A partir daí, não só a *sentença não é mais impugnável*, mas a decisão é vinculante para as partes e para o ordenamento jurídico, e nenhum juiz pode, novamente, julgar o mesmo objeto em face das mesmas partes.[17] A sentença, então, *passa em julgado*, ou seja, torna-se imutável, ou seja, produz *coisa julgada formal*, e, ao mesmo tempo, imutável se torna também a deliberação[18] nela contida, com todos os efeitos que emanam dela, produzindo a *coisa julgada material*.

A coisa julgada formal ocorre com a passagem em julgado da sentença, isto é, com a preclusão dos prazos para recurso, constituindo, assim, o pressuposto da coisa julgada material, chamada "autoridade de coisa julgada". A coisa julgada material não é senão uma qualidade da sentença e da sua eficácia, ou, especificamente, aquele particular aspecto da sua imutabilidade, que é referido também ao seu conteúdo, e, assim, aos seus efeitos.

A *eficácia natural da sentença*, com a aquisição dessa ulterior *qualidade*, acha-se intensificada, porque se afirma como única e imutável formulação da vontade do Estado, ao regular concretamente a espécie decidida.

Para Liebman, a sentença que decide sobre o processo, jurisdição, competência etc. não produz uma coisa julgada diversa daquela que decide sobre o mérito, estando a diversidade entre ambas no conteúdo da sentença e no diferente alcance dos efeitos que a sentença produz. O alcance da decisão relativa ao procedimento se exaure no próprio processo, enquanto a sentença que decide o mérito desprende sua eficácia fora do processo, sobrevivendo a ele.

5 LIMITES OBJETIVOS DA COISA JULGADA

A sentença compõe-se de três partes: relatório, fundamentos e dispositivo (CPC, art. 489; CPP, art. 381; e CLT, art. 832). Quando a doutrina traça os *limites objetivos* da coisa julgada, busca determinar que parte da sentença transita em julgado.

Jamais alguém negou que o relatório *não transita em julgado*; da mesma forma que nunca alguém contestou que o dispositivo *transita em julgado*. O problema reside em determinar se *os fundamentos* transitam ou não em julgado.

---

[17] Salvo os casos de ação rescisória ou revisão criminal.
[18] Também dita decisão ou resolução.

Em sede doutrinária, diversas são as opiniões a respeito: I) para uns, a *coisa julgada* absolutamente não atinge a motivação; II) para outros, atinge a motivação, quando o dispositivo for confuso e o seu esclarecimento dela depender; III) para outros, abrange os motivos, quando insertos na decisão; IV) outros entendem que os motivos são sempre abrangidos pela coisa julgada, por neles estar *a alma da sentença*.

Conforme a doutrina de Savigny, os *motivos* (ou *fundamentos*) da sentença integram a coisa julgada, mas não todos eles, mas apenas os *elementos objetivos*, como tais entendidos os constitutivos da relação jurídica. Assim, por exemplo, na ação de reivindicação, o autor tem de alegar sua propriedade sobre a coisa e a posse do réu, sendo estes os elementos constitutivos da ação de reivindicação. Declarando procedente a ação, e condenando o réu a devolver a coisa ao autor, a sentença reconhece, evidentemente, a existência da propriedade do autor e a posse do réu, pois, de outro modo, não poderia ter julgado a ação procedente. A propriedade do autor e a posse do réu, enquanto elementos constitutivos da relação jurídica decidida ou elementos objetivos da decisão, integram-se na coisa julgada. Não se integram na coisa julgada os *motivos subjetivos* que levaram o juiz à formação de sua convicção.

5.1 Coisa julgada no processo civil

Prevê expressamente o atual Código de Processo Civil, no seu art. 504, que não fazem coisa julgada: I – os motivos, ainda que importantes para determinar o alcance da parte dispositiva da sentença; II – a verdade dos fatos, estabelecida como fundamento da sentença.

5.1.1 Coisa julgada e questões prejudiciais

O atual Código de Processo Civil prevê também, no seu art. 503, *caput*, que a decisão que julgar total ou parcialmente o mérito tem força de lei nos limites da questão principal expressamente decidida. Dispõe, porém, o § 1º do art. 503 que: "O disposto no *caput* aplica-se à resolução de questão prejudicial, decidida expressa e incidentemente no processo, se: I – dessa resolução depender o julgamento do mérito; II – a seu respeito tiver havido contraditório prévio e efetivo, não se aplicando no caso de revelia; III – o juízo tiver competência em razão da matéria e da pessoa para resolvê-la como questão principal." Estabelece, por seu turno, o § 2º do art. 503 que a hipótese do § 1º não se aplica se no processo houver restrições probatórias ou limitações à cognição que impeçam o aprofundamento da análise da questão prejudicial; como sucede, por exemplo, no mandado de segurança.

O atual CPC instituiu um simples procedimento para discussão da questão prejudicial incidente, que, dependendo das circunstâncias expressamente previstas em lei (CPC, art. 503), é alcançada pela autoridade de coisa julgada.

A coisa julgada tem a função de salvaguardar o resultado prático alcançado com a decisão da lide, isto é, de assegurar a plena efetividade e incolumidade da resolução contida na sentença, destinada a valer incondicionalmente e sem limite de tempo, salvo os casos de revisão criminal, na esfera penal.

5.2 Relação entre o dispositivo e os fundamentos da sentença

A decisão da causa reside no *dispositivo* da sentença e representa o concreto provimento pronunciado pelo juiz, mas, para identificá-lo, é preciso pesquisar, nos fundamentos, os elementos indispensáveis da *causa de pedir* e do *pedido*. Tanto isto é evidente que, muitas vezes, o dispositivo é redigido em termos bastante abstratos, e somente os fundamentos (ou motivação) permitem traduzi-lo em termos claros e concretos. Assim, é comum o dispositivo soar que "acolhe" ou "rejeita" a demanda; mas isso não significa que os motivos são cobertos pela coisa julgada.

O objeto do julgado é a concreta decisão sobre a demanda proposta em juízo; que acerta como fundada ou infundada a demanda; como existente ou inexistente o direito feito valer em juízo; e dispõe sobre os efeitos consequentes, como o efeito condenatório, constitutivo ou declaratório. Por isso, deve ser acolhida com muita cautela a afirmativa segundo a qual a coisa julgada se estende às questões debatidas e decididas na sentença. É uma afirmação muito ampla, de um lado, e muito estreita, de outro. Muito *ampla*, porque não são cobertas pelo julgado numerosas questões de fato e de direito que o juiz tem de examinar para decidir a causa, as quais representam o caminho lógico por ele percorrido para chegar à conclusão; mas perde toda importância depois que ele pronuncia a decisão. Assim, as questões *prejudiciais*, eventualmente decididas no processo, sofrem análogo tratamento, pois são objeto de cognição, mas nem sempre de decisão; com eficácia lógica, mas não imperativa.[19] De outro lado, *muito estreita*, porque o vínculo do julgado exclui que se possam fazer valer questões que poderiam colocar de novo em discussão a deliberação contida na sentença, também se não foram propostas no processo e não foram objeto de exame do juiz. É isto que se entende dizer, na prática, com a afirmação de que o julgado cobre *o deduzido e o dedutível* (CPC, art. 508).[20]

6 LIMITES SUBJETIVOS DA COISA JULGADA

Quando se busca delimitar os *limites subjetivos* da coisa julgada, cuida-se de estabelecer em relação a que pessoas a sentença passa em julgado; tema dos mais controvertidos na doutrina, que até o momento não chegou a resultados satisfatórios.

6.1 Coisa julgada em relação às partes na demanda

A sentença passa em julgado em relação às partes na causa;[21] não em relação a terceiros, estranhos à demanda,[22] que não são prejudicados por ela.

Observa Liebman que, na vida real, as relações entre as pessoas interferem de várias maneiras entre elas; e a sentença pode ser indiretamente relevante para terceiros. Esses terceiros podem ostentar direitos sobre bens que foram objeto do processo, ou serem titulares, juntamente com uma das partes, da relação sobre a qual se pronunciou o juiz, ou de uma relação dependente daquela; e assim por diante.

Nestes casos, ou pelo menos em alguns deles, estender ao terceiro o vínculo da coisa julgada pode parecer apenas uma lógica consequência do processo entre as partes e da coisa julgada que resulta dele. Assim, se Caio reivindica de Tício um bem e obtém uma sentença que lhe dá razão, pode parecer lógico que Tício possa servir-se dessa sentença para obter de Semprônio, que lhe vendeu aquele bem, o ressarcimento que lhe é devido, por ter ocorrido a *evicção*.

Isso explica as tentativas de sujeitar algumas categorias de terceiros à coisa julgada alheia, com o fim de simplificar e racionalizar as relações entre as pessoas, e tornar coerentes as de-

---

[19] Somente na hipótese do art. 503 essa decisão é alcançada também pela coisa julgada.
[20] Art. 508. Transitada em julgado a decisão de mérito, considerar-se-ão deduzidas e repelidas todas as alegações e as defesas que a parte poderia opor tanto ao acolhimento quanto à rejeição do pedido.
[21] *Sententia facit ius inter partes* ou "A sentença cria direito entre as partes."
[22] *Res inter alios iudicata tertio non nocet* ou "A coisa julgada não prejudica a terceiro."

cisões relativas a relações jurídicas ligadas por uma relação também jurídica de dependência, subordinação ou coordenação.

6.2 Teorias sobre a extensão da coisa julgada a terceiros

Sobre essa extensão da coisa julgada a terceiros, formularam-se várias teorias, figurando dentre as mais importantes:

6.2.1 *Teoria da identidade objetiva da relação jurídica*

A *teoria da identidade objetiva da relação jurídica* estende ao terceiro a coisa julgada alheia, desde que sejam objetivamente idênticas as duas relações jurídicas: a resolvida na causa anterior e a do terceiro.[23]

6.2.2 *Teoria da representação*

A *teoria da representação* se baseia na relação intercorrente entre o terceiro e a parte que moveu ou contra a qual se moveu a demanda de que resultou a coisa julgada.

Para essa teoria, a coisa julgada vale em relação a outras pessoas, que não as partes na causa, assim para os *sucessores das partes*, a título universal ou a título singular, tanto para favorecer quanto para prejudicar, desde que a sucessão seja posterior à sentença. O terceiro, por sua qualidade de sucessor, pode ser considerado *representado* pela parte.

Assim, a sentença que decide sobre a legitimidade do filho faz coisa julgada não só para o pai, parte na causa, como para todos os outros membros da família, máxime para os irmãos desse filho, porque, justifica-se, hajam sido representados na lide pelo pai. Para que tal extensão se dê, é necessário que a ação se mova contra o legítimo contraditor, o réu se defenda e não haja simulação.

Nesse caso, o terceiro sofre a influência da coisa julgada, porque esteve *representado* no processo por uma das partes.

Esta teoria foi seguida pelos antigos processualistas, como Teixeira de Freitas, João Monteiro e Paula Batista.

6.2.3 *Teoria da identidade da posição jurídica*

A *teoria da identidade da posição jurídica* explica a sujeição do terceiro à coisa julgada alheia, quando este, em face da relação jurídica discutida no novo processo, encontra-se na mesma posição jurídica em que figurou no processo anterior.

Segundo esta teoria, a decisão vincula a pessoa que posteriormente pleitear em juízo uma relação idêntica àquela, quanto à coisa pedida e quanto à causa de pedir, desde que, em face da relação jurídica pleiteada, o novo autor esteja na mesma posição jurídica que ocupou no primeiro processo.

6.2.4 *Teoria da subordinação da posição jurídica*

A *teoria da subordinação da posição jurídica* sustenta que o que justifica, do ponto de vista do direito, a extensão da coisa julgada ao terceiro é a *condição de subordinação* em que este se

---

[23] Deste entendimento são Cogliolo, Mendelssohn-Bartholdy e Sperl.

encontra em face de um dos litigantes, considerada, para determinar essa condição, a situação jurídica de um em relação à de outro.

Para que decorra a sujeição do terceiro à sentença proferida entre as partes, é preciso que esse terceiro esteja numa "posição jurídica de subordinação" em face de uma das partes da causa, ou seja, que o terceiro esteja na condição de depender, na sua situação jurídica, da situação jurídica de uma das partes da causa; subordinação essa resultante do direito substantivo e não do processual.

As normas de direito substancial estabelecem as condições de que depende o efeito processual daquela extensão, porque estatuem, quando entre os terceiros e a parte em causa existe uma relação de que resulte ter o primeiro sua situação jurídica necessariamente influenciada pela atividade da segunda.[24]

6.2.5 Teoria dos efeitos reflexos da coisa julgada

A *teoria dos efeitos reflexos da coisa julgada*[25] sustenta que a coisa julgada se impõe aos terceiros como um dos efeitos reflexos da sentença, diverso dos efeitos diretos que ela produz frente às partes na causa.

A coisa julgada impõe-se como *fato jurídico* a todos, partes e terceiros, mas, perante os terceiros, os efeitos que ela produz são *reflexos*, distintos dos que produz para as partes, que são *diretos*.

Para Chiovenda, como todo ato jurídico existe e vale em relação a todos, como ato jurídico entre as partes que o concluíram, a sentença existe e vale em relação a todos, como sentença entre as partes. Todos são obrigados a reconhecer a sentença, como *sentença entre as partes*, mas isto não significa que *possam ser por ela prejudicados*. Assim, a sentença *é obrigatória* para os litigantes e *vale*, como sentença, em relação a terceiros; mas os terceiros não podem ser por ela prejudicados em seus direitos.

O mesmo acontece com a coisa julgada, pois, embora todos estejam obrigados a reconhecer a coisa julgada entre as partes, não podem fazê-lo com o prejuízo dos próprios direitos, incluído aí apenas o *prejuízo jurídico*, e não o mero *prejuízo de fato*. Assim, o credor que teve o seu devedor condenado por outro débito a terceiro, e é obrigado a reconhecer a coisa julgada decorrente da decisão, recebe desta um *prejuízo de fato*, e não de direito. A relação jurídica de que são titulares o terceiro e uma das partes na causa é perfeitamente *compatível* com o que a sentença declarou existente.

---

[24] Essa teoria distingue quatro formas de subordinação: a) No caso de *sucessão*, a subordinação da posição jurídica do terceiro resulta não só do fato de a sucessão ter-se verificado depois de a relação ter-se tornado litigiosa, como do fato de a sua posição jurídica *derivar* de quem era o titular da relação jurídica, ao tornar-se litigiosa. b) No caso de *substituição processual*, o substituto processual tem o poder de tornar litigiosa a relação jurídica do substituído e de determinar, com a sua atividade, a configuração jurídica da mesma; o substituto tem o poder de influir sobre a relação jurídica de uma terceira pessoa, cuja posição jurídica está, por essa forma, subordinada à do seu substituto processual. c) No caso de *concorrência alternativa*, o nexo que liga a posição jurídica do terceiro à da parte na causa é mais sutil, não, porém, indemonstrável. É a hipótese de obrigações solidárias. d) No caso de *dependência necessária*, a conexão e subordinação das relações jurídicas compreendidas neste grupo, como a fiança em face da obrigação principal, as relações de estado da pessoa etc., são, desde o início, unilaterais, no sentido de que só existem de uma para outra relação, nunca reciprocamente, como nas obrigações alternativamente concorrentes. A existência da relação condicionada depende da existência da relação condicionante.

[25] Adepto desta corrente é Chiovenda, que vê, na extensão da coisa julgada a terceiros, uma forma de eficácia reflexa da sentença.

Quando a sentença importa em negar o direito de terceiro, estranho ao processo, haverá *prejuízo jurídico*. Assim, por exemplo, quando a relação jurídica havida por existente ou inexistente pela sentença tenha como titular um terceiro, estranho ao processo, ou, quando o direito reconhecido na causa seja *incompatível* com outro de que o terceiro se considere titular. Nesses casos, a coisa julgada não vale para esses terceiros.

6.2.5.1 Categorias de terceiros em relação ao processo

Distingue essa teoria três categorias de terceiros: a) totalmente indiferentes; b) titulares de relação jurídica *incompatível* com a decidida na sentença; e c) titulares de relação jurídica *compatível* com a decidida pela sentença.

a) Os *terceiros totalmente indiferentes* não podem impedir a prolação da sentença nem se opor a ela; devendo, pura e simplesmente, reconhecer a coisa julgada.

b) Os *terceiros titulares de relação jurídica incompatível com a decidida na sentença* não estão obrigados a reconhecer a coisa julgada, pois seriam juridicamente prejudicados, se devessem reconhecê-la, podendo assim opor-se a ela.

c) Os *terceiros titulares de relação jurídica compatível com a decidida na sentença* sofrem apenas prejuízo de *fato* e devem reconhecer a coisa julgada.

A *teoria da eficácia natural da sentença*, que mereceu a adesão quase unânime da doutrina nacional, vem exposta a seguir.

7 TEORIA DA EFICÁCIA NATURAL DA SENTENÇA

Esta teoria se deve a Liebman, que nunca se conformou com a teoria dos efeitos reflexos da sentença, como norma reguladora da eficácia da decisão em face de terceiros, porque a coisa julgada não é um efeito da sentença, mas uma *qualidade* desses efeitos.

De acordo com a doutrina dominante, tal eficácia é uma extensão da coisa julgada, porque nesta se consubstanciam os efeitos da sentença. Desde, porém, que se considerem os efeitos da sentença, isoladamente do modo de ser dos mesmos, e se faça residir nesse *modo de ser* a coisa julgada, pode-se chegar à não coincidência da *eficácia* da sentença com a *autoridade* de coisa julgada; podendo uma e outra ter limites subjetivos diferentes, em que a sentença seja eficaz para terceiros, mas sem aquela característica que constitui a *autoridade de coisa julgada*.

7.1 Distinção entre eficácia natural da sentença e coisa julgada

Para Liebman, uma coisa é a *eficácia natural da sentença*; e outra, a *coisa julgada*, decorre de uma imposição legal, por motivos de oportunidade e conveniência política.

Aos efeitos da sentença, como ato de autoridade estatal, concretizadora da vontade da lei, estão sujeitos não só os litigantes, titulares da relação jurídica decidida, como, gradativamente, todas as demais pessoas, cujos direitos se relacionem, de qualquer modo, com o objeto da sentença, por conexão, dependência ou interferência prática.

A natureza dessa sujeição é para todos, litigantes e terceiros, mas a sua medida é determinada pela relação de cada um deles com o objeto da sentença. Entre os litigantes e terceiros há, porém, uma grande diferença: para os litigantes, a sentença *passa em julgado*, isto é, os seus efeitos tornam-se imutáveis; para os terceiros, isso não acontece.

Distinguindo-se os efeitos da sentença, da imutabilidade deles, vê-se que a *coisa julgada*, uma *qualidade* desses efeitos, é limitada às partes, o que não ocorre com os próprios efeitos, que alcançam *mesmo* os terceiros, aos quais se dá remédio para evitá-los, através, por exemplo, da intervenção de terceiros no processo ou do recurso de terceiro prejudicado.

7.1.1 Princípios básicos da teoria de Liebman

Formula, assim, Liebman dois princípios: a) a *eficácia natural da sentença* vale para todos; b) a *autoridade de coisa julgada* se forma e existe somente para as partes.

Porque a *eficácia natural da sentença* atinge terceiros, e não a coisa julgada, podem estes se insurgir contra ela, demonstrando sua injustiça ou ilegalidade.

Os terceiros que podem se opor à sentença são tão somente aqueles que sofrem com ela um prejuízo *jurídico*, e não os que, em razão dela, sofrem um prejuízo *prático* ou *econômico*.

No entanto, no Brasil, a Lei n. 9.469/97 (art. 5º) estabelece que a União e quaisquer pessoas jurídicas de direito público (e também as sociedades de economia mista) podem intervir no processo de outrem, comprovando mero *interesse econômico*, independentemente da demonstração de interesse jurídico.

Na mesma linha da teoria de Chiovenda, distingue, igualmente, Liebman três categorias de terceiros, com igual alcance: a) terceiros indiferentes; b) terceiros interessados praticamente; c) terceiros juridicamente interessados; todos com a mesma extensão.

8 PROJEÇÃO DA COISA JULGADA PENAL NA ESFERA CÍVEL E VICE-VERSA

Posto o problema das relações entre a jurisdição cível e a jurisdição penal, aparece como importante conquista da moderna ciência do processo a afirmação, propugnada por Mortara, da unidade e da identidade das jurisdições, como função e como manifestação da soberania do Estado; foi revelada a necessidade de evitar interferências e contradições na atividade dos juízes penais e cíveis; e, para os casos em que uns e outros fossem chamados a conhecer de um mesmo fato, sustentada a prevalência da jurisdição penal sobre a cível, como aquela que se exercita no interesse da coletividade, e que, por isso, envolve, também, o interesse do particular individualmente lesado pelo fato delituoso.

O vínculo do juiz cível aos acertamentos contidos na sentença penal era a lógica e natural consequência destas proposições.

8.1 Prevalência da jurisdição penal sobre a cível

As várias teorias fundam a prevalência da jurisdição penal sobre a cível nas justificativas as mais diversas:

8.1.1 Teoria da unidade da jurisdição

Para uma corrente, a prevalência da jurisdição penal sobre a cível se deve à *unidade da jurisdição*, pois, tendo o juízo penal sentenciado uma causa, deve a sentença prevalecer também na esfera cível.

Essa posição não convence, a uma, porque a unidade de jurisdição não exclui a separação das competências, e, a outra, porque não se exige que se reconheça à sentença penal uma eficácia no cível, que não lhe corresponda no âmbito da própria jurisdição penal.

8.1.2 Teoria da ficção da representação

Para outra corrente, a prevalência da jurisdição penal sobre a cível reside na *ficção da representação* da generalidade dos cidadãos na pessoa do Ministério Público, o que é discutível, porque essa ficção pode subsistir para o que diga respeito ao interesse geral da repressão ao crime, mas não para os direitos subjetivos dos particulares, que se achem no dever de litigar com relação a fatos que constituam também objeto de um processo penal.

8.1.3 Teoria da predominância do princípio inquisitório no processo penal

Para outra corrente, a prevalência da jurisdição penal sobre a cível se deve ao fato de que no processo penal, *dominado pelo princípio inquisitório*, o acertamento dos fatos é cumprido com todas aquelas garantias de indagações profundas, que faltam no processo do tipo dispositivo, e que permitem considerar o juízo histórico formulado pelos juízes penais, como mais atendíveis e definitivos que aqueles formulados na sentença cível.

8.1.4 Necessidade de evitar julgados contraditórios

Para outra corrente, essa prevalência resulta da necessidade de *evitar julgados contraditórios*.

Para Liebman, esta última opinião deve ser respeitada, mas não além dos limites que, nos demais campos e nos demais casos, a lei exige.

O instituto da coisa julgada é destinado a excluir o *conflito prático* dos julgados, isto é, decisões diversas a respeito da mesma ação, mas não um conflito simplesmente *lógico*, ou seja, aquele que pode ser a consequência de decisões independentes em torno dos mesmos fatos ou das mesmas questões, mas para fins e efeitos diversos.[26]

Registro, por oportuno, que não é apenas a coisa julgada penal que repercute na esfera cível, porque também a cível repercute na penal, pelo que, se alguém, por exemplo, estiver sendo processado por bigamia, e o juízo cível, por sentença transitada em julgado, declarar a nulidade de um dos casamentos, o processo penal perde o seu objeto, pois terá deixado de haver crime.

BIBLIOGRAFIA

CARNELUTTI, Francesco. **Instituciones de derecho procesal civil**. Buenos Aires: EJEA, 1956.

CARNELUTTI, Francesco. **Principi del processo penale**. Napoli: Morano, 1960.

CARNELUTTI, Francesco. **Lezioni di diritto processuale civile**. Padova: La Litotipo, 1926. v. IV.

CHIOVENDA, Giuseppe. **Saggi di diritto processuale civile**. Milano: Giuffrè, 1993. v. II.

CHIOVENDA, Giuseppe. **Instituições de direito processual civil**. São Paulo: Saraiva, 1969. v. I e III.

ESTELLITA, Guilherme. **Da cousa julgada, fundamentos jurídicos e extensão a terceiros**. Rio de Janeiro, 1936.

LEONE, Giovanni. **Manuale di diritto processuale penale**. Napoli: Jovene, 1977.

LIEBMAN, Enrico Tullio. **Manuale di diritto processuale civile**. Milano: Giuffrè, 1981.

LIEBMAN, Enrico Tullio. **Efficacia ed autorità della sentenza**. Milano: Giuffrè, 1962.

MARQUES, José Frederico. **Instituições de direito processual civil**. Rio de Janeiro: Forense, 1960. v. V.

ROCCO, Ugo. **L'autorità della cosa giudicata e suoi limiti sogettivi**. Roma: Athenaeum, 1907.

ROCCO, Ugo. **Tratado de derecho procesal civil**. Buenos Aires: Depalma, 1969. v. II.

SANTOS, Moacyr Amaral. **Primeiras linhas de direito processual civil**. São Paulo: Saraiva, 2009. v. 3.

TUCCI, Rogério Lauria. **Curso de direito processual**. São Paulo: José Bushatsky, 1976.

---

[26] O simples *conflito lógico* de julgados é preferível preveni-lo e evitá-lo, mas não à custa de multiplicar, automaticamente e sem possibilidade de controle, as consequências injustas de um eventual erro, que também o juiz penal, assim como todo homem, pode cometer.

Capítulo 17
EXECUÇÃO

Sumário: 1 Execução e processo. 2 Pressupostos processuais na execução. 3 Defesa na execução. 4 Execução e jurisdição. 5 Exceção (ou alegação) de pré-executividade. 6 Cumprimento de sentença.

1 EXECUÇÃO E PROCESSO

O processo de execução, tanto quanto o de conhecimento, é uma forma de tutela jurisdicional prestada pelo Estado, que, em determinadas circunstâncias, desenvolve a atividade dos seus órgãos jurisdicionais para garantir aos jurisdicionados os resultados que não foram obtidos pela atuação voluntária do obrigado.

A execução se realiza através de atos consistentes em medidas coercitivas, por via das quais se transforma a situação de fato existente, na situação ordenada pelo título executivo, formando, para tanto, uma relação jurídica processual, cujos sujeitos principais são as partes (exequente e executado) e o juiz.

O processo de execução tem vida própria, fundando-se em títulos executivos extrajudiciais.

1.1 Autonomia do processo de execução

A autonomia do processo de execução não pode ser negada, se se considerar que a execução depende de uma manifestação de vontade do exequente, através do exercício da *ação de execução*, pondo em movimento a atividade jurisdicional do Estado, impondo a citação do executado, formando uma relação processual entre as partes e o juiz.

Em prol dessa autonomia, alinha-se a circunstância de poder a execução (o cumprimento) ser fundada em condenação proferida no processo penal e no processo arbitral,[1] em que as sentenças podem ser executadas (*rectius,* cumpridas) no juízo cível.[2] Se a execução fosse, em

---

[1] Art. 515. São títulos executivos judiciais, cujo cumprimento dar-se-á de acordo com os artigos previstos neste Título: I – as decisões proferidas no processo civil que reconheçam a exigibilidade de obrigação de pagar quantia, de fazer, de não fazer ou de entregar coisa; II – a decisão homologatória de autocomposição judicial; III – a decisão homologatória de autocomposição extrajudicial de qualquer natureza; IV – o formal e a certidão de partilha, exclusivamente em relação ao inventariante, aos herdeiros e aos sucessores a título singular ou universal; V – o crédito de auxiliar da justiça, quando as custas, emolumentos ou honorários tiverem sido aprovados por decisão judicial; VI – a sentença penal condenatória transitada em julgado; VII – a sentença arbitral; VIII – a sentença estrangeira homologada pelo Superior Tribunal de Justiça; IX – a decisão interlocutória estrangeira, após a concessão do *exequatur* à carta rogatória pelo Superior Tribunal de Justiça; X – (VETADO). (...)

[2] Art. 515 (...) § 1º Nos casos dos incisos VI a IX, o devedor será citado no juízo cível para o cumprimento da sentença ou para a liquidação no prazo de 15 (quinze) dias. (...)

qualquer circunstância, uma simples fase do processo de conhecimento, não se compreenderia como pudessem as sentenças condenatória penal e arbitral ser liquidadas e executadas no juízo cível.

O atual CPC deu uma guinada de cento e oitenta graus, relativamente ao sistema processual anterior, transformando a execução de sentença numa simples *fase do processo de conhecimento*, quando fundada em título executivo judicial – dentre os quais a sentença condenatória – admitindo um *processo autônomo*, quando fundada a execução em título executivo extrajudicial (letra de câmbio, nota promissória, cheque etc.).

2 PRESSUPOSTOS PROCESSUAIS NA EXECUÇÃO

O processo de execução, para ser válido e eficaz, está condicionado a determinados *pressupostos,* denominados *pressupostos processuais*, sendo alguns comuns ao processo de conhecimento, como são os pressupostos de existência e de validade, e, outro, específico do processo de execução, como o *título executivo extrajudicial*.

2.1 Pressupostos genéricos e específico do processo de execução

Os *pressupostos processuais* genéricos do processo de execução são os mesmos de qualquer processo: I – Pressupostos de existência: 1) *subjetivos*: partes e juiz; 2) objetivo: lide. II – Pressupostos de validade: *subjetivos*: 1) quanto às partes: a) capacidade de ser parte; b) capacidade para estar em juízo; c) capacidade postulatória. 2) quanto ao juiz: *subjetivos.* a) investidura na jurisdição (competência); b) imparcialidade: ausência de impedimento e de suspeição; *objetivo.* 3) quanto à lide: originalidade: ausência de litispendência e de coisa julgada[3]. O pressuposto processual específico do processo de execução é o *título executivo*, não se podendo instaurar a execução sem que se tenha por base um título executivo extrajudicial (*nulla executio sine titulo*).[4]

A execução tem por base título executivo extrajudicial, estando esses títulos elencados pelo Código de Processo Civil (CPC, art. 784)[5].

---

[3] Esses pressupostos foram desenvolvidos no Capítulo 7, sobre a "Problemática do processo", em "Pressupostos processuais: pressupostos de existência e pressupostos de validade" A representação gráfica desses pressupostos genéricos foi ali exposta.

[4] Não há execução sem título.

[5] Art. 784. São títulos executivos extrajudiciais: I – a letra de câmbio, a nota promissória, a duplicata, a debênture e o cheque; II – a escritura pública ou outro documento público assinado pelo devedor; III – o documento particular assinado pelo devedor e por 2 (duas) testemunhas; IV – o instrumento de transação referendado pelo Ministério Público, pela Defensoria Pública, pela Advocacia Pública, pelos advogados dos transatores ou por conciliador ou mediador credenciado por tribunal; V – o contrato garantido por hipoteca, penhor, anticrese ou outro direito real de garantia e aquele garantido por caução; VI – o contrato de seguro de vida em caso de morte; VII – o crédito decorrente de foro e laudêmio; VIII – o crédito, documentalmente comprovado, decorrente de aluguel de imóvel, bem como de encargos acessórios, tais como taxas e despesas de condomínio; IX – a certidão de dívida ativa da Fazenda Pública da União, dos Estados, do Distrito Federal e dos Municípios, correspondente aos créditos inscritos na forma da lei; X – o crédito referente às contribuições ordinárias ou extraordinárias de condomínio edilício, previstas na respectiva convenção ou aprovadas em assembleia geral, desde que documentalmente comprovadas; XI – a certidão expedida por serventia notarial ou de registro relativa a valores de emolumentos e demais despesas devidas pelos atos por ela praticados, fixados nas tabelas estabelecidas em lei; XII – todos os demais títulos aos quais, por disposição expressa, a lei atribuir força executiva.

2.2 Competência no processo de execução

A competência para processar e julgar a ação de execução é dada, em primeiro lugar, pelas normas processuais, e, sucessivamente, pelas normas de organização judiciária, e pelas respectivas leis que conferem executividade ao título extrajudicial.

2.3 Objeto do processo de execução

O processo de execução tem também um *objeto próprio*, que não se identifica com o do processo de conhecimento, consistindo num *pedido* para a realização da sanção contida no título executivo, que é sujeitar o devedor às medidas tendentes à satisfação do direito material.

O *objeto imediato* do processo de execução é o pedido do exequente, de que sejam realizadas as atividades necessárias à efetivação da regra sancionadora constante do título executivo, e o seu *objeto mediato* reside nos bens que compõem o patrimônio do executado, sabido que é que tais bens respondem pelo cumprimento de suas obrigações.

2.3.1 Lide de pretensão insatisfeita

No processo de execução, há *lide* de pretensão *insatisfeita* (Carnelutti) porque, embora o executado não conteste a pretensão (material) do exequente, não a satisfaz; sendo que essa *lide* se revela nos *embargos* à execução (CPC, art. 914, *caput*)[6] em que é resolvida por sentença.

2.4 Condições da ação de execução

Sendo a execução de título extrajudicial uma *ação*, o seu exercício depende igualmente do preenchimento de certos requisitos denominados *condições da ação*, a saber: a) interesse de agir; e b) legitimidade das partes.[7]

3 DEFESA NA EXECUÇÃO

A defesa do executado, no processo de execução, não se realiza através da contestação, como no processo de conhecimento, mas no de *embargos à execução*, que não são propriamente uma *defesa*, mas verdadeira *ação* pela qual o executado formula uma pretensão consistente na desconstituição do título executivo.

3.1 Natureza jurídica dos embargos à execução

Como *ação*, os embargos à execução dão lugar a um processo em que o embargante é o executado e embargado, o exequente, nascendo aí uma relação processual em tudo idêntica àquela formada no processo de conhecimento, ligando as partes (exequente e executado) e o juiz, na sua qualidade de órgão jurisdicional.

Não apenas o executado, mas também terceira pessoa, não vinculada ao título executivo, pode se opor à execução alheia, constituindo seus embargos uma modalidade de intervenção de terceiros no processo (embargos de terceiro).[8]

---

[6] Art. 914. O executado, independentemente de penhora, depósito ou caução, poderá se opor à execução por meio de embargos. (...)

[7] Tema desenvolvido no Capítulo 6, sobre a "Problemática da ação", em "Condições da ação civil".

[8] Estabelece o art. 674, *caput*, do CPC: "Quem, não sendo parte no processo, sofrer constrição ou ameaça de constrição sobre bens que possua ou sobre os quais tenha direito incompatível com o ato constritivo, poderá requerer seu desfazimento ou sua inibição por meio de embargos de terceiro. (...)".

No processo de execução, não existe juízo de cognição senão de forma incidental, nos embargos à execução, sendo lícito ao embargante alegar, além das matérias autorizadas pelo Código de Processo Civil, qualquer outra que lhe seria lícito deduzir como defesa no processo de conhecimento (art. 917, I a VI).[9] Essa sistemática se justifica, porquanto o processo de execução não é precedido de um processo de conhecimento, não tendo o executado e embargante a oportunidade de defender-se com a amplitude assegurada pela Constituição.

4 EXECUÇÃO E JURISDIÇÃO

4.1 Caráter substitutivo da execução

A execução por título extrajudicial, no plano civil, começa pelo exercício da *ação de execução*, "pela qual o credor pretende um provimento jurisdicional satisfativo", dando origem a um processo (processo de execução), havendo o exercício de atividade jurisdicional verdadeira e própria, onde o *caráter substitutivo*, revelado por Chiovenda, se apresenta com maior intensidade do que no processo de cognição.

4.2 Natureza da execução penal

Na esfera penal, entende Magalhães Noronha que não há jurisdição nem processo, mas mero procedimento administrativo,[10] tendente ao efetivo cumprimento da pena pelo condenado, com o que *não concordam* Araújo Cintra, Ada Pellegrini e Cândido Dinamarco, que sustentam o caráter jurisdicional da execução penal. Para estes últimos, a imposição da pena tem natureza administrativa; mas os incidentes da execução têm caráter eminentemente jurisdicional. Nesses incidentes, sempre entendeu a doutrina haver o exercício de jurisdição penal.

A execução da sentença penal[11] que impuser pena privativa de liberdade é sempre *forçada*, uma vez que não pode o condenado sujeitar-se voluntariamente ao seu cumprimento, dando-se o seu recolhimento ao estabelecimento prisional (prisão, penitenciária, casa de detenção) por determinação do juiz da execução, mediante a expedição de carta de guia para o cumprimento da pena (CPP, art. 674, *caput*).[12] Faltaria aqui o *caráter substitutivo* que caracteriza a jurisdição, porquanto jamais poderia o juiz, através da jurisdição, substituir a conduta do condenado na execução da pena. Essa substituição pode se dar, no entanto, em se tratando de pena pecuniária, que pode ser objeto de cobrança judicial (CPP, art. 688).[13]

---

[9] Art. 917. Nos embargos à execução, o executado poderá alegar: I – inexequibilidade do título ou inexigibilidade da obrigação; II – penhora incorreta ou avaliação errônea; III – excesso de execução ou cumulação indevida de execuções; IV – retenção por benfeitorias necessárias ou úteis, nos casos de execução para entrega de coisa certa; V – incompetência absoluta ou relativa do juízo da execução; VI – qualquer matéria que lhe seria lícito deduzir como defesa em processo de conhecimento. (...)

[10] Para Magalhães Noronha, trata-se, antes, da última fase do procedimento jurisdicional.

[11] A sentença penal condenatória constitui título executivo para a promoção da execução por quantia certa, caso em que será objeto de liquidação no cível, para apuração do valor da reparação do dano, ou seja, do *quantum debeatur* (Leonardo Greco). Estabelece, por seu turno, o art. 387, IV, do CPP que o juiz, ao proferir sentença condenatória, "fixará o valor mínimo para reparação dos danos causados pela infração, considerando os prejuízos sofridos pelo ofendido".

[12] Art. 674. Transitando em julgado a sentença que impuser pena privativa de liberdade, se o réu já estiver preso, ou vier a ser preso, o juiz ordenará a expedição de carta de guia para o cumprimento da pena. (...)

[13] Art. 688. Findo o decêndio ou a prorrogação sem que o condenado efetue o pagamento, ou ocorrendo a hipótese prevista no § 2º do artigo anterior, observar-se-á o seguinte: I – possuindo o condenado bens

Na execução de sentença penal, tem-se *lide* de pretensão insatisfeita, o que não impede ver-se nela o exercício de "jurisdição", porquanto fenômeno análogo ocorre nas hipóteses de ação constitutiva necessária, e nem por isso deixa de existir atividade tipicamente jurisdicional.[14]

Acrescente-se, por fim, que, normalmente, o Ministério Público não requer a execução da sentença penal, atuando o juiz de ofício,[15] expedindo a competente carta de guia.[16]

5 EXCEÇÃO (OU ALEGAÇÃO) DE PRÉ-EXECUTIVIDADE

5.1 Construção doutrinária do instituto

A *exceção (ou alegação) de pré-executividade* é uma construção da doutrina, tolerada pela jurisprudência,[17] e cuja finalidade é discutir questões de ordem pública, como a falta de condições de ação, de pressupostos processuais etc., a respeito dos quais pode o juiz conhecer até mesmo de ofício. Por isso, tem-se afirmado que não se trata, nesses casos, de uma verdadeira *exceção*, senão de uma verdadeira *objeção* de pré-executividade.

Assim não me parece, porquanto tais limites não impedem que o excipiente, em outras circunstâncias, alegue, também, questões de direito material e interesse privado, como o pagamento, a novação, a transação, a prescrição etc. – denominadas exceções *substanciais* –, não fazendo sentido a garantia do juízo, pela penhora, a fim de que o juiz conheça dessas defesas, e, considerando-as provadas, venha a extinguir o processo de execução.

5.2 Problemática da exceção de pré-executividade

Essa a razão por que não considero equivocada a expressão *exceção (ou alegação) de pré-executividade*, em vez de *objeção de pré-executividade*, pois a defesa consistirá numa ou noutra dessas modalidades de defesa, conforme a natureza das questões suscitadas e discutidas no processo: se de ordem pública, será *objeção*; se de interesse privado, será *exceção*.

A *exceção* ou *objeção* de pré-executividade ganhou corpo em sede pretoriana, por possibilitar a defesa do executado, independentemente de garantia de juízo, quando a vitória do executado e excipiente e a sucumbência do exequente se afiguram prováveis ou verossímeis.

6 CUMPRIMENTO DE SENTENÇA

Com a reforma do Código de Processo Civil, o cumprimento da sentença, que se fazia no passado, mediante ação e processo de execução, comportando embargos à execução, passou a

---

sobre os quais possa recair a execução, será extraída certidão da sentença condenatória, a fim de que o Ministério Público proceda à cobrança judicial. (...)

[14] Nos Juizados Especiais Criminais Estaduais, admite-se a aceitação pelo réu da proposta de aplicação imediata da pena que não seja privativa de liberdade (Lei nº 9.099/95, art. 72), bem assim a conciliação (Lei nº 9.099/95, art. 73), o mesmo ocorrendo nos Juizados Especiais Cíveis e Criminais Federais (Lei nº 10.259/01).

[15] Esta circunstância, por si só, não bastaria para descaracterizar a função jurisdicional na esfera penal, porquanto na concessão de *habeas corpus* o juiz procede de ofício. O mesmo se diga da execução na esfera trabalhista, que pode ser também promovida de ofício pelo juiz.

[16] A *carta de guia* ou *carta de sentença* é expedida pela Vara Criminal, ao transitar em julgado a sentença condenatória, para encaminhar o processo à Vara de Execução Penal, para cumprimento de execução de pena e medidas não privativas de liberdade, ou quando houver execução provisória de pena restritiva de direito, multa ou medida de segurança.

[17] Em sede jurisprudencial, tem-se admitido a exceção (alegação) de pré-executividade em casos de falta de liquidez, certeza e exigibilidade de escritura de confissão de dívida, que não faz mera referência aos títulos originários, mas os incorpora de tal forma que passam a integrá-la (STJ: AgRg no Ag. Inst. n. 344.328-AL).

ser feita no bojo do próprio processo de conhecimento, mediante simples fase procedimental de cumprimento (CPC, art. 513, *caput*).[18]

6.1   Cumprimento de sentença penal, arbitral e estrangeira

Em se tratando de cumprimento de sentença *condenatória penal, arbitral* ou *estrangeira*, o pedido inclui a ordem de citação do devedor, no juízo cível, para liquidação ou execução conforme o caso (CPC, art. 515, § 1º),[19] aproximando essa modalidade de execução do antigo sistema.

Se a sentença for *líquida*, procede-se, de imediato, ao seu cumprimento; e, se for *ilíquida*, deverá ser previamente liquidada por arbitramento, quando determinado pela sentença, convencionado pelas partes ou exigido pela natureza do objeto da liquidação (CPC, art. 509, I), ou pelo procedimento comum, quando houver necessidade de alegar e provar fato novo (CPC, art. 509, II).

6.2   Cumprimento parcial da sentença: parte líquida e ilíquida

Quando na sentença houver uma parte líquida e outra ilíquida, ao credor é lícito promover simultaneamente o cumprimento daquela e, em autos apartados, a liquidação desta (CPC, art. 509, § 1º).

Na hipótese de a apuração do valor do débito depender apenas de cálculo aritmético, o credor poderá promover, desde logo, o cumprimento da sentença (CPC, art. 509, § 2º).[20]

Por fim, é vedado na liquidação discutir de novo a lide ou modificar a sentença que a julgou (CPC, art. 509, § 4º).

BIBLIOGRAFIA

CARREIRA ALVIM CABRAL, Luciana Gontijo. **Tutela antecipada na sentença no novo CPC**. 3. ed. Curitiba: Juruá, 2017.

CARNELUTTI, Francesco. **Sistema del diritto processuale civile.** Padova: Cedam, 1936, v. 1.

CINTRA, Antônio Carlos de Araújo; GRINOVER, Ada Pellegrini; DINAMARCO, Cândido Rangel. **Teoria geral do processo**. 6. ed. São Paulo: RT, 1988.

GRECO, Leonardo. **O processo de liquidação**. Rio de Janeiro: Renovar, 2001. v. II.

NORONHA, Edgar Magalhães. **Curso de direito processual penal**. São Paulo: Saraiva, 1978.

SANTOS, Moacyr Amaral. **Primeiras linhas de direito processual civil**. São Paulo: Saraiva, 1999.

---

[18] Art. 513. O cumprimento da sentença será feito segundo as regras deste Título, observando-se, no que couber e conforme a natureza da obrigação, o disposto no Livro II da Parte Especial deste Código. (...)

[19] Art. 515. (...) § 1º Nos casos dos incisos VI a IX, o devedor será citado no juízo cível para o cumprimento da sentença ou para a liquidação no prazo de 15 (quinze) dias. (...)

[20] Art. 509. (...) § 2º Quando a apuração do valor depender apenas de cálculo aritmético, o credor poderá promover, desde logo, o cumprimento da sentença. (...)

BIBLIOGRAFIA GERAL

A

ALBUQUERQUE, Francisco Manuel Xavier de. **Estudos de direito processual civil em homenagem a Nelson Hungria**. Rio de Janeiro: Forense, 1962.

ALCALÁ-ZAMORA Y CASTILLO, Niceto. **Proceso, autocomposición y autodefensa**. México: UNAM, 1970.

ALCALÁ-ZAMORA Y CASTILLO, Niceto. **Derecho procesal penal**. Buenos Aires: Guillermo Kraft, 1945.

ALCALÁ-ZAMORA Y CASTILLO, Niceto. **Estudios de teoria generale e historia del proceso**. México: UNAM, 1974. v. II.

ALMEIDA JÚNIOR, João Mendes de. **Direito judiciário brasileiro**. 5. ed. Rio de Janeiro-São Paulo: Freitas Bastos, 1960.

ALSINA, Ugo. **Tratado teórico y práctico de derecho procesal civil y comercial**. 2. ed. Buenos Aires: EDIAR, 1963. v. I.

ALVES, José Carlos Moreira. **Direito Romano**. 3. ed. Rio de Janeiro: Forense, 1971, v. 1.

ARANGIO-RUIZ, Vicenzo. **Las acciones en el derecho privado romano**. Madrid: Revista de Derecho Privado, 1945.

ARAÚJO CINTRA, Antônio Carlos et al. **Teoria geral do processo**. São Paulo: RT, 1988.

ARCILA, Carlos Ramirez. **Teoria de la acción**. Bogotá: Temis, 1969.

ARRUDA ALVIM NETO, José Manuel de. **Manual de direito processual civil**. 7. ed. São Paulo: RT, 2001. v. I.

ARRUDA ALVIM NETO, José Manuel de. **Direito processual civil, teoria geral do processo de conhecimento**. São Paulo: RT, 1971.

ARRUDA ALVIM NETO, José Manuel de. **Curso de direito processual civil**. São Paulo: RT, 1972. v. II.

B

BARBI, Celso Agrícola. **Comentários ao Código de Processo Civil**. 10. ed. Rio de Janeiro: Forense, 1998. v. I.

BARBOSA MOREIRA, José Carlos. **O novo processo civil brasileiro**. Rio de Janeiro: Forense, 1990.

BENTHAM, Jeremias. **Tratado de las pruebas judiciales**. Buenos Aires: EJEA, 1971.

BETTI, Emilio. **Diritto processuale civile italiano**. 2. ed. Roma: Soc. Edit. del Foro Italiano, 1936.

BOLAFFI, Renzo. **L'eccezioni del diritto sostanziale**. Milano, 1936.

BORBA, José Edwaldo Tavares. **Direito societário**. 6. ed. Rio de Janeiro: Renovar, 2001.

BÜLOW, Oskar von. **La teoria de las excepciones procesales y los pressupuestos procesales**. Buenos Aires: EJEA, 1974.

C

CALAMANDREI, Piero. **Instituciones de derecho procesal civil**. Buenos Aires: EJEA, 1973.

CALAMANDREI, Piero. **Rivista de Diritto Processuale Civile**. Júlio, 1927. v. I.

CALAMANDREI, Piero. **Opere giuridicche**. Napoli: Morano, 1972. v. 1.

CALAMANDREI, Piero. El proceso como situación jurídica. In: **Estudios sobre el proceso civil**. Buenos Aires: 1945.

CALMON DE PASSOS, José Joaquim. **Comentários ao Código de Processo Civil**. Rio de Janeiro: Forense, 1998. v. III.

CALMON DE PASSOS, José Joaquim. **Mandado de segurança coletivo, mandado de injunção e "habeas data"**. Rio de Janeiro: Forense, 1989.

CAPELLETTI, Mauro; et al. **Acesso à justiça**. Porto Alegre: Sergio Antonio Fabris Editor, 1988.

CARLOS, Eduardo B. **Introducción al estudio del derecho procesal**. Buenos Aires: EJEA, 1959.

CARNELUTTI, Francesco. **Lezioni de diritto processuale civile**. Padova: Cedam, 1986.

CARNELUTTI, Francesco. **Sistema del diritto processuale civile**. Padova: Cedam, 1936. v. I.

CARNELUTTI, Francesco. **Derecho y proceso**. Buenos Aires: EJEA, 1971. v. I.

CARNELUTTI, Francesco. **Studi di diritto processuale**. Padova: Cedam, 1939. v. III.

CARNELUTTI, Francesco. **Teoria general del derecho**. Madrid: Editorial Revista de Derecho Privado, 1941.

CARNELUTTI, Francesco. **Teoria geral do direito**. São Paulo: LEJUS, 1999.

CARNELUTTI, Francesco. **Instituciones del proceso civil**. Buenos Aires: EJEA, 1950 e 1971.

CARNELUTTI, Francesco. **Derecho procesal civil y penal**. Buenos Aires: 1971. v. II

CARREIRA ALVIM, J. E. **Código de Processo Civil reformado**. 3. ed. Rio de Janeiro: Forense, 2002.

CARREIRA ALVIM, J. E. **Procedimento monitório**. 2. ed. Curitiba: Juruá, 1995.

CARREIRA ALVIM, J. E. **Tratado geral de arbitragem**. Rio de Janeiro: Forense, 2004.

CARREIRA ALVIM, J. E. **Novo agravo**. Belo Horizonte: Del Rey, 1995.

CARREIRA ALVIM, J. E. **Tutela antecipada**. 3. ed. Curitiba: Juruá, 2002.

CARREIRA ALVIM, J. E. **Tutela específica nas obrigações de fazer, não fazer e entregar coisa**. 3. ed. Rio de Janeiro: Forense, 2003.

CARREIRA ALVIM, J. E. **Direito arbitral**. 2. ed. Rio de Janeiro: Forense, 2004.

CARREIRA ALVIM CABRAL, Luciana Gontijo. **Tutela antecipada na sentença no novo CPC**. 3. ed. Curitiba: Juruá, 2017.

CASTRO, Amilcar de. **Comentários ao Código de Processo Civil**. São Paulo: RT, 1976.

CHIOVENDA, Giuseppe. **Saggi di diritto processuale civile**. Milano: Giuffrè, 1993.

CHIOVENDA, Giuseppe. **Principios de derecho procesal civil**. Madrid: Reus, 1977.

CHIOVENDA, Giuseppe. **Instituições de direito processual civil**. São Paulo: Saraiva, 1972.

CINTRA, Antônio Carlos de Araújo; et alii. **Teoria geral do processo**. 6. ed. São Paulo: RT, 1988.

COSTA, Sergio. **Manuale di diritto processuale civile**. Torino: UTET, 1973.

COSTA CARVALHO, Luiz Antônio. **Curso theorico e prático de direito judiciário civil**. 2. ed. Rio de Janeiro: A. Coelho Branco Filho, 1973.

COUTURE, Eduardo J. **Fundamentos del derecho procesal civil**. Buenos Aires: Depalma, 1988.

COUTURE, Eduardo J. **Introducción al estudio del proceso civil**. Buenos Aires: EJEA, 1959.

D

D'ALESSIO, Francesco. **Istituzioni di diritto amministrativo italiano**. Torino: UTET, 1932.

DAVICINI, Giovanni. **L'Avvocato di tutti**. 5. ed. Torino: UTET, 1950.

DINAMARCO, Cândido Rangel *et alii*. **Teoria geral do processo**. São Paulo: RT, 1988.

DINAMARCO, Cândido Rangel. **Fundamentos do processo civil moderno**. 3. ed. São Paulo: Malheiros, 2000. t. I.

E

ESPÍNOLA, Eduardo; ESPÍNOLA FILHO, Eduardo. **A Lei de Introdução ao Código Civil Brasileiro**. Rio de Janeiro: Renovar, 1995. v. 1º.

ESTELLITA, Guilherme. **Da cousa julgada. Fundamento jurídico e extensão a terceiros**. Rio de Janeiro, 1936.

F

FENECH, Miguel. **El proceso penal**. Barcelona: Labor, 1972.

FERRARA, Luigi. **Istituzioni di diritto privato**, 1939, v. 1º.

FERREIRA FILHO, Manuel Gonçalves. **Curso de direito constitucional**. 14. ed. São Paulo: Saraiva, 2004.

FLORIAN, Eugenio. **Elementos de derecho procesal penal**. Barcelona: Bosch, 1933.

FREITAS, José Lebre de. **Introdução ao processo civil**: conceito e princípios gerais à luz do Código revisto. Coimbra: Coimbra, 1996.

FROCHAM, Manuel Ibañez. **La jurisdicción**. Buenos Aires: Depalma, 1972.

G

GARCIA-VELASCO, M. I. **Curso de derecho procesal penal**. Madrid: Universidad de Madrid, 1969.

GART, Bryant; *et al*. **Acesso à justiça**. Porto Alegre: Sergio Antonio Fabris Editor, 1988.

GIGLIO, Wagner D. **Direito processual do trabalho**. São Paulo: RT, 1972.

GOLDSCHMIDT, James. **Teoría general del proceso**. Barcelona: Labor, 1936.

GOLDSCHMIDT, James. **Derecho justicial material**. Buenos Aires: EJEA, 1959.

GOLDSCHMIDT, James. **Principios generales del proceso**. Buenos Aires: EJEA, 1961. v. I.

GRECO, Leonardo. **O processo de liquidação**. Rio de Janeiro: Renovar, 2001. v. II.

GRINOVER, Ada Pellegrini et al. **Teoria geral do processo**. 6. ed. São Paulo: RT, 1988.

GRINOVER, Ada Pellegrini. **Novas tendências do direito processual**. 2. ed. Rio de Janeiro: Forense Universitária, 1990.

GUSMÃO, Manuel Aureliano. **Processo civil e comercial**. 3. ed. São Paulo: Saraiva, 1934.

J

JARDIM, Afrânio Silva. **Direito processual penal**. 4. ed. Rio de Janeiro: Forense, 1991.

JARDIM, Afrânio Silva. **Revista de Direito Penal**. n. 30.

L

LARA, Cipriano Gómez. **Teoria general del proceso**. México: Textos Universitários, 1976.

LEONE, Giovanni. **Manuale di diritto processuale penale**. Napoli: Jovene, 1977.

LEONE, Giovanni. **Tratatto di diritto processuale**. Napoli: Jovene, 1961. v. III.

LIEBMAN, Enrico Tullio. **Efficacia et autoritá della sentenza**. Milano: Giuffrè, 1962.

LIEBMAN, Enrico Tullio. **Manuale di diritto processuale civile**. Milano: Giuffrè, 1973. v. 1.

LIEBMAN, Enrico Tullio. **Manuale di diritto processuale civile**. Milano: Giuffrè, 1981.

LIEBMAN, Enrico Tullio. **Revista de Derecho Procesal**. Buenos Aires: 1938.

LIMA, Alcides de Mendonça. **Comentários ao Código de Processo Civil**. Rio de Janeiro: Forense, 1977. v. IV.

LOPES DA COSTA, Alfredo de Araújo. **Manual elementar de direito processual civil**. Rio de Janeiro: Forense, 1956.

LOPES DA COSTA, Alfredo de Araújo. **A administração pública e a ordem jurídica privada** (jurisdição voluntária). Belo Horizonte: Bernardo Álvares, 1961.

LOPES DA COSTA, Alfredo de Araújo. **Direito processual civil brasileiro**. 2. ed. Rio de Janeiro: Forense, 1959. v. I.

M

MALATESTA, Nicola Framarino dei. **La lógica de las pruebas en materia criminal**. Bogotá: Temis, 1973. v. I.

MALTA, Cristóvão Piragibe Tostes. **Da competência no processo trabalhista**. Rio de Janeiro: Forense, 1960.

MANZINI, Vicenzo. **Istituzioni di diritto penale italiano**. Padova: Cedam, 1967.

MANZINI, Vicenzo. **Tratatto di diritto processuale penale**. Padova: Cedam, 1967. v. I.

MANZINI, Vicenzo. **Derecho procesal penal**. Buenos Aires: EJEA, 1951.

MARINONI, Luiz Guilherme; MITIDIERO, Daniel. **O Projeto do CPC, crítica e propostas**. São Paulo: RT, 2010.

MARQUES, José Dias. **Introdução ao estudo do direito**. Coimbra: Faculdade de Direito de Lisboa, 1972.

MARQUES, José Frederico. **Elementos de direito processual penal**. Rio de Janeiro: Forense, 1960.

MARQUES, José Frederico. **Instituições de direito processual civil**. Campinas: Millennium, 2000.

MARQUES, José Frederico. **Instituições de direito processual civil**. Rio de Janeiro: Forense, 1958.

MEIRELLES, Hely Lopes. **Direito administrativo brasileiro**. 4. ed. São Paulo: Malheiros, 2003.

MELLO, Celso Antônio Bandeira de. **Curso de Direito Administrativo**. 8. ed. São Paulo: Malheiros, 1996.

MENDES JÚNIOR, João. **Direito judiciário brasileiro**. 6. ed. Rio de Janeiro-São Paulo: Freitas Bastos, 1960.

MENENDEZ-PIDAL, Juan. **Derecho procesal social**. 2. ed. Madrid: 1950. v. II.

MITIDIERO, Daniel. **Colaboração no processo civil** – Pressupostos sociais, lógicos e éticos. São Paulo: RT, 2009.

MONIZ DE ARAGÃO, Egas Dirceu. **Comentários ao Código de Processo Civil**. Rio de Janeiro: Forense, 1998.

MORALES, Hernando M. **Curso de derecho procesal civil**. 6. ed. Bogotá: ABC, 1973.

MOREIRA ALVES, José Carlos. **Direito romano**. Rio de Janeiro: Forense, 1971.

MORTARA, Ludovico. **Manuale della procedura civile**. Torino: UTET, 1915.

N

NASCIMENTO, Amauri Mascaro. **Direito processual do trabalho**. São Paulo: Saraiva, 1997.

NERY JUNIOR, Nelson. **Princípios do processo civil na Constituição Federal**. 2. ed. São Paulo: RT, 1995.

NOGUEIRA, Paulo Lúcio. **Curso completo de processo penal**. 2. ed. São Paulo: Saraiva, 2000.

NORONHA, Edgard Magalhães. **Curso de direito processual penal**. São Paulo: Saraiva, 1978.

O

OLIVEIRA FILHO, Cândido de. **Curso de prática do processo**. Rio de Janeiro: Cândido de Oliveira Filho, 1938.

OLIVEIRA JÚNIOR, Waldemar Mariz de. **Curso de direito processual civil**. São Paulo: RT, 1973.

P

PALLARES, Eduardo. **Derecho procesal civil**. México: Porrua, 1965.

PIERSON, Donald. **Teoria e pesquisa em sociologia**. São Paulo: Melhoramentos, 1981.

PINTO, José Augusto Rodrigues. **Processo trabalhista de conhecimento**. 4. ed. São Paulo: LTr, 1998.

PODETTI, Ramiro. **Teoria y técnica del proceso civil y trilogia estructural de la ciencia del proceso civil**. Buenos Aires: EDIAR, 1963.

PONTES DE MIRANDA. **Comentários ao Código de Processo Civil**. Rio de Janeiro: Forense, 1959. v. VIII.

PUGLIESE, Giovanni. **Polemica sobre la actio**. Buenos Aires: EJEA, 1974.

R

RAMALHO, Barão de. **Praxe brasileira**. Lisboa: J. Ribeiro dos Santos, 1904.

REVISTA FORENSE, n. 74.

REZENDE FILHO, Gabriel José Rodrigues. **Curso de direito processual civil**. 2. ed. São Paulo: Saraiva, v. I.

RICCI, Francesco. **Commento al Codice di Procedura Civile italiano**. 7. ed. Firenze: Casa Editrice Libraria, 1985. v. 3º.

ROCCO, Alfredo. **L'autorità della cosa giudicata i suoi limiti soggettivi**. Roma: Athenaeum, 1917.

ROCCO, Alfredo. **La sentenza civile**. Milano: Giuffrè, 1962.

ROCCO, Ugo. **Tratado de derecho procesal civil**. Bogotá-Buenos Aires: Temis-Depalma, 1969.

ROSA, Eliézer. **Dicionário de processo civil**. São Paulo: José Buchatsky, 1973.

ROSENBERG, Leo. **Tratado de derecho procesal civil**. Buenos Aires: EJEA, 1955. v. I.

S

SANTORO, Arturo. **Manuale di diritto processuale penale**. Roma: UTET, 1954.

SANTOS, Moacyr Amaral. **Primeiras linhas de direito processual civil**. São Paulo: Saraiva, 1995.

SAREDO, Giuseppe. **Istituzioni di procedura civile**. Editora Giuseppe Pellas, 1887.

SCHÖNKE, Adolf. **Derecho procesal civil**. Barcelona: Bosch, 1950.

T

THEODORO JÚNIOR, Humberto. **Comentários ao Código de Processo Civil**. Rio de Janeiro: Forense, 1978. v. V.

TORNAGHI, Hélio. **Instituições de processo penal**. 2. ed. São Paulo: Saraiva, 1978.

TORNAGHI, Hélio. **Compêndio de processo penal**. Rio de Janeiro: José Konfino, 1967. v. I.

TOURINHO FILHO, Fernando da Costa. **Processo penal**. 23. ed. São Paulo: Saraiva, 2001. v. 1 e 2.

TOURINHO FILHO, Fernando da Costa. **Processo penal**. Bauru: Jalovi, 1975.

TUCCI, Rogério Lauria. **Curso de direito processual**. São Paulo: José Buchatsky, 1976.

V

VANNINI, Ottorino. **Manuale di diritto processuale penale italiano**. Milano: Giuffrè, 1953.

W

WACH, Adolph. **Manual de derecho procesal civil**. Buenos Aires: EJEA, 1977. v. I.

WACH, Adolph. **La pretensión de declaración**. Buenos Aires: EJEA, 1962.

Z

ZANOBINI, Guido. **Corso di diritto amministrativo**. Milano: Giuffrè, 1936 e 1959.

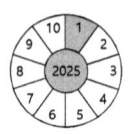